해방이후 재일한인 외교문서 해제집

┃제1권┃

(1945~1969)

동의대학교 동아시아연구소 편저

이경규 임상민 이수경 소명선 박희영 김웅기
엄기권 정영미 이행화 박미아 이재훈 공저

박문사

머리말

　본 해제집은 동의대학교 동아시아연구소 인문사회연구소 지원사업(2020년 선정, 과제명「해방이후 재일조선인 관련 외교문서의 수집 해제 및 DB구축」)의 2차년도 성과물이며, 해방이후 재일한인에 관련된 대표적인 사건을 이해하는데 중요하다고 생각되는 외교문서를 선별하여 해제한 것이다. 본 해제집『해방이후 재일한인 외교문서 해제집』은 1945년부터 1969년까지 한국정부 생산 재일한인 관련 외교문서를 대상으로, 한국정부의 재일한인 정책을 비판적이고 상대적인 관점에서 통합적인 연구를 추진하는 것을 목적으로 간행된 것이다. 제1권에서는「재일한인의 유골봉환」「조선대학교 설립과 인가」「재일한인의 재입국 허가」「사할린 교포 귀환 문제」「북송교포 김귀하 망명 기도 사건」등에 관련된 외교문서를 다루었다.

　현재, 재일한인 사회는 탈식민과 분단의 재일 70년을 지나면서 한일 관계사의 핵으로 남아 있으며, 그만큼 한일과 남북 관계에서 이들 재일한인 사회가 갖는 의미는 강력하다고 할 수 있다. 바꾸어 말하면, 재일한인 사회를 한국과 일본 사이에 낀 지점에서 정치적이고 민족적인 이데올로기를 주입하여 부정적인 이미지로 읽어온 관점은 더 이상 유효하지 않다. 재일한인 사회는 한국과 일본을 상대화시키며 복합적인 의미망을 만들어내고 있기 때문에 오히려 한국과 일본, 그리고 남북 분단의 문제를 새롭게 재조명할 수 있는 위치로 자리매김할 필요가 있다. 특히, 현재 동아시아의 지형도가 급속도로 변화하고 있다는 점에서 남북의 역사적 관계사를 통합적으로 상대화할 수 있는 이른바 중간자로서의 재일한인 연구는 반드시 필요하다. 이에 본 연구팀은 재일한인 사회와 문화가 갖는 차이와 공존의 역학이 한국과 일본, 그리고 북한을 둘러싼 역동적인 관계망 속에서 어떠한 기제로 작동하고 있는지, 한일 양국의 외교문서를 통해서 살펴보고자 하는 것이다.

지금까지 재일한인 관련 외교문서에 대한 선행연구는 한일회담 관련 외교문서를 연구하는 과정 속에서 일부 재일한인의 북한송환사업 및 법적지위협정 문제를 다루고 있을 뿐, 해방이후부터 현재까지의 전체상을 파악할 수 있는 연구는 전무한 상태이다. 특히, 한국인 연구자는 재일한인 연구를 통해 일본의 내셔널리즘을 점검·수정하는 것에 집중한 나머지, 재일한인 사회와 문화에 한국이 어떠한 형태로 개입해 왔는지에 대해서는 그다지 관심을 두지 않았다. 따라서 본 연구팀에서는 한국정부의 재일한인 정책을 비판적이고 상대적인 관점에서 통합적 연구를 추진하기 위해, 한국정부의 재일한인 관련 외교문서는 물론이고 민단을 비롯한 재일한인단체가 발행한 자료를 수집하여 심화연구의 기초적인 자료로 활용할 계획이다. 이를 통해, 재일한인을 연구하는 한국인 연구자의 중립적인 포지션을 비판적으로 사유하고, 한국인의 내셔널리즘까지 포괄적으로 점검·수정할 수 있는 획기적인 토대자료 구축 및 새로운 연구방법론을 모색·제시하고자 한다.

　　본 해제집 제1권에서 다루게 될 외교문서에 대해서 간략히 소개한다. 「재일한인 유골봉환」 관련 문서에서는 재일한인의 유골봉환을 둘러싼 한국정부의 일본정부 및 시민단체와의 교섭과 대응에 관한 내용이 주로 다루어지고 있다. 유골봉환에 관련된 문서는 한일 정부 간의 끊임없는 교섭 양상과 국내외 시민단체들의 동향을 파악할 수 있는 귀중한 자료가 될 것이다. 그리고 「조선대학교 설립 및 인가 문제」에 관련한 문서는 도쿄도 사학심의협의회가 인가 불가 답신을 했음에도 불구하고, 도쿄도가 조선대학교 설립을 승인하고 인가하는 과정에서의 여러 쟁점을 다룬 문서로 이루어져 있다. 한국정부와 민단은 물론이고 일본의 보수진영으로부터 비판을 받으면서 추진된 조선대학교의 설립에서부터 현재에 이르는 과정을 구체적으로 이해할 수 있는 자료이다.

　　「재일한인 재입국 허가」에 관련한 문서에서는 재일한인들이 한국과 북한을 왕래하기 위해 일본정부로부터 받아야 하는 재입국 허가에 관련한 변화과정과 한일 양국의 대처 방식을 이해할 수 있다. 「사할린 교포 귀환 문제」 관련 문서들은 사할린 교포 귀환을 위한 한국정부의 대응과 관련 국가 간의 협의 사항, 그리고 수많은 진정서 및 귀환 과정의 스토리 등이 담겨져 있는 외교문서이다. 사할린 교포 귀환 문제를 둘러싼 초기 단계의 다양한 해결방안이 모색되고 있는 정황을 이해할 수 있는 귀중한 자료이다.

　　「북송교포 김귀하 망명 기도 사건」에 관련한 문서는 재일 2세 권투선수 김귀하의 망명 기도 사건의 발생부터 전개 과정, 그리고 다각적으로 취한 외교적 행보가 상세하게 기록되어 있는 외교문서이다. 이 사건의 추이는 마치 한편의 잘 구성된 첩보 영화를 방불케 하는데 대한민국 외교의 실패 사례를 엿볼 수 있는 자료이다.

본 해제 작업은 1년이라는 짧은 기간 동안에 1945년 8월부터 1969년 12월 사이에 한국정부 생산 재일한인 외교문서를 수집·DB 구축해야 했고, 이 시기에는 상태가 양호하지 못한 문서들이 많았다는 점에서 해제 작업 수행에 어려움이 많았던 것도 사실이다. 그러나 동아시아연구소의 인문사회연구소 지원사업 연구팀 멤버들은 끊임없이 방대한 자료들을 조사·수집했고, 정기적인 회의 및 세미나를 통해서 서로의 분담 내용들을 공유·체크하면서 해제집 내용의 완성도를 높이는데 힘을 보탰다.

마지막으로, 관련 자료 수집에 적극적으로 협조해주신 외교부 외교사료관 담당자 선생님들께 진심으로 감사드리며, 방대한 분량의 자료수집과 해제작업의 악전고투를 마다하지 않고 적극적으로 집필에 임해주신 인문사회연구소지원사업 연구팀 멤버들께도 이 자리를 빌려 다시 한번 깊이 감사드린다. 끝으로 이번 해제집 출판에 아낌없는 후원을 해주신 도서출판 박문사에 감사를 드리는 바이다.

2022년 6월
동의대학교 동아시아연구소

소장 이경규

목차

제4부

사할린 교포 귀환 문제

제5부

북송교포 김귀하 망명 기도 사건, 1966-1967

해제집 이해를 위한 부가 설명

　본 해제집은 해방 이후인 1945년부터 1969년(일부 문서는 사안의 연속성으로 인해 70년대 초반까지 포함)까지 생산된 대한민국 외교문서 중 공개된 재일 한인 관련 사안들을 모아 해제한 것이다. 외무부 파일은 시기와 주제에 따라 분류되어 있으므로 본 해제집의 수록 파일들도 그 기준에 의해 정리된 것이다. 본 해제집은 아래와 같은 기준에 의해 작성되었다.

1. 각 해제문은 제목, 해제 본문 이하 관련 문서를 수록하였다.

2. 관련 문서는 동일 내용의 중복, 재타자본, 문서상태 불량으로 인한 판독 불가, 여러 사안을 모은 문서철 안에서 상호 맥락이 연결되지 않거나 상대적으로 중요도가 덜한 부분은 채택하지 않았다.

3. 관련 문서는 생산 연도순으로 일련번호를 매겼고, 각 문서철의 기능명칭, 분류번호, 등록번호, 생산과, 생산 연도, 필름 번호, 파일 번호(사안에 따라서는 존재하지 않는 것도 있음), 프레임번호 등 외교부의 분류 기준을 그대로 사용하였다.

4. 문서의 제목은 생산문서의 원문대로 인용하거나 핵심 내용을 요약하여 사용하였으나, 제목이 작성되지 않은 경우는 공란으로 두었다.

5. 문서번호는 전술한 이유로 인해 미채택 문서가 있으므로 편집진의 기준대로 일련번호를 부여하였다.

6. 발신처, 수신처, 작성자, 작성일 등은 편집부의 형식을 따라 재배치하였다.

7. 인쇄 번짐, 원본 필름의 촬영불량, 판독 불가의 경우 □의 형태로 처리하였으나, 원문에서 판독하기 어렵더라도 동일 사안에서 여러 차례 반복된 단체, 지명, 인명 등은 표기가 명백한 부분을 기준으로 통일성을 기하였고, 오타, 오기 등으로 각기 다르게 표기되었을 경우에는 각주로 이를 처리하였다.

8. 원문의 표기를 그대로 따르는 것을 원칙으로 하였으나, 경우에 따라 임의로 띄어쓰기를 했고 이해에 심각한 지장을 초래하는 경우 주석을 달았다.

제1부

재일본 한국인 유골봉환 건

해방이후 재일한인 외교문서 해제집
┃제1권┃(1945~1969)

본 문서철은 1956년부터 1969년까지 재일본 한국인의 유골봉환을 둘러싼 한국 정부의 일본 정부 및 여러 시민단체와의 교섭과 대응에 관한 내용을 주로 다루고 있다. 1956년부터 1965년까지의 문서철과 1966년부터 1967년까지의 문서철은 각각 150, 250여 페이지로 문서철의 기간만큼 분량이 많지만 1969년의 문서철은 20여 페이지로 분량이 매우 적다.

먼저 1956~65년의 문서철을 살펴보면, 주일 참사관이 정무국장에게 보내는 1956년 1월 11일자 공문이 눈에 띄는데, 공문을 통해 일본 외무성 나카가와 아시아 국장이 일본 정부가 한국인 전몰자 유골 2,000 주를 한국 정부에 인계할 준비가 완료되었음을 보고하고 있다. 이에 대해 16일에 외무부는 주일 공사에게 유골 2,000 주의 명부와 유골 수송에 필요한 경비를 일본 정부가 부담할 것인지 등에 대해 확인을 요청한다. 한편, 신문 기사를 통해 한국인 유골을 일본 정부가 보관하고 있다는 사실이 알려지자, 외무부에 태평양 전쟁 때 징용되고 소식이 끊긴 아들의 유골 송환을 부탁하는 탄원서가 제출되기도 한다.[1] 해를 넘겨 1957년에 외무부는 전년도에 요청했던 유골 2,000 주의 명부와 탄원서에 대한 답변을 주일공사에게 독촉한다.[2]

1958년 6월 10일자 공문에는 외무부의 요청으로 인한 '태평양 전쟁 희생동포 위령 사업 실행위원회'(이하 실행위원회)에 관한 보고서를 볼 수 있다. 대한민국 주일대표부 오사카 사업소 소장 장사홍(張師弘)이 주일대사에게 보고한 문서에 의하면, 실행위원회는 1957년 5월경에 교토의 만수사(萬壽寺) 주지 유종묵(柳種黙)[3]의 주도로 일본 불교 연맹의 협력을 얻어 발족했다. 도쿄와 교토, 그리고 오사카의 국분사(国分寺)에서 회합하였으나 모두 유회되었다.

1958년 6월 10일 현재, 오사카의 보엄사(宝厳寺)에 있는 재일본 조선인 불교도 연맹 본부로부터 차기 회합 개최에 대한 통지가 각 관계처에 도달했고 위원장은 고베의 대승사(大乗寺) 주지 김성해(金星海)로 변경되어 있다. 상기의 보고서는 앞서 언급한 만수사, 보엄사, 대승사, 국분사에 대해 종교는 민족과 사상 차별을 하지 않는다는 간판을 내건 좌익 계열의 절로 평가하고 있는데, 이러한 절에 조선인 총연합회(이하 조총련)계열의 사람들이 출입하며 자신들의 정치적 선전기관과 세력 확장에 이용하고 있다고 한다. 또한, 실행위원회는 일본 전국에 있는 절을 연결시켜 남한과

---

1) 1956년 3월 9일자 탄원서
2) 1957년 3월 21일자 공문
3) 동 보고서에는 유종묵에 대해 불경을 외는 중에 "우리 조선 인민공화국 만세"를 부르는 중으로 유명하고, 유종묵이 주간하는 만수사에는 좌익 학생이 기숙하고 있다고 한다.

북한의 구별 없이 함께 모일 수단으로 구성된 것으로 보이지만, 조총련 세력의 영향이 강하기 때문에 실행위원회의 활동에 한계가 있음도 함께 지적하고 있다.

1964년에는 재일교포 강위종(姜謂鐘)(한국인 전몰자 유골 봉안회 회장)이 『조선일보』의 기사를 통해 일본의 후생성 창고에 징용 한국인 유골 2,000여 주[4]가 보관되어 있다고 밝혀 큰 사회적 파장을 일으킨다.[5] 기사에 따르면, 동 봉안회는 1956년과 57년에 일본 후생성과 대한거류민단(이하 민단), 도쿄 도청의 도움을 받아 위령제를 지냈고, 한국 외무부, 국회, 그리고 주일대표부 등과 한국으로의 유골 봉안을 위해 교섭했으나 실패했다고 전하고 있다. 이에 외무부는 유골 문제가 정치화되는 것을 우려해 긴급히 주일대사에게 상기 내용의 확인을 요청하지만, 주일대사는 3월 27일자 외무부로 보내는 전보에서 주일 대표부와 민단이 유골 문제를 취급한 적은 없다고 보고한다. 하지만, 외무부가 주일대사에게 재차 일본 정부를 통해 신문 보도 내용의 확인을 요청하자[6], 4월 13일자 전보를 통해 상기 유골 2,000여 주는 후생성 창고에 보관되어 있으며 1956년에 한국 정부에 이미 유골 인수를 통보하였고 유골 명단도 그때 송부하였을 것이라고 보고한다.

즉, 신문 기사를 통해 알려진 유골 2,000여 주의 명단은 상기 1956년 문서에서 확인한 것처럼 외무부가 이미 수령한 것과 동일한 것임을 알 수 있다. 1956년 당시 입수한 유골 명단은 비밀리에 취급하였기 때문에 한국 정부 내에서도 제대로 인수인계가 이루어지지 않았을 가능성도 있지만, 앞서 살펴본 일련의 사건을 통해 유골 봉환 문제에 대한 한국 정부의 소극적인 모습을 엿볼 수 있다. 또한, 기사의 내용이 사실이라면 1956년에 외무부가 입수한 유골 명단을 둘러싸고 당시 민단과 한국인 전몰자 유골 봉안회의 협조가 있었다는 사실도 확인할 수 있다.

이와 같은 유골 봉환 문제에 관한 신문 보도를 접한 여러 시민단체는 한국 정부와 일본 정부에 유골 문제의 해결을 촉구하게 된다. 문서철에는 순국선열유족회, 홍익부인회, 범태평양동지회의 활동 관련 자료들이 수록되어 있다. 먼저, 회장을 구성서(具聖書)로 하는 순국선열유족회는 1964년 4월에 일본의 수상 이케다 하야토(池田勇人)와 한국 정부에 보내는 탄원서를 통해 현재 진행 중인 한일회담과 관련해 다음

---

4) 사세보에 1,200여 주, 도쿄에 863 주, 이케가미 혼몬사(池上本門寺)에 23 주가 보관되어 있다고 보도함.
5) (1964.3.20.) 『조선일보』,
6) 주일대사에게 보내는 전보에는 1964년 4월 6일 한국에 입국한 일본 외무성 미다니 조사관의 말을 근거로 신문 기사로 보도된 유골의 명단이 이미 작성되어 있음을 알려주고 있다.

과 같은 사항을 요청한다. ①식민지시기에 학살된 수십만 영령과 한국 국민에게 일본 국민의 이름으로 정식 사과할 것, ②과거 한일 간에 맺은 불평등 조약은 전부 무효로 하고 이를 세계만방에 공포할 것, 그리고 마지막으로 ③순국선열과 동포들에게 보상할 것을 요구했다. 탄원서에는 유골 문제에 관한 직접적인 언급은 없으나, 탄원서가 문서철에 포함된 것으로 보아 외무부가 동 단체의 활동을 유골 문제 보도와 관련이 있다고 판단했던 것으로 보인다.

반면, 홍익부인회의 회장 장경재(張敬哉)는 유골 문제에 관한 신문 보도를 직접적으로 언급하며 강위종[7]과 연락을 취했고, 유골 봉환 문제의 해결을 위해 외무부의 협조를 얻어 도일을 추진했다. 단, 전몰자의 보상금은 한국 정부와 일본 정부가 해결할 문제로 홍익부인회는 오로지 유골 봉환에만 중점을 두고 있음을 분명히 했다.

그러나, 앞의 두 단체보다 더 적극적으로 움직인 단체는 범태평양동지회로, 『조선일보』의 유골 문제에 관한 보도 직후인 3월 말에 이미 국회에 청원서를 제출했다. 청원서에는 한국인 전사자에 대한 보상금 지불과 피징용인의 미수 임금 지불 등을 요구하며 일본 후생성에 보관되어 있는 83,000여 주의 유골을 인수하여 유가족에게 송환할 것을 촉구했다.

이처럼 여러 시민단체들이 유골 문제 해결 촉구를 요구하던 시기인 6월 3일에는 주일 대표부가 후생성 창고에 보관된 징용한국인 유골 총 2,411 주의 명단을 외무부 장관에게 송부한다.[8] 이 유골 명단은 1952년과 1956년에 이미 두 차례에 걸쳐 일본 외무성으로부터 접수한 것으로, 한국 정부가 유골을 인수하지 않은 것은 대일 청구권 문제로 인해 유가족에게 지급할 보상금과 관련이 있었다. 하지만, 신문 기사의 보도로 인해 여러 시민단체의 항의와 국회 외무위원회의 의견에 따라 정부는 상기의 유골을 인수하지 않을 수 없었다.

단, 이번에 유골을 인도받는 것은 '인도적인 견지'에서 추진을 하는 것으로 한일회담의 결과로 인한 대일청구권의 최종적인 해결과는 전혀 무관하다는 입장을 고수하려 했다. 또한, 유골 인수는 대한적십자가 주도하되 '유골봉환위원회(가칭)'를 대한적십자에 설치하여, 정부 측에서는 외무부와 보건사회부가 참여하고 시민단체에서는 홍익부인회[9]와 범태평양동지회가 참가하여 동 위원회를 구성할 것을 계획했다. 한

---

7) 장경재는 강위종을 민족사적(民族史跡) 연구소 소장으로 소개하고 있으나 동일 인물로 보인다.
8) 육군관계 유골 1,548 주, 해군관계 유골 807 주, 우키시마마루(浮島丸) 군속 외 유골 56 주로 이중 약 100 주는 유품뿐이었다.
9) 홍익부인회가 외무부 장관에게 제출한 문서 「홍부(弘婦) 제13호」(1963.7.23.)에 따르면 다음의

편, 일본 정부는 한국인 유골 봉환에 대해 ①봉환에 필요한 제반 편의는 제공 가능, ②유골 각 주에 대한 향대 및 매장비 지급은 청구권 문제와 분리하여 고려함이 곤란함, ③유골 인도 범위를 남한 출신자에 국한하고 북한 출신자의 유골은 차후 적당한 시기에 적십자를 통해 유족 또는 연고자에게 인도할 방침이었다.[10]

일본 정부의 이와 같은 방침에도 불구하고 한국 정부가 한일회담 전에 유골 2,000여 주를 한국으로 송환하기 위해 일본 정부와 교섭 중이라는 소식이 신문 기사를 통해 보도된다.[11] 이 뉴스를 접한 사단법인 범태평양동지회는 외무부에 유골 송환 관리에 대한 업무에 동 단체를 위촉해 주기를 요청하는 건의서를 제출한다. 건의서에는 범태평양동지회가 1947년 12월과 1948년 3월에 두 차례에 걸쳐 일본 후생성 복원국(復員局)으로부터 인수한 유골을 서울의 백용사와 부산의 묘심사에 봉안하고 유가족에게 송환할 것을 정부와 논의하던 중 6.25 전쟁이 발발해 현재까지 봉안 중이라고 밝히며 해방 직후부터 유골 송환사업에도 적극적으로 활동해 온 것을 강조했다.[12]

실제로, 문서철에는 건의서와 함께 범태평양동지회의 창설 취지서와 정관이 첨부되어 있는데, 정관에는 동 단체의 사업으로 ①대일 미수금 청구에 대한 자료수집, 통계 및 상환에 관한 사업, ②희생자 유자녀 육성 사업, ③회원의 농어촌 개발 촉진에 관한 사업, ④극빈 회원의 구호에 관한 사업, ⑤사망자 유골봉환 무연고자의 합동 묘지 시설에 관한 사업, ⑥현지 유골 모집에 관한 사업, ⑦기념비 설립에 관한 사업, ⑧그 외 전기(前記) 사업을 위한 부대 사항 등을 소개하며 유골 봉환에 대한 범태평양동지회의 높은 관심과 활동 양상을 보여주고 있다.

한편, 1964년 12월 10일에는 순국선열유족회가 법무부 장관에게 진정서를 제출하는데, 요구사항은 ①일본의 강압적인 조약을 모두 무효화할 것, ②대일 재산 청구권 외에 인권 침략에 대한 대우와 보상을 할 것, ③재일동포에 대해 최혜국 국민 대우를 할 것으로, 지난 4월에 한국 정부와 일본 수상에게 보낸 탄원서의 내용과 유사했다. 이에 법무부 장관 민복기는 진정서의 내용이 한일회담과 관련된 것이라는 이유로,

---

8가지 계획을 세운 것을 확인할 수 있다. ①유족 봉환 안치 장소는 장지로 정함, ②위령제 비용은 본회에서 부담함, ③장지 및 장례비는 보건사회부에 의뢰함, ④유가족 승차는 교통부에 의뢰함, ⑤유가족 숙식은 본회에서 부담함, ⑥유골 봉환자 인원은 15명으로 하고 여비 일절은 각자 부담하기로 함, ⑦도일 절차 수속은 외교부에 의뢰함, ⑧유가족 위안은 본회에서 책임을 짐.

10) 밑줄은 원문 그대로 인용.

11) (1964.10.15.) 「교포유해 모시기로」『동아일보』,

12) 서울에 중앙본부를 둔 범태평양동지회는 각 도 및 부산에는 지부(支部)를 설치하였고, 각 시와 군에는 지회(支会), 읍면에는 분회(分会)를 두었다고 한다.

진정서를 12월 21일자로 외무부에 이첩한다. 해를 넘겨 1965년 1월에 순국선열유족회는 33인 유족회와 함께 국회에 청원서 제출을 추진하는데, 청원서에는 ①일본과의 모든 불평등 조약을 무효로 하고 세계만방에 선언할 것, ②평화선 침범을 즉각 중지할 것, ③독도 영유권 주장을 취소 선언할 것, ④대일 재산청구권 외에 의병운동과 독립운동에 대한 정중한 사과와 배상을 요구하는 내용이 실려 있었다.

이러한 움직임을 미리 포착한 원호처(현 국가보훈처) 처장 김병삼은 외무부 장관에게 공문 '한일회담에 대한 애국지사 유족 동향 통보'를 통해 유족의 동향을 보고한다. 보고서에서 김병삼은 상기의 청원 활동이 신문 보도 등으로 여론화될 가능성을 우려하며, 외무부에서 유족대표(10여 명)를 만나 정부 방침을 주지시키고 동시에 유족의 건의도 적극적으로 검토할 것을 권유한다. 또한, 이 문제를 방치하거나 제대로 해결을 하지 못하면 한일국교 정상화 이후에도 계속 문제가 될 소지가 있음도 덧붙이고 있다.

순국선열유족회는 연이어 2월 17일에 단독으로 상기의 청원서에서 독도 문제를 제외하고 나머지 요구사항을 포함하는 성명서를 작성하여, 방한하는 일본의 외무상 시나 에쓰사부로(椎名悦三郎)에게 성명서를 전달해 줄 것을 외무부 장관에게 요청한다. 이에 외무부는 순국선열유족회 회장 구성서에게 동 단체의 충정에 감사를 표하며 시나 외무상에게 성명서를 전달할 것이라는 회답을 보낸다.

또한, 외무부 장관 이동원은 지난해 말에 순국선열유족회가 제출한 진정서에 대한 회답을 하기 전에 원호처에 회답 내용에 대한 자문을 구하는데, 원호처장 김병삼은 현시점에 따로 회신을 하는 것에 반대하며 앞으로 광복회(회장 이갑성)[13]에서 회신 요청이 있을 경우에 단체 대표를 불러 정부 방침을 주지하는 것이 더 효과적이라고 조언한다.

다음으로 『재일한국인 유골 봉환 1966-67년』 문서철을 살펴보면, 국내의 유골 관련 뉴스 기사를 접한 유족들의 민원이 쇄도하는 가운데, 유골 문제를 둘러싼 범태평양동지회의 적극적인 활동 양상이 눈에 띈다. 범태평양동지회[14]는 1966년 2월 4일과 14일에 각각 「신체 피해 보상 대책에 관한 건」과 「대일 청구권 중 민간 보상에 관한 건의」라는 제목의 진정서를 보건사회부 장관에게 제출한다. 전자는 정부가 일제에 강제 징용된 노무자 중 신체 피해자들에 대한 보상은 없을 방침이라는 뉴스[15]

---

13) 원호처가 작성한 문서에는 광복회를 '당처 허가'단체, 순국선열유족회를 '단체 허가 보류'로 표기하고 있다.
14) 1966년 현재 범태평양동지회 회장은 김용호(金竜虎)로 되어 있다.

를 접한 범태평양동지회가 이에 항의하며 현재 지지부진한 유골 봉환 사업에 대한 신속한 해결을 촉구하는 내용이었다.[16]

후자 또한 신체 피해자를 포함해 사망자, 증서 분실자 등 대일청구권에서 보류된 민간인 보상의 폭을 넓혀 주기를 요청하는 진정서였다. 이에 외무부는 범태평양동지회 앞으로 대일 개인청구권의 보상 문제는 재무부에서 보상의 범위와 기준 등에 관한 법률을 준비 중이라는 답신을 보낸다.

하지만, 범태평양동지회는 연이어 보건사회부 장관 오원선 앞으로 「한국인 유골 실태 조사 의뢰에 관한 건」(3.18.)이라는 의뢰서를 제출한다. 의뢰서를 통해 범태평 양동지회와 제휴 중인 일본의 일한상호 친선동지회(대표 간사 도쿠나가 미쓰아키(德永光昭))가 파악한 후생성에 보관된 유골 2,268 주 외에도, 사세보 창고에 1,200 주, 도쿄 창고에 863 주, 이케가미 혼몬사에 23 주, 히로시마에 3,000 주로 총 7,354 주의 유골 실태를 일본 정부에 재확인할 것을 정부에 요청하고 있다. 또한, 3월 22일에는 박정희 대통령 앞으로 「청구권 자금 민간보상에 관한 건의」 문서를 제출하여 재차 민간인 보상 확대를 강력히 요구했다.[17]

이에 외무부는 4월 27일자 답신에서 일제에 의해 강제 징병 및 징용으로 희생된 한국인에 대한 보상은 현재 재무부에서 검토 중으로 차후 입법화할 예정이라는 원론적인 답변을 반복했다. 동시에, 외무부는 범태평양동지회가 앞서 3월 18일에 제출한 총 7,354 주의 한국인 유골 실태 건에 대해서는 주일대사에게 조사 파악할 것을 지시한다.

이러한 가운데, 4월 18일에 외무부 장관 앞으로 주일대사 김동조가 제출한 공문이 도착한다. 문서명은 「일본에 있는 한국인 유골(오카야마현 소재)」로 주 오사카 총영사의 보고에 의하면 오카야마현 오카야마시에 위치한 진성사(真城寺) 납골당에 한국인 유골 70주가 안치되어 있다는 내용이었다. 제2차 대전 중 오카야마시 소재의 군수공장에서 일했던 한국인들의 유골로 보이는데, 이 사실을 접한 조총련에서 유골 인수 운동을 벌이고 있다고 보고한다. 이에 주일대사관은 주 오사카 총영사관을 통해 오카야마현 지사에게 유골의 실태조사와 인수 방법이 결정되기 전까지 유골을

---

15) (1966.2.3.) 『중앙일보』,
16) 처음으로 일본국 자회단체인 「일한상호 친선동지회」를 언급하여 일본에 있는 한국인 유골과 한국에 있는 일본인 유골의 교환을 촉구했다.
17) 1966년 4월 21일에는 앞서 2월 4일에 보건사회부 장관에게 제출한 청원서 「신체 피해 보상 대책에 관한 건」을 재차 대통령에게 제출했다.

개인이나 단체에 인수하지 말 것을 요청한다.

진성사 관련 보고를 접한 외무부는 진성사에 안치된 유골도 궁극적으로는 일본 정부가 보관하고 있는 전몰 한국인 유골 문제와 같은 방안으로 처리할 계획임을 주일대사에게 통보한다. 하지만, 이러는 사이 5월 2일자『서울신문』에는「유골 북송을 기도」라는 제목의 기사가 게재되어 진성사에 안치된 유골의 존재가 세상에 알려진다. 기사에 의하면 조총련과 일조협회(日朝協会)가 진성사에 보관된 한국인 유골 65주를 모시고 위령제를 거행하며 유골의 북송을 허가해 줄 것을 일본 법무성에 요청했다는 것이었다. 하지만, 오카야마현의 민단은 진성사의 유골이 대부분 남한 출신임을 확신하고 있기 때문에 한국 정부가 유골을 인수해야 한다는 주장도 기사에서 소개하고 있다. 기사를 접한 범태평양동지회는 외무부에 청원서를 보내 유골을 조속히 한국으로 송환할 것을 강력히 건의했다.

한편, 6월에 작성된 외무부의 문서에는 교토의 니시혼간지(西本願寺)가 서울 화계사에 있는 약 2,707 주의 일본인 유골을 인수하기 위하여 대표 5명을 한국으로 파견한다는 내용의 보고서를 볼 수 있다. 니시혼간지(문주 오타니) 측에 의하면 전후 약 3,000구의 일본인 유골이 서울에 있는 니시혼간지 경성 별관에 보존되어 있다가 화계사로 이관되었다고 한다. 그간 양국의 국교 수립이 지연되어 방치되어 오다가 1964년 12월에 '구 니시혼간지 일본인 유골보안위원회(위원장 조경국)'가 구성되어 화계사에 안치되었는데, 지난해 5월에 동 위원회의 조명기 위원의 유골 이관 요청이 있었고 국교정상화와 함께 올해 3월에 위원회의 초청장을 받아 방문하게 되었다는 것이다.

실제로 니시혼간지의 구와쓰키(桑月) 섭외부장 등 2명이 6월 3일 방한을 하게 되는데 공항에는 동국대학교 총장 등이 마중을 나왔다. 니시혼간지 방문단은 화계사에 있는 유골을 우선 7일 인천에서 배편으로 송환하고 15일 동안 홍제동 일인 공동묘지와 각 사찰을 돌아다니며 유해의 행방을 찾을 계획이었다.[18] 일본 대사관까지 한국 정부에 일본인 유골의 송환에 대한 협조를 요청하자 한국 정부는 ①재한 일본인 유골 중 신원이 분명하고 적법한 연고자가 인수를 원할 경우 관계 국내법령의 범위 내에서 대응하고, ②신원이 분명하지 않거나 연고자가 직접 인수하지 않는 유골은 한국 내 소재 상황에 대한 전반적인 실정을 파악한 후에 일괄하여 일본 정부와 처리 방안을 논의할 것이라는 원칙적인 입장을 내놓았다.

---

18) (1966.6.4.)『조선일보』.

하지만, 이미 니시혼간지 측이 방한하여 화계사 및 동국대학교 측과 유골 인수에 관한 교섭이 마무리되었고, 한국 정부가 유골의 인도를 반대하거나 일본에 있는 한국인 유골 송환 문제와 연관시키려 한다는 인상을 주지 않기 위해 일본 대사관에 일본인 유골을 인수하기로 결정한다. 단, 한국인 유골에 대한 일본 정부의 성의 있는 해결 촉구와 일본인 유골을 일본 정부가 책임을 지고 인수한다는 전제를 달았다.

7월에는 『조선일보』를 비롯한 국내 신문에 '한인전몰자명단'이 게재된 것을 계기로 범태평양동지회를 비롯해 유족들이 한국 정부에 유골 송환과 명부 확인에 대한 문의가 쇄도하는 양상을 볼 수 있다. 그중에는 해방 후 일본에서 전범자로 처형된 '한인 전범'에 대한 조회도 있었는데, 유족들은 신문 기사에 게재된 처형 명단을 제시하며 한국인 전범자 25명의 동원 당시 본적지와 주소, 처형된 일시, 유골 보관 장소 등의 조사를 외무부에 요청했다. 외무부는 곧바로 주일대사에게 처형된 한국인 전범자에 대한 조사 보고를 지시했고, 10월에 주일대사관은 '동진회(한인 전범자 단체)'의 협조를 얻어 조사한 자료를 외무부에 보고한다.

1969년에는 8월 13일자 『마이니치신문』에 한국인 전몰자 유골 송환 문제에 관한 특집 기사가 게재된다. 특집 기사에는 당시 일본 중앙대학에 재학 중 학도병으로 출병한 김성남(金星南)에 관한 내용이 소개되었는데, 그 소식을 접한 모친이 유골 송환을 부탁하는 탄원서를 일본후생성에 제출한다. 하지만, 일본 정부는 한국 정부와 유골 송환에 대한 합의점을 찾지 못하였기 때문에 개별 송환은 불가하다며 유골 인도를 거부한다. 하지만, 8월 26일부터 28일까지 열린 제3차 한일각료회의에서 유족뿐만 아니라 정당한 연고자가 있을 경우, 한국 정부가 이를 확인 가능한 자에 한하여 개별적으로 유골을 인도하도록 처음으로 양국 간의 합의가 이루어져 일본 정부와 세부 절차를 교섭하게 된다.

이처럼 해방 이후 한국 정부는 일본 정부와 한국인 유골 봉환 문제를 둘러싸고 지지부진한 협상을 계속해 온 것을 알 수 있다. 한국 측이 한국인 유골의 '일괄 인도'라는 방침을 세우고 협상에 임했던 반면, 일본 측은 북한 출신의 유골도 포함되어 있다는 이유 등을 들어 '일괄 인도'를 거부했기 때문이다. 하지만, 1969년 8월에 열린 제3차 한일각료회의에서 한일 양국은 최초로 인수 의사에 합의하게 된다. 본 문서철은 1950년대 중반부터 제3차 한일각료회의에 이르기까지 유골 송환 문제를 둘러싼 한국 정부와 일본 정부 간의 끊임없는 교섭의 양상과 국내와 국외의 여러 시민단체들의 동향을 확인할 수 있는 귀중한 자료라 할 수 있다.

① 재일 한국인 유골봉환 1956-65

② 재일 한국인 유골봉환 1966-67

③ 재일한인 유골봉환, 1969

① 재일 한국인 유골봉환, 1956-65

o o o

기능명칭: 재일 한국인 유골봉환 1956-65

분류번호: 791.41 1956-65

등록번호: 1687

생산과: 동북아주과

생산연도: 1965

필름번호: P-0003

파일번호: 03

프레임번호: 0001-0156

1. 외무부공문–태평양전쟁중 전몰 전몰한국인 유골에 관한 건

번호 한일대 제6호
일시 1956.1.11.
발신 주일참사관
수신 정무국장
건명 太平洋戰爭中 戰歿 전몰한국인 유골에 관한 件

머리의 건 四二八九 년 一월 六일 일본외무성 中川亞細亞局長은 본관과 회견한 석상에서 태평양전쟁 당시 소위 징병(徵兵)으로 나아가 전몰(戰歿)한 한국인의 유골에 관하여 그 인수(引受)를 요청하고 다음과 같이 말하였으므로 이에 보고하오며 이에 관하여 지시를 앙청하나이다.

기(中川아세아 국장의 설명)

一. 현재 일본 정부는 전기 한국인의 二千주(기중 북한 본적이 四百)의 인계 준비를 완료하고 한국 정부의 인수를 요청하며 그 유골의 명부는 모두 확실하다.

二. 본건에 관계 있는 전례로는 一九四八년 二월과 五월 두 번 당시 SCAP을 통하여 七 千五百 주의 유골을 인게(在朝鮮美軍政廳 당시)한 일이 있다.

三. 이 사람들의 위자료는 현재 적립(積立) 되어 있으나 장차 양국 간의 회담에서 결정되는대로 지불될 것이다.

2. 외무부공문–태평양 전쟁중 전몰한 한국인 유골에 관한 건

번호 외정 제109호
일시 1956.1.16.
발신 외무부 장관
수신 주일공사
제목 太平洋 戰爭중 전몰한 한국인 유골에 관한 건
(대 四二八九년 一월 十一일 한일대 제六호)

대호의 건에 관하여 우선 다음사항에 대하여 조사 보고하시기 바라나이다.

기

一. 대호의 건에 관련한 유골 二千 주의 상세한 명부를 송부할 것.

二. 유골 수송에 있어서 수송비, 잡비, 기타경비(일본 정부로부터 인수하여 유가족 각위에게 전달시까지)에 대하여 일본 정부의 부담여부를 교섭 후 보고할 것.

三. 二千주의 유골 인계 문제에 대하여 오늘날까지 방임하여 치연[1]된 이유를 조사 보고할 것.

四. 위자료에 관하여는 장차 개최될 양국의 회담에서 결정할 것이라 하였는데 일본 측의 위자료 보상비 기준 여하.

이상

3. 탄원서

嘆願書

本願人은 三八以北에서 越南한 者로서 일즉이 獨子를 日本軍에 志願兵으로 四二七一年(昭和十三年) 十二月에 咸興駐七四聯隊에 入營하여 四二七五年(昭和十七年)에 除隊되었으며 四二七七年(昭和十九年) 五月三日에 應召되여 元隊로서 同月二十日頃 比律賓에 派遣된 後 同年八月까지 通信이 有하고 그 後는 消息이 斷絶되었읍니다. 去本月六日字 日本衆議員에서 社會黨 古屋議員의 質問 內 戰爭中 徵兵徵用된 韓國人死亡者에 對한 神田厚相 答辯에 依하면 佐世保、吳에 遺骸를 保管하고 있다 하니 多繁中 惶悚하오나 其 孤獨하고 可憐한 身勢로 十有餘年間 焦燥하게 지내□ 宿怨을 解消시켜 주시는 意味에서 遺骸라도 殘餘되였으면 送還또는 其他附隨되는 問題를 其際에 完全 解決케 하여 주시기를 仰願하나이다.

應召出征者
本籍 咸南長津郡上南面袚物里七一番地
應召時勤務住所 江界江水力電氣株式會社 梨上里出張所

---

1) '지연'의 오기.

出征地　比島派遣第一二□二四部隊前田隊
出征時階級及姓名　兵長　大倉和藏(金東松)
　　　　　　　　　　大正九年十一月五日生　以上
檀紀四二八九年三月九日
本籍　咸南長津郡上南面袂物里七一番地
現住所　서울特別市中區筆洞三街四五의　二牛一
右願人(金東松父)　金興根

外務部　長官　貴下

4. 외무부공문—태평양 전쟁중 전사한 한국인 유해에 관한 건

번호 외정 제　　호
일시 1957.3.21.
발신 외무부 장관
수신 주일공사
제목 太平洋 戰爭中 戰死한 韓國人 遺骸에 關한 件

　　머리의 件 지난 六日 日本衆議院에서 行한 標記件에 關한 日本首相과의 問答內
容이 別添 新聞報道와 같이 韓國人 遺骸가 日本政府에 依하여 保管되고 있음이
알려졌으며 別添과 같은 歎願書도 接하게 된 바
　　本件에 關하여는 벌서 단기四二八九년 一월 十一일자 한일대 제六호로 本部에
指示를 請하여 온데 對하여 단기四二八九년 一월 十六일자 외정 제一〇九호로
列擧한 事項을 爲先 調査 回報할 것을 指示한바 있으나 아직까지 何等의 回報가
없는 터로 이에 다시 督促하오니 早速히 報告하시기 바라며 別添 歎願書에 關하
여도 回報하시기 바랍니다.
　　別添 1. 四二八九년 一월 十六일자 외정 제一〇九호 公文寫本 一部
　　　　 2. 歎願書 寫本
　　　　 3. 關係 新聞 記事
　　　　　　　　　以上

5. 외무부 공문–태평양전쟁중 전사한 한국인 유해에 관한 건

번호 외정 제　호
일시 1957.5.1.
발신 외무부 장관
수신 주일공사
제목 太平洋戰爭中 戰死한 韓國人 遺骸에 關한 件
(연 四二八九年一月十六日字 外政第十〇九號.
　　四二九〇年三月二十一日字 〃　八一七號)

　　머리의 件 送付하신 韓國人 戰死者 名簿(二千四百十四名分)는 接受하였으나 關
　　係公文이 添送되지 않았으므로 그 內譯을 알 수 없으니 同名簿 內容說明書와
　　連號 公文으로 指示한 事項의 調査書를 早速 送付하시기 바랍니다.

6. 외무부공문–한국인 전사자 명부 사진판 사본 작성 의뢰의 건

번호 외정 제 호
일시 1957.5.15.
발신 외무부 정무국장
수신 방교국장
제목 韓國人 戰死者 名簿 寫眞版 寫本 作成 依賴의 건

　　머리의 건 太平洋 戰爭中 戰死한 韓國人 戰死者 名簿를 別添과 같이 日本 外務
　　當局에서 보내어 왔는데 이에 對한 事務進行上 同名簿의 寫本이 必要하오니 이
　　를 寫眞版으로 四部 作成해 주시기 바랍니다.
　　追申 同名簿는 아직 公開되지 않은 것이므로 取扱에 있어 秘密에 부쳐주심을
　　바랍니다.

7. 외무부공문–태평양전쟁중 전사한 한국인 유해에 관한 건

번호 -
일시 1957.5.16.
발신 주일대표부 이등서기관　□永周
수신 정무국 아주국장
제목 太平洋戰爭中 戰死한 韓國人 遺骸에 關한 件
　　　對(四二九〇年五月一日 外政第八一七號)

　　首提의 件에 關하야 接受하신 韓國人戰死者名簿(二千四百十四名分)에 關係公
文이 添附되지 않았음은 去四月初旬에 金公使 歸國時에 直接 携帶하여 長官께
提呈報告드린 것인 바 諒知하시옵기 바라나이다.

8. 기안–태평양 전쟁에 종군한 한국인 전사자 명부 사본 작성 의뢰의 건

번호 外 第　　號
기안일시 1957.5.17.
시행일시
발신
수신
제목 太平洋 戰爭에 從軍한 韓國人 戰死者 名簿 寫本 作成 依賴의 件

　　稟議
　　　머리의 件 太平洋戰爭中 戰死한 韓國人 戰死者의 遺骨遺品 名簿 (二千四百
十四名分)를 日本外務當局에서 보내어 왔는데, 이에 對한 事務進行上 同名簿
寫本 四部가 必要하오니 左記와 같이 同寫本 作成을 依賴함이 可할지 高裁를
仰請하나이다.

　　　　　　記
一. 資料名 韓國人 戰死者 遺骨遺品 名簿

二. 金額 枚當(美濃紙式 페이지) 壹百五拾圓整
三. 納品期日 檀紀四二九○年五月三十日
四. 複寫者
　　1. 서울特別市 麻浦區 龍江洞 一○五番地
　　　　　　　　鄭京圭
　　2. 서울特別市 西大門區 平洞 二六一의 一五
　　　　　　　　安熿鎬
五. 槪算總額 一金 參萬七百五十圓整 (貳百五枚)
六. 支出豫算項目 事務費 手數料

9. 외무부공문—태평양전쟁 희생 동포 위령 사업 실행위원회에 관한 건

번호 외정 제2421호
일시 1958.6.30.
발신 외무부 장관
수신 보건사회부 장관
건명 :태평양전쟁 희생 동포 위령 사업 실행위원회에 관한 건

　　　수제의 건에 관하여 관하 주일 대표부에서 보고해온 바에 의하면 일본 국내
에서 표기 위원회 명의로 재일교포 및 동기관에 동사업의 협조를 요청하는 사례
가 있었다고 하와 이에 관한 조사보고서를 별첨과 여히 보내왔음으로 이에 동보
고서 사본을 별첨 송부하오니 참고하심을 바랍니다.
　　별첨. 동보고서 사본 일통

별첨-「태평양전쟁희생동포 위령사업 실행위원회」 내용 조사보고의 건

번호 한일대 제1106호
일시 1958.6.20.
발신 주일대사
수신 외무부 장관

제목「太平洋戰爭犧牲同胞 慰靈事業 實行委員會」內容 調查報告의 件

　　首題件 肩書「太平洋戰爭犧牲同胞 慰靈事業 實行委員會」라는 名儀로 駐在國僑
　　胞 및 各機關에 今事業의 協助를 要請하는 等 事例가 有하였음으로 今委員會의
　　所在地管轄인 大阪所長에게 今委員會 內容을 調查케 한 바 別添과 如히 其結果
　　를 報告하여왔음으로 이에 添付報告 하나이다.
　　別添 大阪所長 報告書

별첨-오사카 사무소장 보고서

번호 한일대 제238호
일시 1958.6.10.
발신 대한민국 주일대표부 오사카 사무소 소장 장사홍(張師弘)
수신 주일대사
제목 "太平洋 전쟁 희생동포 위령사업 실행위원회" 내용 조사 회보의 건

　　머리의 건에 관하여 五월 三十一日 전화로서 조사의뢰하신 표제 건에 관하여
　　조사한 결과를 자이 회보하나이다.
　　　　　　　　　　기
　一. 건명회(會)는 四二九○年 五月경에 京都市東山區 本町十五丁目滿壽寺[2](日
　　　本佛敎團 소속) 住職 柳種默이 주동으로 日本佛敎連盟의 협력을 얻어 발족
　　　시키려고 東京에서 기성회를 열었으나 집합자 소수로 인하여 미완성이었다
　　　함.
　二. 표제회의 목적을 실천키 위하여 四二九一년 五月 八일 다시 京都에서 회합하
　　　였으나 유회되고 四二九一年五月十六日 大阪市天王寺区国分寺(主職 韓国
　　　人—本名不名—法名 "釋法山") 에서 또다시 회합하였으나 유회되었다 함.
　三. 전 二항과 여한 경과를 거쳤는바 六月十日자로 大阪市東成区西今里宝厳寺
　　　(主職—徐宗道)에 있는 在日本朝鮮人仏教徒聯盟本部로부터 次期표제회에
　　　관한 회합을 개최한다는 통지가 각 관계처에 와 있다 함.
　四. 표제건 회의 구성은 一항에 있는 柳種默이 위원장 격으로서 주간하여 오든

---

2) 満寿寺와 万寿寺로 각기 다르게 표기되어 있으나 동일 사찰

중 四二九〇년 秋季부터 그의 장사(弟子中 職位繼承할 자) 尹周玉이 동회 총무로 있으며 현 위원장은 神戸市長田區大谷町 五丁目 大乘寺主職 "金星海"이라 함.

五. 전술한 萬壽寺[3], 宝嚴寺, 大乘寺, 國分寺 등은 종교는 민족과 사상 차별하지 않는다는 표면 간판 하에 좌익 계열에 합려적인 절로서 朝鮮人總連合會 계열 사람들이 출입하며 장례식, 추도회, 위령제 등을 리용하여 자기를 정치적 선전기관과 세력 확장에 리용하려고 하며 日本全國에 있는 절을 연결시켜서 南韓, 北韓에 구별없이 一堂에 모일 수단으로 구성된 것으로 보임(國分寺만은 一部分 차이가 있음)

六. 각 절에서는 표제 건의 회의를 조직하면 전국적으로 朝鮮人總連合會 세력 영향을 뚜렸이 나타내기에 곤난한 입장도 있음으로 적극적으로 움지기지 못하며 동회에 대한 태도 결정에 주저하고 있는 형편임

◎ (柳種默은 佛經中 "우리 朝鮮人民共和國萬歲"를 부른다는 僧으로 유명한 자이며 그의 주간하는 萬壽寺에는 左翼학생이 기숙하고 있음)

太平洋戰爭中犧牲同胞慰靈事業實行委員會 趣旨書

太平洋戰爭當時에 우리 同胞 數百萬이 無道한 日帝軍閥의 强制徵兵, 徵用의 魔手에 걸려 日本에 끌려와서 三十萬以上이 高貴한 生命을 犧牲하였고 그들의 遺骨도 解放直後 約七,〇〇〇體의 極小數가 送還된 以外에는 解放 後 一三年인 오늘에도 그대로 放置되어 있으며 九死一生의 殘存者의 一部가 現 在日同胞이다.

그 犧牲同胞의 大多數가 太平洋 南方諸島에서 爆死, 虐殺의 怨魂이 되었고, 一部는 日本國內의 炭鑛·軍事·鐵道等 施設의 突貫工事 等에서 非人道的 虐待를 받으면서 超重勞動을 하다가 餓死·虐殺·病死를 當하였고 또 解放直後 歸國시켜 준다고 하니 乘船中인 浮島丸이 舞鶴港內에서 原人不明인 爆發로 數十名의 日本人船員을 包含한 約 二,〇〇〇名의 同胞가 解放된 祖國을 目□에 바라보면서 抑鬱하게 傷死를 당하였다. 또 現在 福岡 復員部, 厚生省 別館(吳에서 一九五八年五月移安)의 창고에 방치되어 있는 二,四〇〇体의 遺骨까지도 日政當局의 朝·日間의 正常國交가 없다는 口實로 奉還을 拒絶할 뿐 아니라 그 遺骨에 對하여 同胞들의 □□. 移葬까지도 할 수 없는 現狀이다.

---

3) 앞의 주 참조

이 犧牲者들의 遺骨은 그 調査責任者인 日政當局이 當然히 政務的 全責任을 지고 調査, 收集, 送還, 慰靈事業을 完遂할 것임에도 不拘하고 그들은 調査資料의 提示까지도 拒否하고 있다.

　　우리들은 그들의 遺骨이나마 故國에 奉送 安葬하기 爲하여 一九四八年 以來로 日本佛教徒의 協力을 받어 하루같이 百方으로 事業을 推進하여 왔으나 日政當局의 非協力的 態度에 依하여 一步도 前進을 보지 못하고 있던 것이다.

　　다행이 一九五七年七月에 日本佛教徒를 中心으로한 日本人有志들이 이 事業을 人道的으로 보아서 이 以上 더 放置할 수 없다 하여 □人道的 立場에서 出發하여 「太平洋戰爭中 朝鮮人殉職者 慰靈準備委員會」를 構成하고 全國的으로 各階層에 呼訴하여 朝鮮南北을 不問하고 同胞遺骨의 調査, 收集, 慰靈事業을 積極的으로 推進하게 되었다. 우리는 이에 對하여 심심한 謝意를 表하는 바이다.

　　우리들은 이를 契機로 그들과 呼應하여 이 事業을 一層 前進 遂行하기 爲하여 우리 同胞의 獨自的인 「太平洋戰爭中 犧牲同胞慰靈事業 實行委員會」를 構成하고 이 事業이 完遂할 때까지 慰靈祭는 勿論이고 遺骨에 對한 調査, 收集, 奉還의 事業을 積極推進코저 합니다.

　　全在日同抱들과 各機關들은 이 趣旨를 贊同하여 주실 줄로 믿으면서 本會事業에 細心한 配慮를 들리시여 積極 協力 援助하여 주심을 삼가 바랍니다.

一九五八年 五月 十五日
太平洋戰爭中犧牲同抱 慰靈事業 實行委員會
事務連絡所 京都市東山区 本町一五丁目萬壽寺 電話(6)一三四一番
　實行委員
　　　委員長 金星海
　　　事務局 尹一由
　　　涉外部 徐泰植, 張曺光,
　　　宣傳弘報部 □□由, 洪觀海, 徐宗島, 姜承奎, 趙鏞柱, 李宗孝
　　　財務部 徐泰植, 洪觀海
　　　委員 趙南錫, 姜君玉, 高□□, 金光司, 金炳□, 金阪洙, 金泰□, 鈴木□
　　　　滋, 金□大, 高仁□, 金昌國, 玄俊益, 金□景. 金正一, □□□, 金有
　　　　□, 高□□

顧問 柳□□, 金企良

10. 외무부공문(발신전보)

대한민국 외무부
번호 WJA-03271
일시 231105
발신 외무부 장관
수신 주일대사

1. 현재 방한중인 재일교포 강위종(제비강, 이름위, 쇠복종, 56세, 한국인, 전몰자 유골 보안회[4] 회장)이가 발설한 내용을 보도한 64.3.20.자 조선일보 기사에 의하면 2차대전시에 일본군에 징용되었던 한국 장정 2천여명의 유골이 후생성 창고에 뒹굴고 있다고 하는 바 (1,200여명의 유골이 "사세보" 후생 창고에 863명의 유골이 동경 후생성 창고에, 23명의 유골이 "이께가미"의 본문사에), 이 보도 내용은 국내에서 정치 문제화할 가능성이 있음.
2. 본건에 관하여 대표부에서 취급 처리한 사실의 유무와 취급한 사실이 있으면 그 처리 내용을 조속히 보고 하시압.(외아북)

11. 외무부공문(발신전보)

번호 WJA-03365
일시 271430
발신 외무부 장관
수신 주일대사
연: WJA-03271

---

4) 봉안회의 오기

연호로 조회한 한국인 전몰자 유골 문제는 국회에서 이를 문제시하여 질의를 제기하고 있으니 이에 대하여 조속히 회보하시압. (외아북)

12. 외무부공문(착신전보)

대한민국 외무부
번호 JAW-03472
일시 271736
수신시간 1964.3.27.
발신 주일대사
수신 외무부 장관
대: WJA-03365

대호로 조회하신 한국인 전몰자 유골 문제는 당부에서는 취급한 바 없으며 민단에서도 취급한 바 없다고 함. (주일영)

13. 외무부공문(발신전보)

대한민국 외무부
번호 WJA-04075
일시 090925
발신 외무부 장관
수신 주일대사
연: WJA-03271

1. 전몰 한국인의 유골 약 2,000여주가 일본 후생성 창고에 산재해 있다는 보도를 계기로 하여 국내에서 이 문제에 대한 논의가 활발해지고 있으며, 특히 "범태평양 동지회"라는 단체에서는 보상금의 지급과 유골의 인수 등을 국회에 대하여 청원하였음.

2. 연호 전문1호의 보도내용의 사실 여부를 일본 정부 당국에 확인하여 보고하시기 바라며, 그 명단도 입수하여 조속 송부하시기 바람.

3. 64.4.6.에 한국에 입국한 일본 외무성 "미다니" 조사관의 말에 의하면 전기 유골의 명단은 이미 작성되어 있다 함을 참고로 알립니다. (외아북)

14. 외무부공문(착신전보)

대한민국 외무부
번호 WJA-04175
일시 131636
수신시간 1964.4.13. PM5:42
발신 주일대사
수신 외무부 장관
연: WJA-03271, 04075

1. 대호로 조회하신 제2차 대전시 일본군 징용한 한국인의 유골에 대하여 일본 외무성에 문의한 결과를 다음과 같이 회보함.

2. 동 유골 약 2,000여주는 현재 동경 후생성 창고에 일괄 보관되었다고 하며 이에 대하여 이미 8년전 (쇼오와 31년)에 우리 정부에 동 유골 인수를 통보한 바 있다고 함.

3. 유골 명단은 그 당시 송부하였을 것이라고 하며 현재 외무성에는 없고 후생성에 비치된 것이 있을 것이라는 것임.

4. 동 명단은 계속 외무성을 통하여 입수하도록 하겠음. (주일영2)

15. 결의문

日本国政府
首相 池田勇人 貴下
　　이제까지 韓國國民과 大韓民國政府에 對한 日本政府의 取한 態度는 遺憾스

럽게도 欺瞞的이었다.

特히 懸案中인 韓日交涉에 있어 當然히 저야할 責務를 迴避하며, 平和線返還行爲는 더욱이 國際的인 强盜的行爲이었으며 아직도 帝國主義的侵略□□을 堅持하고 있는 것이 아닌가 한다.

軍國的 日本帝國主義의 殘惡한 政策으로 韓國民族이 近代化할 一切의 與件과 機會를 剝奪하고 民族的으로 生命과 財産의 被奪은 數字로 計算하기 어려우며, 더욱 日本의 植民地政策을 排除코자 抗爭한 우리 殉國先烈의 虐殺에 이르러서 더 말할바 없지 않은가?

이에 對하여 (1) 賠償(이미 初期에 提示된 條件...勿論 우리들은 여기에는 不滿이지만...) (2) 韓國에 對한 謝罪를 促求한다.

韓國의 殉國先烈遺族一同은 우리들의 祖父兄들이 日本의 銃彈앞에 抗爭해온 高貴한 民族愛의 精神을 繼受하여 우리들은 韓日交涉에 있어 日本政府의 成實한 實踐的行動만이 우리들의 主張에 誠意를 보이는 것이고 兩國間의 모든 問題를 解決하는 方途이라고 굳게 强調하고 이에 다음 三個條項의 修行을 日本政府에 다시금 促求한다. 兼하여 이러한 促求가 一時的인 것이 아님을 附言한다.

決議文

一. 數拾萬 被虐殺 英靈과 韓國民앞에 全日本國民의 이름으로 正式 謝過할 것
二. 過去韓日間에 맺어졌든 모든 不平等條約의 死文化를 萬邦에 公布할 것
三. 被虐殺同胞들에 대한 피의 代價를 補償할 것

一九六四年 四月 日
大韓民國
殉國先烈遺族会
會長 具 聖 書
外 遺族一同

殉國先烈遺族 一同은 同封하옵는 「日本政府」에 보내는 促求書와 함께 國會議員, 國務委員一同에게 현재 進行中인 韓日會談에 關한 우리의 意見을 提示하오니 甚深히 留念하시와 向後 民族繁榮의 進路에 難□이 없기를 切實히 要望하는 바입니다.

이제 兩國間의 懸案을 妥結하고 條約을 맺고저 미리 定해진 日程에 따라 進

行되고 있습니다.

　그러나 그 懸案이란 問題속에나 會談時 說往說來된 諸聲明이나 談話속에 極히 遺憾스럽게도 日本은 過去에 對한 反省은 勿論 韓國을 强占하였든 其間中에 無慘히도 虐殺되었든 數十萬의 愛國同胞들과 祖國光復을 爲하여 抗爭하시다가 殉國하신 無數한 先烈들에 對한 一言半句의 謝過조차도 發見할 수 없습니다.

　지난날 우리의 國權을 아서가고 우리 同族에게 極惡을 다한 日本은 現在의 國際情勢를 惡用하여 또다시 우리 韓民族에게 不利한 策動을 하고 있음을 十分 警戒하여 다시는 國恥와 民辱이 되풀이 되어서는 않된다는 것을 斷言하는 바입니다.

　萬一 現狀態대로 會談이 進行되고 國交가 正常化된다면 우리 民族은 過去에 받았든 참을수 없는 恥辱과 受侮들에 對하여 反撥을 모르는 無氣力.無能한 國民으로 認定될 것입니다.

　吾等 殉國先烈遺族一同은 韓國의 主權, 民族의 自立과 自由. 繁榮을 爲하여 日帝의 銃彈앞에서 抗爭한 우리 祖父兄들의 民族愛의 高貴한 精神과 殺身成仁의 精神을 繼受하여 우리들 先烈遺族一同은 不滿하지만 初期에 提示한

(1) 賠償要求와

(2) 韓民族에 對한 日本人의 邪心없는 謝過가 무엇보다도 先行되어야 한다는 것을 再三 强調하는 바입니다.

이렇게 有終의 美를 거두게 하는데는 國會議員 .國務委員 諸公의 分派的인 利害關係를 떠나 오직 民族愛의 精神과 後孫萬代의 永遠한 繁榮에 指標를 두는데서만 成就될것입니다.

이에 우리들은 最小限度의 民族矜持를 維持하기 爲하여 다음 몇가지 決議事項을 通告하오니 深量하고 積極的인 措處있기를 希求하는바입니다.

決議文

一. 獨立鬪爭線上에서 돌아가신 先烈과 獨占其間中에 虐殺된 數十萬同胞의 英靈앞에서 日本國民의 이름으로 正式謝過토록 할 것

二. 所謂 韓日決意書를 爲始한 모든 不平等條約의 無效를 日本政府는 世界萬邦에 明白히 聲明할 것

三. 殉國先烈들과 虐殺된 同胞에 對한 ＿＿＿＿＿＿＿5)償할 것

---

5) 직인으로 인해 식별분별

一九六四年 四月 日

殉國先烈遺族會

會長 具聖書 外 遺族一同

16. 외무부공문(발신전보)-재일 한국인 유골

대한민국 외무부

번호 WJA-05098

일시 081135

발신 외무부 장관

수신 주일대사

제목 재일 한국인 유골

연: JAW-04175

    내 11일에 국회는 제2차 대전시 희생된 재일 한국인 유골에 관해서 논의할
예정인 바, 다음 사항을 조속 조사보고 하시압.
    1. 대호로 보고한 일정 후생성 보관유골 2,000여주의 명단 및 기타 소재별
유골수 및 동명단. (외아복)

17. 외무부공문(착신전보)

대한민국 외무부

번호 JAW-05118

일시 091037

수신시간 1964.3.9. AM11:10

발신 주일대사

수신 외무부 장관

연: WJA-05098

제2차 대전시 희생된 한국인 유골에 명단에 대하여 계속 일본 외무성을 통하여 입수에 노력하고 있으나 동 명단이 후생성에 있고 정리관계상 조금 지연되고 있다고 함으로 중간 보고함(주일영 2)

18. 주일대표부공문—제 2차 대전시 일본군 징용한국인의 유골 명단 송부

주일대표부
번호 주일영(2)725-811
일시 1964.6.3.
발신 주일대사
수신 외무부 장관
제목 제 2차 대전시 일본군 징용한국인의 유골 명단 송부

　　제2차 대전시 일본군에 징용당하였든 한국인의 유골명단을 일본외무성으로부터 입수 별첨과 같이 송부합니다.

　　유첨: 1. 유골명부(육군관계) 1부 (1,548柱)
　　　　　2 〃 (해군관계) 1부 (807柱)
　　　　　3 부도환(浮島丸) 군속이외 유골 명부 1부 (56柱)
　　　　　　　　　　총 2,411柱

19. 홍익부인회 공문—태평양전쟁 한국인 전몰자 봉환의 건

번호 홍부(弘婦) 제13호
일시 1964.6.9.
발신 홍익부인회
수신 외무부 장관
제목 太平洋戰爭 韓國人 戰歿者 奉還의 件

太平洋 戰爭當時 韓國人 戰歿者 遺骨이 現在 日本 厚生省 倉庫에 있다는 消息을 去 三月에 新聞報道에 依하여 알게 된 우리 國民은 누구를 勿論하고 過去 日帝時代에 女學生은 呈身隊로 男子靑壯年은 學徒兵 或은 徵用으로 억울히 끌려가서 戰歿 當한 일을 想起할때에 憤怒를 禁할 수 없을 것입니다.

特히 우리 婦人會員들은 時急히 그 遺骨을 奉還하여 그 怨魂을 万分의 一이라도 慰靈코저 遺骨奉還 方途를 各方面으로 問議한 結果 在日 僑胞인 民族史跡 研究所 所長 姜謂鐘氏와 連絡이 되어 方今 推進中에 있아오나 政府의 指示를 받아야 하겠으므로 이제 貴下께 當局의 協助와 渡日 節次에 對하여 下敎하시기 仰願하나이다.

且, 戰歿者의 補償金에 對하여는 우리 政府와 日本 政府가 解決할 問題이므로 本會에서는 遺骨만을 奉還하려 하오니 此点을 특히 下諒하시옵소서

서울特別市 鐘路區 淸進洞 一八
弘益婦人會 72-2372
會長 張敬哉

20. 第二次大戰時에 犧牲된 韓國人(軍人, 軍屬 等)의 遺骨問題

第二次大戰時에 犧牲된 韓國人(軍人, 軍屬 等)의 遺骨問題
　　　　　　　　1964.7.2

1. 問題의 發端
(1) 1964.3.20.字 朝鮮日報紙上에 在日僑胞 姜謂鐘(韓國人 戰歿者 遺骨奉安會 會長이라 함)의 發說內容 卽 2千余柱의 戰歿 韓國人의 遺骨이 東京, 佐世保의 日本厚生省 倉庫에 散在되어 푸대접을 받고 있다는 記事가 크게 報道되었음.
(2) 上記 朝鮮日報 記事에 刺戟을 받았음인지 "汎太平洋同志會"는 64.3.月末에 國會에 請願書를 提出하고 韓國人 戰死者에 対한 補償金 支拂과 被徵用者의 未收勞賃의 支拂等을 다짐하는 同時에 日本厚生省 當局에 保管되어 있는 83,000 余柱를 引受하여 遺家族에게 送還할 것을 請願하였음.
(3) "弘益婦人會"에서도 前記 遺骨을 奉還하겠다고 하여 渡日節次 等에 關하여 外務部의 協助를 얻겠다고 非公式으로 要請하여 온 바 있음.

2. 問題의 內容

(1) 駐日代表部를 通하여 64.6月에 入手한 遺骨 名簿의 內譯은 아래와 같음.

陸軍關係遺骨 1,548柱
海軍 〃 807 〃
浮島丸 遺骨(軍屬除外) 56 〃
2,411柱

(이中 約 100柱는 遺品만임)

(2) 前記 2,000余柱의 遺骨은 現在 東京에 있는 厚生省 倉庫에 一括 保管되어 있음.

(3) 前記(1)의 遺骨名簿는 1952年 및 1956年에 日本 外務省으로부터 二次에 걸쳐 接手한바 있음.

3. 處理方案

(1) 韓國側에서 前記 遺骨을 지금까지 引受하지 아니한 것은 請求權問題의 解決 (遺家族에 對한 補償金 支給問題)과 關聯이 있는 것으로 思料됨.

(2) 現在에도 請求權問題는 비록 그 最終的 解決을 보지 못하고 있으나 前記 遺骨은 民族的 感情과 人道的 立場에서 早速히 韓國으로 奉還하도록 함이 妥當할 것임.

(3) 韓國으로 奉還함에 있어서는 다음과 같은 問題点이 생길 것임.

(ㄱ) 遺骨名簿와 遺家族名은 大部分 創氏名(日本名)으로 記入되어 있는 바, 이를 如何히 是正할 것인가 하는 問題

(ㄴ) 遺家族名의 記入이 없는 遺骨(遺家族 名의 記入이 있는 遺骨이라 할지라도 終戰後 約20年이 經過한 지금 遺骨을 引受할 緣故者는 大部分 없을 것임)과 本籍地가 以北地域으로 되어 있는 遺骨의 處理問題

(ㄷ) 遺骨을 引受할 遺族 또는 緣故者가 補償金의 支給을 要求하는 境遇에 對處할 方針問題

(4) 따라서 前記 遺骨의 大部分은 引受할 遺族 또는 緣故者가 없는 遺骨로 取扱하여 이를 一括하여 韓國으로 奉安하여 慰靈祭를 지낸 後 特定의 寺院에 依賴하여 安置케 하고 緣故者가 나타나는 境遇에 限하여 그 遺骨을 引受케 하도록 함도 一方法으로 思料됨.

(5) 所要 經費支出問題도 檢討되어야 할 것임.

21. 부전-한국인 유골 봉환에 관한 일측 입장

제목 한국인 유골 봉환에 관한 일측 입장

1. 봉환에 필요한 제반 편의는 제공할 수 있음.
2. 유골 각주에 대한 향대 및 매장비 지급은 청구권 문제와 분리하여 고려함이 곤란함.
3. 引渡 범위는 남한 出身者에 국한할 것이며 북한 출신 유골은 금후 적당한 시기에 적십자를 통하여 유족 또는 연고자에게 인도할 방침임.

22. 在日韓國人遺骨에 關한 問題

제목 在日韓國人遺骨에 關한 問題

奉安時期 - 1956.7.?
1. 日本政府가 保管中인 韓國人遺骨의 總數는 2311柱임.
2. 가. 我側이 同遺骨의 奉還을 要請한데 對하여 日側은 南韓出身者 1815柱는 一括 引渡할 수 있으나, 남어지 北韓出身者 遺骨 496柱는 緣故者에 直接 引渡할 수는 있으나 우리 政府에게 一括 引渡하기는 困難하다는 立場을 取함. ※
　　나. 我側이 南韓出身者의 遺骨만을 引受하는 境遇 日側은 北韓出身者 遺骨 은 適切한 時期에 赤十字社 等을 通하여 遺族 또는 緣故者에게 引渡할 意向임.(遺骨北送)
3. 我側이 適切한 香代의 支給을 要請한데 對하여 日側은 香代支給은 어려우나 奉送하는 境遇 鄭重한 節次에 依하여 韓國까지 護送하는 費用은 負担하겠다 고 함. (慰靈祭包含)
4. 1964.7.20. 國會外務委員會는 政府의 早速한 措置를 要請한 바 있음.
5. 本件을 促進하는 民間団体는 汎太平洋同志會, 弘益婦人會 等이 있음.
　※ 이와 關聯하여 日側은 日本政府 責任下에 遺骨全部를 継続 日本內 寺刹 에 奉安하도록 함이 좋지 않겠는가 하는 意見을 表明함.
　※ 사회적인 要請(遺家族)-駐大使館 알선

23. 범태평양동지회 공문-현황보고 및 협조의뢰의 건

사단법인 범태평양동지회
일시 1964.7.15.
발신 사단법인 범태평양동지회 이사장 이용주(李龍珠)
수신 외무부 장관
제목 現況報告 및 協助依賴의 件

1. 위의 件에 對하여 別添과 같이 本會現況을 報告하오니 照鑑하서와 善處 有하
   옵기를 바랍니다.
2. 有添 現況報告書 1通

유첨-현황보고서

現況報告
1964.7.15.

汎太平洋同志會
1 經過概要
第 2 次大戰當時 徵用, 徵兵, 報國隊等으로 强制動員되었다가 生還한 者 및 犧
牲者의 遺家族으로 構成된 本會는 라바울戰線에서의 歸還者가 中心이 되어
　　○ 犧牲者 遺骨 奉還
　　○ 未受勞賃受領
等을 目的으로 實로 1946.7月부터 間々히 被害者 集結體를 推進中, 1947.2.7.
本太平洋同志會認可를 受하고 第2代理事長 尹致暎(現會長)氏等 屢次의 代表者
異動이 있었고
　　○ 忠南을 爲始한 地方組職 및 會員把握을 開始 1時는 登錄된 會員數만 해도
   587,216名을 □하고 日本으로부터3,675柱의 遺骨을 奉還하는 等 □□을 繼
   續하다가
6.25 事變突發로 一切의 □數를 亡失하고 1時 沈滯狀態를 經하며 迂餘曲折을
거듭하다가 今 1964.5.3. 全國臨時總會를 開催 理事長에 李龍珠就任□ 現在에

至하였음.

2. 當面한 課業

가. 在日遺骨奉還對策

旣히 確認된 在日犧牲者遺骨 2,000餘柱에 對하여는 勿論이고 本會에서 屢次의 未確認情報에 한 8萬餘柱 遺骨 奉安에 對하여 本會로서는 다음과 같은 腹案과 判斷을 하고 있음.

① 奉還實現時의 國民感情 挑發□□

◎ 韓日會談進度에 따라 □不□□애 露呈될 性格의 宿題인 것

◎ 人道上 或은 同族愛로 信念에 立脚 時急히 奉安해야 함.

◎ 嶄然 意慾 信念으로 一貫하고 此□□□한 政府는 歷代舊政權이 着眼조차 못하고 또는 無誠意하게 放任하였든 宿題를 果敢히 斷行하므로써 滿天下에 誇示할 수 있을 것임

*國民感情을 □하는 方法은 腐敗, 無誠意, 無信念하였든 日政權과 舊政權에게 轉嫁함이 當然함.

◎ 奉還節次 其他에 政府가 直接 介入말고 本會로 하여금 代行케 하면 結局 本會가 潤滑油役割을 하여 無難할 것임

*日本에서도 "戰歿遺體浮揚會라는 團體로 하여금 實施케 하고 있다 함.

②補償問題

◎日本으로부터 最小限 一柱當70弗을 受領할 것으로 展望함.

*如斯한 根據는 昨今 日本旅行으로부터 歸國한 本會 李龍□ 會長이 日本厚生省 當局 및 戰歿遺體浮揚會로부터 協力의 約束을 受하는 一方, 戰歿日人遺骨도 旣히 一柱當70弗式 支出된 實例가 有함에 비추어 外國人의 立場인 同胞犧牲者는 이 程度의 報償을 受함은 當然할 것이며 2次戰時 南方日□ 總司令官이었든 今村均 大將도 積極 後援을 約束했다 함.

③無緣故 遺骨 對策

此度 相當한 數字에 達할 것이나 此는 合同墓地 連立이 合理的인 것이며 政府側의 應分한 財政補助가 要望됨

④ 諸經費對策

日側으로부터 一柱當 70弗을 受領하게 되면 遺骨處理에 限해서는 自體補完이

될 듯하나 其時까지는 本會가 當面한 極度의 財政難을 打開키 爲하여 政府의 財政 補助가 要望됨

나. 旣奉還(在國內) 遺骨對策
旣히 本會가 6.25 事變□ 日本으로부터 奉還한 遺骨 3,765柱는 1部를 遺族에 傳達하고 殘餘 452柱를 本會가 保管中인바 此度 日側으로부터 3,765柱 全部에 對하여 今後奉還할 分과 仝一한 要領으로 補償을 受해야함은 勿論, 處理 亦是 本會가 直接 管掌하고 政府는 後援함이 無難할 듯함.

3. 其他參考案件
第2次大戰時 韓國□海에서 艦艇과 같이 沈沒한 日人 遺體는 7750柱(推算)라는 바 此 亦是 本會 李龍□ 會長 日本旅行時 日本戰歿遺体浮揚會側이나 今村均 (前大將) 草鹿任一(前海軍中將) 等이 主張하는 바에 依하여 遺體 引揚時는 本會를 通하여 受領할 것이라는 日側 要人들의 見解라 함.
끝.

1964.7.15.
社團法人 汎太平洋同志會 理事長 李龍珠

24. 한국인유골문제

韓國人 遺骨問題
64.7.22

Ⅰ. 引受의 必要性
第2次大戰時에 犧牲된 韓國人 軍人, 軍屬의 遺骨 2,400余柱가 現在까지 日本 厚生省 倉庫에 保管되어 있다는 事實에 対하여 民族的 感情과 人道的 見地에서 그대로 放置해 둘 수 없다는 것이 國會外務委員會와 民間團體인 "汎太平洋同志會", "弘益婦人會"등의 强力한 意見이며 政府의 이에 対한 早速한 措置를 要望하고 있는 것임. 따라서 政府는 이 機會에 前記 2,400余柱의 遺骨을 韓國으로 奉還

하는 措置를 取함이 必要할 것임.

II. 引受의 性格

現在까지 二次에 걸쳐 (1952年 및 1956年) 日側으로부터 遺骨名簿를 手交 받았음에도 不拘하고 韓國側이 遺骨을 引受하지 아니한 것은 対日請求權 問題가 解決되기 以前에 어떻게 遺骨만을 引受하여 遺家族에게 傳達할 수 있겠는가 하는 立場에서였다고 思料됨.

따라서 이번 機會에 遺骨을 引受하는 境遇에는 "人道的인 見地"에서 이 以上 放置해 둘 수 없음으로 引受하는 것으로 하여 対日 請求權의 最終的인 解決(即 韓日會談의 妥結)과는 何等의 關聯이 없는 立場에서 推進하는 것이 좋을 것으로 思料됨.

III. 引受의 方法

(1) 人道的인 見地에서 遺骨을 引受한다는 것으로 推進되어야 함으로 主導的인 役割을 大韓赤十字社로 하여금 擔當케 함이 좋을 것임.

(2) 引受에 隨伴할 諸般의 業務를 調整 實行하기 爲하여 "遺骨奉還委員會"(假稱)을 大韓赤十字社 主管下에 두기로 하고 同委員會의 構成에는 外務, 保社 兩部가 關與하고 請願을 提出한 바 있는 弘益婦人會와 汎太平洋同志會에서의 關與도 考慮한다.

(3) 事前交涉으로서 日側과 다음 事項에 關하여 日側에서 請求權과는 別途로 人道的인 立場에서 支給할 用意의 有無를 打診하여야 할 것임.

　(가) 遺骨의 輸送에 必要한 便宜 提供

　(나) 遺骨 各柱에 対한 香代 및 埋葬費의 支給與否과 그 額數

(4) 日側에서 全혀 何等의 經費를 支給할 수 없다고 하는 境遇에는 政府側에서 遺骨引受에 所要되는 모든 經費를 負擔하여야 할 것인바 財源 確保가 先行되어야 할 것임.

(5) 遺骨引受後에 隨伴될 諸般業務(無緣故者의 遺骨處理, 遺家族에 対한 遺骨의 傳達, 慰靈祭의 擧行 등)는 "遺骨奉還委員會"에서 協議 擇定하도록 하되 諸般業務는 赤十字社가 主導的으로 遂行하도록 함이 좋을 것임.

25. 홍익부인회 공문–태평양전쟁 한국인 전몰자 유골봉환의 건

번호 홍부 제18호
일시 1964.7.23.
발신 홍익부인회
수신 외무부 장관
제목 太平洋戰爭 韓國人 戰歿者 遺骨奉還의 件

太平洋 戰爭當時 韓國人 戰歿者 遺骨이 現在 日本厚生省倉庫에 있다는 消息을 去三月에 新聞報道의 依하여 알게 된 우리 國民은 누구를 勿論하고 過去 日帝時代에 女學生은 呈身隊로 男子靑壯年은 學徒兵 或은 徵用으로 억울히 끌려가서 戰歿當한 일을 想起할때에 憤怒를 禁할 수 없을 것입니다.

特히 우리 婦人會員들은 時急히 그 遺骨을 奉還하여 그 怨魂을 萬分의 一이라도 慰靈코저 遺骨奉還 方途를 各方面으로 問議한 結果 在日 僑胞인 民族史跡研究所 所長 姜謂鐘氏와 連絡이 되어 方今 推進中에 있아오나 政府의 指示를 받아야 하겠음으로 이제 貴下께 當局의 協助와 渡日 節次에 對하여 下敎하시기 仰願하나이다.

旦, 戰歿者의 補償金에 對하여는 우리 政府와 日本 政府가 解決할 問題이므로 本會에서는 遺骨만을 奉還하려 하오니 此点을 특히 下諒하시고 下記 計劃書를 參酌하사 請許하심을 仰願하나이다.

記

計劃書

1. 遺骨奉還後 安置場所는 葬地로 定함.
2. 慰靈祭 費用은 本會에서 負擔함.
3. 葬地 및 葬禮費는 保社部에 依賴함.
4. 遺家族 乘車는 交通部에 依賴함.
5. 遺家族 宿食은 本會에서 負擔함.
6. 遺骨奉還者 人員은 15名으로 하고 旅費一切은 各自 負擔하기로 함.
7. 渡日節次手續은 外交部에 依賴함.
8. 遺家族 慰安은 本會에서 責任을 짐.

서울特別市 鐘路區 淸進洞 18
弘益婦人會
會長 張敬哉

26. 기안–전몰 한국인 유골 문제

번호 외아북 722-12450
기안일시 1964.8.5.
발신 외무부 장관
수신 주일대사
제목 전몰 한국인 유골 문제
연: 주일영(2) 725-811(64.6.3)

1. 현재 일본 후생성 창고에 일괄 보관되어 있는 제2차 대전시에 희생된 한국인 유골 2,411주에 대하여는, 민족적 감정과 인도적인 견지에서 이 이상 더 방치해 둘 수 없음으로 대한 적십자사 주관하에 동 유골을 한국으로 봉환하고저 함.
2. 전기 유골을 한국으로 봉환함에 있어서, 한일회담의 청구권과는 별도로 순전한 인도적인 입장에서 (ㄱ) 유골의 수송에 필요한 편의의 제공, (ㄴ) 유골 각주에 대한 향대 및 매장비의 지급 용의 여부(액수포함)에 관한 일정당국의 의향을 비공식으로 타진하여 그 결과를 전보로 회보하여 주시기 바람.
3. 본건의 구체적인 내용에 관하여는 별첨 "제2차 대전시에 희생된 한국인 유골 문제"를 참고하시기 바라며 "범태평양동지회"로부터의 건의에 의하면 전몰 일본인 유골에 대하여 후생성 당국이 일 주당 미화 70불씩을 지출한 실례가 있다고 하옵기 첨언함.

유첨-제2차 대전시에 희생된 한국인 유골문제. 1부. 끝.

제2차 대전시에 희생된 한국인 유골문제
1964.7.24.
아주국

1. 문제의 발단

(가) 1964.3.20.자 조선일보 지상에 재일교포 강위종(한국인 전몰자 유골봉안회
    회장이라 함)의 발설 내용 및 즉 2천여주의 전몰 한국인의 유골이 동경, "사
    세보"의 일본후생성 창고에 산재되어 푸대접을 받고 있다는 기사가 크게 보
    도됨으로서 문제화 하였음.

(나) 상기 조선일보 기사에 자극을 받았음인지 "범태평양동지회"는 64.3월말에
    국회에 청원서를 제출하고 한국인 전사자에 대한 보상금 지불과 피징용자의
    미수 노임의 지불 등을 다짐하는 동시에, 일본 후생성 당국에 보관되어 있는
    83,000여주를 인수하여 유가족에게 송환할 것을 청원하였음.

(다) "홍익부인회"에서도 전기 유골을 봉환하겠다고 하여 도일 절차 등에 관하
    여 외무부의 협조를 얻겠다고 비공식으로 요청하여 온 바 있음.

(라) 64.7.20. 국회 외무위원회에서도 이 문제를 취급하여 정부의 조속한 조치를
    요망한 바 있음.

2. 문제의 내용

(가) 주일대표부를 통하여 64.6월에 입수한 유골 명부의 내역은 아래와 같음.

육군관계유골	1,548주
해군관계유골	807주
"우기지마 마루"유골 (미성년자)	56주
	2,411주

      (이중 약 100주는 유품만임)

(나) 전기 2,400여주의 유골은 현재 동경에 있는 후생성 창고에 일괄 보관되어
    있음.

(다) 전기(가)의 유골 명부는 1952년 및 1956년에 일본 외무성으로부터 2차에
    걸쳐 접수한바 있음.

3. 인수의 필요성

    제2차 대전시에 희생된 한국인 군인, 군속의 유골 2,400여주가 현재까지 일
본 후생성 창고에 보관되어 있다는 사실에 대하여 민족적 감정과 인도적 견지에
서 그대로 방치해 둘수 없다는 것이 국회외무위원회와 민간단체인 "범태평양동
지회", "홍익부인회"등의 강력한 의견이며 정부의 이에 대한 조속한 조치를 요망
하고 있는 것임. 따라서 정부는 이 기회에 전기 2,400여주의 유골을 한국으로

봉환하는 조치를 취함이 필요할 것임.

4. 인수의 성격

현재까지 2차에 걸쳐(1952년 및 1956년) 일측으로부터 유골 명부를 수교받았음에도 불구하고 한국측이 유골을 인수하지 아니한 것은 대일 청구권 문제가 해결되기 이전에 어떻게 유골만을 인수하여 유가족에게 전달할 수 있겠는가 하는 입장에서였다고 사료됨.

따라서 이번 기회에 유골을 인수하는 경우에는 "인도적인 견지"에서 이 이상 방치해 둘수 없음으로 인수하는 것으로 하여 대일청구권의 최종적인 해결(즉 한일회담의 타결)과는 하등의 관련이 없는 입장에서 추진하는 것이 좋을 것으로 사료됨.

5. 인수의 방법

(가) 인도적인 견지에서 유골을 인수한다는 것으로 추진되어야 함으로 주도적인 역할을 대한 적십자사로 하여금 담당케 함이 좋을 것임.

(나) 유골인수에는 다음과 같은 제반업무가 수반될 것임.

(1) 합동위령제의 거행

(2) 유가족에 대한 유골의 전달

이 경우, 유가족에 대한 통지방법 및 보상금(매장비, 여비 등 포함) 지급문제가 발생할 것임.

(3) 무연고자의 유골 처리

이 경우, 보안 장소(특정의 사원등)의 선정 및 관리 문제가 발생할 것임.

(다) 유골인수에 수반할 전기의 제반업무를 조정 실행하기 위하여 "유골봉환위원회"(가칭)을 대한적십자사 주관 하에 두기로 하고 동 위원회의 구성에는 외무, 보사 양부가 관여하고 청원을 제출한바 있는 홍익부인회와 범태평양 동지회에서의 관여도 고려함.

6. 사전 교섭의 필요

(가) 사전 교섭으로서 일측이 다음 사항의 경비를 청구권과는 별도로 인도적인 입장에서 지급할 용의의 유무를 타진하여야 할 것임.

(1) 유골의 수송에 필요한 편의 제공

(2) 유골 각주에 대한 향대 및 매장비의 지급여부와 그 액수

(나) 일측에서 전혀 하등의 경비를 지급할 수 없다고 하는 경우에는 정부측에서 유골인수에 소요되는 모든 경비를 부담하여야 할 것인 바, 재원 확보가 선행되어야 할 것임. 끝.

27. 외무부 공문(발신전보)

대한민국 외무부

번호 WJA-□□□39

일시 2109□□

발신 외무부 장관

수신 주일대사

1. 외아북 722-12450(64.8.6)호 공문으로 제2차 대전시에 희생된 한국인 유골을 한국으로 봉환함에 있어서 (ㄱ) 유골수송에 필요한 편의의 제공, (ㄴ) 유골 각주에 대한 향대의 지급등에 관한 일측 의향을 비공식으로 타진하여 보고 할 것을 지시한 바 있음.

2. 본건에 관하여 조속히 일측 의향을 타진하여 보고하시기 바람.(외아북)

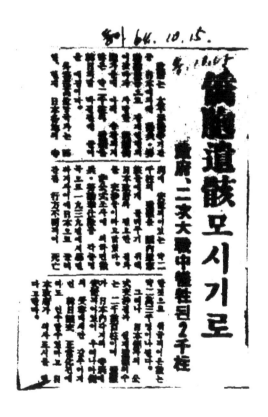

28. 범태평양동지회 공문

사단법인 범태평양 동지회
번호 제3호 3-2431
일시 1964.6.19.
발신 범태평양동지회 이사장 이동훈
수신 외무부 장관
제 목 일본국에 보관중인 증병 증용자[6] 유골송환에 대한 건의

    1. 본회는 과거 제2차 세계대전시 소위 국가총동원법에 의하여 피동원 되었든 자 및 그 유가족들이 대일 미수 노임 및 장례비 위자료 등을 당시 지급 규정에 의하여 청구 수취하고저 설립한 단체입니다.

    2. 본회는 1947.12월과 1948.3월 양차에 걸쳐 일본 선박 "또고다마루" "고가네마루"에 의하여 송환되어 온 것을 인수한 후 부산 묘심사와 서울 백용사에 봉안하고 유가족에게 송환할 것을 정부와 협의중 6.25 사변으로 중단되어 현재까지 봉안 관리중에 있습니다.

    3. 1964.10.15.일자 신문 보도에 의하면 재일유골 2,000여주를 송환 교섭 중이라 하는데 그 유가족이 본회의 회원인 동시 본회 업무 수행상 밀접한 관련이 있으므로 송환관리에 대한 업무를 본회에 위촉하여 주시옵기 바랍니다.

    4. 본회가 현재 봉안 중인 유골과 같이 합동 위령제를 실시한 후 그 유가족에게 송환할 것이며 무연고자는 본회가 시설과 토지에 매장하여 관리할 것을 계획하고 있습니다.

    5. 유골 송환에 관한 참고

    본회가 과거 인수할 당시 정중히 취급하여야 할 유골을 잡화인양 사과 상자에 반입하고 유골 상자는 고사하고 흙발로 밟고 단이여 비난의 물의가 자자하였으며 당시 부산발간 국제 신보에 민족적 의분에서 그 무례상을 보도한 바 있고 사회부의 관계관 및 본회가 인수를 거부한 바도 있었습니다.

    앞으로는 정중한 예의로 송환되여 오기를 바랍니다. 끝.

---

6) 징병, 징용자

유첨 정관1부.

유첨-趣旨書. 定款

社團法人 汎太平洋同志會

趣旨書

　無謀可憎한 軍國主義 日本의 侵略精神에서 誘發되었던 第2次 世界大戰은 人類史上 類例가 없는 悲慘한 社會的 環境을 招來한바 있었으나 日本 敗亡과 더불어 終熄을 告했으며 掠奪과 殺膠 威脅과 强壓 속에서 몸부림차던[7] 數多한 民族 受難의 悲史를 간직한채, 夢寢에서도 渴望하던 祖國 光復의 새로운 歷史가 始作되었던 것입니다.

　大韓民國 建國之後 이에 十九年 世代의 潮流는 眞實한 人類愛의 具顯으로 世界平和에로 指向하고 있어 참아 잊을 수 없는 半世紀間의 피 묻은 民族의 仇怨을 버리고 彼我의 國交正常化를 企圖하려는 이마당에서 새삼스럽게 日本의 過去를 責하려는 것은 아니나 韓日會談에서 엿보이는 秋毫의 反省을 찾어 볼 수 없는 其 放恣不遜한 일본의 態度에 民族的 義憤이 가슴을 북받쳐 오릅니다.

　日本은 金錢的인 償還에 앞서 人道的인 反省이 先行되어야 할 것이며 韓日兩民族間에 뼈에 맺힌 感情이 融和되어야 참된 國交의 正常化가 이루워 질것이니 全日本民族의 良心의 覺醒을 促求하는 바입니다.

　過去 第2次 世界大戰 當時 戰列에 被動되었던 우리들은 渾然一體가 되어 다음 各項의 事業을 完遂하고져 本會를 創建하는 바이다.

다음

1. 未收勞賃에 對하여
　　對日請求權 個人請求權中 一部分을 占하고 있는 被動者 未收勞賃을
　　(가) 歸鄕旅費
　　(나) 家族手當
　　(다) 家族送金

---

7) 몸부림치던

(라) 野戰貯金

(마) 未拂勞賃

(바) 葬禮費

(사) 補償金(負傷者)

(아) 其他諸未拂金

請求 受取하는 事業

    (1) 請求書作成 受取 償還

    (2) 葬禮費請求

    (3) 不具者 補償金 請求

2. 遺骨處理에 關하여

1947年 12月과 1948年 3月 兩次에 걸쳐서 日本國 厚生省 復員局으로부터 引受(社團法人 太平洋同志會) 寺刹에 奉安中인 遺骨을 各遺家族에게 送還하여 日本에 있는 遺骨을 奉還한다.

(가) 慰□祭實施

(나) 遺家族에게 送還

(다) 共同墓地苑設

3. 遺家族援護事業

(가) 極貧者에게 各種 厚生資金을 支給한다.

(나) 遺子女 奬學事業

(다) 其他 會員福祉事業

定款

第一章 總則

第1條(名稱) 本會는 社團法人 汎太平洋 同志會라 稱한다.

第2條(位置) 本會中央本部를 서울特別市內에 두고 各道 및 서울特別市, 釜山直轄市에 支部, 各市郡에는 支會, 邑面에는 分會를 둘 수 있다.

第3條(目的) 本會는 第2次 世界 大戰時 日帝에게 强制 動員되었다가 生還한 者 및 死亡한 者의 諸般未受金(勞賃, 故鄕旅費, 野戰貯金, 家族手当, 負傷者 및 死亡者의 補償金, 葬禮費, 現地遺骨蒐集費, 遺家族慰籍料)을 日本政府에 請求 受取하여 會員福祉事業을 圖謀하고 死亡者遺骨奉還事業 等을 目的으로 한다.

第二章 事業

第4條(事業) 本會는 前條의 目的을 達城하기 爲하여 左의 事業을 行한다.

  (1) 對日 未受金 請求에 對한 資料蒐集, 統計 및 償還에 關한 事業

  (2) 犧牲者 遺子女育英事業

  (3) 會員의 農漁村 開發 促進에 關한 事業

  (4) 極貧會員의 救護에 關한 事項

  (5) 死亡者 遺骨奉還 無緣故者의 合同 墓地 施設에 關한 事項

  (6) 現地遺骨蒐集에 關한 事項

  (7) 紀念碑設立에 關한 事項

  (8) 其他 前記事業을 爲한 附帶 事項

第三章 會員

第5條 (會員種類) 本會의 會員은 다음 2種으로 한다.

  (1) 正會員

  (2) 名譽會員

第6條 (會員 資格) 本會 會員 資格은 다음과 같다

  (1) 正會員 第2次 世界大戰 時 日帝에 强制로 被動員 當하였다가 歸還한 者
      또는 死亡者의 遺家族으로 한다.

  (2) 名譽會員… 本會目的을 贊同한 者로서 理事會 承認을 得한 者

第7條 (入會節次) 本會에 入會코져 하는 者는 入會金을 添附하여 入會原書를
      理事長에게 提出하여야 한다.

第8條 (入會金, 會費) 本會入會金 및 會費는 다음과 같다.

  (1) 入會金 貳拾원

  (2) 會費 (年) 參拾원

      단, 極貧者에 對한 會費는 免除할 수 있다.

第9條 (會員權利) 本會々員은 任員, 代議員의 選擧權 及 本會事業遂行에 依한
      諸利益金을 均等히 享受할 수 있다.

第10條 (會員義務) 本會々員은 經費負擔, 本會 定款 及 決議 事項을 尊守할 義
      務가 있다.

第11條 (會員懲戒) 本會々員으로 本會의 名譽를 毁損하거나 또는 會員된 義務

를 遂行치 않을 時는 理事會 決議에 依하여 理事長이 比를 制裁 또는 除名한다

第12條 (任員懲戒) 本會任員으로 本會의 名譽를 毀損하거나 其職務上 怠慢할 時 理事長이 比를 理事會 議決에 依하여 懲戒 또는 除名하고 次期總會의 認准을 얻는다.

第13條 (會員脫退) 本會々員이 된 者 本會를 脫退코져 할 時는 理事長 比를 處理하며 旣納된 入會金, 會費는 返還치 않는다.

第四章 任員, 職員

第14條 (任員) 本會는 左의 任員을 둔다.

(1) 會長 一人

(2) 副會長 若干名

(3) 理事長 一人

(4) 副理事長 若干名

(5) 常務理事 若干名

(6) 理事 若干名

(7) 監事 三人

(8) 顧問 若干名

(9) 指導委員 若干名

第15條 (任員退出) 本會 任員은 다음과 같이 退出한다. 理事 및 監事는 總會에서 比를 選出하고 理事中에서 正副理事長, 常務理事를 選出하여 正會員으로 한다.

但 名譽會員으로 理事會 承認을 얻었을 時는 比에 不在한다.

正 副會長, 顧問, 指導委員은 理事會에서 推戴한다.

第16條 (地方機構) 本會 地方機構는 다음과 같다.

(1) 서울特別市, 釜山直轄市 各道支部長…正會員으로 하되 常任理事會 認准을 得하여 理事長이 任免하며 本會理事를 兼한다.

(2) 支會…市郡 支會長은 理事長 認准을 得하여 支部長이 任免한다.

(3) 分會…邑面分會長은 支部長이 任免한다.

第17條 (任員職能) 本會 任員職能은 다음과 같다.

(1) 正副會長…名譽職으로 하되 必要에 따라서 理事를 兼할 수 있다.

(2) 理事長…本會를 代表하고 會務를 統理하며 各級會議의 議長이 된다.

(3) 副理事長…理事長을 補佐하고 理事長 有故時 其 職務를 代理한다.

(4) 常任理事…理事長 命을 받어 會務를 統制管理한다. 正. 副理事長 有故時 其 職務를 代理한다

(5) 理事…理事會에 出席하여 理事會 職能에 關한 事項을 審議 處理한다

(6) 監事…監事는 本會의 常務及 財産을 監査한다. 財産狀況 또는 業務執行上 不正不備한 点 發見時는 이를 總會 또는 主務官廳에 報告하여야 한다. 報告하기 爲하여 必要할 時는 總會召集을 要求할 수 있다

(7) 顧問. 指導委員…理事長諮問에 應하여 理事會에 出席하여 發言할 수 있다

第18條(任員任期) 本會理事의 任期는 3年 監事의 任期는 2年으로 한다.

第19條(職員), 本會에 事務局을 두고 事務에 從事하는 職員은 理事長이 此를 任免한다

職員은 上司指揮를 받어 職制에 所定된 事務에 從事한다.

事務局에 必要한 各種 規程은 따로 定한다

第五章 會議

第20條(總會) 本會의 總會는 다음 二種으로 한다

(1) 定期總會…各市都에서 選出된 1名式의 代職員으로 構成하고 每年 一回 2月中에 開催하되 理事長은 總會 2週日前에 通告 召集한다

(2) 臨時理事會…會務運營上 必要한 境遇 또는 監事 및 理事 三分之二 以上이 總會召集要求가 있을 時 要求日부터 2週日內에 理事長이 通告 召集한다

第21條(會議機能) 本會 總會機能은 다음과 같다

(1) 理事 및 監事의 選出

(2) 定款의 制定 및 改發

(3) 豫算審議 및 決算承認

(4) 理事會에서 提出된 事項의 審議

(5) 監事의 監査結果 報告事項의 審議

(6) 其他 會務運營上 必要한 事項의 審議

第22條(理事會) 本會 理事會는 다음 三種으로 한다

(1) 定期理事會…每年 二回(2月, 7月)에 開催하여 理事長은 一週日前에 通告 召集한다.

(2) 臨時理事會…理事長은 會務 運營上 必要하다고 認定할 時 또는 理事 三 分之二 以上이 臨時理事會召集要求가 있을 時 理事長은 7日以內에 通告 召集하여야 한다

(3) 常任理事會…正. 副理事長 및 常任理事로 構成하고 理事長이 必要에 依 하여 召集한다

第23條(理事會機能) 本會 理事會機能은 다음과 같다

(1) 正. 副理事長 및 常任理事의 選出

(2) 諸規程의 制定 및 改發

(3) 總會에서 委任받은 事項의 處理

(4) 執行機關에 對한 權限委任에 關한 議決

(5) 執行機關에서 提出한 事項의 審議處理

(6) 總會開會中 緊急時 其機能代理

(7) 其他 會務運營上 必要한 事項의 議決處理

第24條(會議能力) 本會々議能力은 다음과 같다

(1) 總會…構成人員 過半數의 出席과 出席人員 過半數의 贊同으로 議決한다

(2) 理事會…構成人員 過半數의 出席과 出席人員 過半數의 贊同으로 議決한다 本會議決에 있어 可否同數일 時는 議長이 議決權을 가진다

第六章 財政

第25條(財源) 本會의 財源은 會員으로부터 徵收한 入會金, 會費 및 特別贊助金 또는 其他 收入으로 한다.

第26條(會計年度) 本會々計年度는 政府會計年度에 準한다

第27條(豫算審議. 決算承認) 本會의 收支豫算은 會計年度마다 編成하여 年度開 始前 總會議決을 得하고 收支決算은 次期總會의 承認을 求하여야 한다. 但, 收支豫算을 追加變更할 필요가 있을 때에는 理事會議決을 經하여 施行하고 次期總會의 承認을 得하여야 한다

第七章 附則

第28條(發効規程) 本會 定款은 主務長官의 許可를 得하여 所轄法院에 登記를

完了함으로써 效果를 發生한다

第29條(着做規程) 本會 定款을 通過시킨 發起人은 自動的으로 定款에 依한 會員이며 發起人總會는 定款에 依한 總會로 着做한다.

第30條(公告) 本會의 諸公告는 서울特別市內에서 發刊되는 三大日刊新聞에 公告함으로써 發効한다.

第31條(解散) 本會는 解散理由가 發生하였을 때 總會의 構成人員 過半數의 贊同決議로서 解散할 수 있다

第32條 本會가 解散할 時는 淸算委員會를 設置하여 其任에 當하게 하고 本會의 財産은 同一目的의 公益團體에 寄贈한다

29. 법무부 공문―진정서 이첩

법무부
번호 법검인 125.1-998 27688
일시 1964.12.21.
발신 법무부 장관 민복기
수신 외무부 장관
제목 진정서 이첩

　　순국선열유족회 대표 구성서로부터 당부에 제출된 별첨 진정서는 일본이 을사보호조약 이후 수많은 우리선열을 학살하여 우리의 인권을 침해하였고 또한 막대한 사유재산에 대하여도 불법가해 하였으므로 이러한 인적 물적 피해에 대하여는 한일회담의 재산청구권과는 별도로 상당의 보상을 요구함은 물론, 정중한 사과를 함이 마땅할 것이니 당국으로서는 선처하여 달라는 것인 바 이는 귀부에서 처리하심이 적절하다고 사료되어 이첩합니다.
유첨 진정서 1부. 끝.

유첨-진정서

陳情書

殉國先烈遺族會

陳情書

人權擁護를 爲하여 盡心努力하시는

法務部長官 閣下에게 滿□의 敬意와 感謝를 드리는 바입니다.

本人等은 乙未(1895年)義擧以後 祖國光復(1945.8.15.)까지의 사이에 祖國의 獨立과 民族의 自由解放을 爲하여 日帝侵略에 抗爭하시다가 殉國하신 有名無名의 先烈의 全體後裔들을 대표하여 다음을 陳情하는 바입니다.

周知하시다 싶히 國際的으로도 널리 報道된바있고 史實이 極明하고 또한 侵略의 牙城인 倭總督府 侵略者自身들의 손으로 記錄에 남겨논 바와 같이 日帝는 國母를 弑害하고 우리들의 祖父兄들을 爲始하여 많은 愛國民들을 無差別虐殺을 하고 掠奪을 恣行 國權마저 簒奪하여 갔든 것입니다.

特히 三·一運動을 前後한 獨立運動은 非武裝獨立運動이요 獨立宣言書에 明示된바와 같이 우리 國民의 人權守護 및 回復을 爲한 平和的示威요 鬪爭이었음에도 不拘하고 日帝는 武力을 投入하여 無差別虐待, 投獄拷問, 强姦, 集團殺人, 放火, 掠奪等 天人共怒할 온갖 蠻行을 恣行하고 가진 不法 無法的인 行動으로 國民의 膏血을 搾取하여 갔든 것입니다.

抗日運動, 卽 獨立運動은 우리 民族이 自身들의 人權의 守護와 回復을 爲하여 蹶起한것임은 當時의 世界與論이 立證하는바이거든 日帝는 도리혀 賊反荷杖格으로 前記한바와 같이 武力으로 彈壓하였음은 韓民族全體에 對한 日本의 嚴然한 國際的人權의 侵害였음은 再論할 餘地조차 없음을 斷言하는 바입니다.

바야흐로 韓日會談이 막바지에 다다러가고 있으나 이에 대한 問題는 未決인 채 言及조차없이 進行되고 있습니다. 本人等은 이에 看過될수 없으리라 믿으면서 韓日兩國間의 앞날을 爲하여서도 宿題로 남길 것이 아니라 이 機會에 解決하기를 바라면서 人權擁護週間을 맞이하여 가장 平和的인 方法으로 生覺되어 閣下에 呼訴하는 바입니다.

實地被害狀況은 貴委員會의 調査로서 判明될 것이오나 于先 總括的인 記錄만을 提示하옵고 이에 對한 □□로서 다음 事項이 解決될수 있는 길을 打開하여 주시압기 바라 이에 陳情하는 바입니다.

被害統計

西紀1905年(乙巳保護條約等)부터 西紀1945年(8.15)

光復까지 40年間 光復運動線上에서 殉國한 人士中에서 現在까지 알려진 數爻의
被害狀況은 다음과 같다.

    註(證據文獻 未備로 實際 數爻의 極히 小部分에 不過함)

1. 義兵運動時代 (乙未以後)

    義兵戰死 40,000餘人

2. 己未獨立運動當時

    (示威運動參加數) 1,363,768人

    現場被殺數 6,679人

    負傷者數 14,610人

    被捕投獄者數 53,778人

    受刑者數 18,795人

    被燒建物數 5,678棟

3. 庚申滿洲大虐殺時

    南滿地域被殺 3,786人

    東北滿地域 34,686人

    南北滿의家屋被毀 4,862棟

4. 己未運動後 滿洲國成立當時까지

    南滿地域 7,867人

    東北滿地域 5,903人

5. 滿洲國成立(1930年)以後 8.15光復까지

    南滿地域 12,386人

    東北滿地域 8,767人

    南北滿의家屋被毀 28,698棟

① 韓國에 対하여 日本은 強壓的으로 締結한 所謂 乙巳保護條約을 비롯한 이른
    바 모든 條約의 無効임을 宣言하고

② 對日財産請求權外에 前記한 人權侵害에 对한 鄭重한 對偶와 補償을 할 것.
③ 前非를 뉘우치고 自業自得의 結果인 在日僑胞에 对한 待遇를 最惠國國民乃至는 世界人權宣言에 따른 自由와 權利를 專有케 할 것

끝으로 參考에 供하고자 우리나라 政府 및 日本政府에 通告한 바 있는 우리들의 決議文을 이에 添附하옵니다.

尊敬하옵는 會長 및 委員諸位의 健鬪를 빌면서 삼가 陳情하는 바입니다.

1964年 第16回 世界人權共同宣言日에

1964年12月10日
서울特別市中區乙支路二街一六五
殉國先烈遺族會

會長 具聖書
法務部長官 貴下 (人權擁護課) 參照

30. 원호처 공문–한일 회담에 대한 애국지사 유족 동향 통보

원호처
번호 원관관 1800-956(3-4802)
일시 1965.1.29.
발신 원호처장 김병삼
수신 외무부 장관
제목 한일 회담에 대한 애국지사 유족 동향 통보

한일 회담에 대한 애국지사 유족의 동향(65.1.27 현재)과 이에 대한 당처 의견을 다음과 같이 통보하오니 시정에 참고하시기 바랍니다.

1. 동향

가. 애국지사 유족으로 조직된 "순국선열 유족회"(단체 허가 보류)가 중심이 되어 순국선렬의 피해보상진전(64.12.8 주요일간지 보도 과는 별도로 별첨

(사본)과 같은 청원을 금반 회기중(1월말) 국회에 제출하고저 추진 중에 있음.

　　나. 본청원은 다수의원의 동의를 얻어 국회에서 대 정부 건의안으로 처리토록 할 계획이라 함.

　　다. 청원활동은 신문에 보도되어 여론화될 가능성이 있음.

　　라. 기피해 보상 진정권은 귀부에 조치결과를 기다리고 있음.

　2. 당처의견 (조치방안)

　　가. 본건은 귀부에서 유족대표(10여명)을 조치하여 정부방침을 주지시킴과 동시에 이들의 건의를 검토하여 근본적인 해결을 하여야 할 것임.

　　나. 만일 이를 방치 또는 미봉적인 해결을 도모할 경우에는 한일국교 타결후에도 계속 문제점이 될 것임을 첨언함.

유첨. 청원서 사본 1부. 끝.

유첨-寫 請願書

殉國先烈遺族會

三十三人 遺族會

請願書

尊敬하는 國會議長閣下 및 議員諸賢의 健安을 삼가 祈願합니다.

　本人들은 日帝의 侵略으로 一八九五年 乙未義擧以後 乙巳勒約과 庚戌國恥를 거쳐 一九四五年 八.一五 解放까지 사이에 日帝植民治下에서 祖國의 自主獨立과 民族의 自由解放을 爲하여 國內 또는 海外에서 抗日鬪爭을 하시다가 節死 戰死 被殺 獄死 拷問致死 乃至는 無法集團虐殺等々 日帝의 蠻行으로 因하여 犧牲 當한 殉國先烈들의 後裔들로서 韓日會談이 頂點에 다다러가고 있는 이 時點에 앞으로 韓日國交가 正常化될 것을 假定하고 後慮를 남기지 않기 爲하여 本人들은 殉國先烈遺族 및 抗日被虐殺者 遺族들을 代表하여 오늘의 우리 全體抗日鬪士後裔들의 心懷의 一端을 사뢰옵고 日帝의 許多한 蠻行中 다음 몇 가지를 例示指摘하면서 國交百年大計를 爲하여 本人들의 衷情을 衷訴하는 바이옵니다.

그 代表的 事例로서

一. 國母弑害

二. 威嚇과 武力彈壓으로 이루어진 乙巳勒約을 爲始한 一連의 不平等條約과 이에 따른 國權의 奪取와 經濟的 收奪

三. 一獨立運動을 爲始하여 모-든 非武裝 無抵抗 示威에 対하여 武力彈壓으로 無差別拘禁, 投獄, 殺人放火, 集團虐殺等 非人道的 蠻行

四. 水原提岩里事件을 爲始하여 南北滿韓人大量虐殺과 寺內總督暗殺陰謀事件(世稱百五人事件)을 虛構捏造하여 無辜한 愛國志士를 投獄拷問致死케하고

五. 日帝의 侵略戰爭인 第二次世界大戰을 遂行하기 爲하야 우리의 靑年들을 强制動員하여 名分도 代價도 없는 犧牲을 내게 하고 또한 未婚女子들을 挺身隊라는 名目으로 拉致動員하여 그들의 慰安婦로 만드는 等의 蠻行을 함으로써 우리나라 獨立運動史는 그대로 日帝의 半世紀에 亘한 侵略의 斷面圖로서 이루 헤아릴 수 없을 程度입니다.

尊敬하옵는 議長閣下 및 議員 여러분 이러한 일들에 対하여 어찌 一言半句 없을 수 있겠습니다.

또한 그들은 이 나라 愛國志士를 不法逮捕 하고서도 强窃盜·殺人·放火·詐欺·暴徒·不逞鮮人·無賴漢等々 가진 不名譽스러운 破廉恥漢의 罪名을 總動員하여 씨웠던 것입니다. 따라서 그 後裔들은 例에 빠짐없이 그들의 보이지 않는 壓制 밑에서 굶주리고 헐벗고 배우지 못하고 破廉恥犯의 子息으로 彷徨하다가 解放을 맞았던 것입니다.

本人들은 이러한 것들을 生覺할 때 切齒腐心, 痛憤의 情을 禁할 수 없습니다. 어떠한 大勢下에서는 殉國先烈遺族이 또다시 亡國民의 後裔가 될가 두려하오면서도 다만 國家百年大計를 爲하고 이나라 이 民族을 爲하여 殺身成仁하신 어른들의 뜻을 받드러 참아야 한다면 우리들은 마땅히 그 뜻을 쫓고저 하는 바입니다.

그러나 日本은 憲法에도 없는 再武裝을 하고 그 支援下에 連日連夜 平和線을 侵犯하는 等 오늘의 現實은 다시금 不吉한 무엇인가 暗示를 주는 感이 不無합니다. 그리하여 本人들은 지난해 四月 總會에서 採擇된 別添 寫本과 같은 陳情書 및 法議文과 覺書(對日本政府)를 政府要路에 提出하였음에도 今日껏 이에 對한 回答은 姑捨하고 政策面에 反映을 보지 못하였습니다.

昨九日 朴大統領 閣下 記者會見에서도 乙勒約等 一連의 不平等條約 無效化에

對한 記者質問에는 言及이 없이 『다만 할말은 다했다 可否間 年內에 매듭을 짓겠다』는 答辯뿐임을 듣사옵고 또한 이와 關聯하여 지난 十二月末 日本 佐藤首相이 AP記者와 單獨會見에서 『兩側은 不愉快한 事後影響을 조금도 남기지 않는 모든 方法을 協商해야 한다』고 말하고 있음을 傳聞하고 이에 最善策으로 國會에 다음 事項을 請願하옵는 바입니다.

一. 乙巳勒約을 爲始한 一切의 不平等條約의 遡及無效를 世界萬邦에 宣言할 것

二. 韓日國交正常化를 日本이 眞心으로 願하는 誠意의 表示로서 平和線侵犯을 卽刻中止할 것

三. 虛無孟浪한 獨島의 領土權主張의 取消 宣言을 할 것

四. 對日財産請求權外에 다음 被害에 对한 鄭重한 謝過와 賠償을 할 것.

1. 義兵運動時代(乙未以後)
   義兵戰死 四〇,〇〇〇餘人

2. 己未獨立運動當時
   示威運動參加數 一,三六三,七六八人
   現場被殺數 六,六七九人
   負傷者數 一四,六一〇人
   被捕投獄者數 五三,七七八人
   受刑者數 一八,七九五人
   被燒建物數 五,六七八棟

3. 庚申滿洲大虐殺時
   南滿地域被殺 三,七六八人
   東北滿地域 三四,六八六人
   南北滿의家屋被毀 四,八六二棟

4. 己未運動後滿洲國成立當時까지
   南滿地域被殺 七,八六七人
   東北滿地域被殺 五,九〇三人

5. 滿洲國成立(一九三〇年)以後 八.一五光復時까지
   南滿地域被殺 一二,三八六人
   東北滿地域被殺 八,七六七人
   南北滿의家屋被毀 三八,六九八棟[8]

---

8) 이전에 작성된 진정서에는 28,698로 표기되어 있음

五. 前過를 反省하여 自業自得의 所産인 日本國內居住韓國民에 對하여 內國民 待遇 乃至는 世界人權宣言에 따른 權利를 享有케 할 것

以上 五個條項에 對하여 우리나라 政府로 하여금 日本政府에 對하여 强硬히 主張하도록 하여 주심과 아울러 第一, 四項의 三個條項에 対하여는 特히 유.엔 (UN)에 呼訴하여 國際司法裁判所에 提訴하도록 하여 주시옵기를 哀訴兼請願을 드리는 바입니다.

末尾에 지난 一月十日 日本 産業新聞이 『韓國政府와 國民에 對하여 日本政府나 國民는 마땅히 謝過하고 然後에 會談을 하여야 한다』고 主張하였고 去年 日本衆議院의 松浦周太郎 議員도 이러한 主張을 하고 『日本政府가 自身을 代表로 任命한다면 謝過使節로서 우리나라에 와서 各方으로 謝過를 하겠다』고 한 發言이나 今年 一月十一日 來韓한 日本社會黨의 長谷川 議員의 發言等은 看過되어서는 아니되리라고 믿어 이에 附記하옵고 國會議長閣下 및 議員諸賢의 賢察이 있으시기를 懇願하는 바입니다.

一九六五年 一月 日
서울特別市乙支路二街一六五番地
殉國先烈遺族會 會長 具聖書
서울特別市鐘路區慶雲洞八八番地
三十三人遺族會 李甲成
會長 朱珏卿

번호 殉先遺 第 號
일시 西紀一九六五年二月十六日
발신 殉國先烈遺族會 會長具聖書
수신 外務部長官
제목 文件(聲明書) 傳達要請

標題의 件 別紙聲明書를 直接 日本國 外相에게 手交코저 하오나 國際慣例上 貴下에 傳達依賴하오니 必히 手交되도록 措置하여 주심을 仰望하나이다.

聲明書

日本國

椎名 外相 貴下

　本人은 殉國先烈遺族一同을 代表하여 貴下의 今次 來韓目的에 疎忽함이 없기 바라고 韓日兩國間의 懸案問題妥結에 있어 拙速으로 因하여 앞날의 不幸의 씨를 남기지 않기를 懇切히 바라 一言을 부치는 바이다.

　本會會員들은 지난날 우리나라를 貴日本國이 武力으로 不法强侵하여 國權을 簒奪하고 殺人·放火·虜掠질 等 우리民族에 對하여 生死與奪을 恣意로 하든 植民治下에서 國內外로 祖國과 民族의 自主獨立을 爲하여 抗日鬪爭하시다가 無辜하게도 貴國의 殘惡無道한 官憲의 銃劍에 依하여 侵略의 祭物이된 분들의 後裔들로서 이에 解放前 四十年間에 亘한 貴國의 侵略史의 一□□의 산 證人들이요 遺物들이 儼存하고 있음을 警告하고 나아가 우리나라의 오늘의 後進과 貧困 그리고 지나간 六·二五의 同族相殘의 慘劇 一步더 거슬러 올라가서 國土兩斷等 이 모-든 悲劇과 不幸의 씨는 貴日本國의 帝國主義植民政策으로 因하여 뿌려진 所以然임을 確言하여 두는 바이다.

　貴下는 이러한 一連의 事態聯關性을 明察覺醒하고 干先「우리政府와 全國民 그리고 殉國先烈에 對하여 貴國政府와 國民을 代表하여 鄭重한 公開謝過聲明을 할 것」을 要求하며 다음에 昨今의 時々刻々으로 激動하는 國際情勢下에서 貴國이 眞實로 韓日兩國의 友好와 共同의 繁榮을 希求한다면은 人間本然의 姿態로 도라가 自省이 있기를 바라면서 本人들은 貴下에게 懸案妥結中에

一. 基本關係에 있어서는

　　所謂 庚戌合邦條約·乙巳保護條約等 一切의 條約을 遡及無效化를 主張하며

二. 平和線內 漁撈等 一切의 侵犯行爲를 直刻中止할것과

三. 財産請求權이 아닌 殉國先烈과 愛國志士 그리고 無辜한 良民들을 虐殺하고 掠奪한데 對한 賠償을 할 것

等을 要求하는 바이다.

　前日 貴國 佐藤首相이 記者會見에서

「不愉快한 事後影響을 조금도 남기지않는 모-든 方法을 協商하겠다」한 바 本人들도 宿題로 남겨서는 아니되며 이로 因한 後日의 不幸한 事態의 發生을 憂慮하

는 나머지 貴下의 來韓에 부쳐 □□하는 바이다.

兼하여 巷間에 流布된 美日間의 新版 포쓰마쯔條約도 極히 忌諱警戒하고 또 罪意識은 느끼지 못할 망정 아직도 帝國主義의 亡靈에 사로잡혀 있는 高杉代表에게 憐憫과 同情을 보내면서 끝으로

우리들은 우리의 뜻이 이루어질 때까지 굽히지 않을 것을 다짐하여 두는 바이다.

一九六五年 二月 十七日

서울特別市乙支路二街一六五

殉國先烈遺族會

會長 具聖書

31. 기안—성명서 전달 요청에 대한 처리 회신

번호 외아북 722

기안년월일 65.2.19.

발신 장훈

경유수신참조 순국선열 유족회 회장 구성서

제목 성명서 전달 요청에 대한 처리 회신

1965.2.16. 자로 보내신 일본 시이나 외상 앞 성명서를 전달하여 줄 것을 요청하신데 대하여 당부로서도 귀회의 충정을 충분히 이해하며 동 성명서를 전함으로서 시이나 외상에게 뜻이 전달하여지도록 조치할 것임을 알려 드립니다.

귀회의 건승을 축원합니다. 끝.

32. 외무부 공문—진정에 대한 회신

외무부

번호 외아북 722

일시 1965.2.27.

발신 외무부 장관 이동원

수신 서울특별시 을지로 2가 165 순국 선열 유족회 구성서 회장 귀하

제 목 진정에 대한 회신

　귀하가 순국선열 유족회를 대표하여 1964년 12월 법무부 장관에게 제출하신 진정서는 동 진정내용이 주로 한일회담과 관련되는 문제라는 점에서 당부에 이송되었으며 당부에서는 그간 귀 진정서를 검토하여 이에 회신하여 드림을 기쁘게 생각합니다.

　귀회의 진정 내용은 바로 일제하에서 모든 고초를 함께 겪은 우리 동포 전체의 울분과 요구를 대변하는 것으로 생각되며 정부로서도 귀 진정 취지를 충분히 이해하고 있으며 더구나 조국의 광복을 위하여 몸바친 선열들의 유족의 모임인 귀회에서 일본의 과거 행적을 마음에 새겨 정부를 편달한다는 뜻에서 그와 같은 진정서를 보내주신데 대하여 감사하는 바입니다.

　귀 진정서에 열거된 여러 가지 피해 통계는 우리 민족이 과거 일본에게서 당한 수모와 희생에 비추어 빙산의 일각에 불과할 것이며 지금 남아있는 우리들 국민 하나 하나가 누구라도 정도의 차이는 있다 하더라도 이 희생과 관련되지 않은 사람은 없으리라고 생각하는 것입니다.

　그렇기 때문에 정부는 과거의 불미한 관계를 청산함으로써 새로운 양국의 장래관계를 설정할 수 있다는 기본적 입장에 서서 종래부터 한일회담에 임하고 특히 양국의 관계를 정상화하는데 기본이 되는 기본조약을 체결함에 있어서는 그와 같은 고려가 충분히 가하여져야 한다는 태도를 취하여 왔습니다. 따라서 정부로서는 귀 진정에서도 건의하고 있는 바와 같이 과거 일본이 강압적으로 체결케 한 구조약이 명백히 무효임을 확인하여야 됨을 강력히 주장한 것이고 이에 따라 지난 2월 20일 양국간에 가조인된 기본관계 조약에서는 그러한 무효 확인 조항이 삽입되게 된 것입니다.

　현재 일본에 거주하고 있는 우리 재일교포는 귀 진정서에서도 지적하신 바와 같이 일본 자신에 의한 자업자득의 결과임에 틀림없으며 대부분 과거 일본의 전쟁 목적이나 식민지 정책 수행의 방편으로 일본에 강제로 끌려가 정착케 된 것입니다. 그러므로 정부에서는 그러한 특수한 역사적 배경에 비추어 재일교포에게 일반 외국인과 다른 특별한 대우를 법적으로 보장하여 줌으로써 그들이

인간다운 생활을 보장받고 또한 그들이 원하는 한 안심하고 일본에 영주할 수 있도록 하여야 됨을 일본측에 요구하고 있는 것이며 그러한 방향으로 해결이 되리라고 기대하는 것입니다.

귀 진정서에서 밝히신 을미의거 후의 모든 압박과 학살에 대한 보상청구 문제는 종래 한일회담에서 취급되어 온 청구권 문제와 각도가 다른 것이며 그렇다고 전반적으로 보아 연관되는 점도 없지 않음에 비추어 정부로서도 더욱 신중한 검토를 기울이겠음을 말씀드리는 바입니다.

어떠한 경우에 있어서던지 정부는 우리 국민의 의사가 지향하는 바, 노선에 따라 우리 나라와 국민의 이익이 최대한으로 보장되는 방향으로 한일회담이 타결되도록 진력을 하고 있습니다.

귀회의 진정과 건의에 다시 한번 감사하면서 이만 줄이며 앞으로도 많은 편달 있으시기 바라면서 귀하의 귀회의 건승을 빕니다.

33. 기안—순국선열유족회의 진정

번호 외아북 722
기안일시 65.3.15.
기안자 동북아과 김태지
발신 장관
경유수신참조 원호처장
제목 순국선열유족회의 진정

1. 원관관 1800-956(65.1.29)과 관련된 것입니다.
2. 표기 순국선열유족회에서 진정하고 있는 바에 대하여 당부에서는 별첨과 같은 내용의 회답을 하려고 하고 있는 바, 이에 대한 귀처의 견해를 조속히 회보하여 주시기 바랍니다.
유첨: 진정서에 대한 회답안 사본 1부. 끝.

34. 외무부 공문-순국선열 유족회의 진정

외무부
번호 외아북 722
일시 1965.4.13.
발신 외무부 장관 이동원
수신 원호처장
제목 순국선열 유족회의 진정

1. 원관관 1800-956(65.1.29)과 관련된 것입니다.
2. 표기 순국선열 유족회에서 진정하고 있는 바에 대하여 당부에서는 별첨과 같은 내용의 회답을 하려고 하고 있는 바, 이에 대한 귀처의 견해를 조속히 회복하여 주시기 바랍니다.
유첨: 진정서에 대한 회답안 사본 1부. 끝.

유첨-진정서에 대한 회답안 사본

외무부
번호 외아북 722
일시 1965.2.5.
발신 외무부장관
수신 서울특별시 을지로 2가 165 순국선열 유족회 구성서 회장 귀하
제목 진정에 대한 회신

귀하가 64.12. 법무부 장관에게 제출한 진정서에 관하여 동 진정내용이 주로 한일회담에서 문제가 되어야 하는 사항에 관한 것이라는 이유로 법무부 장관은 이를 당부에 이송하여 왔습니다. 정부를 대신하여 본인이 귀하의 진정서를 검토하고 이에 회신하게 된 것을 기쁘게 여깁니다.
1. 귀하의 진정은 바로 일제하에서 모든 고초를 함께 겪은 우리 동포 전체의 울분과 요구를 대변하는 것으로 생각되며, 국민의 동의 위에 존립하는 정부도 또한 귀하의 진정에 동조하고 있다는 사실은 비단 금일 비로소 확인할 필요가

없는 사항인 것으로 압니다. 이러한 과거의 인식에 대하여 다시 한번 정부의 해이를 걱정하여 이를 다짐하기 위하여 귀하가 진정서를 제출하여 준 성의에 대하여 감사하는 바입니다.

귀하의 진정서에 열거된 몇 가지 피해통계는 실로 우리 조상이 지난날 일본에게서 당한 수모와 희생이라는 거대한 빙산의 일각에 불과할 것입니다. 지금 남아 있는 우리 국민 하나 하나가 누구라도 정도의 차이는 있다해도 이 희생과 관련이 없는 사람이 있겠습니까.

그리하여 국민의 정부인 우리 정부는 이러한 과거에 대한 정확한 인식에 기하여 일본에 대하여 이러한 불리한 과거의 청산을 무엇보다 앞서 추구하고 있는 것입니다.

이러한 과거의 청산 없이는 어떠한 미래의 새로운 관계도 수립할 수 없다는 것이 우리 정부의 입장이며 이것은 앞으로 주위의 국제정세가 여하히 변하더라도 양보할 수 없는 기점이 될 것입니다.

이를 위하여 정부는 한일회담을 진행하는 것이며 이러한 과거의 청산을 위하여 무엇보다 먼저 귀하가 진정서에 지적한 바와 같이 일본이 강압적으로 체결한 소위 을사보호조약이나 경술합방조약 등의 무효를 명백히 선언하도록 할 것입니다. 이러한 문제는 "기본조약"으로 해결될 것입니다.

2. 현재 일본에 거주하고 있는 우리 재일교포는 귀하가 진정한 바와 같이 일본 자신에 의한 자업자득의 결과입니다. 현재의 재일교포는 실로 과거 일본의 태평양전쟁 목적 수행을 위하여, 아니면 일본의 식민지 정책에 의하여 생계를 잃어 일본에 강제로 끌려가 정착하게 된 것입니다.

그러므로 정부는 이러한 재일교포들이 지닌 특수한 역사적 배경에 관하여 일반 외국인과 다른 특별대우를 법적으로 보장할 것을 일본에 요구하고 있는 것이며, 이것은 귀하가 진정한 바, "최혜국 국민 대우"를 훨씬 능가하는 것입니다. 정부는 재일교포의 인간다운 생활을 보장하고 그들이 원하는 한 얼마든지 안심하고 일본에 영주할 수 있도록 하기 위하여 최선의 노력을 다하고 있으며 동 문제를 특별협정에 의하여 해결할 방침입니다.

3. 우리가 일본에게 요구하는 재산청구권은 원래 상항 평화조약 제4조 b항에 의한 것으로 이것이 바로 지난 62년말에 총액에 있어 타결을 본 6억불인 것입니다. 귀하가 진정에서 밝힌 을미의거 이후 모든 압박과 학살에 대한 보상금을 우리가 받기로 한다면 10, 20억 이라도 낙착, 만족할 수는 없을 것입니다. 그러

나 정부는 한일회담 초기에 이미 대국적 입장에서 당시 대통령이던 이승만 박사나 당시 수석대표이던 양유찬 씨의 성명으로 모든 정치적 보상은 대국의 아량으로 포기하고 일본에게 국제조약에 기한 합법적인 보상만을 받는다는 입장을 천명하고 그후 이를 견지하여 왔던 것입니다. 우리가 최초로 이렇게 결정한 것은 우리는 과거를 잊고 선린으로서의 자세를 갖추는데 너희 일본은 자세가 어떠냐를 문책하기 위한 것이었던 것입니다. 그러므로 62년만에 타결된 6억불의 액수는 순수히 법적청구권 즉 상항조약 제4조 b항에 기한 재산청구권만을 의미하는 것입니다. 최초에 이렇게 결정하였던 것이므로 지금 이를 다시 논의에 올린다는 일은 국가 계속성의 견지로 보아 불가능한 일이라 하겠습니다.

우리 국가의 장래가 일본에서 받는 단 얼마의 청구권 액수에 좌우되는 것이 아니라는 사실을 기억하고 다만 이를 저들의 과거의 불법에 대한 사과의 승인으로 생각한다면 이것 또한 의의있는 일이라 생각합니다.

4. 어떠한 경우에든지 정부는 우리국민 감정이 요구하는 바, 노선에 따라 한일회담 교섭에 임하는 것이며 이러한 국민감정에 입각하는 국가 이익이 관철되지 않을 때에는 한일회담의 타결이란 있을 수 없는 것임을 부언하고 싶습니다.

귀하의 애국을 위한 충정에 다시 한번 감사하면서 이만 회신에 대합니다.

귀하의 건승을 기원합니다.

37. 원호처 공문—순국선렬 유족회의 진정 "회신"

원호처
번호 원관관722-4175
일시 1965.5.6.
발신 원호처장 김병삼
수신 외무무장관
제목 순국선렬 유족회의 진정 "회신"

1. 외아북 722-6011(63.4.13)에 대한 회신임.
2. 본건에 대하여는 귀부에서 외아북 722-2737(65.2.19)로 단체에 기회신 한 바 있음을 알고 있습니다. 이에 따라 본 건에 대하여 현시점으로서는 별도 회신을

하지 않음이 좋을 것으로 사료되며 앞으로 광복회(회장, 이갑성, 65, 4, 1 당처 허가)에서 회신요청이 있을 경우에는 단체 대표를 초치하여 정부 방침을 주지시키는 방법이 회신보다 효과적이라고 사료되오니 참고 바랍니다. 끝.

② 재일 한국인 유골봉환, 1966-67

○ ○ ○

기능명칭: 재일 한국인 유골봉환 1966-67

분류번호: 791.41 1966-67

등록번호: 2446

생산과: 동북아주과

생산연도: 1967

필름번호: P-0005

파일번호: 07

프레임번호: 0001-0255

1. 범태평양 동지회 중앙본부 공문–신체피해 보상대책에 관한 건

범태평양 동지회 중앙본부
번호 범본제32호
일시 1966.2.4.
발신 회장 김용호
수신 외무부 장관
제목 신체피해 보상대책에 관한 건

　　　본건 66년 2월 3일자 중앙일보에 게재된 정부 방침 내용에 의하면 일제에 의하여 강제로 징용되었던 노무자 중 신체 피해자의 보상을 않을 방침이라고 함은 다음 사유를 들어 유감으로 사료하옵니다
　　　　-다음-
　　　본회는 제2대 국회시 일본정부에 대하여 제2차 세계대전시 일본에 강제동원 되었던 군인, 군속, 노무자 등으로 부상자 25,000명에 대하여 일인당 보상금 2,000$식 계상하여 5,000만$을 요청하였던 사실이 있아오며 그후 누차 일본 정부에 요구하였든바 한일회담 후 그 보상조치가 취해질 것이라는 답변이었읍니다. 정부가 이와 같이 보상치 않을 방침을 수립하였다 함은 도의적으로 있을 수 없는 일이라고 사료되오며 본회 회원의 실망이 다대할 것인즉 신체 장해를 입은 불구자 및 중환자에 한하여서라도 정부 혜택이 있도록 재삼 고려있으시기를 앙청하나이다. 그리고 2차 세계대전시 일본에 강제동원되어 사망한 자 77,633주에 대하여도 일본으로부터 그 유골을 조속 봉환하여 20여년간 그립던 육친의 품에 돌아오도록 선처 있으시기를 바랍니다. 일본국 사회단체인 일한상호 친선 동지회는 일본에 있는 한국인 유골을 한국으로 봉환하고 한국에 있는 일본 유골을 일본으로 봉환할 것을 본회에 제의해온 바 있읍니다.
　　　상호간 유골봉환의 사업이 정치적인 문제가 아니라 인도주의에 입각한 도의적인 문제이오니 정부의 적극적인 협조와 이해가 있으시기를 바랍니다. 현재 본회의 불구회원으로부터 통신문 내용에 대하여 구두 및 서면 질의가 있아오며 이점에 대하여 정확하고 책임있는 답변을 요구하고 있아오니 정부 방침을 하교하여 주시오면 회원 각자에게 정부를 불신함이 없이 옳은 인식과 판단에 의하여 정부 시책에 순응토록 하겠아오니 적절한 조치가 있으시길 앙망하나이다.

2. 기안– 제2차 대전시에 희생된 한국인 유골 문제

기안년월일 66.2.5.
기안자 동북아주과
경유수신참조 품의
협조자 성명 교민과장
제목 제2차 대전시에 희생된 한국인 유골 문제

　　1. 사실 및 배경
　　　　가. 제2차 대전시 일본의 전쟁 수행정책으로 말미암아 희생된 한국인 군인, 군속의 유골 2,311주가 일본 후생성 창고에 보관되어 있으며, 우리정부는 일측으로부터 동 유골 명단을 1952. 및 1956. 에 각각 수령한 바 있으며, 1964. 6.에 다시 수령하여 보관중임.
　　　　유골명단의 내역은 아래와 같음.

육군관계유골	1,548주
해군관계유골	807주
"우기지마 마루"유골(미성년자)	56주
	계 2,411주 (이중 약 100주는 유품만임)

　　　　나. 제2차 대전이후 1948.2. 및 5.에 약 6,000주의 유골을 한국으로 봉환한 바 있었음. 그후 상기와 같이 우리 정부가 일측으로부터 유골 명단을 수교받았음에도 불구하고 이를 인수하지 않은 것은 대일 청구권 문제가 해결되기 전에 어떻게 유골만을 인수하여 유가족에게 전달할 수 있겠는가 하는 입장에서였음.
　　　　다. 1964.3.20. 자 조선일보 지상에 재일교포 강위종(한국인 전몰자 유골 봉안회 회장이라 함)이 2천여주의 전몰 한국인의 유골이 동경, "사세보"의 일본 후생성 창고에 산재하여 방치되어 있다고 발설한 기사가 크게 보도되어 사회적으로 문제화하였음.
　　　　라. "범태평양 동지회"는 64.3.말에 국회에 청원서를 제출하고 제2차 대전중의 한국인 전사자에 대한 보상금 지불과 피징용자의 미수노임의 지불 등을 다짐하는 동시 일본 후생성 당국에 보관되어 있는 유골을 인수하여 유가족에게

전달할 것을 청원하였음. 또한 "홍익부인회"에서도 전기 유골을 봉환하겠다고 하여 외무부의 협조를 비공식으로 요청하여 온 바 있음.

　　마. 64.5.23. 국회 외무위원장은 외무부장관에게 본건 유골 및 남양제도에 산재중이라고 하는 동포 유골의 소재 상황을 확인하고 이를 유가족에게 인도하는 방책을 강구하도록 요망하여 왔음.

　2. 정부가 취한 조치

　　가. 정부는 64.7에 민족적 감정과 인도적 견지에서 한일회담의 타결 이전에라도 전기 유골을 조속히 한국으로 봉환하기로 방침을 결정하였음. 이와 같은 방침에 따라 아래와 같은 지침을 주일대사에게 제시하여 일본 정부와 절충케 하였음.

　　　(1) 한국 정부로서는 인도적인 견지에서 이 이상 유골을 일본에 두어 둘 수 없으므로 대일청구권의 최종적인 해결과는 하등의 관련 없이 이를 인수하고저 하는 것임.

　　　(2) 일본 정부는 우리의 대일청구권과 관계없이 응분의 향대를 유골 각주에 지급하여야 함. (우선 일측에게 1주당 미화 70불 정도를 시사하기로 함)

　　　(3) 일본 정부는 유골을 한국으로 정중히 봉환하고 매장하는데 필요한 일체의 비용과 편의를 제공하여야 함.

　　나. 주일대사가 일본정부와 절충한 결과 일측의 반응은 아래와 같았음.

　　　(1) 일본정부로서는 유골 봉송에 필요한 제반 편의를 제공할 용의가 있으며, 구체적으로 유골을 정중히 재포장하고, 봉송이전에 위령제를 거행하고 수송에 필요한 교통편을 제공하겠음. (일측은 2,311주의 유골을 일괄하여 후생성에 안치 보관하고 있다고 함)

　　　(2) 유골 각주에 대한 향대 및 매장비를 지급하는데 대하여서는 청구권 문제해결을 위한 대강에 합의한 바 있으므로 이와 분리하여 별도 지급은 불가능함.

　　　(3) 유골 2,311주 중 남한 출신자 1,815주의 인도는 가하나 잔여 북한 출신자 496주에 대하여는 일단 유족등이 북한 지역에 거주할 것으로 추정되므로 인도상 이를 일괄하여 한국 정부에 인도함은 불가하다는 입장임. (한국측이 남한출신자만을 인수하는 경우 일측으로서는 적절한 시기에 적십자 기구를 통하여 북한의 유족에게 전달할 방책을 강구할 것임을 시사)

　　다. 상기와 같은 일측 반응에 대하여 정부는 아래와 같은 이유로 이제까지 유골 인수를 보류하여 왔음.

　　　　(1) 우리 정부의 기본적 입장으로 보아 유골 전부를 인도 받아야 하며, 남한 출신자에 국한하여 인수할 수는 없음.

　　　　(2) 본건 유골이 종전 후 20년 간이나 일본 정부에 보관되었다가 봉송되는 것이므로 일본 정부로부터 응분의 성의 표시 (향대 등 지급) 없이 봉송됨은 우리 국민 감정에 배치됨. (이와 관련하여 일측은 새삼스러히 유골을 봉환함으로서 야기될 수 있는 각종 부작용을 고려하여 양국 정부 협의하에 이를 일본 내 사찰 등에 정중히 봉안하는 방법을 고려함이 어떠한가고 시사한 바 있음)

　　3. 앞으로 취할 조치에 대한 건의

　　　가. 정부로서는 한일 양국간의 국교정상화를 계기로 본건 유골의 봉환을 위하여 일본 정부와 재차 아래와 같은 방침에 따라 절충토록 함.

　　　　(1) 남북한 출신자의 구별 없이 2,311주의 유골 전부를 인수하도록 함.

　　　　(2) 유골의 봉송에 필요한 제반경비 (일본에서의 위령제 비용, 포장비, 운반비 등)는 일체 일본정부가 부담하도록 함.

　　　　(3) 응분의 향대 및 매장비의 지급은 재차 강력히 교섭하되, 일측이 전기 (1) 및 (2) 항은 수락하나 본항의 향대, 매장비의 지급에 끝내 불응하는 경우에는 이를 철회하여도 가함.

　　　나. 이상의 일본정부와의 교섭이 상당한 시일안에 타결되지 않을 경우에는 우선 일본내에서 유골을 적절한 사찰에 정중하게 봉안하는 방도를 일본정부와 강구하여 유골 봉안에 대한 정부로서의 최선을 다하는 동시 봉환을 위한 교섭은 우리의 입장이 관철될 때까지 계속하도록 함.

　　끝

3. 내무부 공문—태평양 전쟁 한국인 유골 봉안의 동향

내무부

번호 □□□20□□ .11-1828

일시 1966.2.5.

발신 내무부장관 양찬우
수신 수신처 참조
제목 태평양 전쟁 한국인 유골 봉안의 동향

　　일본 동경 소재 태평양 전쟁 한국인 유골 봉안회에서는 태평양 전쟁에서 전몰한 한국인 유골 2,000여주가 □□□□(佐世保 □□ 창고에 □□□□주 동경 후생성 창고에 863주, 梵文寺에 23주)에 □□ 봉안되어 있는데 대하여 본국 이송을 한국 정부에 누차 건의하였으나 하등 반응이 없는 바 이 이상 더 방치한다면 국가 체면에도 영향을 초래할 것이므로 □□, □□□등을 통하여 사회여론을 환기시켜서 정부로 하여금 이송케 할 것을 논의중에 있다하옵기 보고합니다. 끝.

　　수신처
　　　　대통령 비서실장(정보비서관)
　　　　중앙정보부장(3국장)
　　　　국무총리 비서실장(정보비서관)
　　　　외무부 장관(아주국장)

4. 외무부 공문－태평양 전쟁 한국인 유골 봉안의 문제

외무부
번호 외아북722
일시 1966.2.14.
발신 외무부장관 이동원
수신 주일대사
제목 태평양전쟁 한국인 유골 봉안회 문제

　　동경소재 태평양전쟁 한국인 유골 봉안회에서는 태평양전쟁에서 전몰한 한국인 유골 2,000여주가 일본 각처에 산재 봉안되어 있는데 대하여 본국 이송을 본국 정부에 누차 건의하였으나 하등 반응이 없어 이 이상 더 방치한다면 신문,

라디오 등을 통하여 사회 여론을 혼란시켜 정부로 하여금 이송케 할 것을 논의 중에 있다는 내무부로부터의 전보가 있어 이를 통보하니 참고하시기 바랍니다. 끝.

5. 기안-제2차 대전시에 희생된 한국인 유골문제의 처리 방안 건의

기안일시 66.2.15.
기안 동북아주과
수신 품의
제목 제2차 대전시에 희생된 한국인 유골문제의 처리 방안 건의
(메모: *本案可하나 國務會議의 議決을 받을 것, 그 前 保社部長官과 合議할 것)

　　제2차 세계대전중에 일본의 전쟁 수행 정책으로 말미암아 희생된 한국인 군인, 군속 또는 민간인의 유골 2,311주가 아직까지 일본정부에 의하여 일본내에 보관되어 잇는 바, 한일 양국간의 국교정상화를 계기로 아래와 같은 방안으로 이 문제를 처리함이 어떠하올지 고재를 바랍니다.
(문제의 경위에 관하여는 별첨 참조)
　1. 제1차적 조치:
　　　주일 대사에게 지시하여 아래와 같은 지침에 따라 일본 정부와 절충 합의하도록 함.
　　　가. 한국 정부 당국은 현재 소유하고 있는 전기 유골 2,311주의 명단을 한국에서 적절한 방법으로 적절한 기간 공고하여 유가족 또는 연고자로 하여금 계출하도록 하고, 동 계출을 심사하여 유가족 또는 유골을 인수할 자격이 있는 연고자임을 확인함.
　　　나. 위와 같은 방법을 통하여 유가족 또는 연고자가 있는 것으로 확인된 유골은 동 유가족 또는 연고자에게 인도하기 위하여 한국으로 봉환함. 봉환에 있어 일본정부는 한국정부가 지정하는 한국내의 일정한 장소까지 가장 정중한 방법으로 봉송하는데 필요한 모든 비용과 편의를 제공하여야 함.
　　　다. 유가족 또는 연고자가 없는 유골은 이를 전부 한일 양국 정부 관여하

에 정중한 절차를 거쳐 동경내의 적절한 장소에 매장하기로 함. 일본정부는 매장을 위한 묘지를 무상으로 제공하여야 하며, 매장에 소요되는 제반 비용을 부담하여야 함.

　　라. 유골을 한국으로 봉송하거나 매장하기 전에 일본정부가 비용을 부담하여 정중한 위령제를 거행하여야 함.

　2. 제2차적 조치:

　　주일대사와 일본정부간의 절충을 통하여 제1차적 조치에 합의를 보면 아래와 같이 국내적 조치를 취함.

　　가. 관계부처(내무부, 보건사회부 등)와 협의하여 대한적십자사에 의뢰해서 대한적십자 주관, 정부관계부처 후원으로 "유골 봉안 위원회"(가칭)와 같은 특별기구를 조직하여 동 기구로 하여금 보도 기관을 통하여 유골명단을 발표하고, 유가족 또는 연고자에게 적절한 기간(2개월 정도면 가할 것임) 내에 계출하도록 함.

　　나. 상기 계출에 있어서는 대한적십자 각도 지부 및 시, 읍, 면등의 지방행정기관을 통할 수 있도록 조치함.

　　다. 유가족은 직계존비속 및 직계존비속이 생존하지 않거나 그 소재를 알 수 없는 경우 8등친 까지를 유가족으로 하고, 연고자는 유가족 이외의 자로서 유가족이 생존하여 있지 않거나 또는 그 소재를 알수 없는 경우 유골을 자기가 봉안하여야 할 특별한 사유가 있음을 기술하는 서류를 제출하면, 이를 전기 "위원회"에서 심사하여 연고자 여부를 결정토록 함.

　　다. "유골 봉안위원회"(가칭)는 유골을 인수 봉환하기 위하여 관계부처, 특히 주일대사관의 협조를 통하여 도일 인수후 본국으로 봉송하고, 유골이 도착한 후 정중한 위령제를 거행하고 이를 유가족 또는 연고자에게 인도함.

　　마. 유가족 또는 연고자등이 유골 인수를 위하여 소요되는 최소한의 경비(유가족등의 차비 및 인수 기간 중의 채재비등)는 "위원회"가 부담하도록 함.

　3. 제3차적 조치(제3차적 조치로 가능한 한 제2차적 조치와 같이 끝나도록 한다)

　　가. "위원회"는 주일대사관 협조하여 일본정부가 유가족 또는 연고자가 없는 유골을 위하여 제공한 묘지를 답사 확정하고 일본 정부(후생성 일본적십자사 또는 일본인이 조직하는 민간기관)와 같이 일본 내에서 적절한 절차에 따라 매장하는데 필요한 모든 조치를 취함.

나. 매장이 끝나면 적절한 시기에 정부에서 동 묘지에 위령탑을 건립하도록 함.

　　4. 예산조치

　　　　본건에 필요한 제반경비는 외무부가 66년도 제1차 추가갱정예산, 또는 예비비로 확보하되 전액 대한적십자사에 대한 보조비로 함. 단, 위령탑은 정부가 직접 건립하는 것으로 함.

유첨: 제2차 대전시에 희생된 한국인 유골 문제. 끝.

6. 기안–제2차 대전시에 희생된 한국인 유골문제

기호 외아북722
기안년월일 66.2.16.
기안자 동북아주과
발신 장관
경유수신참조 주일대사
제목 제2차 대전시에 희생된 한국인 유골문제

　　1. 제2차 세계 대전중에 일본의 전쟁수행정책으로 말미암아 희생된 한국인 군인, 군속, 민간인 등의 유골로서 아직 일본정부가 보관하고 있는 2,311주의 유골을 한인 양국간의 국교정상화를 계기로 아래와 같은 시안에 따라 처리할 것을 구상중에 있습니다. (본문제의 경위에 관하여는 별첨 자료 참조)

　　2. 이와 같은 구상에 대하여 일본정부가 동의할 전망이 확실하면 본부는 이를 관계 부처와의 협의를 거쳐 국무회의에 상정하여 그 의결을 얻은 후 시행할 작정입니다. 따라서 귀하는 아래와 같은 시안을 가지고 조속한 시일내에 극히 비공식적으로 귀하여 개인적 의견의 형식으로 직접 일본 정부 관계 당국자에게 일본정부로서의 수락 가능성 여부를 타진하여 보고하시기 바랍니다.

　　3. 이와 같은 시안은 아직 구상단계에 있는 것이므로 절대로 외부에 누설되는 일이 없도록 각별 유념하시기 바라며, 이점을 일측에도 미리 못박아 두시기 바랍니다.

4. 구상중인 시안

　　가. 정부가 현재 소유하고 있는 유골 2,311주의 명단을 한국에서 공고하여 유가족 또는 연고자가 있는 것으로 확인된 유골은 동 유가족 또는 연고자에게 인도하기 위하여 한국으로 봉환함. 봉환에 있어 일본정부는 한국정부가 지정하는 한국내의 일정한 장소까지 가장 정중한 방법으로 봉송하는데 필요한 모든 비용과 편의를 제공하여야 함.

　　나. 유가족 또는 연고자가 없는 유골은 이를 전부 한일 양국 정부에 관여하에 정중한 절차를 거쳐 동경내의 적절한 장소에 매장하기로 함. 일본정부는 매장을 위한 묘지를 무상으로 제공하여야 하며, 매장에 소요되는 제반 비용을 부담하여야 함.

　　다. 유골을 한국으로 봉송하거나 매장하기 전에 일본 정부가 비용을 부담하여 정중한 위령제를 거행하여야 함.

유첨: 제2차 대전시에 희생된 한국인 유골문제의 경위. 끝.

참조: (1) 주일영(2) 725-811(64.6.3.)

　　　(2) 외아북722-12450 (64.8.6.)

　　　(3) JAW-08411(64.8.28.)

　　　(4) 주일정725-476(64.11.13.) 끝

7. 보건사회부 공문-대일 청구권 중 민간 보상에 관한 건의사항 통보

보건사회부

번호 보사회125-3471(22-8784)

일시 1966.2.22.

발신 보건사회부 장관 오원선

수신 수신처 참조

제목 대일 청구권 중 민간 보상에 관한 건의사항 통보

　　1. "2차 대전시 일본에 의해서 강제동원되었던 군인, 군속, 징용자, 보국대원, 정신대원으로서 생활한자 또는 사망한자의 유가족들에 대한 복지사업운영을 목적"으로 사회단체 등록을 필(65.9.21자)한 "범태평양 동지회"(회장 김용호)

로부터 별첨과 같이 대일청구권자금에 의한 피해보상책과 사망자 유골의 국내 송환책을 건의하여 왔음으로 참고로 통보하여 드립니다.

　　2. 본 동지회는 그 사업종목에 "대일청구권에 의한 피해보상" 등이 설정되어 있지 않음으로 여사한 보상관계에 관여할 수 없다고 할 것이오나

　　3. 금후에 있어서도 여사한 사업을 해회가 계속 추진할 경우에 대처코자 하오니 본 건의에 대한 방법이나 의견을 알려주시기 바랍니다.

유첨. 건의서 사본 각 2부. 끝.

수신처. 경제기획원 장관, 외무부 장관, 내무부 장관, 무임소장관

8. 외무부 공문(처리전)–재일한국인 유골 봉환문제

외무부
번호 JAW-02363, JAW-02412
일시 1966.2.25.
발신 주일대사
요약 및 비고 재일 한국인 유골 봉환문제

1. 본건에 관하여 아측은 아래와 같은 해결방안을 일측에 제시함.
　　가. 유골명단 공고 후 유가족, 연고자 확인분을 한국으로 봉환하되, 전비용과 편의는 일측이 부담.
　　나. 유가족, 연고자 없는 것은 일본의 비용부담으로 일본 내 적절한 장소에 매장.
　　다. 사전에 일본정부 부담 위령제 거행.
　　라. 반드시 요청하는 것은 아니지만 봉송하는 유골에 대하여는 향대를 지급.
　　마. 대외적 발표는 하지 않기로 함.
2. 일측은 우선 아래와 같은 반응을 보임(실무자의 第一次的 反應이며, 公式反應은 아님)
　　가. 동문제가 해결 못된 것은 한국측이 위문금 등을 청구하기 때문인데 그

청구를 하지 않는다면 타결이 용이할 것임.

나. 수송료는 예산에 책정되지는 않았으나 내부검토 하겠음.

다. 연고자 유무를 불문코 전부 한국에 봉환하는 것이 좋을 것임.

3. 아측은 일측의견에 대하여 수수료 등 비용은 일체 일측이 부담하고, 유골전부를 한국에 송환하고 연고자 없는 유골을 매장함에는(한국 내) 일측이 부담해야 함을 말함.

또한 아측은 일본 민간 기관 등에서 위문금등과 같은 것을 낼수 있으면 좋으나 본건 처리는 어디까지나 양국 정부 책임하에 행하여진다는 점을 강조함.

4. 본건에 관한 오정무 과장과 "구로다" 북동아과장간의 교섭 이외에 주일대사가 "우시바"심의관을 방문, 해결을 촉구함.

5. (의견)

훈령에 따라 계속 교섭함.

9. 기안-범태평양 동지회의 진정에 관한 회보

번호 외아북 722

기안년월일 1966.2.28.

기안자 동북아주과 공로명

발신 장관

경유수신참조 보건사회부장관

제목 범태평양 동지회의 진정에 관한 회보

1. 보사회 125-3471(1966.2.22.)의 관련입니다.

2. 위의 귀한으로 통보한 범태평양 동지회의 진정 내용 중 대일청구권 문제의 해결에 따른 민간 보상 문제에 관하여는 당부로서도 이를 참고하겠으나, 보상문제전반에 관하여 현재 재무부에서 입법준비 중이오니 재무부 장관에게 통보하심이 좋을 것으로 생각합니다.

3. 재일 유골문제에 관하여서는 당부에서 현재 그 대책을 구상중인 바, 구체화하는 대로 귀부와 협의코저 합니다. 끝.

10. 범태평양 동지회 중앙본부 건의서

범태평양 동지회
번호 범본 제49호
일시 1966.2.14.
발신 회장 김용호
수신 외무부 장관
제목 대일 청구권 중 민간 보상에 관한 건의

　　금반 입법성안 중인 민간인 보유 대일청구권 관계 재산에 대한 보상 조치법안에 관하여 제2차 대전시 강제동원 되었든 징병 징용 노무자등에 대하여 동법의 대상자 전원에게 응분한 혜택을 받을수 있도록 입법 조치하여 주실 것을 다음과 같이 건의하나이다.
　　(가) 피징용자의 미수노임 및 보상금 지출에 관하여
　　　(ㄱ) 입증 신고 기간
　　　　본 기간을 8개월 이상으로 선정하여 주실 것.
　　　(ㄴ) 이유:
　　　　　본회 회원은 농어민이 대다수인 바 산간벽촌의 거주하고 있으므로 신문 방송등으로 정부 고시가 하시되드라도 문명예 혜택을 받을 수 없는 비참한 환경이라 연락이 불편하여 신고인지 및 수속절차 등에 상당한 시일이 요할 것이며 어민은 선박에 탑승어로 기간 장시일 해상에서 종사케 될 뿐 아니라 외항선에 취역하는 선부는 귀국일정이 한정되었으므로 여유있는 신고기간을 주시어 일제의 확실한 피해자들인 본회 회원에게 정부가 실시하는 보상의 은전이 누락자 없이 권익이 확보되도록 하여 주실 것을 간청하나이다.
　　(나) 증서 분실자에 대한 보상 조치 방법
　　　(ㄱ) 6.25 사변 천재 지변으로 보상을 받을 수 있는 증서를 부득기 분실한 자에 대한 보상신고를 받으시어 정부가 신중 검토하사 억을하게 개인 보상이 누락되는 사례 없도록 정부가 고려 있으시기를 건의합니다.
　　(다) 신체상해자 등(심안 양지절단된 자 및 기타 신체장해불구자)에 대한 정부 보상조치
　　　(ㄱ) 일본에 강제동원되어 불구된 자는 청구권 중에서 국가 보상이 응당 있어야 할 것으로서 재고 있으시기를 바랍니다.

(라) 사망자 보상조치

　　　(ㄱ) 한국 정보 통계에 의한 77,603명에 대한 희생자들에게 적절한 보상이 있으셔야 하며 그 유골을 일본으로 부터 조속히 인수하여 유족에게 전달하여 고국 땅 육친이 봉안함으로서 수만리 타국땅 원한에 혼을 모면토록 적극적인 정부 시책이 있어야 할 것을 간절히 호소하는 바입니다.

유골봉안 문제는 인도주의 원측에 입각한 도의적 문제이니 정부로도 절대적인 관심과 성의가 요망되오며 본회 유족회원이 유골이나마 돌려 달라 라는 각종의 눈물겨운 호소를 차마 방관할 수 없는 실정이니 정부로서도 소홀히 다루어지지 않기를 간절히 바라옵니다. 끝.

11. 외무부 공문(발신전보)–유골봉환문제 관련 교섭시 참고 사항 알림

대한민국 외무부
번호 WJA-0304□
일시 0□□□□□
발신 장관
수신 주일대사

　　　대 JAW-02412
1. 본건 유골 봉환 문제에 관하여는 계속 교섭하여 조속히 일측의 공식 반응이 나올 수 있도록 하시기 바람.
2. 일본정부가 보관하고 있는 전 유골의 봉환은 남북한 출신의 구별없이 유골 전체가 봉환되므로서 금후 "북한출신 유골 문제"가 다시 문제화 되지 않고 또한 이제까지 문제된 제반 경비(향대 제의)를 일측이 전부 부담한다는 조건하에서 라면 가하다는 입장이니 교섭에 참고하시기 바람. (외아북)

12. 외무부 공문–범태평양 동지회의 진정에 관한 회보

외무부
번호 외아북722(74-3874)

일시 1966.3.2.
발신 외무부장관 이동원
수신 보건사회부장관
제목 범태평양 동지회의 진정에 관한 회보

    1. 보사회 125-3471(1966.2.22.)의 관련입니다.
    2. 위의 귀한으로 통보한 범태평양 동지회의 진정 내용 중 대일 청구권 문제의 해결에 따른 민간 보상에 관하여는 당부로서도 이를 참고하겠으나, 보상문제전반에 관하여 현재 재무부에서 입법준비 중이오니 재무부 장관에게 통보하심이 좋을 것으로 생각합니다.
    3. 재일 유골문제에 관하여서는 당부에서 현재 그 대책을 구상중인 바, 구체화하는 대로 귀부와 협의코저 합니다. 끝.

13. 외무부 공문–범태평양 동지회의 진정에 관한 회보

외무부
번호 외아북722
일시 1966.3.4.
발신 외무부 장관 이동원
수신 범태평양 동지회 회장
제목 진정 회신

    귀하가 지난 2.4. 및 2.14. 자로 발송하신 건의에 관한 서한은 이를 접수하였읍니다.
    대일 개인청구권의 보상문제는 현재 재무부에서 보상의 범위 및 기준 등 구체적인 방안을 규정하는 법률을 준비중에 있읍니다.
    일본 정부 당국에서 보관중인 전몰 한국인 유골문제에 관하여는 정부에서 신중히 조처하고 있음을 알려 드립니다. 끝.

14. 범태평양동지회 공문–유골실태 조사 의뢰

범태평양 동지회
번호 범본130호
일시 1966.3.18.
발신 회장 김용호
수신 보사부 장관
제목 한국인 유골 실태 조사 의뢰에 관한 건.

　　본회와 제휴 중에 있는 일본국 일한 상호 친선 동지회의 공한 연락에 의하면 일본 정부 후생성은 후생성 자체가 보관하고 있는 2,268 주 외의 한국인 유골에 대하여는 확인된 바 없다고 하오나 제2차 대전 당시 일본 정부에 피동원된(징병, 학병, 징용, 노무자 등) 자중 사망한자의 숫자만도 77,603명이라고 하는 통계숫자를 가지고 있읍니다.

　　이 숫자는 한일회담시 한국 정부가 제시한 숫자인 바 본회에서 그 실태를 파악한 바에 의하면

　　　　　기
　　　1. 일본국 후생성 보관　2,268주
　　　2. 사세보 후생창고　　　1,200주
　　　　동경후생성 창고　　　 863주
　　　　이께가미 본문사　　　 23주
　　　　히로시마껭　　　　　 3,000주
　　　　　　계　7,354주

상기 7,354주로 알고 있읍니다.
여사한 실정을 일본 정부에 재확인 조처를 하여 주시옵기 바랍니다.
별첨 일한 상호 친선 동지회 공한 사본 1통, 끝.

15. 주일대사관 공문–일본측 견해 보고

주일대사관

번호 주일정722-115

일시 1966.3.31.

발신 주일대사 김동조

수신 외무부 장관

제목 제2차 대전시 희생된 한국인 유골 문제

대: 722-85 (1966.2.17.)

　　1. 그간 보고드린 바와 같이, 대호 공한에 입각하여, 제2차 대전시 희생된 한국인 유골 문제 해결을 위하여 본직의 개인적 의견의 형식으로 일본 정부의 의사를 타진하여 왔사온 바, 작 3월 30일 외무성 "구로다" 북동아과장이 당 대사관 오 정무과장에게 별첨과 같은 일본측의 견해를 제시하여 왔으므로 이를 보고합니다.

　　2. 외무성 북동아과장은, 별첨의 일본측 견해를 제시함에 있어서, 원칙적인 점에 대하여 합의가 이루어지면, 장례식이라든지, 유골의 송환 지점 등 세부적 사항은 달리 협의해서 결정할 수 있을 것이라고 말하였습니다.

　　3. 외무성 북동아과장은, 금후 북한에 있는 유가족이 유골의 인도를 요구하여올 경우에는, 일본 정부로서는 인도주의적 입장에서, 이를 받아드리지 않을 수 없을 것이라는 견해를 보충적으로 표명하였습니다. 또한 동 과장은, 별첨에서 표명된 일본측의 견해는 "유골"에 한정되고 있으나, 일본 정부는 "유품"도 한국으로 인도할 것이라고 설명하였습니다.

　　4. 별첨에서 표시된 유골 총수 2331주의 내역에 관하여 외무성 북동아 과장이 설명한 내용은 다음과 같습니다.

　　　　(가) 지금까지 한국 정부에 명단을 통보한 총수는 2412주임.

　　　　(나) 상기 2412주 중, 유골은 2315주이며 유품은 97주임.

　　　　(다) 상기 이외에 추가로 16주가 있는 바 그중 15주는 남방에서 귀환된 것이고 1주는 "인노시마"(세도나이까이)에서 발견된 것임(16주의 명단은 아직 한국 정부에 통보되지 않았음).

　　　　(라) 별첨 2331주는, 따라서 상기 (나)의 유골 2315주와 (다)의 유골 16주를 합한 것임.

(마) 2331주 중, 군인과 군속에 해당되는 것은 2274 주이며, 민간인은 57주임.

별첨: 일본측 의견 1부

16. 보건사회부 공문–대통령 비서실 건의사항 이첩

보건사회부
번호 보사회125.1-7362, 22-8784
일시 1966.4.12.
발신 보건사회부 장관 오원선
수신 수신처 참고
제목 청구권 자금 민간보상에 관한 건의사항 통보

　　　1. 대통령 비서실로부터 이첩되어온 "범태평양 동지회" (서울 중구 을지로3가 340)의 본건 건의서 사본을 별첨 송부합니다.
　　　2. 본 건의서의 내용은 주로 대일청구권 자금에 관한 민간보상, 재일 한국인 유골의 국내 송환, 피동원 사망자 유가족 및 보상자에 대한 원호 조치로서의 군사원호보상법등의 개정이므로 귀부(처)에서 처리하여야할 사항으로 사료됩니다.
　　　유첨. 1. 대통령 비서실장 이첩 국문 사본　　통
　　　　　　2. 건의서 사본 1통. 끝

　　수신처 외무부, 재무부, 원호처

17. 대통령비서실 공문–건의서 처리

대통령비서실
번호 대비번125.1-746
일시 1966.4.4.
발신 대통령 비서실장 이후락

수신 보건사회부 장관
제목 건의서 처리

    별첨 건의서를 이첩하오니 적의 처리바랍니다.
    유첨: 건의서(63-237)1통. 끝

유첨-범태평양 동지회 건의서

범태평양 동지회
번호 범본 제144호
일시 1966.3.22
발신 회장 김용호
수신 대통령 각하 귀하
제목 청구권 자금 민간보상에 관한 건의

    위건에 관하여 지난 3월 17일 대통령 각하께서 지시하신 민간 보상에 대하여 다음과 같이 건의합니다.
    1. 본회 회원은 일제의 강제동원령에 의하여 그 처절했던 2차 대전의 전쟁터에서 구사일생으로 1945년 해방후 귀국하여 우리나라 역사상 미증유의 6.25 동란으로 가옥을 상실하는 등 재난은 물론 공산적구의 박해와 수난은 생명의 위험마저도 당하는 곤경 속에서 일말의 희망으로 알고 보관하고 있던 각종 증서(저금통장, 미수금증서등)를 망실하여 현재 본회 전체 100만 회원의 10분의 1도 그 증서를 보관치 못하고 있는 실정에 있습니다.
    2. 상기 실정에 대하여 일본 정부나 일본의 고용 회사가 성의와 진실성을 표시한다면 현재라도 그 당시(피동시) 미수증 상황의 명세를 얻을 수 있을 것으로 확신합니다.
        여사한 실정을 정부가 제고하여 주시는 동시에 생환 극빈회원과 사망자 및 불구자에 대한 보상조치가 있으시길 앙청하오며, 다음 그 시례를 몇 가지 들어 재차 건의합니다.
                -기-
        가. 생환자 중 불구자에 대하여 6.25 동란으로 그 당시 일본정부로부터

발행 받은 년금증서(해군성발행당시군속)을 망실하였으나 현재 일본 정부에 개별적으로 원본을 대장에 의하여 재발행 받을 수 있음.

(일본정부 관서장 발행)

"범례"

본적: 충남 공주군 계룡면 봉면리 416번지

주소: 상동

성명: 이교삼

생년월일: 서기 1922년 8월 3일생

피징용지: 일본국 후구오가갱 아사구라군 호슈탄광

사고년월일: 서기 1944년 4월 13일

부상처: 좌지절단

년금 증서: (장해년금증서 제48572호)

당시 구류미보험출장소장 명의 발행된 것임.

귀국년월일: 서기1945년 10월 20일

6.25 동란으로 년금증서를 망실당하고 현재 보유하고 있지 아니함. 이상과 같은 예에 의하여 다시 재발행 받을 수 있는 것으로 사료되오니, 신기로 발행받은 증서에 의하여도 보상금을 수취할 수 있도록 하여 주시기를 바랍니다.

나. 본회 범본 제49호(1966년 2월 14일자)로 건의한바 있아옵니다만 사망자에 대하여는

1) 일본 정부는 자국의 사망자에 대하여는 장례비조로 미화 70$씩을 지불한 사실에 감하여 정부에서도 피동되었다 사망한 자에 대하여도 동일한 보상책이 있어야 할 것으로 사료됩니다.

2) 무연고자에 대하여는 합동묘지 및 위령탑의 건립

3) 한국정부 집계에 의하면 77,603주의 유골이 아직도 일본국 각지 내지는 남양 각방면에 산재되어 있는 것으로 알고 있는 바, 일본 정부와 적극 절충 교섭하여 하루 속히 유골을 봉환할 수 있도록 하여 주실 것.

4) 신체장애자에 대하여는 국내 원호법을 개정하여 항구적으로 피원호 대상이 될 수 있도록 제고하여 주실 것. 끝.

18. 처리전-오카야마현 진성사 전몰유골 70주

외무부
번호 주일영722-141
일시 1966.4.22.

    1. 제목 한국인 유골문제

    2. 보고 내용

       (1) 주오사까 총영사의 통보에 의하면 "오까야마"현 "오까야마"시에 있는 진성사(眞城寺) 납골당에 한국인 유골 70주가 안치되어 있으며, 조총련에서 동 유골의 인수를 위한 운동을 전개하고 있다함.

       (2) 주오사까 총영사는 "오까야마" 현 지사에게 동 유골의 실태를 조사하여 줄 것과 인수방법에 관한 해결원칙이 결정되기 전에는 여하한 개인이나 단체에게도 동 유골을 인수하지 말 것을 요청하였던 바, 동 지사는 외교경로를 통하여 의뢰하여 달라고 말하였음.

    3. 의견

       1. 日本政府保管의 戰歿韓人유골 處理問題와도 關聯이 있으므로 同處理方案과 같은 方向으로 處理함

       2. 于先, 駐日大使에게 眞狀調査와 朝總聯策動防止를 指示함

19. 주일대사관 공문-오카야마현 소재 한국인 유골 관련 보고

주일대사관
번호 주일정722-141
일시 1966.4.18.
발신 주일대사 김동조
수신 외무부 장관
제목 일본에 있는 한국인 유골 (오까야마 현 소재)

    1. 주 오사까 총영사로부터의 보고에 의하면, 오까야마 현 오까야마 시에

있는 진성사(眞城寺) 납골당에 한국인 유골 70주가 안치되어 있다고 하며 조총련 계열에서 동 유골의 인수를 위하여 책동을 계속하고 있다고 합니다.

　　2. 오사까 총영사관은 상기의 사실에 감하여, 지난 2월, 오까야마 현 지사에게 동 유골의 실태를 조사하여 줄 것과 유골의 인수 송환 방법이 결정될 때까지는 여하한 기관이나 개인에게도 인도하지 않도록 조치하여 줄 것을 요청한 바 있었는데, 이에 대하여 지난 4월 4일자로 오까야마 현 지사로부터 동 총영사관에 대하여, 본건 문제를 일본 외무성을 통하여 의뢰하도록 해달라는 회답을 하여왔습니다.

　　3. 당 대사관은, 우선 상기 유골에 관련된 세부적 사항을 조사 확인 중에 있으며 그 결과가 나타나는 대로 본부에 보고 위계입니다. 현재까지의 인상으로는, 제2차 대전중 오까야마 시에 소재한 군수 공장에서 일하던 한국인들의 유골이 아닌가 추측됩니다.

　　4. 한편 당 대사관은 주 오사까 총 영사관을 통하여, 전기 유골이 조총련 계열의 손에 들어가지 않도록 계속 활동하도록 하고 있습니다.

　　5. 상기 유골의 인수 기타 처리 문제에 대하여는, 동 유골에 관한 상세한 자료가 확인된 연후에 결정하여야 할 것으로 사료되오나, 일본 후생성에서 보관중인 군인 군속 등 유골 처리 문제와도 관련시켜, 정부로서 우선 본건에 관하여 검토해주시기 바랍니다. 끝.

20. 외무부 공문–재일 전몰 한국인 유골 처리 문제에 관한 중간 보고

외무부
번호 외아북722
일시 1966.4.27.
발신 외무부 장관 이동원
수신 청와대 비서실장
제목 재일 전몰 한국인 유골 처리문제에 관한 중간 보고

　　1. 현재 일본 정부에서 보관중인 전몰한국인 유골의 수는 유품 97종을 포함하여 2,428주에 달하고 있으며(명단은 이미 통보받았음) 동 유골처리 문제에

관한 아측의 입장은 (1)연고자가 확인된 유골은 이를 봉환하여 연고자에게 인도하고 (2) 연고자를 확인할 수 없는 나머지 유골은 이를 한곳에 매장하거나 화장을 하여 본건을 조속히 완결시키려는 것입니다.

　　2. 본건에 관하여 일본측이 최근에 제시한 처리방안의 내용은 (1)한국정부가 유골명단을 상당기간 공시하고 연고자가 확인된 유골만을 인도하되, (2)일본정부가 이를 정중하게 봉송은 하겠으나 향대 지급은 않겠으며, (3)연고자 미확인분은 당분간 그대로 보관하였다가 후에 매장하거나 하여 처리하고, (4)북한에 있는 연고자가 유골의 인도를 요구할 경우에는 인도적인 견지에서 이를 거절할 수 없을 것이라는 입장입니다.

　　3. 일측이 제시한 방안대로 하면 대상 유골의 수는 적어지나 문제점은 여전히 미결로 남게 될 뿐만 아니라 북한 출신자 문제도 있어 수락할 수 없으므로 미리 훈령된 아측 입장에 따라 본건이 조기 완결되도록 계속 최선을 다하여 교섭하도록 주일대사에게 지시하였읍니다.　끝

21. 외무부 공문—청구권 자금 민간 보상

외무부
번호 외아북722
일시 1966.4.27.
발신 외무부 장관 이동원
수신 범태평양동지회장
제목 청구권 자금 민간보상

　　귀회에서 지난 3월 대통령각하 앞으로 발송하신 서신은 그간 보건사회부를 거쳐 당부로 이첩되었으므로 아래와 같이 회신합니다.

　　일제의 강제징병 또는 징용으로 희생된 한국인에 대한 보상 문제는 현재 재무부에서 구체적으로 검토하고 있으며 동 문제에 대한 처리방안이 입법화하는 대로 공표될 것입니다.

　　그리고 개인 보상에 필요한 각종 증빙서류의 본실 및 이에 대한 확인 문제는 보상원칙이 확정된 후에 논의되어야 할 것으로 사료됩니다.

귀 동지회의 발전을 빕니다. 끝.

22. 외무부 공문-재일 한국인 유골 실태조사 지시

외무부
번호 외아북722
일시 1966.4.28.
발신 외무부 장관 이동원
수신 주일대사
제목 재일 한국인 유골 실태조사

　　　　별첨 범태평양동지회로부터의 공한 내용을 보면 일본 후생성이 보관하고
있는 2,000여주의 한국인 유골 이외에도 "사세보" 후생창고 등 수개처에 도합
7,354주의 유골이 보관되어 있다는 바, 귀 대사관에서 본건에 관한 실태를 조사
파악하여 보고 하시기 바랍니다.
　　　　유첨: 동 공한 사본 1부. 끝

유첨-범태평양 동지회 공한 사본

범태평양 동지회
일시 1966.3.18.
번호 범본126호
발신 회장 김용호
수신 외무부 장관
제목 재일 한국인 유골 명부 인계 요청에 관한 건.

　　　　본건 본회와 유대를 맺고 있는 일본국 일한 상호 친선 동지회 통보에 의하면
1956년 5월 한일조약 예비회담시 재일한국인 유골(제2차 대전시 피동원되었다
가 사망한 한국인 유골) 2,300주의 명단을 본국 정부에 수교되었다는 사실을
일본 후생성에서 확인하고 지난 2월 21일자 이를 본회에 통보하여 왔습니다.

(별지 일한 상호 친동지회[1]) 사본 참고)

　　1. 본회 사업에 하나인 정관 제4조 4항에는 제2차 세계대전시 전사한 동지의 유골 봉환 사업을 실시하고 있는 바 귀부에서 일본정부로부터 수교된 재일한국인 유골 2,300주에 관한 명부를 일통 사본하여 주실 것을 앙청하나이다.

　　2. 본회에서 1947년 12월, 1948년 3월 양차에 걸쳐 일본 정부로부터 인계된 유골 409주를 현재까지 서울특별시 용산구 한강로 1가 173번지 소재 백용사에 안치중이든 유골을 그 유족을 찾게 되어 봉송 예정이오며 재일한국인 유골에 대한 유족 거처를 찾고저 하오니 그 명부를 조속히 사본하여 주시기 바랍니다.

　　3. 별첨
　　　　(가) 본회 정관 1통
　　　　(나) 한일상호 친선 동지회 통보사본 1통.

별첨-범태평양 동지회 통보 사본

　　汎太平洋同志會 御中

　　昭和41年2月15日
　　日韓相互親善同志會
　　代表幹事 德永光昭

　　経過報告に関する件
　1. 省略
　2. 在日韓国人遺骨の実情について
　　過日厚生省に出向し、在日韓国人の遺骨2300株が同省に奉安されていることを知りました。昭和31年頃、日韓条約予備交渉で同名簿は韓国政府は手交された侭で、その後それについては何の回答もないとのことです。貴会に於いてこの事実を旧知しておられるかどうか至急御調査下さい。他の在日遺骨の実情調査は事実上不可能というのが同省の見解です。

---

1) 친선동지회

3. 省略

4. 省略

23. 외무부 공문(발신전보)-오카야마시 한국인 유골 관련 조사 지시

대한민국 외무부
번호 WJA-04453
일시 291005
발신 장관
수신 주일대사
대: 주일정 722-141

1. "오카야마"시에 보관되어 있다는 한국인 유골 70주는 성격상 현재 일본정부
   가 보관하고 있는 전몰 한국인 유골 문제와도 관련된 것으로 생각됨으로
   궁극적으로는 전몰 한국인 유골문제와 같은 방안에 의하여 처리되어야 할것
   으로 생각함.
2. 그러나 본건에 대한 구체적 처리방안은 동 유골의 경위와 현황을 명확히 파
   악한 후에 지시할 작정이오니 우선 주오사까 총영사를 통하여 진상을 철저
   히 조사토록 하여 보고하시고 한편 조총련계의 책동을 방지하도록 최대의
   노력을 경주하기 바람. (아북)

24. 자료 신문기사

1965.5.2. 서울신문
遺骨 北送을 企圖

25. 외무부 공문(발신전보)—오카야마 보관 유골 조총련 위령제 거행에 대한 진상 조사 지시

대한민국 외무부
번호 WJA-05117
일시 091410

발신 장관
수신 주일대사

　　연: WJA-04453. 대: 주일정722-141
　　연호 "오까야마"시에 보관된 한국인 유골과 관련하여 66.5.2. 자 서울신문은
동경-서기원 특파원발로 "오까야마 현 다까야마 촌에 있는 진성사에서는 조총
련과 일조협회가 공동으로 주최하여 이 절에 보관중인 한국인 유골 65주를 모
시고 위령제를 거행하는 한편 조총련은 이 유골의 북송을 허가해 주도록 일본
법무성에 요청" 운운하는 기사를 계재하였는바, 주오사까 총영사를 통하여 본
건의 진상을 철저히 조사 보고하도록 하시고 조총련계의 책동을 방지하도록
적극 노력하시기 바람.
(외아북)

26. 외무부 공문(발신전보)−재일 한국인 유골의 북송저지에 관한 청원서 이송

보건사회부
번호 보사회125.1-10023(22-8784)
일시 1966.5.11
발신 보건사회부 장관 정희섭
수신 외무부 장관
참조 아주국장
제목 재일 한국인 유골의 북송저지에 관한 청원서 이송

　　1. 당부에 제출된 "범태평양 동지회"(서울 중구 을지로3가 340)의 본건 청원
서를 별첨 이송합니다.
　　2. 재일 한국인 유골의 국내송환에 관한 건의서는 기왕에도 수차에 긍하여
귀부에 이송한바 있아오나 금번의 청원내용은 재일 조총련계와의 관련되는 사
항으로써 특히 귀부에서 참고하여야 할 것으로 사료됩니다.
유첨: 재일한국인 유골 북송에 관한 청원서 1통. 끝.

27. 범태평양 동지회 공문

범태평양 동지회
번호 범본제225호
일시 1966.5.5.
발신 회장 김용호
수신 외무부 장관
제목 재일 한국인 유골북송에 관한건

　　1966년 5월 2일자 서울신문 보도에 의하면 일본국 후구야마껭[2] 다가야마
무라(岡山縣高山村)에 있는 전성사(寺)[3]에 안치 보관중이던 한국인 유골 65주
를 조총련과 일조협회가 공동으로 주최하여 위령제를 거행하는 한편 북송을
허가해 주도록 일본 법무성에 요청하였다 함은 실로 놀라운 일이라 아니할 수
없으며 동 유골은 김만석씨 외 64주의 유골은 한국 출신이 확실하다는 사실까
지 밝켜진 것이니 마땅히 한국으로 봉환하여 그립든 유가족과 육친에게 전달
안치케 함이 도의적으로도 당연한 일이라 아니할 수 없아오며 정부는 일본국
정부에 조속히 시정하도록 엄중항의하심과 동시에 국교 정상화가 이루어진 이
마당에서 만일 북송이 허용된다면 국교정상화에 독이 될뿐만 아니라 국제 외교
□□□ □□□ □는 것으로 사료되오니 일본국 법무부에 조치를 요청하여 그
처리 결과를 회보하여 주시옵기 바랍니다.

28. 외무부 공문(발신전보)–훈령에 따른 교섭 계속 교섭 지시

대한민국 외무부
번호 WJA-06053
일시 021655
발신 장관
수신 주일대사

---

2) 문맥상 오카야마의 오기.
3) 진성사의 오기

연: WJA-04467

연호 재일 전몰한국인 유골 봉환문제는 기히 하달된 훈령에 따라 조속 타결시키도록 일측과의 교섭을 계속하시고 진행사항을 수시보고 하시기 바람.

(외아북)

29. 정세보고 처리전–재한 일본인 유골 접수차 인원 파견 예정

외무부

번호 JAW-06046

일시 1966.6.4.

발신 주일대사

요약 및 비고: 신문보고

1. 경도에 있는 니시혼간지에서는 한국에 있는 약 2천700구의 유골을 접수하기 위하여 5명의 대표를 파한 예정.
2. 일본정부는 인니 및 말레이시아 양국의 우호관계수립을 대환영하는 외무성 발표를 공표.
3. 일본외무성은 봄베이 총영사 "요시가와 주조"를 대신관방 심의관으로, 중남미 이주국 참사관 "오꾸지 노부오"를 봄베이 총영사로 발령(6.1. 부)

30. 외무부 공문(착신전보)–신문보고

대한민국 외무부

번호 JAW-06046

일시 021413

수신시간 66.6.2. 17:01

발신 주일대사

수신 장관

신문보고

1. 경도에 있는 "니시혼간지"⁴⁾(문주, 오오따니) 사찰에서는 현재 서울 화계사에 있는 약2천7백구의 일본인 유골접수를 위하여 "니이다이찌에이"등 5명의 대표를 금반 한국에 파견하기로 되었다 함. "니시홍간지"측에 의하면 그간 전후 약3천 구의 유골이 서울에 있는 "니시홍간지" 경성 별관에 보존되어 있었던 것인데 그 후 화계사에 이관되었다고 함.

상기 유골은 그간 한국국교의 수립이 지연되는 동안 방치되어 왔다고 재작년 12월 "구, 니시홍간지, 일본인 유공⁵⁾보안위원회"(위원장 조경국가 구성되어 상기 2천 7백구의 유골이 화계사에 안치된 것이라고 함.

작년 5월에 동위원회의 조명기 위원으로부터 유골 이관의 요청이 있었으며 그간 국교 정상화와 더불어 금년 3월에 상기인에 대한 초청장이 도착된 것이라 함.

2. 중의원 외무위원회는 1일 오전 미원자력잠수함의 "요꼬스까" 기항문제에 관련하여 주로 일미 안보조약과 월남전쟁에 관한 대정부질의가 있었음. 이 자리에서 "시이나" 외상은 1) 일미 안보조약으로 인하여 일본이 타국으로부터 공격이나 위협을 받을 위험은 있으나 일본과 월남의 거리는 멀고 하여 월남전쟁을 계기로 일본이 이러한 공격이나 위협에 당하는 일은 없을 것이다.

2) 미국이 일본에 핵별기⁶⁾를 반입하지 않겠다고 한 보증은 1960년 1월에 "기시-아이젠하워 공동성명"으로 충분하다. 한편 이 자리에서 "야스가와" 북미국장은 미국으로부터 원자력 항공모함의 일본기항에 대해서 정식신청이 있으면 원자잠수함의 경우와 준해서 취급될 것이라고 생각한다고 함.

3. 주일미대사 라이샤와씨는 31일 모리오까에서의 기자회견에서 원자력잠수함 오꼬스까 기항문제등에 관하여 다음과 같이 말함.

현대의 세계에서 방위는 현실적으로 필요하다. 원자잠수함은 해상의 수송로를 방어하는 임무를 가지고 있는 일본선박도 이것으로서 방어되고 있다. 일미안

---

4) 원문에는 니시혼간지와 니시홍간지, 서본원사가 병기되었음. 모두 동일한 곳으로 일본 발음은 니시혼간지로 통일.
5) 유골
6) 핵병기

보조약의 해석으로부터 말한다면 항공모함의 기항문제도 원자잠수함 기항문제와 구별할 필요는 없다. 핵기지 문제에 대하여 미국의 핵산하에 있는 것은 일본으로서 보아 방위상 및 경제상 크게 이익이 된다.

4. 1일 인도네시아 및 말레이지아 양국간에 우호관계가 성립한 것에 대하여 일본외무성은 환영의 뜻을 표하고 금후 양국간의 회합이 진전하여 분쟁이 최종적으로 해결되기를 희망하고 있다고 함. 금반 회의의 결과에도 불구하고 최종적인 양국간 평화달성까지에는 반듯이 평탄할 것이라고는 보지 않고 있으며 이로써 일본외무성은 양 당사국에 회담에 의한 사태의 진전을 주시하면서 양국간의 윤활유적인 역할내지는 요청이 있으면 조정이 필요한 경우를 생각하여 준비체제를 갖출 것이라고 하고 있아다[7] 함.

한편 일본 정부는 최종단계에 있어서 양국으로부터 요청이 있으면 양국정상회담에 개최지로서 동경을 제공할 의향을 표명ㅏ고[8] 있음. 또한 정부내에는 아세아 외교의 신전개를 위하여 양국 정상회담 이전에라도 "사또" 수상의 양국방문등이 필요하다는 적극적인 의향을 가지고 있는 견해도 강하게 대두하고 있다 함.

5. 일본정부는 대인도네시아 긴급 경제협력으로서 3천만불의 원차관문제를 내주중에는 정식으로 결정하고 조속 실시할 방침을 가지고 있다고 함. 한편, 통산성은 31일 인도네시아와의 무역재개 문제와 관련하여, 1). 3천만불의 차관공여는 일본수출입은행자금을 사용할 것 2). 수출입대금적립금은 발족 당초는 월 약 5백만불로 한 것. 등을 밝혔음. 여하간 이 문제 등에 관련한 구체적인 세목결정까지는 약 1개월이 필요할 것이라고 함.

6. 외무성은 1일 간부회의에서 인도네시아에 대한 채권국회의 개최를 위하여 관계각국에 적극적으로 공작할 방침을 정하였다고 함. 외무성은 대인니 국제체권연불조치 및 당기원조체제의 조기확립은 인니의 경제위기 타개뿐만 아니라 반중공색을 강화하고 있는 신정권을 부조하는 뜻도 있다고 하는 의미에서 이를 서둘고 있다고 함. 외무성으로서는 이르면 7월중에 제1회 회합이 동경에서 개최되기를 희망하고 있다고 함.

7. 외무성은 1일부로 "본베이"총영사 "요시가와주조"를 대신관방심의관으로, 중남미 이주국 참사관 "오구찌노부오"를 "본베이" 총영사로 각각 발령함. (아북)

---

7) 있다
8) 하고

31. 외무부공문(착신전보)−교섭결과 보고

대한민국 외무부

번호 JAW-06226

일시 081728

수신시간 1966.6.6. AM□:10

발신 주일대사

수신 장관

　　대: WJA-06053, 04467

　　1. 작7일 오정무과장과 구로다의 외무성 북동아과장과의 면담 석상에서, 재일한국인(2차 대전 군인 군속 등) 유골문제에 관하여, 일측으로부터, 유골중 북한 연고자가 나타나면 그쪽으로 인도하지 않을 수 없다는 종래의 입장에 약간의 변동이 있는 것같이 감촉되었는 바, 이는 즉 한국에서 연고자가 확인된 것 이외의 유골을 일본내에서 항구적으로 완결지어 버리자는 아측 입장을 □□하게 생각하고 있는데서 나왔던지, 아니면, 현재 서울에서 교섭중인 "니시혼간지" 일본인 유골문제가 잘 진행되지 않아서였는지로 관찰되었음.

　　2. 전기 면담에서 일측은, 과반 외무성에서 말하기를, 연고자 없는 유골을 일본 정부가 보관하고 있다가 북한측 연고자에게 인도한다는 일본정부의 입장을 수락할 수 없다고 하였는데, 자기로서는, 연고자 없는 유골을 항구적으로 일본에서 당장 매장할 수 없다는 것은 한국으로부터 연고자가 앞으로도 계속 나타날 가능성이 있기 때문이었으며 북한에 주기 위해서 당분간 보관한다는 말을 한 기억이 없다고 말하였음. 또한 일측은 애당초 일본정부가 한국정부에 유골명단을 제시하였을 때는 해당 유골 전부를 한국정부에 인도한다는 전제하에서였던 것으로 본다고 말하였음. 이에 대하여 아측은 지금도 한국정부는 유골전부를 인도받고자 하는 것이라고 말한바. 일측은 이에 대한 아측 입장을 재차 다짐받았음.

　　3. 본건 교섭에 참고하고저 하오니, 아국 정부는 상금도 본건 유골 전부를 (연고자 유무 구별 없이) 일본정부로부터 인도 받기를 바라는 것인지 여부, 그러할 경우 부수되는 조건이 또한 있는지 여부들에 관하여 지금 회시 바람. (아북)

32. 내무부 공문-유가족 조회

내무부
번호 내무총125-12148
일시 1966.7.8.
발신 내무부 장관 엄민영
수신 외무부 장관
제목 유가족 조회

  1. 외아북 700-11183(66.6.27)에 대한 회보임
  2. 귀부로부터 문의하신 유가족 조회에 대하여는 그 내용을 검토한 바 당부 소관이 아니므로 보건 사회부 소관 사항으로 사료되옵기 해당부처로 이송하였으니 양지 하시기 바랍니다. 끝

33. 외무부 공문(발신전보)-신문기사에 대한 확인 지시

대한민국 외무부
번호 WJA-07193
일시 110905
발신 장관
수신 주일대사

  7.9. 자 한국일보 조간은, 귀하가 8일 하오 "스스기" 일본 후생상을 방문하고 재일 전몰 한국인 유골 인수문제 및 화태 교포의 조속한 송환문제를 논의하였다는 기사를 게재하였는 바, 동 보도의 사실 여부 및 사실이라면 면담 내용을 지급 보고하시기 바람. (외아북)

신문기사-2次戰때 犧牲된 遺骨2千餘位 인수

2次戦때 犠牲된

遺骨 2千餘位 인수

金駐日大使、鈴木厚生相에 要請

【東京=8日 李元洪特派員】金駐日大使는 8일下午 鈴木厚生相을 방문하고 2차대전중 희생된 北鹹출신 4백67위를 韓国人 朝總聯에 인도하려는데 한외 구체적인 대책을 수립시켜야한다고 요청했다.

金大使는 朝總聯은 이들 北鹹출신 유골을 인수하려 정치적으로 이용하려하고있다. 따라 일본거주가 허가되어 있는 鈴木厚生相은 실무자에게 고야하며 일본정부가 책임지고 빨리 送還되도록 해줄것을 요청했다.

하고 南鹹출신 2천3백15위선부를 곧 유족에 인도할수있도록 포함한 2천3백48위를 韓国政府가 인수하겠다고말했다.

金大使는 또 이날 鈴木厚生相에게 이들의 희망에따라 일본거주가 허가되어 문제에 韓太儲胞의 빠른 送還을 요구했다.

34. 외무부공문(발신전보)−전몰한인/일인유골에 대한 한정부의 입장

대한민국 외무부
발신전보
번호 WJA-06214
일시 111005
발신 장관
수신 주일대사

대: JAW-06226

1. 일본정부가 보관하고 있는 전몰 한인 유골에 대한 우리 입장은 (1)우리 정부가 동 유골 전부를 일괄하여 인수 봉환하던가, 불연이면 (2)국내에 연고자가 있는 것으로 확인된 유골은 정부가 인수 봉환하고 잔여 유골은 일본내에서 영구적으로 매장하여 본건을 완결하라는 것임. (참조: 외아북 722-85, WJA-0301, WJA-04467)

2. 상기 (1)항의 경우 일본정부가 유골 본국 봉송에 필요한 제반 경비(위령행사, 포장, 수송등)를 책임진다는 것과, (2)항의 경우는 봉송 유골에 대한 제반 비용과 잔여 유골을 위한 매장지의 제공 및 위령, 매장에 필요한 일체의 경비를 일본정부가 부담한다는 조건임. 상기 아측 조건이 실현된다면, 향대의 청구는 하지 않을 것임.

3. 최근 당지 일본대사관은 재한 일본인 유골문제에 관심을 보이고 특히 현재 화계사가 보관하고 있는 구 일본 서본원사 보존 일인 유골 약 2천여주의 본국송환에 대한 우리정부의 협조를 요망하여 왔음. 이에 대하여 아측은 아래와 같은 원칙적인 입장을 제시한 바 있음.

   (1) 재한 일본인 유골중 유골의 신원이 분명하고 적법한 연고자가 이를 인수코저 할 때에는 관계 국내법령의 범위 내에서 이에 응할 것임.

   (2) 신원이 분명치 않거나 연고자가 직접 인수치 않는 유골은 한국내 소재상황에 대한 전반적인 실정을 파악한 후에 일괄하여 한일 양국 정부간에서 그 처리 방안을 협의 결정하여 이에 따라 처리될 것임

4. 우리는 위와 같은 원칙적인 입장이나, 화계사 보관분에 대하여서는 이미 보관자인 화계사 및 동국대학교 측과 일본의 서본원사 간에 인도 인수에 관한

교섭이 끝나고 인수사절이 내한한 점. 우리 정부가 일인 유골의 인도를 꺼리거나 이를 일본정부 보관 유골과 결부하려는 듯한 인상을 주지 않으려는 고려, 일본 대사관이 본건을 전체적인 문제와 분리하여 고려하여줄 것을 간망하고 있는 점 및 우리가 인도적이며 관대한 태도를 보이므로서 한인유골에 대한 일측의 성의있는 해결을 촉구한다는 견지에서 동유골을 일본정부가 책임을 지고 인수한다는 전제임에 무조건 이를 일본 대사관에 인도하기로 방침을 정하고 이를 일측에 통보하는 동시 현재 절차를 밟고 있는 중임.

5. 상기와 관련하여 본부(동북아과장)는 일인 유골 문제와 관련시킬 의도는 없다는 전제하에 일대사관 측(미따니 참사관, 모리다 북동아과 사무관)에게 일제시 징병, 징용으로 간 한국인 유골이 아직 전부 송환되지 않고 있는데 일인 유골이 송환되고, 더욱이 전몰 한인 유골에 관하여 일본측이 인도절차에 있어 말썽을 부려 인수가 늦어지고 있다는 것은 매우 유감된 일이며, 우리 국민 감정에도 극히 좋지 않은 영향을 줄 가능성이 있는 문제임을 시사한 바 있음.

6. 금후 일본정부 보관 한일 유골문제의 해결을 위한 일본정부와의 교섭에 있어서는 이와 같은 우리의 입장을 내세워 일측이 조속히 동문제 해결에 성의를 보이도록 촉구하여 조속 해결되도록 노력하시기 바람. (외아북)

35. 외무부 공문(착신전보)-일정부 면담 보고

대한민국 외무부
번호 JAW-07257
일시 111447
수신시간 1966.6.11. PM3:49
발신 주일대사
수신 외무부 장관

대: WJA-07193
1. 본직이 지난 8일 하오 "스스기" 후생대신을 맞나 북송 문제등을 협의한 기회에, 현안인 유골문제및 재 화태 교포 귀환문제에도 언급하였는바, 유골 문제에 관하여는, 현재 후생성 보관의 유골 전부를 한국 정부에 인도하는데 협력해줄 것이며 화태교포 문제에 대하여는, 현재 외무성과 교섭중임을 말하고 귀환 실

현과 거주에 대하여는 협력해주기 바란다고 말하였음.

2. 한편 본직은 지난 7일 하오 시로다 차관을 만난 기회에 유골문제를 역시 논의하였는바, 첫째 유골에 대해서까지 사상적으로나 정치적으로 생각할 것 없고, 둘째 따라서 유골을 전부 한국정부에 인도할 것이며, 셋째 한국정부가 인도받는 유골은 연고자 있는 것은 연고자에게 인도할 것이며, 연고자 없는 경우에는 구태어 한국에 가지고 가서 무명 유골로 매장하지 않더라도 일본 내에 적당한 장소에 매장해도 좋지 않겠느냐고 말하였으며, 또한 네째로 한국정부로서는 유골 문제와 관련하여 청구권으로서 배상을 요구할 의사를 가지고 있지 않음을 표명하면서 일본정부에 적극적인 협력을 요청한다고 말하였음.

3. 최근 외무성 실무당국측에서 연고자 없는 유골을 일본내에서 항구적으로 매장하는데 대하여 오히려 난점을 시사하여 온 점을 감안하여, 당대사관으로서는 연고자 유무와 관계없이 전부를 한국정부에 인도하는 방향으로 교섭을 시도하고 있으며, 지금까지의 훈령된 바에 따라 근일중으로 이를 촉진 위계임. (주일정. 외아북)

36. 자료–신문기사

한국일보 5월 5일 1966
2次大戰중 희생된 韓國人 千8百餘名, 日 遺骨送還에 합의

한국일보 66.7.14.

戰後21年만에 처음 밝혀진 韓人戰歿者名單

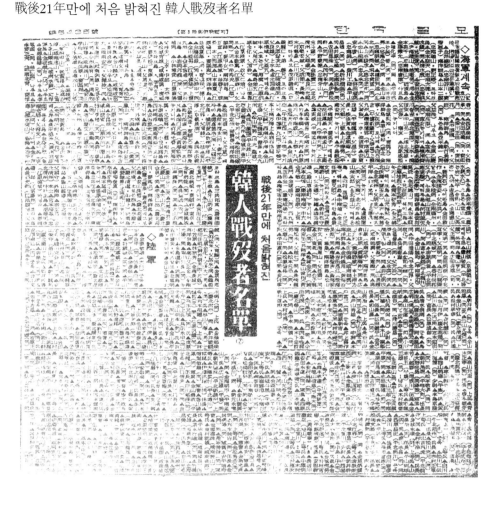

韓人戰歿者名單 ③

戰後 20餘年만에 처음 밝혀진

陸軍계속

韓人 戰歿者 慰靈祭

20日東京 築地 本願寺서

조선일보 66.7.21.

戰後20年만에 처음 밝혀진 韓人戰歿者名單

37. 범태평양동지회 공문—재일한국인 유골 명단 수교 요청

범태평양 동지회 중앙본부
번호 범본 제326호
일시 1966.7.8.
발신 회장
수신 외무부 장관

제목 재일 한국인 유골 명부 인수에 관한 건

　　본회 동지 유골 2315 주를 일본 후생성에서 보관중인 바 그 명부를 귀부에서 갖이고 계신 것을 본회에 수교하여 주시기 바라오며 본 유골을 조속히 본국에서 인수하사 유가족이 봉안하도록 조처하여 주심을 앙망하나이다.
　　차 유골에 녹고자[9]는 현제 본회 각도지부에서 시, 읍, 면, 리, 동에 출장하여 조사중에 있으며 66.4.30.일 현제 전 사망자, 실종자의 명부 및 그 유가족은 별지와 같아옵기 참고로 제출 하나이다.

38. 범태평양동지회 공문-유가족 조회 의뢰에 관한 응신

범태평양 동지회
번호 범본 제340호
일시 1966.7.18.
발신 회장 김용호
수신 외무부 장관
제목 유가족 조회 의뢰에 관한 응신

　　별지 공문과 같은 보사부 장관의 공한을 접수하였기에 아래와 같이 응신하나이다.
　　1. 본회 각도지부장에게 유족을 찾도록 66.7.8. 공문 게시하였음으로 유가족을 곧 찾게 될것입니다.
　　2. 본회에서는 세계 제2차대전시 일제에 강압으로 피동원되었다 사망한 유골 409주를 서울특별시 용산구 한강로 1가 173번지 □□ 백용사에 안치하고 본회가 보관중이오 [　　　　　　]
　　3. □ 양천재한(梁川在漢)동지의 유골도 본회가 인수하여 백용사에 안치되여 있는 본회 동지 유골과 같이 봉안하였다가 유족에게 전달하도록 조처하겠아오니 차 유골 인수방법을 하시하여 주시기 바랍니다.

---

9) 연고자의 오기로 추정

4. 일본 정부가 공식으로 보관중인 본회(二次 대전시 사망자) 유골 2300주의 명부를 귀부에서 보관 중이심을 알고 명부인수를 요청한 바 유하오나 진중히 검토 중이시란 회보뿐이든 바 근간 한국일보에 공개보도되고 있아오니 차 명부를 본회에 지급 수교하여 주시기 바랍니다. 끝.

39. 보건사회부 공문(필사본)–유가족 조회

보건사회부
번호 보사회 700-15949, 228784
일시 1966.7.13.
발신 보사부 장관
수신 서울 용산구 한강로 1가 295 범태평양 동지회
제목 유가족 조회

1. 일본 후꾸오가시(福岡市) 노고노시마(殘島) 소재 영복사(永福寺)에 안치 중인 다음의 한국인 유골에 대한 유가족 거주지와 동 유골 처리에 관한 유가족의 의견 조회가 외무부로부터 있으므로 알려 주시기 바랍니다.
　　가. 유골의 인적 사항
　　　　1) 양천재한(梁川在漢) 1922.11.5생
　　　　2) 1945.6.16 사망
　　　　3) 당시 일본군으로서 좌시(佐施) 5의 1부대에서 종군중 병사(病死) 끝.

40. 신문기사

한국일보 66.7.13.

戰後20年만에 처음으로 밝혀진 韓人戰歿者名單

한국일보 66.7.14.

戰後21年만에 처음으로 밝혀진 韓人戰歿者名單

41. 외무부 공문–재일 한국인 유골 명부 수교 요청에 대한 회신

외무부
번호 외아북700
일시 66.7.20.
발신 외무부 장관
수신 김용호 범태평양 동지회 회장 서울특별시 용산구 한강로 1가 295
제목: 재일 한국인 유골 명부 수교 요청에 대한 회신

1. 본건은 귀하의 1966.7.9. 일자 범본제336호 서신에 대한 회신입니다.
2. 귀부에서 수교를 요청하신 일본 후생성 창고 보관중인 한국인 유골의 명단은 현재 당부에서 보관하고 있으나 이것은 당부 보관용이므로 귀회에 제공할수 없습니다. 다만 66.7.13일부터 한국일보에 동 명단이 게재되고 있으니 그것을 참고하시기 바랍니다.
3. 상기한 일본 후생성 보관 한국인 유골에 관해서는 가까운 장래에 봉환할 수 있도록 당부에서 현재 일본정부와 접촉하고 있음을 참고로 첨언합니다.
4. 1항의 귀하의 서신에서 언급한 별첨물인 "전사망자. 실종자의 명부 및 그 유가족"은 동 서신에 첨부되어 있지 않았음을 알려드립니다. 끝.

42. 외무부 공문–재일 한국인 유골 문제

외무부
번호 외아북700
일시 66.7.22.
발신 외무부장관
수신 김용호 범태평양 동지회 회장 서울특별시 용산구 한강로 1가 295
제목 재일 한국인 유골 문제

1. 본건은 귀하의 1966.7.13일자 범본제340호에 대한 회신입니다. 본건과 관련하여 1966.7.20. 일자 외아북 700-1061로 송부한 당부 공문을 참조하시기

바랍니다.

2. 일본후꾸오까시 노고노시마(殘島)에 영복사(永福寺에 안치되어 있는 양천재한(梁川在漢) 씨의 유골 인수 문제는, 동인의 유가족이 판명되면 유가족의 의견에 따라 처리될 것이나 유가족이 판명되지 않을 때에는 현재 일측과 협의중에 있는 재일 한국인 유골 인수문제와 관련하여 일괄 처리될 것임을 알려드립니다. 끝.

43. 보건사회부 공문– 피동원 사망자에 대한 청원서 송부

보건사회부
번호 보사회125-16331. 22-8784
일시 1966.7.2□.
발신 보건사회부 장관
수신 수신처 참조
제목: 8.15 전 피동원 사망자에 대한 청원서 송부

1. 서울 동대문구 전농1동 259 거주 "이익서"로부터 당부에 제출된 본건 청원서(사본)을 별첨 송부합니다.
2. 본 청원서는 8.15 전에 파병으로 피동원중 사망한 "이하진"(청원인의 차남)의 유골을 유골을 국내로 송환하는데 대한 수속절차와 "이하진" 명으로 불입된 보험금 수령대책의 회시를 바라고 있는 것이므로 귀부에서 참고하여야 할 사항으로 사료됩니다.
첨부: 청원서 사본 1통. 끝.

첨부–이익서 청원서

1966년 7월 15일
시내 동대문구 전농동 1동 259의 2
이익서

정 보사부 장관 귀하

귀관 익익정안하심을 축복하오며 진자 소생은 평북 정주에서 개업하다가 1946년도에 월남 표기처에서 개업중인데

1. 본인의 이남 이하진(창씨 춘목진차랑)은 1944년 1월 20일 이북 정주에서 학병징발되어 1945년 6월 중에 마래반도에서 사망이라고 거4월중에 일본후생성 원호과장으로부터 통보를 받았으며 금일 한국일보에 사망자 명단 유해환송이라는 기재를 배견이온데 차에 대한 소속 절차와

2. 우 이하진(춘목진차랑)은 정주 재류시 소화 10년경에 제1생명보험에 가입하고 패전말기까지 보험료 년부금을 지불하였는데 차에 대한 대책을 별 하시하여 주심을 앙원하나이다. 이상.

44. 외무부 공문—8.15전 피동원 사망자에 관한 청원서에 대한 회신

외무부
번호 외아북125
일시 1966.7.27.
발신 외무부장관
수신 이익서, 서울 특별시 동대문구 전농동 1동 259의 2
제목 8.15 전 피동원 사망자에 관한 청원서

1. 본건은 1966.7.15. 일자 귀하의 청원서에 대한 회신입니다.

2. 귀하의 이남 이하진 씨의 유골 봉환문제에 관하여는 동인이 금년 7월 13일부터 한국일보에 기재되고 있는 전몰자 명단 중에 포함되어 있다면, 동 유골은 현재 일본 정부가 보관하고 있는 것이므로, 현재 진행중인 일측과의 봉환에 관한 협의가 타결되는 대로 우리 정부가 동 유골을 인수하여 연고자에게 인도할 것입니다.

3. 고 이하진씨의 제1생명보험에 관한 보□문제는 재무부 국고과에 문의하시기 바랍니다.

45. 자료-신문기사

경향신문 1966.8.15.

日帝傷痕 아직도

46. 범태평양동지회 공문-유골봉환에 대한 건의

범태평양 동지회

번호 범본제 450호

일시 1966.9.5.

발신 범태평양 동지회 회장 김용호. 서울특별시 용산구 한강로 1가 295

수신 외무부 장관

제목 유골 봉환에 대한 건의

　　제2차 세계대전시 일본국에 강제동원 되었던 자(징병, 징용, 보국대 등) 중 전사망한 자의 유골 봉환을 현재 일본정부와 □□중에 있음에 제하여, 동 유골 봉환에 수반하여 야기되는 문제점에 대하여 본회의 의견을 다음과 같이 건의하오니 피해자 단체인 본회의 의견을 참작하시와 조속한 봉환이 이루어지도록 노력하여 주심을 앙망하나이다.

　　　　기

　1. 제2차대전시 전사망한 일본인에 대하여 일본정부는 1인당 70$(일화 35,000) 의 장례비를 지급하였으나 현재 한국인 전사망자에 대하여는 장례비 6,000원 여비 3,500원 계9,500원(일화)을 지급한다고 하여 본회는 일본 민간단체(일·한 친목회 회장 기시 신스케 전 수상)에 유골에 대한 국민 차별이란 도의적으로 있을 수 없음을 강조하여 동조를 얻었고, 동 단체에서 일본 정부와 절충하여 그 결과를 본회에 회시하겠다는 연락을 받았습니다.

　2. 현재 교섭중에 있는 2,315주의 유골은 당연히 한국에 봉환되어야 하겠으나, 북한출신 467주에 대하여는 인도주의 원칙을 내세워 북송을 주장하고 있음에 감하여 6.25 사변시 500여만명이 북한에서 남하하였음을 상기하시고, 남한 출신자를 제1차로 봉환하고, 북한 출신자는 그 연고자를 확인하여 일정한 기간 동안에 연고자 있는 것에 한하여 제2차 봉환하는 원칙 아래 조속한 타진이 이룩되기를 본회는 희망하여 그 의견을 건의하는 바입니다.

　3. 전사망한 자의 수에 있어서 한국정부 제시 숫자와 일본 정부 제시 숫자와는 별첨과 여히 상이하온데, 이는 어디까지나 일본 정부의 무성의한 조사통계로 인한 것으로 사료되는 바이오며, 특히 종용자에 대한 사망자 수는 집계조차 않

는 것으로 보아 일본정부의 성의를 의심치 않을 수 없는 것입니다. 필시 종용자[10] 고용기관에 일일이 조회하여 조사 파악한다면 정확한 숫자를 파악할 수 있는 것임으로 일본 정부에 이를 촉구하시와, 당시 억울하게 희생된 전체 유골이 빠짐없이 고국에 봉환될 수 있도록 조처하여 주시기를 본 동지회는 건의하는 바입니다.

4. 본회가 유골을 조속히 봉환코자 하는 바는 본회 유가족들이 20여년간 그리던 육친의 유골이나마 고국에 안장하기를 갈망하고 있으며, 또한 유가족의 대부분은 농어촌민인 바, 한·일회담이 이룩되어 정상화되기를 고대한 이유가 여기에 있음을 상기할 때 과거의 양국민간의 감정을 일소하고 완화하는 좋은 계기가 될 것을 의심치 않으며, 한일 국교 정상화의 의의를 선양하기 위해서도 조속히 봉환되어야 할 것을 재강조하는 바입니다.

별지

1. 한국정부 제시 총계

동원별 구분	생존자	사망자	부상자	계
군인 군속	282,000	65,000	18,000	365,000
노무자	648,081	12,603	7,000	667,684
계	930,081	77,603	25,000	1,032,684

2. 일본정부 제시 총계

동원별 구분	동원인원수	사망자	부상자	계
군인	110,116	6,178	미상	116,294
군속	110,043	16,004	"	126,047
노무자	667,684	미상	"	667,684
계	887,843	22,182	"	910,025

---

10) 징용자. 징용의 일본어 발음이 조요(ちょうよう)이므로 일제강점기를 겪은 이들은 이 발음을 혼용해서 사용하는 경향이 있다.

47. 재일한국인 유골문제

在日韓國人 遺骨問題

一. 한국인 전몰자 유골 봉안회 회장 姜謂鐘 발설

  1. 64.3.20. 서신

  2. 1,200 佐世保 후생창고

    863 東京 후생창고

    23 池上 本門寺

  3. 확인 64.4.13 JAW-04175

    일본 외무성-동경 후생성 창고에 일괄 보관

一. 弘益婦人會(회장 張敬哉)

  1. 64.6.9. 동회에서 재일한국인 유골의 봉환 건의

  2. 주소 종로구 청진동18

  3. 64.7.23. 재차 건의

一. 汎太平洋同志會(이사장 李龍珠)

  64.7.15 서신. 조속한 봉환 건의

一. 국회 外委 논의

  64.7.20 조속한 조치 촉구

一. 주일대표부 보고

  1. 주일정725.476(64.11.13)

  2. 봉송에 필요한 편의제공

  3. 향대 지급 곤란

  4. 북한 출신자 분리 주장

  5. 일측 조사분

    (가) 남한 출신자 1,815 육군 1,073

              해군 686

              일반 56(浮島丸)

    (나) 북한 출신자 491 육군 369

              해군 122

※ 사회당 대의사: 니시무라 강이찌가 "일조협회" 회원과 외무성을 방
　　문, 북한 출신을 한국으로 송부치 말고 적십자사를 통하여 북한에
　　송부토록.

一. 誠助婦人會總本部(會長 韓福完)

　　1. 서울시 중구 茶洞25

　　2. 66.2.14. 서신 유골 봉환 담당 제의

一. 주일대사에 대한 훈령(66.2.16. 외아북85)

　　가. 일본 정부의 동의 가능성 있을 때 국무회의에 상정하여 시행

　　나. 구상중인 시안

　　　(1) 명단을 공고하여 유가족 또는 연고자있는 것은 봉환

　　　(2) 연고자 없는 것은 동경에 매장

　　　(3) 비용은 일본 부담

一. 일본측 정서 반응(66.3.30)

　　(1) 2,311 주의 유골 명단을 공고하여 연고자 확인. 확인분만 한국정부에
　　　인도

　　(2) 위자료는 지급치 않고 정중히 인도

　　(3) 기타 유골은 일본 정부가 보관함. 장차 매장 등 조치를 일본정부가 결정.

一. 재훈령(66.4.29)

　　소위 무연고자 유골을 일본 정부가 보관함은 부당. 일괄처리를 재지시.

一. 岡山市 真城寺 보관분

　　70주를 大阪총영사 확인.

48. 외무부 공문─제2차 대전후 처형된 한인 전범에 관한 조회

외무부

번호 외아북 700

일시 1966.9.15.

발신 외무부장관

수신 주일대사

제목 제2차 대전후 처형된 한인 전범에 관한 조회

1. 2차대전 종결 후 전범자로 처형된 한국인에 관하여 그 유족들로부터 별첨과 같이 문의하여 왔읍니다.

2. 재일 한국인 유골은, 일본 후생성 보관품을 중심으로 본국으로 봉환을 하기 위하여 현재 일측과 교섭 중에 있으므로 만일 본건 유골이 전기 후생성 보관분에 포함되어 있다면 동 유골과 일괄 처리되어야 할 것으로 사료되나 우선 동 전범처형자에 관하여 다음 사항을 조사 보고하시기 바랍니다.

다음

가. 전범자들의 동원당시의 본적 및 주소

나. 처형된 일시

다. 유골 보관장소 및 현황. 끝.

별첨

外務部長官 貴下

時下 盛夏之際에 勝暑尊體大安하시기를 祝願하나이다. 就而 小生等은 日本이 二次大戰 當時 捕虜監視員으로 强制動員 되였다가 終戰后 戰犯者로 死刑宣告處刑된 者들에 遺族 及 近親들입니다.

終戰后 二十一年만에 지난 1966年 4月 8日 字 韓國日報紙上에 韓國人戰犯者名單이 發表되었습니다. 遺族一同은 앞으로 遺族 一同間에 遺骨引受問題와 其他事項을 相互協議코저 하와 下記事項을 請托하오니 日本政府厚生省에 連絡하시여 回示하여 주시앞길 祈願하나이다.

事項

1. 韓國人戰犯者 25名 動員 當時에 本籍地 及 住所

2. 處刑된 年月日時

3. 遺骨保管場所

4. 處刑名單

洪思翊, 金榮柱, 金貴好, 姜泰協, 張水業, 千光赫[11], 朴榮祖, 金長錄, 趙文相, 金澤振, 林永俊, 朴成根, 卞種倫, 朴俊植, 崔昌善, 白天端, 金奎彦, 趙允台, 柳廣雄, 朴享俊, 金守仁, 許榮, 梁月星, 崔南國, 朴貞根 以上

1966年 8月 18日
서울 特別市 永登浦區 大方洞 43 番地 尹錫廷方
遺族一同 卞良圭 拜

49. 주일대사관 공문–전범자로서 처형된 자의 유골에 관한 조사

주일대사관
번호 주일정 700-416
일시 1966.10.21.
발신 주일대사
수신 외무부 장관
참조 아주국장
제목 전범자로서 처형된 자의 유골에 관한 조사

    1. 외아북 700-16581(1966.9.17.)에 대한 응신입니다.
    2. 위의 건에 관하여 일본 외무성 및 후생성에 관계 사항의 조사를 구두로 요청해두고 있읍니다.
    3. 당지 동진회(한인 전범자 단체) 측에서도 그간 자료를 수집중에 있었는바, 그 결과를 우선 별지와 같이 보고합니다.
    첨부: 한인전범자로서 처형된 자에 관한 조사 2부. 끝

첨부–韓人戰犯者로서 處刑된 者에 관한 調査報告

_____

11) 千光赫은 하기 명단에서는 千光麟으로 표기되어 있다.

姓 名	死亡日	場所	遺骨保管所	動員当時의 本籍 住所, 備考
金榮柱	1946. 7. 30.	「싱가폴」 changi	厚生省照葉院	慶南東萊壽町 300
姜泰協	1946. 1. 22.	〃	〃	忠南礼山新嘉別里 277
張水業	1946. 1. 22.	〃	〃	平南鎭南浦碑石洞 75
千光麟	1947. 1. 20.	〃	〃	京城黄金町 7-52
趙文相	1947. 2. 25.	〃	〃	京城高麗町 267
金長鍙	1947. 2. 25.	〃	〃	全北群山海望町 999
朴棠祖	1947. 2. 25.	〃	〃	慶北義城比安面二枇洞
金汎振	1947. 2. 25.	〃	〃	慶南固城固城邑西外洞 26
林永俊	1947. 6. 18.	〃	〃	全北群山南屯栗町 325
金貴好	1946. 1. 22.	〃	(墓의土만掘)	濟州島翰林南金岳浦里 503
崔昌善	1947. 9. 5.	「바다비아」	厚生省	咸北明川西南竜山洞 265
朴俊植	1947. 9. 5.	〃	〃	京城地町滿月里 44-12

姓名	刑死年月日	刑死場所	遺骨保管所	動員当時의 本籍、住所、經歷
✓ 卞鐘尹	1947.9.5.	「바다바아」	厚生省	忠南清州 北面飛上里
朴成根	1947.2.?	〃	〃	全北 群山東榮町
洪思翔	1947.9.26	「마니라」	不明	京畿字城大德面蘇峴里 122
車釣福	1947.5.3.	北京	不明(?)	平北宣川 郡山面
白夫瑞	1946.9.12.	〃	〃	平北義州加山面後洞
金奎彦	1947.1.9.	〃	〃	平北竜川東下西往?溝 ''
朴亨俊	1947.6.12.	〃	〃	平北宣川
趙允合	1947.3.23.	膺南	〃	平北義州廣坪面清城洞
康三千	1947.2.4.	徐?	〃	慶北漆谷倭館
金年仁	1947.11.	瀋陽	〃	不明
柳廣雄	1947.5.15.	徐州	〃	慶南營郡統營邑仁平里
崔南圃	195?.3.??	昧(北海道)	1942年北道	咸南咸?
許某	1955.2.19	日本	照業院	忠南扶餘長岩面硬里
梁月星	1966.10.20	〃	〃	全南 담양 武貞面?竜里
朴貞根	1961.8.16.	〃	劍佰學会	慶北近日?家 大□町327

③ 재일한인 유골봉환, 1969

○ ● ○

기능명칭: 재일한인 유골봉환, 1969

분류번호: 791.41 1969

등록번호: 3361

생산과: 동북아주과

생산연도: 1969

필름번호: P-0007

파일번호: 10

프레임번호: 0001-0019

1. 신문보도

東亞日報 1969.8.13.

不歸의 孤魂二千여
日帝에 끌려간 二次戰 戰沒韓國人유골
日厚生省 창고에 放置
뼈없는 二萬명 名單發表 꺼려

　　제二차대전때 일제에 끌려나가 억울하게 죽은 한국인 전몰자의 유골 二千三百三十三주가 해방 二十年이 된 현재도 여전히 고국에 돌아오지 못하고 일본후생성의 창고에 방치되고 있어 광복절을 맞아 유골 봉환이 다시 절실한 문제로 되고 있다.

　　동경「가스미가세끼」에 있는 일본후생성 별관창고에 보관돼 있는 이들 한국인 유골의 봉환 문제는 이따금 문제돼 왔으나 한일 양국 정부간에 합의가 되지 않았던 것으로 한국 정부는 유골 전부를 돌려주면 정부가 책임지고 유가족들에게 인도하겠다고 요구하고 있으나 일본정부에서는 이북 출신 유골에 대해서는 한국정부에 돌려주기 곤란하다고 버티어 오고 있다.

　　이들 유골의 명단은 민간 단체인「태평양전쟁한국인 전몰자 유골봉환회」등의 노력에 의해 이미 발표됐으나 최근 밝혀진 바에 의하면 일본후생성에는 이밖에도 뼈도 없는 한국인 전몰자 二萬여명의 명단이 보관돼 있으면서도 이를 발표키를 주저하고 있다한다.

　　二차대전때 일제에 끌려간 한국인 참전자는 육군 六十八萬 해군 二萬五千 일선징용자 十萬여명등 모두 三十여萬명이며 그 중에 전사자로 밝혀진 것만 二萬七千명이다.

　　최근에는 후생성에 보관된 유골중의 하나인 江原道江陵市교洞二三六출신인 金星南소위(당시 日本중앙대 재학중)의 유골을 金소위의 유족들이 직접 일본후상(厚相)에게 되돌려주도록 탄원서를 보내왔으나 일본후생성과 외무성은 절충끝에 한국정부와의 외교적인 결말을 못본채 개별적으로는 처리할 수 없다고 인도를 거부했다.

　　일본정부에서는 해마다 八月十五일에 동경무도관에서 천황임석 아래 전몰자위령제를 지내고 있으며(한국인 및 대만 출선 전몰자도 대상) 한국측에서는 해마다 十月에 동경 「즈기지」에 있는 본원사(本願寺)에서 전기유골봉환회와 민단이 주최하는 위령제를 지내고 있다.

[東京＝南時旭특파원]

2. 외무부 공문(착신전보)−유골송환(신문보고)

외무부

번호 JAW-03218

일시131400

수신시간 1969.8.13. 15:12

발신 주일대사

수신 장관

유골 송환(신문보고)

대: 대비공 1731-242-200

1. 금 13일자 마이니찌 조간은 14면 (제2사회면)에 당시 중앙대학 재학중 학도 출병한 고 김성남의 경우를 예로 들어 제2차 대전시의 한국출신 전몰자의 유골 송한문제에 관하여 특집기사를 보도하고 있는데 최근 자식의 소식을 들은 고 김성남의 모친 정연경(서울 동대문구 숭인동 56-60 김성기 방)씨가 일본 후생성에 유골을 송환하여 달라는 편지를 송부하였는바 일 후생성은 외무성과 협의한 결과 회답을 보류하기로 결정하고 그 이유로서는 한일 양국 정부간에 고심중에 있는 사안에 관하여는 일본정부에서 개인 앞으로 회답하는 데에는 문제가 있다, 라고 되어있다 하고 현재 일본 안에는 한국인 출신 병사의 유골에 대한 □□ 유족들과의 연락, 유골송환 운동을 계속하고 있는 단체가 두개 있지만 민간활동 □□ 한계가 있어 조국의 남북분단, 복잡한 한일관계등 "국가의 높은 □□을 넘을 수 없는 형편이라 하면서 오는 8.15일 동경에서 □□□ 남북한 전몰자위령제가 있는데 일 후생성은 "한국, 자유중국 출신자 □□인□ □□□□ 일본을 위하여 전사한 사람들이므로 물론 일본인과 평등하게 다룰 것이다"고 하고 있지

만 냉방에 방치되어 있는 김성남 등 2,333명의 무명의 병사는 누구를 위하여 싸웠고 누구를 위하여 죽었는가라고 보도함.

2. 또한 동지는 유골송환에 관하여는 한일회담시 이야기가 있었지만 배상문제에 초점이 쏠렸기 때문에 진전이 없었는데 한일 국교가 정상화된 후 한국측으로부터 "한일조약으로 한국을 한반도에서의 유일한 합법정부로 인정한 이상 유골을 일괄하여 인도하기 바라며 책임을 갖고 유족에게 전달하겠다"는 요청이 있었지만 2,333 유골의 출신지를 보면 남이 1,829 북이 504로서 만일 일괄하여 한국으로 인도한 경우 "현실"로 존재하는 북괴와는 여하히 한 것인가 트러블 을 우려하는 일본측은 국내 관계 법령대로 개별 확인이 없는 한 인도하지 않는다는 방침을 관철하여 이 문제는 암초에 걸린 채 있다, 라고 하고 최근에는 이야기조차 없고 한국측도 유족 확인 조사를 추진하고 있지 않는 것 같으며 일본 정부로서는

(1) 한국정부가 말하는 대로 일괄하여 인도한다.

(2) 명부상의 유족의 목적지에 송환한다.

(3) 명부상의 유족의 주소로서 송환한다는 3안을 생각하고 있는데 □□ 일방적으로 실시하면 양국 정부 사이가 악화될 것을 우려□□고, 후생□□□ 다같이 될 수 있는 대로 설치하고 싶지 않는다는 □□ 라고 하면서 지금 유족이나 재일 한국인 사이에는 "휴매니즘에 반한 행위"라고 불만이 일어나 대중운동을 일어키려는 움직임도 있다고 보도함 *(일정 정공, 아북)

3. 한인 전몰 유골 문제

한인 전몰 유골 문제

일시 1969.11.28.

작성 동북아과

1. 재일 한인 유골 문제

가. 제2차 대전 전 약242,000명의 한국인이 군인 군속으로 징병 또는 징용되어, 약 22,000명이 전몰하였는바, 1948. 2. 5. 약 6,000주의 유골이 아국으로

봉환되었으나, 현재 2,331주(그중 469주는 북한 출신)는 아직 일본 후생성 창고에 보관되고 있음.

나. 아측은 전후 처리의 일부인 본 건을 조속히 처리하기 위하여 동 유골 전부를 일괄 인수 받도록 일측과 교섭하여 왔는바, 일측은 북한출신 유골 469주는 일본의 국내적 이유 등을 들어 일괄하여 인도하기가 어렵다는 입장을 취하여 왔음.

다. 금년 8. 26. ─ 28. 의 제3차 한일 각료 회의시의 교섭에서, 한일 양측은, 유족 뿐만 아니라 정당한 연고자가 있을 경우에는, 한국 정부측의 이에 관한 확인이 있는 자에 한하여 개별적으로 유골을 인도하도록 합의되어, 현재 이의 실현을 위한 세부 절차를 일측과 교섭하고 있음.

정부는 또한 일괄 인도라는 종래의 방침을 계속 일측에 주장하면서, 일괄 타결을 꾀하고 있음.

2. 재한 일인 유골 문제

가. 제2차 대전 종료시, 아국내의 일인 묘지와 유골에 관하여 일본 정부는 동국에 가지고 가기를 희망하여 왔음.

이러한 유골 중에는, 종전 전부터 일인 묘지에 보관되어 파악되고 있는 것도 있으며, 전국 각지에 산재하여 있어, 앞으로 조사 파악하여야 할 것도 있음.

나. 일본측이 특히 관심을 가지고 있는 것은 다음과 같음.

1) 홍제동 묘지에 보관된 유골 (약 700주)

2) 화계사에 보관된 유골 (약2,000주)

3) 최근(68.11.10.). 경기도 덕적도에 일본 군인 유골 700여주가 매장되어 있다고, 일본 신문에 보도되어 많은 관심을 갖임

상기 1), 2)항에 관하여는 유골의 상황이 확인이 되어 있으나, 3)항에 관하여는 미확인이며, 금년 10월말 일본대사관이 현황을 물어온바 있어, 11.5.자 공한으로 내무부에 현황 조사를 의뢰한 바 있음.

다. 아측은, 전국에 분포되어 있는 일인 묘지와 유골에 대하여, 보건사회부를 중심으로, 계속 현황을 조사 파악 중에 있음.

또한, 재한 일인 유골 문제에 대한 우리 정부의 입장은, 동 문제에 대한 일측의 요청에 협력해야 할 의무는 없으나, 인도적인 견지에서 정부가 협력할 용의가 있다고 하는 것임.

제2부

조선대학교 설립 및 인가, 그리고 인가 후의 움직임, 1958~1969

해방이후 재일한인 외교문서 해제집
┃제1권┃ (1945~1969)

해당 문서들은 일본 내에서 조선대학교 설립 문제가 불거지면서 한국 정부가 문제 대책과 함께 일본 정부에 항의하는 전문을 다루고 있다. 1958년 3월 14일 주일대표부로부터 당시의 대통령 이승만 앞으로 조선대학교 설립에 대한 다음과 같은 보고가 있었다.

① 재일동포 어린이들에게 북한 괴뢰정권에 대한 충성심을 기르는 교육을 담당할 교사 양성을 목적으로 1953년 치바시에 설립된"Central Chosun Teachers School"(중앙조선사범학교)를 모체로 1956년 4월 조선대학교를 설립했다.

② 조총련은 원래 공산계 동포들로부터 5천만엔의 기부금을 모아 대학(시설)을 설립할 예정이었으나 이 계획에 실패하고 도쿄 도내 오지(王子) 소재 조선고급학교의 일부를 빌려 120명의 학생으로 시작했다.

③ 그 후 '괴뢰 정부'로부터 1억2천만 엔, 1억 엔의 두 차례에 걸친 교육원조금이 보내져 왔고, 그 지원금으로 본격적인 캠퍼스 조성을 서두르게 되었다. 처음에는 도쿄 도내 이타바시(板橋)의 토지 8,860평을 구입해 대학을 세울 예정이었으나 지역 주민의 공산계 학교 건립 반대와 구입 예정의 토지가 농지였기 때문에 택지로의 용도변경이 필요했지만 그 허가를 얻지 못해 대학 건물, 시설의 건립은 중단되었다.

④ 조선대학교는 일본의 학교교육법에 의해 인가를 취득한 정규 대학교(university)가 아니고 2년제의 사설 전문학교(institute)와 같은 존재이다.

위와 같은 주일대표부의 보고를 접수한 한국 정부는 1958년 4월 10일 주일대사 김유택(金裕澤) 앞으로, 일본 정부에 다음과 같이 항의 요청 전문을 보냈다. 항의 전문안은 외무부사관 김동조(金東祚)가 경무대 박찬일(朴贊一) 비서에게 품의를 올려 확인을 받고 있다.

① 괴뢰정권(puppet regime)이 후원하여 일본에 조선대학교를 설립하려 한다는 신문 보도가 사실인지 그 여부를 공식적으로 확인해 주기 바란다.

② 신문 보도대로 조선대학교가 설립된다면 그것은 직접적이든 간접적이든 일본 정부의 승인하에 이루어졌다고 볼 수밖에 없다.

③ 일본 정부가 조선대학교 설립을 승인하는 것는 일본 정부가 대한민국 전복을 획책하는 공산주의자들의 행위를 북돋는 것과 다를 바 없다.

④ 이러한 상황이 바로잡히지 않는다면 결과적으로 한일관계는 심각한 손상을 입게 될 것이다.

이와 같이 1958년 3~4월에 조선대학교 설립과 관련된 전문이 오가고 있다. 그러나 조선대학교가 설립된 것은 1956년 4월이다. 조선대학교의 설립에 관한 주일대표부의 보고 내용에 정확성이 떨어지는 부분이 있기는 하지만 형식적으로 만들어진 것이 아니었고 항의문 초안에 있던, "모든 책임은 일본 정부가 전적으로 져야 한다"는 부분이 삭제되어 있는 등, 항의의 강도를 조절하며 한일 외교 관계를 의식한 흔적을 엿볼 수 있다. 단지 학교 설립으로부터 2년이 지난 뒤에 이에 대한 항의를 하고 있다는 점, 강도 높은 한국 정부의 항의(1958.4.9.)에 대해 일본 정부로부터의 회신 혹은 해명이 보이지 않는 점도 확인할 수 있다.

1) '학교교육법' 개정 움직임

한편, 일본정부는 학교교육법의 일부를 개정하여 외국인 학교에 대한 내용을 법률 조항으로 명문화하려는 의도를 가지고 있었다. 1966년 4월 8일 신문에 발표된 개정안 주요 내용은 다음과 같았다.

① 우리나라에 거주하는 외국인에 대한 조직적인 교육활동이 국제적인 우호친선 관계의 증진에 도움이 되고, 우리나라의 이익과 상호 조화를 유지하며 발전하도록 외국인학교 제도를 창설한다. 수업 연한 1년 이상 일정 규모 이상의 조직적인 교육을 실시하는 시설을 외국인학교라고 한다.

② 외국인학교에서는 우리나라 또는 국민에 대한 잘못된 판단을 주입, 상호불신 의식을 갖게 하여 국제적인 우호친선 관계를 저해하거나 우리나라 헌법기관의 결정·시책을 비난하는 교육, 그밖에 우리나라의 이익에 반하는 교육을 해서는 안 된다.

③ 외국인학교의 설치, 폐지, 설치자의 변경, 목적의 변경은 감독청의 허가를 받아야 한다.

④ 도도후켄(都道府県) 지사는 인가를 받지 않고 각종학교 또는 외국인학교와 유사한 교육을 실시하는 시설에 대해 인가 신청을 하도록 권고할 수 있다. 권고에 따르지 않거나 인가를 받을 수 없는 시설이 교육을 계속 실시할 경우, 교육의 중지를 명할 수 있다.

⑤ 감독청은 외국인학교에 대하여 필요한 보고를 요구, 혹은 변경, 명령 등의 감독상 필요에 따라 학교 현장을 조사할 수 있다.

⑥ 외국인학교의 감독청은 문부대신으로 한다.

⑦ 외국인학교에 대한 폐쇄, 교육의 중지 명령에 위반한 자, 외국인학교에 관련된 보고를 제출하지 않거나 조사를 거부한 자에 대한 벌칙을 설정한다.

2) 조총련의 민족교육 옹호투쟁

일본 정부·여당의 외국인학교(조선학교) 단속 움직임과 한일국교정상화를 위한 한일회담이 진행되는 상황에서 조총련은 「민족교육 권리옹호투쟁」을 보다 활성화시킬 필요가 있다고 판단, 1964년 5월 7일 제7회 전국대회에서 「민족교육 권리옹호투쟁」과 일본의 학교에 재학하는 조선인 학생의 교양 대책을 밝히고 있다. 이 대책은 1966년 12월 15일~17일 니가타(新潟)항에 입항 중이던 조선 귀환 제144차 선상에서 이루어진 북조선 대표의 지시에 따라 조총련 중앙에서 설정한 "1967년도 주요 사업" 6항목 중에 나타난 것으로, 그 요점은 다음과 같았다.

(1) 민족교육의 권리와…제반 민주주의적 민족 권리를 옹호한다.

(2) 재일동포 자녀에 대한 민주주의적 민족 교육의 권리를 옹호하여 교육의 질을 높이고 학교 운영의 자립적 토대를 강고하게 추진한다.

상기 항목 아래에는 상세한 추진 내용이 제시되어 있는데, (1)의 추진 내용을 예로 든다면, ① 민족교육 파기 책동에 반대하여 민족교육 옹호를 위한 대외사업을 폭넓게 추진한다. ② 조선대학교를 비롯한 학교의 설치 인가와 교육회의 법인화에 적극 노력한다. ③ 교원의 정치사상성과 실무수준을 향상시켜 교수·교양의 질을 높인다. ④ 학생을 받아들이는 사업을 전 기관적, 전 군중적으로 추친함과 동시에 일본학교 재학 조선 학생에 대한 교양을 강화한다. ⑤ 교육회를 강화하여 학교 운영의 자립적 토대를 강력하게 조직한다. ⑥ 과학자와 유학생에 대한 사회주의 애국주의 교양을 강화하여 주체성을 확립시키고 과학연구와 학문 탐구로 높은 성과를 달성시킨다. ⑦ 상공인에 대한 애국주의 교양을 강화하고 경제학원, 경리학원 사업을 성과적으로 추진한다. 라는 추진 지시가 명기되어 있다. (2)의 재일동포 자녀에 대해서는 민족교육에 대한 내외 반동의 파괴 책동을 분쇄하고, 민주주의적 민족교육사업을 한층 강화 발전시킨다는 취지의 상세한 추진 내용이 제시되어 있다.

3) 일본사회당·일본공산당·소효·닛쿄소의 학교교육법 개정 반대 움직임

한편, 1966년4월8일 학교교육법의 개정안이 공개되면서 조총련은 물론 사회당, 공산당, 일본노동조합총평의회(소효), 일본교직원조합(닛쿄쇼), 그밖의 진보적 성향의 단체나 개인의 반대 움직임이 두드러지게 나타났다. 같은 해 4월12일에는 사회당, 공산당, 「소효」, 「닛쿄소」 등 74단체의 대표 92인이 참가하는 「민족교육을 지키는 긴급 중앙 대표자회의」를 열어 "민족교육 탄압 법안 절대저지"의 결의를 채택하고, 전국적인 조직화와 서명 운동 및 항의 집회 등의 전개를 결정한다.

사회당의 경우, 4월 11일에 서기장 나리타 토모미(成田知己)와 당 조선문제 특별위원회 위원장 이시노 히사오(石野久男)가 관방장관, 자민당 간사장을 방문해 "학교교육법의 개정안은 재일조선인의 민족교육을 탄압하려는 것이므로 우리 당은 이 법개정안의 국회 제출을 단호히 반대한다."는 입장을 전하고, 4월 13일에 사회당 중·참의원의 전문위원 12인이 조선대학교를 방문하여 실태를 조사한 결과를 4월 27일자 기관지 『사회신보(社会新報)』에 발표했다. 그리고 4월 20일에는 「외국인 학교제도의 신설에 반대하는 성명서」를 발표하고 전국적으로 법개정 반대운동을 펼칠 것을 의결했다.

일본공산당은 기관지 『아카하타(赤旗)』에 "재일조선인의 민족교육권에 대한 공격을 중시하지 않으면 안된다. 당은 재일조선인의 교육권을 지키기 위하여 학교교육법 개정에 반대하는 투쟁에 앞서지 않으면 안된다."라는 계몽·선전 기사를 연속해서 신고 전 당원의 분발을 촉구했다.

「소효」는 1966년 4월 2일 제6차 평의회에서 재일조선인의 권리옹호투쟁을 지원한다는 입장을 확인하고 "재일조선인의 민주민족교육에 대한 억압을 중지하고 그 권리를 완전히 보증하라."는 대정부 항의 성명을 냈다. 이어서 법 개정안이 공표되자 1966년4월11일 "정부가 끝까지 외국인학교 제도의 법제화를 추진한다면 한일회담을 반대하는 민주세력과 함께 법개정안의 분쇄를 위해 싸울 것이다."라는 담화를 발표하고 산하 각 단체에 법개정안 반대투쟁을 강화할 것을 촉구했다.

「닛쿄소」는 1966년 3월 31일-4월 1일 제72회 중앙위원회에서 재일조선인의 「민주민족교육옹호투쟁」에 대한 지원을 결정하고 4월 5일 각 지부에 대하여 다음과 같은 지령을 보냈다.

· 문부성 사무차관의 통달 및 외국인학교의 제도화에 항의할 것

·자주학교의 인가 촉진을 위해 지사, 교육위원회와의 접촉을 꾀할 것

·조선고급학교 졸업생에 대한 일본의 대학진학 자격 인정을 위한 운동을 전개할 것

그리고 4월 12일에는 학교교육법 개정을 중지할 것을 요구하는 성명을 발표했다.

그밖에 각 지역의 진보적인 학자 51인(1966년 4월 4일), 「재일조선인의 민족교육문제 오사카간담회」(오사카지역의 대학 학장·교수 등의 모임) (1966년 4월 6일), 일본과학자회의(1966년 4월 16일), 일본법률가협회 및 법조 7단체 등도 학교교육법 개정을 반대하는 의향을 분명히 했다. 일본 정부가 학교교육법 개정안의 국회 제출을 보류 중에 조총련을 중심으로 법 개정안 반대, 조선대학교 인가 취득을 위한 투쟁이 계속되었고 이에 동조하는 진보적 지식인의 움직임도 멈추지 않았다. 1966년 11월 25일에는 무타이 리사쿠(務台利作·도쿄교육대학 명예교수)를 비롯한 약40인의 학자들이 모여 「조선대학교 인가 촉진운동 발기인회」를 결성한데 이어서 11월 27일에는 오쿠다 아즈마(奧田東·교토대학 총장) 등 킨키(近畿)지구 대학 총·학장이 간담회를 갖고 조선대학교의 인가를 촉구했다. 그리고, 1967년 2월 25일에는 일본학술회의 간부회에서 "학문과 사상의 자유를 지킨다는 입장에서 당국은 조선대학교를 인가해야 한다"는 요구를 문부성에 제출하였다.

4) 조총련 주최 「일조 학술문화교류 간담회」 목적 및 개최 경위

민족교육 권리 옹호투쟁의 일환으로 조선대학교 인가 촉진 운동의 지지기반을 확대·공고히 하려는 목적으로 「일조 학술·문화교류 간담회」개최를 추진했다. 앞에서 언급한 1966년 11월 25일 학자·문화인의 조선대학교 인가 촉진운동 발기인회의 결성, 11월 27일 킨키지구 대학 총·학장 간담회의 연장선에서 1967년 3월 3일 이 간담회를 개최하고 있다. 간담회는 주최측을 대표하여 한덕수(韓德銖·조선대학교학장, 조총련 중앙의장), 이진규(李珍珪·조선대학교 부학장)가 주도하고 있으며, 도쿄를 중심으로 한 국공립, 사립대학의 전·현직 학(총)장(27인), 일본학술회원(14인), 기타 교수 (6인) 등 모두47인이 참가하고 있다.

5) 도쿄도의 조선대학교 인가

조선대학교 인가에 대하여 정부 및 자민당은 반대 입장을 고수하였다. 다만 각종학교의 인가는 지사의 권한이기 때문에 정부로서는 도쿄 도지사(미노베)에게 인가를

하지 않도록 압력을 가하고, 만일 인가할 경우라도 조선대학교를 학교교육법이 정하는 각종학교의 카테고리에 넣을 수 없으므로 최소한 「대학(교)」이라는 명칭을 사용하지 않도록 종용하는 선에서 머물 수밖에 없었다.

조선대학교 인가문제에 대하여 한국 정부는 주일 대사관을 통하여 인가를 하지 않도록 요구하고 있었으며, 대사관은 문부성 켄노키 토시히로(劍木亨弘) 장관이나 자민당에 한국 정부의 의향을 전달하고 있었다. 1967년 8월 26일의 면담에서 문부성 차관은 다음과 같은 견해를 밝혔다.

·문부성으로서는 (도쿄도에 대하여) 주의를 환기하고 경고를 하고 있다.

·도쿄도 의회가 인가 건의 결의를 하였기 때문에 지사로서는 이 문제를 종결시키기 위하여 사학심의회에 자문하려고 준비하고 있다.

·사학심의회 구성원에는 정부 방침을 지지하는 인사가 많다. 부결되도록 노력하겠다.

·최악의 경우에는 차기 국회에서 학교교육법 개정안을 가결시킨 후 법적 근거를 얻어 조치할 수밖에 없을 것 같다.

·이 문제는 일본 국내법에 관련된 것이기 때문에 한국대사관이 공식적으로 관여할 수는 없겠지만 조선대학교의 교육내용 등 일본측이 이용할 수 있는 자료가 있으면 제공해주기 바란다.

·학교교육법 개정을 통해 외국인 학교제도를 창설하려는 일본 정부의 의도에 대하여 한국측에서 오해하고 있는 것 같은데 이 법 개정안은 한일국교정상화 정신에 위배되지 않는다. 조련계 학교에 대해 지시, 감독할 수 있는 유일한 방법임을 양해해주기 바란다.

일본 정부의 견제에도 불구하고 도쿄도 미노베 지사는 조선대학교를 인가하기로 의중을 굳히고, 1967년 9월 2일 정식으로 이 문제를 도쿄도 사학심의회에 회부, 자문을 구했다. 1968년 4월 5일 도쿄도 사학심의회는 조선대학교의 인가는 부적절하다는 결론을 내렸다. 그러나 4월 17일 미노베 지사는 조선대학교의 인가를 결정했다. 정부의 방침이나 사학심의회의 심의 결과보다도 지사의 신조와 권한이 우선된 것이었다.

6) 사학심의회의 답신을 무시한 조선대학교 인가

도쿄도 사학심의회는 지사가 회부한 조선대학교의 인가 문제를 심의한 결과 최종적으로 다음과 같은 이유에서 「인가 불가」라는 답신을 보냈다.

① 대학교라는 명칭은 각종학교인 조선대학교에 적절하지 않다.

② 교육의 목적에 일본국과의 우호 관계를 확립하는 교육을 한다고 명시되어 있으나 우호 관계를 확립하기 위한 교육활동 계획을 볼 수 없다.

③ 학교 시설이 대학교로서는 불충분하다.

④ 학부 구성은 (일반)대학의 학부 구성에 따르고 있으나, 학과 구성은 각종학교의 것으로 적합하지 않고 전체적인 체계가 잡혀져 있지 않다.

⑤ 교과 내용에 보다 검토되어야 할 부분이 있다.

⑥ 학교 운영자금이 조선으로부터 조달되기 때문에 항구적 안정성이 없다.

⑦ 교실마다 김일성의 초상화가 걸려있어서 조선대학교의 교육은 조선의 사상, 지도 원리에 따르고 있음이 분명하다.

⑧ 외국인 고등교육기관에 대한 인가 문제는 공공단체인 사학심의회가 아니라 국가적 차원·견지에서 심의해야 한다.

⑨ 일본 국내에 외국인 고등교육기관을 설치·인가하는 점에 대해서는 근본적으로 재고할 필요가 있다.

⑩ 조선과는 외교 관계가 없으며 대한민국은 조선대학교의 인가를 반대하고 있다. 각종학교의 인가가 국내법상으로는 지사의 권한이라 해도 국제적으로 문제가 발생할 수 있으므로 조선대학교의 인가는 도지사의 권한 밖으로 볼 수 있다.

⑪ 문부성에서는 조선대학교의 인가 문제는 정부와 협의해 결정할 것을 누차 권유·권고해왔으므로 도지사는 정부와 협의하여 이 문제를 처리해야 한다.

이상과 같은 이유로 인가 불가의 결정을 내린 사학심의회의 답신이 있었음에도 불구하고 미노베 도지사는 자신의 혁신 정치인으로서의 신조에 따라 조선대학교를 각종학교로서 인가했던 것이다.

7) 조선대학교 인가 후의 쟁점

조선대학교가 인가를 받음으로써 일본 내 조총련의 학교체제는 초등·중등·고등교육기관의 전 시스템이 완성되었다. 조선대학교는 교육기관으로서의 법인격을 갖추게 되었으므로 세금의 혜택을 받을 수 있게 되었고, 재학생은 다른 학교의 학생과 똑같은 특전(통학권)을 받게 되었다. 그러나 조선대학교의 인가는 어디까지나 '각종학교'로서의 법인격의 취득이었다. 각종학교로서의 인가였다는 점에서 다음과 같은 논쟁이 일게 되었다.

첫째, 각종학교는 학교교육법 제1조의 학교 체계 속에 들어가지 않는다. 따라서 상급학교에 진학할 때에는 수험자격시험을 별도로 치르지 않으면 안 된다. 조선대학교의 경우 자동적으로 '학사' 자격을 취득할 수 없다.

둘째, 각종학교는 일반적으로 직업교육(양재, 미용, 요리 등)을 담당하는 교육기관이라는 위치에 있는데, 조선학교 특히 조선대학교가 일반 학교와 같은 커리큘럼으로 학사 운영되고 있는 것은 적절치 않다.

셋째, 보다 근본적인 문제로 「일반교육」과정도 아닌 전문교육을 담당할 고등교육기관으로서의 조선대학교가 사상, 체제 이데올로기 교육을 실시한다는 것은 적절치 않다.

이상과 같이 사학심의회의 답신을 무시하고 조선대학교를 각종학교로서 인가한 문제는 한국 정부와 민단은 물론, 일본의 보수 진영으로부터도 많은 비판을 받게 되었다. 특히 일본 정부(문부성)와 자민당은 '유감'의 뜻을 분명히 하면서 사후 대책을 강구하였다. 일본 정부의 사후 대책이란 학교육법을 개정하여 외국인학교법을 제정하는 법적인 근거를 마련한 다음 외국인학교 제도를 법제화하여 조선학교·조선대학교를 통제한다는 것이었다. 그러나 학교교육법의 개정, 외국인학교법의 제정은 이루어지지 않았고 조선학교·조선대학교에 대한 인가는 기정사실화된 채 오늘에 이르고 있다.

┃관련 문서┃

① 일본내의 [조선대학] 설립 문제, 1958
② 일본내의 조선대학 인가문제, 1967
③ 일본내의 조선대학 인가문제 1969

① 일본내의 [조선대학] 설립 문제, 1958

○ ● ○

기능명칭: 일본내의 [조선대학] 설립 문제, 1958

분류번호: 791.55JA, 1958

등록번호: 451

생산과: 경무대

생산연도: 1958

필름번호: P-0001

프레임번호: 0258~0276

1. 조선대학교 관련 보고문서

Tokyo, March 14, 1958
No. 59

Excellency:

I beg to acknowledge with appreciation the receipt of Your Excellency's letter No. 26 of March 11.

In compliance with the instructions contained in the above letter, I am herewith respectfully submitting a report on the so-called "Chosun University" which is established under the sponsor-ship of the puppet regime in the north.

With sentiments of loyalty and esteem, I remain,

Most respectfully,

Enclosure: a/s

His Excellency
President Syngman Rhee

2. 조선대학교 관련 보고문서

REPORT ON SO-CALLED "CHOSUN UNIVERSITY"
March 14, 1958

The so-called "Chosun University" was established in April, 1956, taking over the former facilities of the so-called "Central Chosun Teachers' School" which was in operation in Chiba City, some 20 miles east of Tokyo, since December, 1953, for the claimed purposes of educating teachers for children of Koreans "loyal to" the puppet regime in the north.

The Communist Koreans here first planned to establish a university with a fund of some 50 million yen to be donated from among the local Korean Communists. However, this plan did not work well due to their failure to collect the required amount of donation. Therefore, a part of the lot used by a Communist Korean high school located at Oji, Tokyo, is being used by them temporarily and the "school" has a total of 120 students at present.

When the puppet regime remitted the so-called educational assistance fund totaling about £120,000 (or approximately ¥120-million) last April, the Communist project to build a university was speeded up. Another remittance of ¥100-million followed later on.

At present, the Communist Koreans contracted to purchase a total of 8,860 pyungs of land in Itabashi, Tokyo, and are now planning to build a university building there, however, their plan is met with strong opposition by the local Japanese who do not want to see their neighborhood used as the site for a red school. There also exists another problem – namely – under the existing Japanese Land Law the above-mentioned 8,860 pyungs of land must be approved by the Ministry of Agriculture and Forestry as "land for housing" from the present "land for farming", before permission for construction is received from the authorities concerned. It is said that the Japanese Ministry of Agriculture and Forestry is reluctant to issue such an approval. Such being the case, no actual construction of the above Communist "university" is now in progress.

In addition, the so-called "Chosun University" is not a university approved under the Japanese School Education Law, but is merely a private institute. It now has a two-year course, comparable to a junior college under the regular school system and last March 9 graduated 40 students. It is now trying to enroll some 200 new students for the coming April semester. It has some Japanese instructors in addition to Korean teaching staff.

Under these circumstances the Korean Communists will have no alternative but to use, as at present, a part of the Communist high school at Oji as the so-called "chosun University" building. However, there always is a possibility of the "school" building construction started, as they have sufficient fund for such purpose.

-End-

3. 외무부 공문—일본 내 북한 괴뢰 공산대학 설립 동향에 관한 건

MINISTRY OF FOREIGN AFFAIRS
일시 1958.4.1
발신 외무부 차관 김동조
수신 경무대 박찬일 비서관
건명 일본 내 북한 괴뢰 공산대학 설립 동향에 관한 건

　　수제의 건 일본 동경에 공산대학을 설립코자 하는 북한 괴뢰의 동향에 관련하여 일본 정부에 항의를 제기하도록 별안과 같이 주일 대사에게 훈전코자 하오니 가하올지 회시하여 주시기 바라나이다.
　　이상

4. 외무부 공문—일본정부에 보낼 항의문

발신 외무부장관
수신 주일대사 김유택

Referring to puppet regime sponsored project to establish a university in Japan, please make representation to Japanese Government as follows: 1) we wish to ascertain authenticity of press report that puppet regime sponsoring Koreans in Japan plan to establish a university in Japan; 2) if report is true, we assume that project can be carried out only with approval, explicit or implicit, of Japanese Government; 3) This would be tantamount to Japanese Government fostering and encouraging communist activities subversive to the Republic of Korea; and will lead to a situation extremely detrimental to the relations between Korea and Japan.

Foreign Minister

5. 외무부 공문—일본정부에 대한 항의 완료 보고

KOREA MISSION IN JAPAN
번호 한일대 제599호
일시 1958.4.10.
발신 주일대사
수신 외무부 장관

건명 일본 국내에 북한 괴뢰 공산대학 설치에 대한 항의문에 관한 건
　　(대4291년 4월3일자 전문제FT-024호)
　　머리의 건 대호전문 지시에 의거하여 별첨 사본과 같이 일정 외무성에 항의
하였으므로 이에 보고하나이다.
별첨, 당부 구상서 사본 1통
이상

별첨-구상서

　　NOTE VERBALE

The Korean Mission presents its compliments to the Ministry of Foreign Affairs and, with regard to recent press reports concerning a project of 'north Korea' for the establishment of a university in Japan for training

Korean communists, has the honour to make the following representations

According to a report appearing on the Japan News of February 17, 1958, an erection of a university in Tokyo is being projected by 'north Korea' for the purpose of training leaders and technicians for the course of the communists in the northern part of Korea. The security authorities concerned of Japan reportedly believe in this connection that the fund in the amount of one hundred million yen (¥100,000,000) for the establishment of the university in question has already been remitted to the designated agency in Tokyo from Pyongyang. It was further reported that officials of the projected university openly stated that the purpose of the institution was to train leaders for the unification of Korea through communism and to train technicians for the development of 'north Korea'. The report continued that a tract of land, 33,000 square meters extending from Muromachi, Itabashi-ku, to Minami Machi, Nerima-Ku has been purchased as the site for the projected university and that the university, new under construction, will open its first academic year in April, this year.

Of the Republic of Korea over the said press report, wishes to be informed of the authenticity thereof and, if the story be true, the Mission is obliged to file a strong protect with the Government of Japan on the ground that the said project of 'north Korea' in Japan can only be carried out under the approval, explicit or implicit, of the Government of Japan.

In view of the fact that the communists aggressors that unlawfully occupy the northern part of the territory of the Republic of Korea are subversive elements to and enemies of the Republic of Korea, any approval of the Government of Japan for the erection in Japan of a university by the north Korean communists under reference would be tantamount to the fostering and encouraging the subversive activities of the aggressors in the northern part of Korea and, therefore, to the most un-friendliness toward the Government of the Republic of Korea. It is added that, if the communists' project be approved by the Government of Japan, such action would be also at variance with the spirit of its own basic law on education, in view of the purpose of the projected institution to train leaders for communism.

Under the circumstances, the Mission wishes to request the Ministry to see to it that the said project in Japan of the north Korean communists should not be allowed in any form. In this connection, the Mission also wishes to state that the responsibility for the consequences that might arise from the erection of such a university in Japan would solely rest with the Government of Japan, adding that the consequences thereof would certainly result in a situation extremely detrimental to existing relations between the Republic of Korea and Japan.

Tokyo, April 9, 1958

② 일본내의 조선대학 인가문제, 1967

○ ● ○

기능명칭: 일본내의 조선대학 인가문제, 1967

분류번호: 791.55JA, 1967

등록번호: 2449

생산과: 동북아1과

생산년도: 1967

필름번호: P-0005

파일번호: 10

프레임번호: 0001~0147

1. 주일대사관 신문보고

주일대사관 신문보고 (61.3.4.)

1. 日本 □□間의 大學學術 關係者 懇談會 3日 東京에서 열렸음

   論議된 問題: 兩側의 學術文化交流 □□□□

   參席者: 日側: 東大總長 等 47名

   　　　　北傀側: 韓德水[1] 朝鮮大學長 等

   　朝鮮大學의 認可問題에 關해

   　學術會議에서 採擇되고 都□□ 決議되었는데도 不拘하고 認定되지 않는 것은 不當하다는데 合意하고 이 問題를 널리 呼訴할 것을 決定(朝日)

2. 東京 유니버시아드 大會(8.26-9.4)

   지금까지는 日本, 北韓, 인도네시아, 이스라엘 等이 亞細亞에서 참가했는데, 새로히 韓國, 이란, 파키스탄 등이 登場할 것임.

3. 亞細亞 太平洋 地域 日本 大使 會議 決定.

   (6.13-16, 東京)

   主議題: 外相의 亞細亞太平洋圈構想

2. 외무부 공문(착신전보)

대한민국 외무부
번호 JAW-03070
일시 04□432
발신 주일대사
수신 장관
사본 중앙정보부장

---

1) 韓德銖의 오기.

1. 아사히는 일본과 북한간의 학술, 문화 교류를 촉진하고자 하는 양국의 대학, 학술관계자의 간담회가 3일 오후 동경에서 행하여졌다고 하는 바 이 간담회에는 일측에서 동대 총장 등 관계자 47명이 출석하고 북괴측으로는 한덕수 조선대학 학장, 이진규 동 부학장 등이 참석하였다 하며, 양국의 학술, 문화교류, 민족교육 문제 등에 대하여 논의하였다 함. 석상 조선대학의 인가 문제가 논의되어 학술회의에서 채택되고 도의회에서 결의되었음에도 인정되지 않는 것은 부당하다는 의견에 일치하고 이 문제를 널리 호소할 것을 결정하였다 함.

2. 동경신문은 그간 동경 "유니바시아드"대회에 대하여 연속기사를 게재하여왔었는데 4일 조간에는 참가자에 대하여 보도함. 특히 동대회가 아세아에서 최초로 개최되기 때문에 아세아 각국 참가가 괄목하며 지금까지는 아세아 국가로서는 일본, 북한, 인도네시아, 이스라엘이 참가하였는데 이번에는 한국, 이란, 파키스탄 등이 등장할 것이라 함. 선수단 파견수로는 한국이 197명, 북한이 144명이며 일본을 제하고는 쏘련이 가장 큰 규모로 228명이고 기타 구주 48개국에서 단연 다수 참가한다고 함.

3. 6일 이임하는 "비뇨구라도수" 주일 쏘련대사는 3일 수상을 방문하고 귀국인사를 하였는바 식상, 월남정세, 금후의 일쏘 우호, 및 친선관계 강화 등에 대하여 말하였다함. 수상은 현안의 영토 문제를 해결하고 일쏘 평화조약을 조속 체결하기를 바란다는 것과 코시긴 수상의 방일을 언제나 환영한다고 강조하고 대사가 그 취지를 코시긴 수상 및 쏘련정부 수뇌에게 전하기 바란다고 요망하였다함. 동대사도 조기 해결이 무엇보다도 요망되는 바이며 상호 노력하자고 수상발언에 찬성하였다 함.

4. 외무성은 쏘련 총영사관은 삿뽀로에 일본총영사관을 "나호트카"에 각각 설치할 방침을 결정하였다라며 일측 초대 총영사로는 "야마다" 전 외무성 동구과장을 내정하고 있다 함. (금조 니혼 게이자이)

5. 외무성은 3일 간부회의에서 금년의 아세아, 태평양 지역 대사 회의를 6월 13일부터 16일까지 동경에서 개최하기로 하였다 함. 동 회의에서는 외상의 아세아 태평양권 구상의 구체화가 주의제가 될 예정이라 하며 기타 아세아 외교의 금후의 추진 방법, 월남정세, 중공 정세, 동남아 각국과의 경제협력 등이 검토될 것이라 함.

6. 정부는 내주 후반에라도 수상, 외상 및 외무성 수뇌간의 협의에서 핵확산

방지 조약 초안이 비핵보유국만의 희생을 요구하는 불평등 조약이고 일본은 핵폭발의 평화 이용의 권리를 유보하여야 할 것이라는 태도로 의사통일을 도모하게 될 것 같다 함. 외상도 14일 재개예정인 특별국회에 동 취지를 말하는 등 정부의 입장을 내외에 명백히 할 예정이라 함.

7. 존슨 주일 미대사는 3일 류큐에서의 연설에서 아세아에 있어서의 일본의 선진적 역할과 평화유지를 위한 일본의 협력의무를 강조하면서 아세아 자유제국이 공통의 목적을 위하여 "독립 제국의 공동체"를 만들 것을 미국은 희망하고 있다고 하였다함.

(주일정-외아북, 외정공, 외구주, 외아남, 외방기)

3. 외무부 공문(발신전보)

대한민국 외무부
번호 WJA-03054
일시 061800
발신 장관
수신 주일대사

대: JAW-03070
3.3일 귀지에서 열렸다는 일본과 북괴 간의 "대학 학술관계자 간담회"의 경위, 논의된 문제, 참가자, 앞으로 예상되는 움직임 등에 관하여 상세한 보고 바람. (아북)

4. 주일대사관 공문

주일대사관
번호 주일정 722-815
일시 1967. 4. 6.

발신 주일대사
수신 외무부 장관
참조 아주국장
제목 일본, 북괴 간의 대학, 학술 관계자 간담회

연: JAW‑03070

대: WJA‑03054

대호 전문으로 지시하신 일본. 북괴 간의 대학, 학술 관계자 간담회에 관하여 다음과 같이 보고합니다.

1. 개최경위

조총련은 외국인 학교 제도 법제화에 관련하여 일본 정부의 "민주, 민족 교육에 대한 탄압"이라는 입장에서 강력한 반대 운동과 법안의 국회 제출 저지를 목표로 그간 "재일 조선인의 민족 교육 권리 옹호 투쟁"을 전개하여 왔으며 그 일환으로 일본의 각 대학 학장, 교수 등 학자들의 지원을 얻기 위한 공작으로 작년 11월 27일 "오사까"에서 개최된 "재일 조선인의 민족 교육 문제에 관한 근기 지방 각 대학 총장, 학장 및 교수 간담회"에 이어 금년 3월 3일 "일본, 북괴 간의 대학, 학술 관계자 간담회"가 조총련 주최로 "오꾸라 호텔"에서 약 2시간 동안 개최된 것임.

2. 참석자

동 간담회의 참석자는 주최자측에서 "조선대학" 학장 한덕수(韓德銖) 및 동 부학장 이진규(李珍珪)와 일본측에서 "오꼬찌 가즈오"(大河內一男) 동경 대학 총장 등 현직 대학 총학장 16명, "다니기와[2] 데쓰조"(谷川澈三) 전 법정 대학 총장 등 전직 총학장 8명, 학술회의 위원 13명, 기타 7명 등이 참석하였음. (명단은 별첨 1 참조).

3. 논의된 문제

동 간담회에서는 주로 학술 문화의 교류, 민족 교육 권리 옹호 투쟁 및 "조선 대학"인가 촉진 운동에 관한 의견 교환이 있었다하며,

1) 일본, 북괴 간의 학술, 문화 교류가 현재 저해되고 있음은 유감된 일이며,

2) 시설, 내용이 충실한 "조선 대학"을 인가하지 않는 것은 부당하며,

---

2) 다니가와

3) 특히 "조선대학" 인가 문제에 관하여 일본 학술회의 간부회가 2월 25일 "학문과 사상의 자유를 수호하는 입장에서 당국은 (조선 대학을) 인가해야 한다"는 취지의 요구를 문부성에 제출할 것을 결정한 것과 동경 도의회가 작년 12월 20일 "조선대학" 인가 요청 결의를 채택한 것을 지지하고,

4) 금후 조선 대학 인가 촉진을 위하여 민간의 협력을 더욱 강화할 것 등에 의견의 일치를 보았다고 함.

(가) 상기 일본 학술회의 간부회 결정에 관하여, 동 회에 문의한바, 등 학술회는 이를 구두로 문부성에 통고하였다 하며,

나) 동경 도의회 결정에 관하여는 동경도민의 청원서가 위원회에서 채택되어 본 회의를 거쳐 동경도청에 이송되었다 하는 바 동경도 의회 기획 총무 정비위원회에서의 속기록(별첨4)을 참조,

다) 동 간담회에서의 참석자들의 발언 요지는 별첨 1 참고)

5. 앞으로의 전망

일본 정부는 66년 외국인학교 제도 설치를 위한 학교 교육법 일부 개정안을 국회에 제출할 예정이었으나 사회당 등 일부층의 강력한 반대와 여당 내에서의 정책고려에서 중지되었으며, 금년 초 정부는 다시 동 법안을 제출할 기세를 보이고 있으므로 조총련은 사회당, 공산당 등을 중심으로 동 법안 제출 저지를 위하여 앞으로도 계속, 각종 간담회 개최, 반대 서명 운동, 시, 현, 국회의원에 대한 진정 등이 있을 것이 관측됨.

6. 상기 법안 상정 저지를 위한 조총련 등 좌익계 정당 단체들의 활동에 관한 주재국 치안 당국이 작성한 자료를 별첨 송부하오니 참고하시기 바람. (별첨 1, 2 3)

첨부: 1. 일조 학술, 문화 교류 간담회 개최에 관하여 (67. 3. 11.)

2. 조총련의 민족 교육 권리 옹호 투쟁 동향 (67. 3. 24.)

3. 외국인 학교 제도 법제화에 관한 조총련의 민족 교육 옹호 투쟁 경위 (67. 3. 27.)

4. 동경도 의회 기획, 총무, 정비 위원회 속기록

5. 조선 화보 67. 1월, 2월호

6. 조선 신보 67.1.2. 자 각 1부. 끝

첨부 1-일조 학술, 문화 교류 간담회 개최에 관하여

昭42. 3. 11

日朝学術、文化交流懇談会の開催について

3月3日午前5時から、東京・赤坂ホテル・オークラにおいて、朝総聯主催の日朝学術文化交流懇談会が開催され、日本側から、大河内東大総長ら47名の東京を中心とした国、公、私立大学々長、前学長、学術会議関係者が出席(注、出席名別項)して、朝鮮大学々長 韓徳銖(朝総聯中央議長)、同大学副学長 李珍珪らと学術文化交流と民族教育権利擁護斗争ならびに朝鮮大学認可促進運動などについて話合った。

朝総聯がこの懇談会を開催したのは、かねてより活発に展開している民族教育権利擁護斗争に対する支援要請、なかんずく外国人学校制度の設置に関する学校教育法一部改正の阻止につながる一連の動きとみられ、昨年11月27日の大阪ロイヤル・ホテルにおける近畿地区各大学々長との懇談会、同11月25日の東京・本郷学士会館分館における187名の学者、文化人による朝鮮大学認可促進運動発起人会結成などの動きもその例外でない。

各大学総長、学長らの発言内容は別項の通りであるが、今後この種の動きは朝総聯の意欲的でしかも時機をねらつた手段によつて、各地に派生することが予想され、看過できない様相を示している。

この懇談会の内容について3月6日付 "朝鮮新報"(注、朝総聯発行、朝鮮語版)は、

○ 朝・日学術文化交流、在日同胞の民族教育擁護発展へ意義深い会合となつた

○ 在日朝鮮人の民族教育は保障されねばならないと日本の各大学総長、学長、学者たちが一致して表明した

○ 発言者は学術研究の専門的見識、在日同胞の教育権、朝鮮大学設置認可問題に対し忌憚ない意見を出し

○ 今日朝・日両国の学術文化交流促進に対する要望は日一日高まつており、当然のことにも関わらず、いまだに実現不能の事実を指摘し、遺憾

の意を表明したと、大々的に写真入りでとりあげていた。結論として、この懇談会に出席した人たちが話したといわれる内容を綜合すると

① 日・朝両国の学術、文化交流が阻害されていることは、まことに　遺憾であること

② 施設、内容ともに充実した朝鮮大学を認可しないことは、不当であること

③ 朝鮮大学について、日本学術会議幹部会が、2月25日「学問と思想の自由を守るという立場から、当局は認可すべきである」という趣旨の要求を文部省に提出することを決定しているが、これを支持すること

④ 東京都会議会が、昨年12月、朝鮮大学認可要請を決議採採択されたことは当然であること

⑤ 今後、朝鮮大学の認可促進のため、民間の協力をさらに強化することなどについて、意見の一致をみたといわれる。

1．各大学総長、学長らの発言内容＜3月6日付朝鮮新報より＞

(1) 東大・南原繁前学長

　「民族教育は諸民族の根本問題である。その民族の特徴を生かしつつ、普遍性を加味したものでなければ駄目である。これらの観点から私は朝鮮の統一を心から念願する」

(2) 東海大・松前重義総長

　「国交困難の条件下で民間方式による学術文化の交流を一層盛にする必要がある」

(3) 東大・大河内一男総長

　「従来日本の学術文化交流は主になめてみる程度であつたが、現在においては朝鮮、インドなどアジア諸国との学術交流を一層深めていかねばならない」

(4) 関東学院大・林　要教授

　「朝鮮大学設置認可を要求する日本の著名学者の署名が、すでに千数百名をこえ、都議会をはじめ多くの地方自治体が支持決議を採択した‥‥日本政府が外国人学校生との創設を企てていることは全く不当

だ」

(5) 法大・谷川徹三総長

「日本、朝鮮の連繁は歴史的な根が深く、いまだに解明できない問題が多い。‥‥日・朝学術文化交流実現の不能は日本政府が妨げているためである。実に 遺憾なことである。

また、私は教育者として在日朝鮮人の民族教育に対しても深い関心をもたざるをえない。本来民族教育は人道主義、自由に関する問題で、だれでも侵すことのできない尊い権利であることは世界の常識である。

故に日本政府は朝鮮大学をはじめ在日朝鮮人学校を即時認可すべきであり、学校の正常運営を期すべきだ」

(6) 東京経済大・北沢新次郎学長

「日本に朝鮮語で学術研究する朝鮮大学のあることがそもそも良いことだある。これは朝鮮だけでなく日本、世界のため実に結構なことである。

私は、朝鮮大学を訪ね直接の見聞を通じていかに立派であるかをよく知つている。しかし、この立派な大学を法的に保護せず逆に抑圧を企てることは理解に苦しむ、私たちは理に合わないことを静観しているが、こんなことのないように努力すべきである」

(7) 一橋大・上原専禄前学長

「人間の存在は具体的には、民族の一人として存在することである。在日朝鮮人の民族教育を否定することは、日本人自身が日本民族として生きていくことを否定することとなる。

故に、在日朝鮮人の民族教育を保障することは、直接日本人自身の問題でなければならない。これらの立場に毅然と立つことによつてのみ朝鮮と対等な真の学術、文化の交流ができる」

(8) 明大・小出廉二学長

「昔から日本と朝鮮は隣同志であるのに、全く現在のように交流のない状態はありえない。なんとかして皆さんで努力して正常な国交実現へ努力ぅべきである。

とくに、朝鮮の古い文化の伝統には華麗で立派なものが多く、相互

に学ぶべきものが多いと思う。このような意味で私は、今日話された各種の点で多くの感動を得たし、学術研究のような問題は実に良いことと思う。今後一つ一つ解決していかねばならない。

在日朝鮮人の民族教育に対する実情ははじめて聞いた。自国語で教え、学ぶ民族教育がそのように制限されることは異常であるが、一つ一つ解決していくべきものと思う。そのためには、これらの問題を一層多くの人が知らねばならないと思う。

また、私は、朝鮮人の最も切実、重要な問題は統一問題であると思う。同一民族が一つの土地でなぜわかれわかれでおれようか、これらの問題も互に会合して話し合い解決すべきものと思う。朝鮮の統一は、私は底から欲している。朝鮮、日本は互いに往来し、勉学できるように皆が努力すべきである。」

(9) 中央大・升本喜兵衛長

「私は、このような会合へ今日はじめて参加した。本当に有益な会合であつだ。いままで知らなかつたことを知り、朝鮮に対する理解を深めた。

日・朝両国間の学術、文化交流について話れば、日本、朝鮮に地理的最も近い間柄である。学術、文化お交流を盛にすべきである。しかるに、今日の会合へ参加してわかつたことであるが、両国間に学術、文化の交流が全くないということを聞いて驚いた。なぜ、このようになったか理解に苦しむ、最も近い国が最も遠い国となっており、その理由はいずれにせよ不自然であり、両国の友好親善の増進に障害となる。

この障害を除去することが、両国間の学術、文化交流に有益であり、相互の理解を深める助けとなるはすである。のみならず、これは学術、文化探究の見地からも切実である。互いに研究の成果を発表し、交流すれば両国の文化は一層発展する。このような点から学術、文化交流は必ず実現されねばならない。

また、今度の会合で知つたことは、朝鮮大学の認可問題である。きくところによれば、在日朝鮮人の小学校、中、高校はほとんど設置の認可を得たのに、朝鮮大学のみ未認可ということは理解できない。真の教

育を実現しようとすれば、小学校から大学までの整然とした教育体系が
なければならない」

(10) 東京医科歯科大・岡田正弘学長

　　「私は、過般朝鮮大学の教員から朝鮮の有名な生物学者　金鳳漢教授
が発表した"経絡の実態"と"経絡体系と相卵学説"の二つの論文を入手し
て読んだ。この二つの論文が医学の発展、人間の将来の運命へ寄与する
功績は非常に大きいと思う。このような学説を、同じ医学を研究する私
自身が知らなかったことは、甚だ恥ずかしい。私は、自分の大学の教授
たちへ、この論文を知っているかと聞いたところ、誰も知らなかっ
た。・・・

　　日本、朝鮮の学者が相互に研究の成果を知らずにいることは、学問
の発展へ大きい障害となっている。最近、国際間の学問交流は非常に盛
になり、自由になっているのに、最も近い朝鮮といまだに実現されてい
ないことは甚だ遺憾である。私としては、朝鮮との学術交流は、現在の
国際的傾向に応じ盛にすべきものと思う。

　　また、在日朝鮮人の民族教育に対しては、あまりにも当然のことで
ある。母国語による民族教育、これはどの民族どこへ行ってもすべて関
係なく、いまや世界的に認められている理念となりつつある。しかる
に、これを云々することは、他に何らかの意図があるのではないか、聞
くところによれば、朝鮮大学がいまだに認可されずにあるとのこと、こ
れもまた、他に意図があるのではないか、とすれば、そのような意図は
さしあたり放棄すべきである」

(11) 横浜市立大・松倉恒夫学長
　　「日本・朝鮮間の学術、文化の交流は当然のことであり、いまだに実
現できずにいるということは不自然である。朝鮮との文化交流は、日本
学術文化の発展にも必要であり、両国の友好親善増進にも必要であ
る。・・・しかし、遺憾千万にも日本の現実はこれに反している。日本
の文化社会はヨーロッパ、アメリカとは盛に交流しているが、最も近い
朝鮮共和国との文化交流は全くない。不自然である。とくに、日本の文
化は、朝鮮の影響をうけたという歴史的経緯からみて、朝鮮との文化交

流は必ず実現されねばならない。・・・まず、大きいことより初歩的な文献の交流からはじめるべきである。これは、日本、朝鮮の文化交流実現の出発点となる。どのような政治的圧力、障害があっても実現すべきえある。

朝鮮大学の設置認可問題も、朝鮮との交流と関連するものである。私は、一昨年朝鮮大学を訪ねそのすばらしい教育の姿を見た。遠くに行かずとも朝鮮の立派な教育、文化が日本にある。われわれはこの立派な教育、文化とも交流を深めるべきである。その点で朝鮮大学は日・朝学術文化交流の重要な軌道となっており、必らずその認可をすべきである」

(12) 岡山大・服部静夫前学長

「私は、科学者の立場から日・朝関係正常化のため学術交流を活発にする要があると思う。・・・科学は全世界人類の幸福増進につとめることが本来の使命であり、日・朝科学者の交流のみ不当な理由で実現されずにいることは、甚だ遺憾である。私は、文化交流の側面において、まだ、私の記憶にいきいきと残る朝鮮の有名な舞踊家 崔承喜女史の華麗、流動的な踊りでもみられるようになれないかなあ一本当。見たい。しかし、日・朝科学者の実際の交流も実現されずにいる実情からみて、私は、両国の科学の成果でもと欲している。

教育者として、科学者として私は、民族教育がいまや当然のことであり、すべての人が侵しえない正当なものと思っている。いわんや在日朝鮮人は、小学校から大学まで立派な教育体系を整えている。朝鮮大学をはじめ朝鮮人学校は、すべて正式に認可すべきである。

(13) 東大・江上不二夫教授(日本学術会議副会長)

「日朝交流は学術、文化の分野の中で可能な方法を一つづつ成果的に築くことにより全面的実現を期し、根強い努力するつもりである」・・・

「今日、朝鮮大学々長はじめ学部長らおよび幾多の大学々長、教授、学者たちと卒直な意見を交換したことは、本当に意義深いことであった。

日本、朝鮮間の学術、文化の交流を一層盛にしようということは学問研究者だけでなく、日本の広範な人々の一貫した考えであるわけである。

　　国際的学術、文化交流の要求に対しては、こと新しく語る要もない。それを通じ相互の文化の発展、親善へ大きく寄与すべきである。過般、日本での国際学術会議へ朝鮮の学者の参加が除外されたことがあったが、本当に遺憾である。

　　私は、学術会議の役員をしている関係で。今年8月日本で崔される"国際生物科学会"へ朝鮮の学者たちが参加してくれるように招請している。われわれは、今回は朝鮮から必ず参加できるように努力するつもりである。

　　次に朝鮮大学認可問題であるが、私は、朝鮮大学へ直接行って見たことがあり、よく知っているが、その内容と設置を見て、また、国際親善へ寄与している面から、当然、認可されるべきである。すでに、日本各地の朝鮮学校が正式に運営されており、大部分認可された事実は、民族教育の正当性を示すものと思う。自国語で民族教育をすることは、いずれの国の人がどこに住んでも当然認められるはずの基本的要求であり、朝鮮大学をはじめ、在日朝鮮人学校に認可が与えられ、正常な発展をすることを期待するものである。」

(14)　一橋大　増田四郎学長

　　「学術交流は、元来人類の真理探求の要求にもとづくものである。いわば人間性から要求される問題である。学術、文化交流が盛になってこそ、人類の社会が発展するということは周知の通りである。交流実現のためには議論の段階でなく、どのように行動すべきかが問題となるべきである。まず、互に交流のための場所をつくらねばならず、妨害者を孤立させねばならない。交流という当然の問題が、ある種の政治的立場から妨げられているということは許されない。

　　問題は真理に関するもので、また、人間性に関するもので、政治的立場を捨てて解決されねばならない。朝・日は、互に立場が異っても、相互尊重、真理探求という一つの共通点で統一して進んでこそ学術、文

化の交流が効果的に進められる。在日朝鮮公民の民族教育、朝鮮大学認可に関する件も、これらの正しい立場から一日も早く解決すべきものと思う」

(15) 宇都宮大 大政正陸学長

「私は、このように多くの人々がこの席へ集って、このように結構な話をするに至ったことに実に驚いている。朝鮮、日本の交流がいまだにないということもはじめて聞いたことであるが、事を判断し、言葉を作り用いる人間として到底考えられないことである。・・・」

(16) 日本女子体育大 二階偸堂清寿学長

「今回は実に意義深い日であった。このように各大学の著名人が、一つの席へ集まることは稀なことである。

これは、日本政府の誤った政策への圧力となるはずである。

体育は政治の属物ではない。しかし、一部の人々は、朝鮮、日本との体育交流に対し偏見をもっている。過般のオリンピックでも同様、その他でも日本は朝鮮に対し、非常識な態度を示している。今後はこのようなことはやめるべきである。

日本政府は朝鮮大学を認可してないとのこと、実に遺憾である。各施設などからみても、当局は当然認可すべきである」

2. 出席者(3月6日付 朝鮮新報より)

(1) 国立、私立大学総長、学長

大河内一男＝東京大学総長、学士院会員

増田四郎＝一橋大学々長

実吉純一＝東京工業大学々長

三輪知雄＝東京教育大学々長

岡田正弘＝東京医科歯科大学々長

黒沼勝造＝東京水産大学々長

鍾ケ江信光＝東京外国語大学(学長代理)

松倉恒夫＝横浜市立大学々長

大政正陸＝宇都宮大学々長

(2) 私立大学総長・学長

　　　小出廉二＝明治大学々長

　　　升本喜兵衛＝中央大学総長

　　　北沢新次郎＝東京経済大学々長、学士院会員

　　　松前重義＝東海大学総長

　　　梅根悟＝和光学園大学々長

　　　越智勇一＝麻布獣医科大学々長、学術会議第6部長

　　　相川高秋＝関東学院大学々長

　　　二階堂清寿＝日本女子体育大学々長

　　　阿部英雄＝東洋音楽大学々長

　　　相馬勝夫＝専修大学々長(代理　大友福夫)

　　　野口尚一＝工学院大学々長(代理　山口章三郎)

(3) 前総長、学長

　　　南原繁＝東京大学前総長

　　　谷川徹三＝法政大学前総長

　　　務台理作＝東京教育大学前学長

　　　上原専祿＝　一橋大学前学長

　　　黒沢清＝横浜国立大学前学長、学術会議会員

　　　小林良正＝専修大学前学長、同大学大学院々長

　　　服部静夫＝岡山大学前学長

　　　加茂儀一＝小樽商科大学前学長

(4) 学術会議会員

　　　江上不二夫＝東京大学教授、学術会議副会長

　　　野村平爾＝早稲田大学教授、学術会議第2部長

　　　林要＝関東学院大学教授、学術会議第3部長

　　　渡辺武男＝東京大学教授、学術会議第4部長

　　　福島要一＝学術会議第6副部長

　　　宗像誠也＝東京大学教授、学術会議＜学問と思想の自由委員会＞委員長

江口朴郎＝東京大学教授

　　　高橋碩一＝歴史教育者協議会副委員長

　　　岩尾裕純＝中央大学教授

　　　守屋典郎＝弁護士

　　　山口省太郎＝東京大学教授

　　　渡辺光＝お茶の水女子大学教授

　　　植村定治郎＝東京大学教授

　　　諸星静次郎＝東京農工大学教授

　(5) その他大学教授

　　　都留重人＝一橋大学教授

　　　弥永昌吉＝東京大学教授

　　　近藤康男＝武蔵大学教授

　　　東郷正延＝東京外国語大学教授

　　　大崎六郎＝宇都宮大学教授

　(注) 北海道大学 城戸幅太郎学長から祝賀書簡あり

첨부 2-조총련의 민족 교육 권리 옹호 투쟁 동향

取扱注意(昭和42.3.24.)

　　朝総聯の民族教育権利擁護闘争
　　～当面の動き～

はしがき

　かねて、朝総聯では、民族教育権利擁護闘争を各種権利擁護闘争の頂点として、その支持、支援をわが国各界層に広範に浸透させるべく、多角的な活動に取り組んできたことろであるが、最近、3月7日の文相発言

○ 外国人学校制度を設けて反日教育を規制・・・・学校教育法一部改正案の国会上程

に、一層刺激されたか、これは

○ 日本政府当局による民族教育に対する弾圧である

と、急激に熱気を帯びた反対闘争に立ちあがつてきた。

　その様相は異状なものがあり、目下、関係政府当局に対し、陳情、抗議文書の手交などが、連日、波状的に特有の執拗さをもって、くり返し行なわれている。これがこのまま推移する傾向にあって、さらに、朝総聯としては、場合によっては実力行使を辞さない態度を披瀝しているといわれ、今後の情勢如可によっては、国会問題へ大きく発展する可能性を帯びてきたようである。

　現在のところ、朝総聯は、政府当局の出方を展望しつつ、かつ、長期臨戦の構えをみせているもようで、その動向が注目される。

1. 政府当局側の動き(新聞報道より)

○ 3月7日、剣木文部大臣閣議後の記者会見で「今国会に学校教育法の一部改正案を提出、成立をはかる」と言明

○ 3月8日午前、剣木文部大臣は学校教育法改正案の取扱いについて、福永官房長官と電話で協議、文相は

　△ 現在までのところ自民党内にも同法案提出に異論がない

　△ 分部省としても今国会に同法案を提出する方針を変えない

の2点を官房長官に伝えた。

　これについて、同日正午、福永官房長官は記者会見で

△ 政府としては同法案の性質からみて、早急に自民党政調会や国会対策委員会などと協議し、取扱いを決めたいと考えている

と語る。

○ 3月13日、自民党福田幹事長は、記者会見で「今国会に手出するかどうか慎重に検討する。内容も党政調会で練り直す必要がある」と語る。

　注 これについて "党執行部が今国会提出に消極的な態度をみせばじめたのは、野党多党化という新事態のもと、予算案、および予算関係法案を無事成立させるためには、社会党などの猛反対が必至の同法案を提出することは、得策でなく、また、ひいてはせっかく盛り上がつた国会正常化の動きを阻害するなどの理由からである" と報じている。

○ 3月15日、自民党政調文教部会は、学校教育法改正案の取り扱いを協議した結果、今国会に提出することについて最終結論は出ず、正式決定は次の部会まで持ち越すことを決めた。

○ 3月17日、自民党政調文教部会は、文部省原案通り決定、22日にも閣議決定のうえ国会に提案されることが確実となった。

　注 これについて "野党や在日朝鮮人団体の院内外での反発は必至とみられる。"と報じている。

○ 3月22日、自民党は院内で党三役と政調会文教韓関係役員の　合同会議を開き、協議した結果、結局扱いについては、福田検事長ら党三役が、国会審議の情勢をみながら慎重に態度をきめることになった。

○ 3月23日、衆議院内閣案で　剣木文相は、社会党大出俊議員が見解をただしたのに対し

　「外国人の祖国の国語や歴史など民族教育をなんら規制するものではない。しかし、日本の中にあって反日教育することは認められない」

との考えを明らかにした。

2. 社会党の動き(新聞報道より)

○ 3月13日、中央執行委員会で "政府が今国会に提出を予定している学校教育

法改正案に反対する。同改正案は、在日朝鮮人学校での民族教育の制限を目的としており、在日朝鮮人の当然の権利を制限するのはおかしい"と決定した。

○ 3月15日、国対委で暫定予算の審議に対する態度を協議したなかで"政府が今国会に提出を予定している学校教育法改正案については「在日外国人の民族教育を制限するものである」として反対することを決め、暫定予算案の早期提出と合わせて、同法案の国会提出をとりやめるよう同日午後政府に申し入れた。

3. 北鮮本国の動き(朝鮮中央通信より)

○ 平壌16日発朝鮮中央通信一民主朝鮮紙論説

"在日朝鮮公民の民主的民族教育は主権国家公民の当然な権利"(要旨)

佐藤政府が在日朝鮮人の民主的民族教育の権利をうばい、かれらに同化教育をおしてける目的で、いわゆる「学校教育法一部改正案」を今度の国会で通過させ「外国人学校制度」を設けようとしている。日本政府は、反日教育だとか、日本の利益に背くなどと中傷しながら、在日朝鮮公民の一致した抗議と、日本の広範な各界の糾弾をおして在日朝鮮公民の民主的民族教育に干渉し、弾圧しようとしている。これは、国家の主権に属する、侵すことのできない正当な権利に対する不法、不当な行為である。

○ 平壌17日発朝鮮中央通信

"在日同胞民族教育問題に対する朝鮮外務省報道局の記者会見"

外務省報道局趙炳熙副局長～内外記者、各国大使館報道関係者に発言(要旨)

「外国人学校制度法律案」は、自主的な朝鮮人学校に、いつでも思うままの統制を加え、横爆に民族教育に干渉、在日朝鮮公民に同化教育をおしつけ、在日朝鮮人弟子の民主的民族教育の弾圧を狙う犯罪的な法律案である。

もし、日本政府は、朝日両国人民と世界の進歩的人民の正当な要求を受け入れず、在日朝鮮公民の民主的民族教育に対する断圧をつづけるならば、それから生じるいっさいの悪結果に対し、全責任を負わなくはならないであろう。

○　平壌20日発朝鮮中央通信

“19日、平壌・モランボン公園の青年野外劇場で、２万余人が参加して日本当局の民族教育弾圧策動糾弾平壌市民大会を開き市内デモ行進”

集会には、朝鮮労働党中央委員会政治委員李周淵首相ら北鮮要人が出席、在日朝鮮公民の民族教育に対する弾圧の策動を無条件ただちに打ちきるよう、日本政府に強く要求する発言を行なったほか、訪朝中の日朝協会畑中政春理事長が出席「日朝協会は、日本政府の民族教育弾圧法案の国会提出を全組織をあげて阻止するため、先頭に立つて戦う。あくまでこれを提出するならば、国会内外の闘争を展開して、かならずこれを粉砕するため全力をあげることをここに誓う」(要旨)と挨拶した。

4．朝総聯等の動き

(1)　活動方針の指示

ア　朝総聯中央の指示

(ア)　３月１０日、朝総聯中央本部で関東地方各都県本部組織部長会議を開き、李季白副議長から要旨

a．外国人学校問題の基本的考え方

b．国会議員等を保守、革新を問わず、陳情に有利に活用する

c．地元県選出国会議員を介して、陳情行動する

d．その他、民族教育懇談会等日本民主団体の運動正常化

の指示がされた。(注　この指示は別途全国組織にも出されているもよう)

(イ)　３月９日、朝総聯中央本部では、関東地方各県組織に対して電話で、３月１８日、日比谷公会堂における“民族教育および帰国を擁護する在日朝鮮人中央大会”への動員割当をかけ、当日は大会後、法務省、外務省、文部省等に陳情を行なうので、各県本部、支部ごとの要請文を作成して、当日持参することを指示した。

(ウ)　３月16日、朝商連では、「最近の情勢と関連して、民族教育と帰国の権利について緊急に提起され問題について討議し、対策をた

てるために“緊急各県理事長会議”を召集する」通達を出し

a．参加時に、府県選出国会議員あて紹介状持参のこと

b．２４日の大会に参加し、終了後理事長は全員合宿、個人的自由行動は禁ずる

と指示、

注　２４日の大会とは、東京・九段会館で行なわれる“朴正熙 大統領選策動糾弾全国商工人蹶起大会”のこと

つづいて、３月１９日、電話で

c．２４日の大会終了後理事長は、合宿のうえ国会議員工作のための討議を行なう

d．２４日の大会決議(要請文)を持参し、２５日午前中に国会議員および関係先に対する要請を行ない終了後理事会を開催する

と重ねて指示した。

イ　朝総聯各府県本部の指示

(ア)　3月18日、朝総聯大阪本部では、朝総聯中央の指示に基づき“民族教育対策委員会”を召集し、当面の行動について次のような指示を行なつた。

a．３月１９日以後、当分の間　“民族教育権利擁護統一行動”を展開する

b．各民主団体その他各種団体、有名人士および教育者に対し、20日一斉に上記趣旨の支持要請文、申入れ書を手交する

c．この要請は、1班3名程度構成し、約20団体を分担して行なう

d．要請文の内容は

(a)　外国人学校制度の不当性

(b)　民主的民族教育の自主性擁護

(c)　日本政府の企みの不当性

を暴露するもので、かれらがわれわれの要求を支援するよう要請する

e．各民主団体、各種団体、著名人士が、われわれの要求の正し
　　　さを認め、これを支援するための国会、政府および関係先に
　　　要請電報を発信するよう働らきかける

　　f．これらの結果を２１日に総括し、２２日に再度要請行動をお
　　　こすこと

　　g．3月25日には、全国一斉に全機関が国会、政府等に要請電報
　　　を発信すること

　(イ) 朝総聯愛知県本部では、3月16日から同23日までを"学校教育法
　　　改正反対統一行動期間" とし、朝総聯はじめ傘下単一団体網羅し
　　　て県本部、支部の常任、分会委員等の幹部活動家が中心となり

　　a．分会総会の開催、朝鮮人大衆への戸別訪問を通じて趣旨の浸
　　　透をはかるとともに、反対署名運動を行なう

　　b．管内に居住する市、県、国会議員(とくに自民党など保守系)
　　　を戸別訪問し、法案上程反対を要請する

　　c．管内の労働組合、友好団体に対し支援要請を行なうとともに
　　　反対署名を行なう

　ことを指示している。

(2) 具体的活動

　ア 3月18日夜、東京・新宿西大久保の朝鮮料理店千山閣において、朝総
　　聯傘下団体の在日朝鮮人科学者協会主催の都内各大学院指導教授懇
　　談会が開かれ、出席者32名に対して、会長李時求が民族教育権利擁
　　護闘争への支援要請を行なつた。

　イ 前記3月18日の日比谷公会堂における"民族教育および帰国を擁護す
　　る在日朝鮮人中央大会" 後に行なわれる予定であった、法務省、外務
　　省、文部省等に対する陳情が、当日が土曜日であったためか目的を
　　果せず、この陳情を3月20日に持ち越し、同日午後、朝総聯外務部副
　　部長の李日雨以下20名が、衆議院社会党山花秀雄代議士、同山内広
　　代議士の紹介で衆議院々内通行証を借りうけ、院内で福永官房長
　　官、田中法務大臣に面会(1～2分程度)、3月18日中央大会の決議(民
　　族教育と北帰問題)の趣旨に添った陳情を行なった。

ウ 3月10日朝、朝総聯埼玉県本部福委員長の李浩模は、埼玉県大宮市の福永官房長官の私邸を訪れ、同長官に面会を求めて直接“学校教育法改正案の国会上程の取り上げ”を要請しようとしたが、同長官が不在のために目的を果せなかった。

エ 3月11日、朝総聯群馬県本部では、学校教育法改正案の国会提出を阻止し、在日朝鮮人の民族教育の権利を固守する闘争を成果的に推進するための目的のもとに“在日朝鮮人民民族教育群馬県対策委員会”を設置、自民党国会議員に陳情するために在日朝鮮商工人を中心として、民主団体、文化人等へ決議文、抗議文を発出する工作の盛りあげをはかる一方、県下各支部より200通の抗議手紙を劔木文部大臣へ至急発送するよう(ただし、組織名は一切表面に出さない)運動している。

オ 3月22日以降当分の間、東京都内を中心に主に関東近県からの動員で、政府関係機関への陳情が波状的に行なわれるもようであるが、24日までには握された陳情の動きは次の通りである。

(ア) 3月22日は、文部省6回28名、総理官邸2回4名、自民党本部2回19名で、動員総数は420名である、文部省では各陳情団一団体につき代表5名以内を限り振興課員が陳情を受付け、総理官邸では、系員が陳情文書のみを受付けるが面会は一切拒否した。

　　なお、陳情団中日本人は、文部省の3回10名、自民党本部の1回17名がみられた。

(イ) 3月23日は、総理官邸8回23名、衆議院長2回38名、文部省8回60名、自民党本部1回29名、動員総数370名、陳情処理は、総理官邸、文部省とも前日同様であつた。

　　なお、陳情団中の日本人は、総理官邸の1回4名であつた。

　　朝総聯の陳情団は、白地に青文字で “民族教育を保障せよ”と書いたタスキをかけているが、各陳情先への移動に際しては、タスキをはずし移動するなど条例違反の口実を与えないよう配慮しているようすがうかがえた。

　　陳情団は、地元選出社会党議員などの紹介状、名刺により面会を求めたが、3月22日以降に判明した紹介議員は

衆議院社会党	山内広(北海道)
同	山花秀雄(東京)
同	帆足計(東京)
同	石川次夫(茨城)
同	久保三郎(茨城)
参議院社会党	大森創造(茨城)

(ウ) 3月24日は、総理官邸9回34名、文部省8回61名で動員総数は590名、陳情処理方法は前日に同じ、陳情団中の日本人は、総理官邸の3回11名、文部省の2回17名であり、その所属団体は、横浜市大自治会、同大朝文研、日共川崎委員会、日朝協会都連等であった。

本日は、さる3月20日、21日に開かれた成人教育熱誠者大会参加後に、東京朝鮮中・高級学校で学習中の教職同活動家の60名が、陳情に参加している。

総理官邸前に集合、執拗に面会を強要していた陳情団は、規制の警視庁機動隊に対して「民族教育を保証せよ」のシュプレヒコールを行い、"金日成をたたえる歌"を合唱、気勢をあげた。

なお、陳情団の誘導、指導は前日に引き続き朝総聯中央組織部指導員姜根助、金熙高が当っているが、陳情先を移動する場合は「バラバラになって行け」指示、条例違反の口実を与えないよう気を使っていた。

本日の紹介議員で判明したものは

衆議院社会党	川崎寛治(鹿児島)
衆議院社会党	安宅常彦(山形)
同	長谷川正三(東京)
同	田辺誠(群馬)
衆議院自民党	鹿野彦吉(山形)

であった。

さらに、本日は、九段会館において行われた"朴正熙大統領選

策動糾弾全国商工人蹶起大会"に参加した856名のうち、約300名がバス7台に分乗、総理官邸と分部省に陳情を行なった。

(3) その他関連動向

ア 社会党"朝鮮問題特別委"を設置

社会党は、本部国民運動局のなかに"朝鮮問題対策委員会"を設け、3月23日国会事務局に届出た。

その構成は次のとおりである。

委員長	石之久男(衆議院、茨城)	
副委員長	山内広 （ 同 北海度）	
事務局長	安宅常彦(同 山形)	
同 次長	押田三郎(党本部書記局員)	
委員	石橋政嗣	戸叶里子
	穂積七郎	大原享
	帆足計	長谷川正三
	大柴滋夫	岡田春夫
	武部文	半田東吾
	阿部助成	広沢賢一
	(以上 衆議院)	
	羽生三七	松山善太郎
	亀田得治	矢山有作
	稲葉誠一	小林武
	(以上 参議院)	
	青山良道(社会党、都議)	
	牧野内武人(人権を守る会)	

イ "在日朝鮮人の民族教育を守る緊急中央集会"

3月24日午後、衆議院第1議員会館第3会議室において、約40名(うち朝鮮人5名)が参加して開催、主な出席者は次の通り

藤原祐長 （日朝協会都連事務局次長）

桜井清　　（　　同　　世田谷支部長)

高玉きわ　　（　　同　　理事)

関善治　　（　　同　　理事部長)

中元みつ　　（　　同　　　事務局員)

鬼頭忠和　　(日韓協会都連事務局長)

李季白　　(朝総聯中央副議長)

李日雨　　（　　同　　外務部副部長)

ウ　日共国会議員団、総理へ抗議文書を提出

　　3月8日午後、日共会議員団代表谷口善太郎衆議院議員(京都)ほか2名は、木村副長官と面接、要旨次のような抗議文書を手渡した。

○ 剣木文相は、在日朝鮮人の民族的教育とその権利を『反日教育』として弾圧しようとする。

○ 民族教育は、侵すことのできない基本的権利であって、国際慣例、世界人権宣言によっても明らかに保障されている。

○ 在日朝鮮人の民族教育に対する弾圧は、同時に日本人民の民主主義的教育の破壊につながっている。

○ 日本共産党国会議員団は、民族主権の尊重、民生的民族教育の擁護、真の国際友好の立場から、この法案の国会提出を断固抗議、政府が直ちにその意図を中止するよう厳重に要求する。

첨부 3-외국인 학교 제도 법제화에 관한 조총련의 민족 교육 옹호 투쟁 경위

執務資料

　　外国人学校制度法制化をめぐる朝総聯の民族教育権利擁護闘争
　　～昭和40年以降昭和42年3月に至る闘争の経過～

　　目次
　　はしがき--------

はしがき

　在日朝鮮人子弟に対する北鮮系組織の民族教育問題は、戦後「朝連」、「民戦」、「朝総聯」という北鮮系中核組織の歴史的変遷を通じ、一貫して共産主義思想の普及と注入に教育の重点が置かれてきた点から、治安上幾多の問題をはらんで今日に及んでいるものである。

　現下朝総聯は、この民族教育の性格について、対外的、表面的には、

　「形式において民族的、内容において民主主義的な教育」つまり『民主主義的民族教育』と称して、その目的を

　「朝鮮人が朝鮮語で書かれた教科書を使い、祖国と祖国の人々を愛し、それに誇りをもつ独立民族として、日本をはじめ世界の人びとと仲良くできる人間に教育することである。」

　と説き、”小くとも反日的、あるいは共産主義思想教育を狙いとして、また、そのような内容の教育は行なつていない。”他の諸民族の場合と同様、在外子弟に対して普通に行なわれている民族教育と全く同様のもので、これは、国際的な慣例とされる民族的基本権である“と訴えている。

しかしながら、その真相は、北鮮の党と政府の政策に則り、その指示に従って、一貫した教育体系のもとで、徹底的な北鮮公民としての民族教育と共産主義教育を行なっているのである。このことは、昭和39年5月7日に第7回全国大会で確認した「民族教育権利擁護闘争と日本の学校に在学する朝鮮人学生の教養対策」の中で、

　　。抗日パルチザンの革命伝統で教養する。。朝鮮の平和的統一のための戦い、朝鮮総聯の愛国事業に積極参加する精神で教養する。。米帝国主義者を徹底的に憎悪する精神で教養する。

と端的、かつ、明確にその方針をうたっていることからもうなづけられる。

　こうした朝総聯の徹底した共産主義教育は、日本を場としてしかも、戦後の特殊な行政事情による歴史的産物とはいえ、一部に、法的認可をうけて温存されているという事実は、治安上大きな問題点をはらんでいるのであって、1昨年12月に始まった前国会(第51通常国会)に「学校教育法一部改正案」の提出が、関係当局において検討されたのは、こうした事由に基づくところが大きく、このことは、すでに周知のところである。

　この一部改正案国会提出の動きに対して、朝総聯では、日本政府の「“民主民族教育”に対する弾圧」であるとして強力な反対運動にとりくみ、法案の国会提出阻止を目標とした民族教育権利擁護闘争を強力に展開した。

　結局、前国会において同法案に上提は、野党側の強い反対もあって、他の諸法案の国会審議運営から未提出のまま推移し、本年3月、目下開会中の特別国会に提出する意向が政府・自民当局によつて表明された。

　こうした政府当局の態度、意向に呼応して朝総聯では、あくまで同法案の国会提出を阻止するということを当面の重点目標として日共・社会党あるいは、保守系国会議員、地方議会、自治体に対する工作を進める一方、大学教授をはじめとする、いわゆる進歩的文化人、その他日教組、日朝協会をはじめとする日朝親善諸団体等に対して、支援を得るための各種招待、説得工作ないしは宣伝活動に全力を集中している。

　以下、朝総聯の民族教育に対する基本方針および昨年の第5次通常国会における学校教育法一部改正案提出の動きをめぐる朝総聯等の反対運動の経過の中心としてのべる。

1 在日朝鮮人子弟の就学状況

(1)在日朝鮮人58万5,000(421末現在登録人口)の中で、就学適合期の子弟
は、約25万人(うち小・中学学令期約16万人)とみられ、このうち、小・中
学校に就 学中約12万人、高校・大学に就学中約2万人とみられている。

さらに、この就学者のうち、日本の公立小・中学校において教育をう
けている者は、約8万8,000人(文部省調)で、そのうち約4万人が、朝総
聯の教育支配下にあるとみられている。

(2)在日朝鮮人の学校は、大別して、自主学校、公立分校、朝鮮人学級(民
族学級)、午後・夜間学級の4つに分けられるが、これを朝総聯傘下のも
のと民団傘下のものに分けてみると、

▫自主学校

総聯系102校(うち、学校教育法第83条に該当するとして認可をうけ
たもの77校)

民団系8校(うち、学校教育法第1条による正規の学校2校、同法第83
条による認可をうけたもの3校)

▫公立分校

総聯系 なし

民団系 1校

▫民族学級

総聯系 40校(うち、中学校に附設のもの2校)

民団系 2校

▫午後・夜間学級

総聯系 94校

民団系 なし

という状況であり、朝総聯系の自主学校は、北鮮の教育関係法規に則
り、昭和31年2月「各級学校規程」を設けて実施している。(注、ただし、
学制のみは、わが国の6・3・3・4制に適合させている。)

2 民族教育に対する朝総聯の基本方針

朝総聯は、在日条件下において、北鮮の党と政府の政策実現に寄与し、

将来、その中核となるべき共産主義者を養成する目的のもとに、在日朝鮮人子弟に対し、北鮮の指示に基づく独自の一貫した民族主義教育体系をもって、社会主義愛国主義思想と、1930年代に金日成が達成した革命伝統で教育する方針を堅持している。

すなわち、昭和39年5月7日の第7回全国大会で確認した「民族教育権利擁護闘争と日本の学校に在学する朝鮮人学生の教養対策」において、つぎのように端的に明記していることからも容易にうなづけられる。

(1) 教員の政治的実務水準の向上と教授教養事業の強化、とくに学生に対する社会主義的愛国主義教養の徹底

- 祖国と民族、祖国の社会主義的制度を愛する。
- 抗日パルチザンの革命伝統で教養する。
- 朝鮮の平和的統一のための戦い、朝鮮総聯の愛国事業に積極参加する精神で教養する。
- 米帝国主義者を徹底的に増悪する精神で教養する。
- 主体性を確立させ、「自立更生」の精神で教養する。
- 高尚な道徳品性をもち、未来を愛する楽観主義の精神で教養する。

(2) 教育権利擁護、学校運営の正常化と施設の整備とくに、

- 学校設置認可と教育会の法人化
- 高級学校卒業生の日本の大学への進学(資格)獲得
- 学生に対する爆行、殺傷と関連して、学生の保護学校防犯の強化

(3) 学校に対する指導の強化

3 朝総聯1970年度の民族教育権利擁護のためも活動方針

朝総聯中央では、在日条件下において、前記基本方針に基づく民族教育を強化発展させるため、日本政府関係当局を相手取り、従前から民族教育権利擁護の諸闘争を展開してきた。

1970年度の民族教育権利擁護に関する活動方針については、昭和41年12月23〜24日全国6地方別に中央幹部を派遣して、地域別会議を開催し、傘下各都道府県本部に、これを指示しち。この活動方針は、昭和41年12月15日〜17日新潟に入港した北鮮帰還第144次船上において行なわれた北鮮代表の指示に基づ

き、総聯中央において設定された"1967年度主要課業、6項目の中に示されているもので、その要点は、つぎのとおり。

(1) 民族教育の権利と‥‥諸般の民主主義的民族権利を擁護する。

(推進内容)

ア 民族教育破壊策動に反対し、民族教育擁護のための対外事業を幅広く推進する。

イ 朝鮮大学をはじめとする学校の設置認可と教育会法人化に積極努力する。

ウ 教員の政治思想性と実務水準をたかめ、教授・教養の質を高める。

エ 学生引入れ事業を全機関的、全群衆的に推進するとともに日校在学朝鮮学生に対する教養を強化する。

オ 教育会を強化し、学校運営の自立的土台を強力に組織する。

カ 科学者と留学生に対する社会主義愛国主義教養を強化して主体性を確立させ、科学研究と学問探究で高い成果を達成させる。

キ 商工人に対する愛国主義教養を強化して経済学院、経理学院事業を成果的に推進する。

(2) 在日同胞子女に対する民主主義的民族教育の権利を擁護して教育の質を高め、学校運営の自立的土台を強固に推進する。

(推進内容)

民族教育に対する内外反動の破壊策動を粉砕し、民主主義的民族教育事業を一層強化発展させる。

ア 各級機関は、民主主義的民族教育の権利を擁護する事業を全群衆的に強化する。

イ 教員集団を強化し、その水準をたかめる。

ウ 教員に対する教養を強化し、特に国語の実力を堤高させ≪模範教員集団≫≪模範学校≫創造運動を強化する。

エ 学生に対する社会主義的愛国主義教養を一層強化し青少年団事業を改善強化し、彼らの学力と愛国的気風を一層高める。

オ　民族教育の権利を擁護する闘争を全機関的に強力に展開し、広範な日本人民の支援を積極的に組織する。

カ　各級学校の設置認可と教育会の法人化を実現するため積極努力する。

キ　学生引入れ事業を全機関的、全群衆的事業で推進する。

ク　午後夜間学校事業を一層拡大強化する。

ケ　教育会を強化し、教育会活動家の責任性を一層高め、"模範教育会"運動を発展させ、各級学校運営の自立的土台を強固に築く。

コ　学父兄と熱誠同胞との事業を強化し、学校施設などを一層整備強化して、各級学校をより衛生的、文化的にする。

サ　朝鮮大学事業を一層改善強化して、朝鮮大学創立10周年記念事業を成果的に組織する。

シ　科学研究における主体を徹底的に確立して研究の質を高め、留学生に対する社会主義的愛国主義教養事業を積極強化して学術研究事業に革新をもたらす。

4　民族教育権利擁護闘争の経過

　　朝総聯は、前述ののとおり、在日朝鮮人子弟に対する民族教育の在日条件を有利にするため、朝連、民戦時代から引続き"権利擁護闘争"として活動を展開してきたが、その様相は、日本政府当局の態度、動向に応じて硬軟、積極・消極の形態をとってきている。

　　ここでは、近年とくに盛り上りを見せてきた一昨年以降について、朝総聯を主とする活動の経過をたどってみることとした。

(1)　政府の「在日外国人教育連絡会」設置に伴う動向

　　ア　朝総聯は、日韓会談の進展、妥結とくに昭和40年4月政府当局が在日外国人の教育に関する対策を総合的に再検討するため、文部省を中心に「在日外国人教育連絡会」を設置するや、これをして「在日外国人教育の再検討に名をかりた在日朝鮮人の教育に対する弾圧設置のあらわれである。」と、その見解を表明して反対運動に立ち上り、翌5月

　　　　「在日朝鮮人民族教育対策委員会」

　　　　委員長　李季白(総聯中央福議長)

事務局長　　金宝鉉(同　　教育部長)

副部長　　金慶喆(同　　組織部長)

委員　　19名(同　　各部長および単一団体責任者)

対外活動責任者　　尹相哲(同　　外務部長)

を組織し、社、共両党を中心とする国会・地方議会の議員、学者文化
人、日教組、労組その他日朝親善諸団体に対する宣伝工作を中心とし
て、日本人の世論を有利に導くための活動を展開する一方、日本政府当
局に対する抗議・陳情を開始した。

イ　こうした朝総聯の働きかけに応じ、在日朝鮮人の人権を守る会では、
「在日朝鮮人の民主主義的民族教育」と題する小冊子を発行したほか、日
朝協会では、同年5月15日から同17日までの3日間名古屋市公会堂で開催
した第10回全国大会において、在日朝鮮人の民族教育擁護に関する特別
決議を採択する等の動きを示した。

ウ　また、同年12月18日、日朝協会を呼びかけ団体として日本朝鮮研究所、
在日朝鮮人の人権を守る会、日教組、母親大会連絡会など20団体をもっ
て「日朝民族教育問題協議会」(代表委員前法政大総長谷川徹三、昭和41
年3月9日「在日朝鮮人民族教育問題懇談会」に改称)が結成され、朝総聯
の意図に沿って、在日外国人教育問題に関する政府当局の態度を一方的
に攻撃宣伝する日本人団体として活動をはじめた。

(2)　1228文部事務次官通達をめぐる動向

以上のような情勢の中で、40年12月28日付文部事務次官通達(文管振第210号)

「朝鮮人のみを収容する教育施設の取り扱いについて」

(注)　要点

○　公立小学校分校の取り扱いについては

①法令違反状態の是正、その他正常化についての必要設置　②正常化、
改善が認められない場合の分校存続の検討　③朝鮮人のみを収容する公
立の小・中学校、分校、特別の学級は、今後設置しないこと。

○　私立の教育施設の取扱いについては、

①朝鮮人学校については、学校教育法第1条の学校として認可しないこと

②朝鮮人としての民族性または、国民性をかん養することを目的とする朝鮮人学校は、これを各種学校として認可しないこと、また、準学校法人の設立についても、これを認可しないこと、③すでに認可ずみの朝鮮人学校の取扱いについては、さし当たり、報告、届出等の義務を励行させ、実態を把握しておくこと。

が、発表されるや、朝総聯中央は、翌29日、

「これは、日本政府の同化政策強要の現われであって、在日朝鮮公民の民主主義的民族教育に対する弾圧である。」

との非難声明を発表するとともに、傘下各府県総聯に対しては、学校設置認可、教育会の法人化、進学権の獲得、教育補助金の交付申請を強力に進め、関係当局に対する要請行動の活発化と同時に、地方議会議員をはじめ、日朝親善団体・個人を中心とした対外宣伝・支援要請の活動を展開するよう指示し、文部事務次官通達のいわゆる「無効化」を図つた。

また、内部体制として、総聯中央は、3月29日各都道府県総聯に、民族教育対策委員会の設置を決定して、これを指示した。

(3) 外国人学校制度法制化をめぐる動向

1228文部事務次官通達を契機として、政府・自民党は、朝鮮人学校を主とする外国人学校の法制化について検討を加えた結果、40年12月から始まった第51回通常国会に学校教育法の一部改正として法案を上提することに意見一致した。こうした法制化の動きは41年3月新聞報道されるに至ったが、同年4月8日、最終案としての外国人学校制度要綱が、新聞紙上に発表されるや、朝総聯はもちろん、社・共両党をはじめ、総評、日教組、進歩的学者・文化人など左翼系団体・個人が、いつせいに反対ののろしをあげ、国会提出を阻止する行動を活発化してきた。すなわち、その動向をみると、次のとおりである。

ア 朝総聯

朝総聯では、翌日(4月9日)、「。この要綱は、朝鮮人学校弾圧のものであり、朝鮮人子弟に同化教育を強制しようとするものである。。反日教育をやっているというのは、全く根拠のない中傷だ。われわれは、日朝友好親善に努力している。」旨の中央常任委員会声明を発表するとともに、同日

李季白対策委員長(朝総聯福議長)らは、中村文相および自民党田中幹事長を訪ねて、改正案の国会上提を取り止めるよう申入れた。

一方、傘下各府県総聯に対しては、同年4月10日ごろから総聯中央幹部が分担して全国各地方を回り、対内外活動の強化を指導、4月中を「民主主義的民族教育の権利を守る月間」として指示し、とくに4月10日から同20日までの間を大衆政治宣伝事業として組織するよう指導した。

これに基づいて、同年4月8日から12日にかけ、関東地方在住朝鮮人をはじめ、各地の代表が東京に集まり、政府当局等に対する陳情行動、4月11日夜北区公会堂における「民族教育を守る集会」等全国各地方で、各種集会、懇談会、署名運動等の宣伝工作が行なわれたほか、国会議員に対する法案阻止強力要請、地方議会員等に対する支援工作が行なわれた。

イ 日朝協会

日朝協会では、とくに40年末以降、革新団体の中核となって傘下組織を動員して政府関係機関および各級議員工作等を積極的に展開してきたが、41年4月12月には、衆議院第一議員会館に日共、社会党、総評、日教組、全日農など74団体代表92名を集めて「民族教育を守る緊急中央代表者会議」を開き、"民族教育弾圧法案絶対阻止" の決議を採択するとともに、参加団体共通の具体的な運動として

◦ 在日朝鮮人の民族教育を守る会を全国的に組織する。

◦ 各団体の機関紙等を利用した宣伝活動の強化

◦ 佐藤内閣、文部大臣に対する抗議電、波状陳情の実施

◦ 全国的署名運動の実施

等を決定した。

また、日朝協会は、同4月10日各都道府県連に対し、「在日朝鮮人の民族教育擁護について」と題する緊急通達を流し、○抗議集会の開催 ○政府・自民党に対する抗議陳情行動 ○地域、職場、学校等を中心とした懇談会、学習会の開催 ○ビラ・リーフなどによる宣伝活動 ○署名運動等の法案反対運動を指示した。

これに呼応して、地方日朝協会の反対運動は、かなりの盛り上がりをみせ、「日朝民族教育問題協議会」等新たな推進母体を組織して、運動を展開

した。

　なお、衆・参両院議長をはじめ、総理官邸、文部・法務関係各省に対する抗議・陳情行動は、4月20日までの間に延べ10件239名におよんだ。

ウ　社会党

　41年4月11日成田書記長、石野同党朝鮮問題特別委員長らは、橋本官房長官、田中自民党幹事長に会い、「改正法案は、在日朝鮮人の民族教育を弾圧しようとするものであり、わが党は、同法案の国会提出に断固反対する」と申入れた。

　さらに、同月20日には、「外国人学校制度新設に反対する声明書」を発表するとともに、全国的に反対運動をおこすことを決めた。この間、同月13日には、問題の実態を明らかにするためとして、衆・参両院の同党関係専門委員12人が、武蔵野の朝鮮大学をたずね、その調査結果を4月27日付『社会新報』に発表した。

　なお、同年4月9・10両日開かれた第28回社会党東京都連大会でも法案反対の決議文を採択した。

エ　日本共産党

　日共は、連日本問題について、アカハタ等を通じて啓蒙と宣伝に努めたが、とくに41年4月9日付アカハタ主張欄においては、「在日朝鮮人の民族教育権への攻撃を重視しなければならない。党は運動の先頭に立って積極的な闘争を展開しなければならない。」と述べ、法案反対運動に対する全党員の奮起を呼び掛けた。

オ　総評

　総評では、41年4月2日開催の第6次評議員会において、在日朝鮮人の権利擁護闘争に対する支援を取り上げ、

　「在日朝鮮人の民主民族教育に対する破棄活動を中止し、その権利を完全に保証せよ。」

との対政府抗議声明を発表したが、法案要綱発表後の同年4月11日には、岩井事務局長が、「政府があくまで外国人学校制度法制化を進めるならば、日韓批准反対に闘った民主勢力とともに法案粉砕のために闘う。」旨の抗議談話を発表するとともに、傘下各組織に法案反対闘争の強化を呼び掛けた。

カ 日教組

　日教組では、同年3月31日〜4月1日開催の第72回中央委員会において、在日朝鮮人の「民主民族教育擁護闘争」に対する支援を決定し、4月5日宮之原委員長名で、各県教祖に対いし、

○ 文部事務次官通達および外国人学校制度新設に対する抗議

○ 自主学校の認可促進のための知事・県教委に対する接拶

○ 朝鮮人高級学校卒業には日本の大学へ進学する資格を認める運動

等を指令した。

　外国人学校制度要綱が発表されるや、日教組は、4月12日学校教育法の一部改正を直ちに取り止めるよう要求した抗議声明を発表した。

キ その他

　以上のほか、要綱発表前から学者・文化人も活発な反対動向を示した。すなわち、41年4月4日には、各地の進歩的学者51人が、在日朝鮮人の民族教育に関する懇談会を東京で開き、政府に対する要望書を採択するとともに、政府に対し、朝鮮人の民族教育を保障するよう申入れることを決めた。また、同6日には、大阪府県の各大学の学長、教授、助教授らによつて組織されている「在日朝鮮人の民族教育問題大阪懇談会」が会議を開き、14大学111人の連名で、「在日朝鮮人の民族教育についての訴え」を発表した。

　さらに、同4月16日、日本科学者会議も声明を発表して政府当局に法案提出反対の強い意向を表明した。

　このほか、日本法律家協会など法曹7団体をはじめ、民青、部落解放同盟、AA作家会議、婦人団体等もそれぞれ抗議声明、決議などを採択・発表し法案反対運動に対して支援した。

(4) 改正法案の第51通常国会上提中止に至る朝総聯の法案反対活動の総括

　4月8日(41年)新聞発表の外国人学校制度要綱で明らかにされた学校教育法一部改正案は、国会会期の大幅延長にも狗らず、祝日法改正案をはじめ多数の重要諸法案の審議運営上、野党側の強い反対もあってついに第51通常国会(40年12月〜41年6月)上提を見合わせ、次期国会へ持ち込まれることとなった。

この間における朝総聯の法案上提阻止活動を数的に概観してみると、

○　法案阻止請願提出の地方議会数

　　122議会(3都府、 7県、76市、15区、20町、 1村)

　　うち、請願採択議会 55議会(3都府、34市、4区、13町、 1村)

○　学校認可請願提出の地方議会数

　　49議会(4都道府、4県、29市、11町、 1村)

　　うち、請願採択議会24議会(1府、16市、7町)

○　宣伝活動(4、 5、 6の宣伝月間中)

　　宣伝ビラ配布(判明分)　　　　　　約482万枚

　　電報・ハガキによる陳情　　　　　約4万通

　　宣伝カ―の使用量　　　　　　　　延べ483両

　　署名運動　　　　　　　　　　　750カ所36万5,000名

　　(注、このほか日本人団体で行なった署名は、約470カ所5万名)

○　集会

　　中央集会を含め637集会約7万2,300人

○　国会議員に対する工作(陳情書の郵送に終つたものを除く)

　　保守系議員 101議員

　　革新系議員　49　　〃

　　　　　計150議員

(注、工作に成功した数ではない。以下同じ)

○　地方議員に対する工作(同上)

　　保守系 623議員(都2、道1、府4、県47、市416、区10、町137、村6)

　　革新系 672議員(都12、道7、府9、県81、市412、区24、町126、村1)

　　　　　計 1,295議員

という状況であり、如可に勢力的な取り組みが行なわれたかが想像でき
る。なお、議員工作においては、金銭、物品等の交付、酒食の提供等の手
段が用いられているが、保守党工作において国会議員の場合は、かなり失
敗した事例が多いようである。

また、各地方において新聞記者等報道機関関係者に対して、酒食のもてなしをしたり、朝鮮人学校を見学させて同情と支援を求める等の工作を行なつた例が多い。

(5) 今次特別国会における改正法案上提問題再燃に至るの後の動向

　ア　第51通常国会で、学校教育法の一部改正法案が未提出に終ったことに対し、朝総聯では、これを「阻止闘争の勝利」と自賛したが、次期国会には、必ず提出されるとの見通しのもとに、41年9月、朝総聯では、中央民族教育対策委員会の名で

　　　「民族教育の権利擁護闘争を更に進攻的に組織することについて」と題する緊急通達を傘下に流し、教育情勢の厳しさを力説して、法案廃棄闘争の強力な取り組みを指示した。その闘争方法については、従前のとおり、国会・地方議会議員、日本各大学教援会、日本学術会議、言論・報道機関関係者、その他広範な日本人各階級に対する宣伝支援工作を中心に進めるよう指示した。傘下各都道府県総聯では、この方針に従って断続的に同様の運動を展開してきたが、第51通常国会開会中ほどの盛り上りは見せることなく推移した。

　イ　一方、朝総聯中央では、情勢の　"厳しさ"を痛感して、強力な活動を断続してきたが、ことに朝鮮大学学長をも兼ねる韓徳鉄議長が、日本の各大学学長、教授等学者連に対して意欲的に支援を求める工作を行なったことが特徴的である。すなわち、朝鮮大学が、昨年4月の認可申請にも狗らず、不認可のまま推移し、加えて外国人学校制度法制化の動きから、影響力の強い学界有名人を対象として働きかける行なったもので、まず、41年11月25日、東京大学構内学士会館に教育大学名誉教授務台理作氏ら約40名の学者が集まって「朝鮮大学認可促進運動発起人会」が結成され、ついで、同11月27日大阪のロイヤルホテルにおいて、京大総長奥田東氏ら近畿地区各大学学長等29名との懇談会を開催、42年2月25日には、日本学術会議幹部会が、「学問と思想の自由を守るという立場から、当局は、朝鮮大学を認可すべきである」という趣旨の要求を文部省に提出することを決定、さらに同年3月3日東京赤坂のホテルオークラにおいて、大河内東大総長

ら47名の学長、教授等学術関係者等との間に「日朝学術文化交流懇談会」を開催したが、何れの会合においても、これら日本の学者連は、朝鮮大学の不認可や外国人学校制度法制化問題について政府当局の措置を不当であると異口同音に批判し、支援活動に立ち上がることを表明した。

　このほか、北九州大学学長今中次磨ら九州地区各大学学長・教官113名の連名で、41年10月20日付「在日朝鮮人の民族教育の確保に関する要望書」、同年11月奈良・関西方面の学者・文化人と在日朝鮮人民族教育問題奈良県懇談会による「在日朝鮮人の民族教育を守る訴え」が関係当局等に送付されているようである。

(注、情報03(41.128付、42.311付)、執務資料(42.228付033〜7)参照)

ウ　こうした朝総聯等の動静の中で、本年3月7日、目下開会中の特別国会に、外国人学校制度を含む学校教育法一部改正案を上提する方針が文部省当局によって決定され、即日新聞紙上に発表されるに及び、朝総聯をはじめ社・共両党その他の日朝親善諸団体・個人をして再び、当面の緊急重要課題として大きく反対運動に立ち上らしめるに至ったのである。

別添

学校教育法一部改正案要綱

　注　外国人学校制度法制化に関する部分のみ抜すい

1　現行の各種学校制度にかえて新たな各種学校制度および外国人学校制度を創設する。

1　わが国に居住する外国人に対する組織的な教育活動が国際的な友好親善関係の増進に役立つとともに、その自主的な教育が、わが国の利益と調和を保ちつつ発展するため外国人学校の制度を設ける。

　もっぱら外国人に対し、修業年限1年以上および一定規模以上の組織教育を行なう施設を外国人学校とする。

1　外国人学校では、わが国または国民に対する誤った判断を植えつけて相互不信の念を起こさせ、わが国の国際的な友好親善関係を著しく阻害

し、または、わが国の憲法上の機関が決定した施策または、その実施を
非難する教育、その他わが国の利益を害すると認められる教育をしては
ならない。

1 外国人学校の設置、廃止、設置者の変更、目的の変更は監督庁の認可を
要する。

1 経費負担、授業料、校長および教員、およびそれら欠格事由、校長の届
出、生徒等の懲戒、閉鎖命令、変更命令等の現行規定は、外国人学校に
準用する。

　　都道府県知事は、必要な認可をうけないで各種学校または、外国人
学校と類似の教育をする施設があるときは、関係者に認可の申請をする
よう勧告することができる。

　　勧告に従わない施設や認可の得られない施設が引き続き教育を行な
う場合は、中止を命令できる。

1 監督庁は、外国人学校に対して必要な報告を求め、あるいは変更命令な
どの監督を行なうに当たり、とくに必要な場合は、実地に調査をするこ
とができる。

1 外国人学校の監督庁は、文部大臣とする。

1 外国人学校に係る閉鎖命令および教育の中止命令に違反した者、外国人
学校に係る報告を提出せず、または、調査を拒んだ者には罰則を設け
る。

　　(注) 学校教育法一部改正案のうち、外国人学校制度の法制化に係る部分
　　は、昨年の第51次通常国会時における改正案と、今次特別国会時の
　　それとは、全く同様である。

첨부 4-동경도 의회 기획, 총무, 정비 위원회 속기록

東京都議会 企画総務整備委員会速記録 第四十五号
昭和四一年十二月二十日(火曜日) 午前十一時二十二分開議
出席委員十五名

委員長　　　柳田量茂君

副委員長　　石井ひろし君

副委員長　　加藤源歳君

副委員長　　林永二君

副委員長　　酒井良君

理事　　　　野口辰五郎君

理事　　　　渋沢利久君

　　　　　　山内吉雄君

　　　　　　川村千秋君

　　　　　　今泉太郎君

　　　　　　宮下武平君

　　　　　　樋口亀吉君

　　　　　　河野一郎君

　　　　　　藤井富雄君

欠席委員　　小畑マサエ君

　なし

出席説明員

総務局

　局長　　　　　　坂田正一君

　渉外観光部長　　島静一君

　事務取扱

　外務部長　　　　山口繁夫君

　秘書室長

　総務部長　　　　今井大君

　人事部長　　　　幅野栄一君

　行政部長　　　　日向美幸君

　勤労部長　　　　大島照雄君

　法務部長　　　　石葉光信君

　統計不調　　　　菅正夫君

　学事部長　　　　橋尾勇君

　青少年対策部長　山崎康平君

本日の会議に付した事件

総務局関係　請願陳情の審査

　1. 九五七号～九六六号　朝鮮大学校の設置認可に関する請願

　2. 九七四号～九七九号　朝鮮大学校の設置認可に関する請願

　3. 九二九号　私立高校への助成金及び入学金に関する請願

　4. 九三二号の二　都立高校　入試選抜制度の実施延期及び私立高校への助成
　等に関する問題

　5. 九六九号の二　昭和四十三年度教育予算及び私立学校の助成に関する請願

　6. 九七三号　私立学校教育助成金の増額に関する請願

　7. 一九四号の二　都立高校の増設及び私立高校の助成に関する陳情

請願陳情の断続調査について

特定事件の断続調査について

意見欄について

    1. 鉄道輸送安全確保並びに保安施設の整備に関する意見書(案)

○ 柳田委員長　ただいまから企画総務首都整備委員会を開会いたします。

　日程に入ります。

　　請願陳情の審査を行います。まず第九五七号から第九六六号、第九七四号から第九七号から第九七九号、朝鮮大学校の設置認可に関する請願を諸題といたします。

○ 石井委員　本議願につきましては内容は十分委員各位もご承知のことですから、説明は省略して簡易採決の取り扱いをいただけるよう希望いたします。

○　柳田委員長　ただいまの石井委員の発言のとおり扱つてよろしいですか。
（「異議なし」と呼ぶ者あり）

○ 柳田委員長　本件について採択にご異儀ございませんか。（「異議なし」と呼ぶ者あり）

○ 柳田委員長　ご異儀ないものとして朝鮮大学校の設置認可に関する請願は採択と決定したいしました。

○　柳田委員長　私立学校助成の第九二九号、第九三三号の二、第九六九号の二、第九七三号及び第一九四号の二の請願陳情五件を一括して議題といたします。

○ 石井委員　本請願陳情はいずれもその内容は私立学校の助成に関するものでございますが、これは東知事の諮問機関である私学助成審議においても鋭意検討中でありますし、当然公私格差是正の立場から必要だと思いますので、理事者側の説明を省略して簡易採択されるよう希望いたします。

○ 柳田委員長　ただいまの石井委員のご意見にご異議ございませんか。（「異議なし」と呼ぶ者あり）

○ 柳田委員長　それでは、以上五件を採択することにご異議ございませんか。
（「異議なし」と呼ぶ者あり）

○ 柳田委員長　第九二九号の請願ほか四件は採択と決定いたしました。

　以上で請願陳情を審査を終わります。

○ 柳田委員長　次に閉会中の請願陳情断続審査及び特定事件断続調査について
おはかりいたします。

　第二四二五号の二、渋谷区代々木地内京王電車敷地跡並びに隣接地の管理
改善に関する請願ほか百四十六件、並びにお手元に配付の特定事件断続調査事
項について閉会中の審査及び調査の申し出をいたしたいと思います。ご異議ご
ざいませんか。(「異議なし」と呼ぶ者あり)

○ 柳田委員長　さよう決定いたします。

○ 柳田委員長　ただいま渋沢委員から提案があります。

○ 渋沢委員　たいへん恐怖でございますが、あらかじめ議場配付をお願いいた
しました「鉄道輸送の安全確保並びに保安施設の整備に関する意見書」を、
ぜひこの議会に各派一致した提案として提出をお願いいたしたい。本委員
会の担当事項でありますので、提案をさしていただきます。

　あらためてご説明申し上げるまでもない内容でございますが、一応朗読さ
していただいてご了承いただくということにしていただきたいと思います。な
お、表現の不十分な点等がありますれば、十分補足を願いたいと思います。

　さる十五日夜の東武本線西新井駅構内における電車の衝突による大惨事、
十八日の国電捕田電車区における車両点検中の電車暴徒事件と息もつかせぬ鉄
道事故の続発は、交通事故におののく都民に激しい憤怒の念を生ぜしめてい
る。

　この相続ぐ事故は、保安対策に対する怠慢、あるいは多角経営に熱中のあ
まり、鉄道輸送の本業を忘失した経営態度に起因している。これら人命尊重を
怠つた鉄道輸送関係者の責任は、厳に責められなければならない。

　さきみ、交通輸送の安全確保について要望した東京都議会は、人命尊重の
精神を忘れた鉄道輸送関係者の態度を深く憂慮するものである。

　よつて、政府は、緊急に鉄道交通の安全確保のため、施設整備をはじめと
する保安対策を樹立するとともに、鉄道輸送関係者に対する指導監督の適正を

期せられるよう強く要望する。

　　右地方自治法第十九条第二項の規定により意見書を提出する。

　　国有鉄道総裁あてにもしたいところですが、こういう出し方がいいかどうか問題がありますので、内閣総理大臣、運輸大臣あてということでいいのではないかと思います。

　　以上のとおりです。よろしくお願いいたします。

○　柳田委員長　おはかりします。ただいま提案されました意見書を提出することにご異議ございませんか。(「異議なし」と呼ぶ者あり)

○　柳田委員長　ご異議ないと認めまして、鉄道輸送の安全確保並びに保安施設の整備に関する意見書を提出することに決定いたしました。

○　柳田委員長　次に、先般資料として要求がありました土地利用計画調査特別委員会議事録はお手元に配付してあります。これについてご意見ございましたら……。(「なし」と呼ぶ者あり)

○　柳田委員長　それでは、以上をもつて委員会を閉じます。

　　午前十一時三十二分散会

5. 기안-"기무라" 주한일본대사와의 면담 요록 송부

번호 외아북700
시행일자 67.9.8.
기안자 동북아주과 박재헌
경유수신참조 주일대사
제목 "기무라" 주한일본대사와의 면담 요록 송부

　　연: WJA-0974
　　본직과 "기무라" 주한일본대사 간에서 일본의 대북괴 접촉 등 제문제에 관하여 9.4 면담한 내용을 송부하니 참고하시기 바랍니다.
　　첨부: 동 면담요록 1 부. 끝.

첨부 면담요록

1967.9.4.

외무부장관은 금 9.4일(11:00-11:50) "기무라" 주한 일본 대사를 외무부장관실로 초치하여 지난번의 "다나까" 법무대신 방한시에 대북괴 문제 등에 관하여 □□ 같은 내용의 이야기를 한 바 있으며 외교 경로를 통하여 다시 한번 아국 입장을 밝혀두는 것이라고 전제하고 아래와 같은 아국 정부의 입장을 표명하였음. 이에 대하여 동 대사는 장관 말씀은 잘 알겠으며, 이를 곧 본국 정부에 보고하겠다고 답변하였음.

아래

1. 일본의 대북괴 관계에 대한 우리의 기본입장

    (1) 우리정부는 일본과 북괴간의 공식적인 접촉은 말할 것도 없고 여하한 사실상의 접촉이라도 이를 반대하며 사실상의 접촉도 한국에 대한 비우호적인 처사이다.

    우리는 일본의 이와 같은 대북괴 접촉을 시종일관 반대하여 왔다. 특히 국교 정상화 이후에는 공식적인 접촉은 기본조약 정신에 위배되며 또한 국교 정상화의 의의를 흐리게 하는 처사임을 거듭 분명히 하여왔다. 따라서 일본의 대북괴 접촉에서 야기되는 모든 결과는 그 책임이 일본에 있음을 다시 한번 분명히 하고자 한다.(한국의 국민감정 촉발, 국회에서의 논란, 신문기사 또는 논설 등에 언급)

    (2) 북괴와 절대로 타협할수 없는 것이 공산 침략을 몸소 경험한 한국국민의 생리이며 이것을 법적으로 보장하고 있는 것이 헌법, 국가보안법, 반공법 등이다.

    특히 최극 북괴의 휴전선에서의 불법 도발 행위가 격증하고 있고 무장간첩의 대량 남파로 인하여 한국 국민의 대북괴 증오감은 더한층 심한 바 있다.

    (3) 한일관계에 있어서 가장 중요한 것은 바로 일본의 대북괴 태도이며, 다른것이 다 잘되더라도 일본의 대북괴 태도가 근본적으로 시정되지 않는 한 한일간에는 언제나 본 문제가 남아 있는 것이며 한국 국민의 대일

불신감도 언제나 그대로 남아 있을 것이다. 한일관계에 있어서 한국국민 감정에 관한 한 일본의 대북괴 태도는 단순히 "조약위배" 또는 "조약정신 위배"로만 끝일 수 없는 "조약 이전"의 문제라고 본다. 앞으로 일본의 대 북괴 접촉이 계속된다면 국교 정상화 이래 모처럼 착실히 발전하고 있는 양국관계에 예기치 못할 큰 지장을 가져오게 될 것이다.

2. 재일 한국인 북송

(1) 소위 칼캇타 협정을 11.12.로 만료시킨다는 것을 일본정부가 재차 확인 하고 있으나 아측은 동 협정의 즉각 폐기를 요구하는 바이며, 여하한 방 법으로나 재일 한국인이 북송되는 것을 강력히 반대한다.(특히 선편 알 선, 단체를 조직하여 모집, 정부 또는 공공기관에서 여비 또는 숙식을 제공하는 것은 더욱 나쁘다.)

(2) 일측은 인도주의나 거주지 선택의 자유를 내세우나 자유세계에서 공산 지옥으로 보내는 것이 인도주의이며 "조총련"의 협박, 기만에 의하여 공 산지옥으로 가게 하는 것이 거주지 선택의 자유인가.

(3) 재일한국인의 북송은 북괴의 노동력 부족의 부충[3])에 이용되고 있는 바 북괴의 전력을 증강시켜주는 결과가 되므로 문제는 더욱 심각해지는 것 이다.

(4) 북송은 재일 한국인의 법적지위 및 대우에 관한 협정 전문에 "안정된 생활을 영위…"로 규정되고 있는 바에 위배된다.

(5) 일본적십자사 대표와 북괴의 소위 적십자사 대표와의 "모스코"회담은 즉 각 중단시켜야 한다.

3. "조선대학" 인가문제

(1) 각종 학교 인가권이 지방장관에 있으므로 "조선대학" 인가 문제가 아무 리 동경도지사의 주관이라 할지라도 인가된다면 거기에서 오는 결과는 일본정부가 인가한 것이나 다를 것이 없는 것이다. 한국인은 일본정부가 인가한 것이나 구별하지 않을 것이며 결국은 일본정부에 그 책임이 돌아 가게될것이다. 조그마한 국민학교를 인가해 주는 것도 우리는 반대하지 만 그러한 경우와는 달리 "대학"이라는 사실에 비추어 인가되는 날에는 재일 한국인 전반에 미치는 영향이 극히 클것이다.

---

3) 보충의 오기로 보임.

(2) 만일 인가되는 경우에는 차기 국회에서 외국인 학교법의 입법을 통하여 이를 규제한다는 대책을 말하는 것을 들고 있으나 이것은 실제적이 아니며 오히려 위험한 사고방식이다. 일단 인가되면 기정사실화하니 여하한 방법을 써서라도 처음부터 인가 자체가 되지 않도록 하여야 한다. 만일 인가된다면 그 결과는 심각한 것이 될 것이다.

4. 일본 사회당 국회의원 교수등 일행 북괴지역 여행

(1) 작년 2월 "가메다" 사회당 의원 등의 북괴지역 여행시에도 이를 허가한 일본 정부의 부당한 처사에 항의하고 이러한 일의 재발이 없도록 강력히 일본 정부의 반성을 촉구했었다. 그럼에도 불구하고 일본 정부는 여권에 평양을 목적지로 버젓이 북괴 지역으로 여행하게 했으며, 금번 다시 똑같은 사건이 발생하였다. 이렇게 사실관계가 하나씩 둘씩 쌓이게 되면 종내에는 어떻게 되겠는가? 도대체 일본의 진의는 무엇인가?

(2) 특히 동 일행이 출발시 말한 것이 보도된 바에 의하면 "북괴 정권 수립 기념식"(9.6.)에 참석하기 위한 것이 이번 여행의 목적이라고 하는 바 만일 이것이 사실이며 또한 일본 정부는 이 사실을 알면서 허가하였다면 이는 실로 중대한 문제일 것이다. 이 점에 대하여 일본은 해명해야 할 것이다.

(3) 일본 국내 정치상의 이유를 내세우면서 한번 허가하고 두번 허가하고 이런 식으로 해 나간다면 앞으로 일본이 어떠한 말을 하여도 한국민은 이를 믿으려고 하지 않을 것임을 미리 경고하여 두는 바이며 그렇게 되면 성의와 신뢰에 입각하여 발전해 나가야 할 양국관계가 또다시 뒷걸음질 하게 되지 않을까 우려하는 바이다. 앞으로는 절대로 이와 같은 일이 재발하지 않도록 일본 정부는 성의 있는 태도를 보여야 할 것이다. 끝.

③ 일본내의 조선대학 인가문제, 1969

○ ● ○

기능명칭: 일본내의 조선대학 인가문제 1969

분류번호: 791.55JA, 1969

등록번호: 3364

생산과: 동북아1과

생산연도: 1969

필름번호: P-0007

파일번호: 13

프레임번호: 0001~0017

1. 외무부 공문(발신전보)−학교 교육법 개정안 통과 불가 예상 보고

외무부
번호 JAW - 04103
일시 091420
발신 주일대사
수신 외무부 장관
참조 문교부 장관(사회 교육국장 5105)

  1. 일본 문부성은 외국인학교 법안을 국회에 제출 예정이었으나 자민당 당내의 결속 불충분과 야당의 치열한 반대로서 격돌을 면치 못할뿐 아니라 통과가 어렵다고 전망 금회기 중의 제출은 보류하였음.
  2. 그러나 현재 국회에 제출 중에 있는 "학교교육법 개정안" (교감의 지위 명확화와 각종 학교 정리를 골자로 한 개정안)에 외국인 학교에 대하여는 각종 학교에서 분리, 별도 법률로서 정하도록 되어 있어 "학교교육법 개정안"이 통과 성립되면 자연히 외국인학교법의 재정[1]이 불가피하게 됨.
  3. 학교 교육법 개정안은 현재 정치문제화 되지 않고 있어 큰 저항이 없는 시간 관계상 금회기에 성립되지 않는다 하드라도 차기 국회에는 상정되리라 전망됨 (주일 장학)

2. 외무부 공문(착신전보)−학교 교육법 개정안 현황 보고(신문 보도 및 외무성 과장발 정보 수록)

외무부
번호 JAW-04169
일시 121455
수신시간 1969.4.12. 18:46
발신 주일대사

---

1) 제정

수신 장관

대 WJA-0470

1. 대호 4.7 요미우리 조간은 문부성이 외국인 학교법안을 금차 국회에 제출하여 보았자 성립의 전망이 서지 않기 때문에 금차 국회는 제출을 포기하기로 하였다고 하고 다만 "학교 교육법 개정안 중에 외국인 학교에 대하여는 별도 법률로 정한다"는 조항을 포함시켜 문부성으로서는 차기 국회에 꼭 성립시킬 생각이라고 보도하고 있음

2. 동 보도와 관련하여 외무성 "다테" 북동아과장에 타진한 바 문부성으로서는 동 보도와 같이 당초 "학교 교육법 개정안" 가운데서 외국인 학교는 각종 학교로 분리할 것과 외국인 학교법을 제정할 것을 평가하여 양 법안을 금차 국회에 모두 제출 성립시키려고 하였으나 국회 사정에 비추어 금차 국회에서 외국인 학교법안을 성립시키는 것은 도저히 곤란하다는 판단에서 동법안 제출을 포기하여 뒤에 미루고 금차 국회에서는 "학교 교육법 개정안"을 우선 성립시키도록 노력할 것으로 방침을 정하였다고 함. 다테에 의하면 "학교 교육법 개정안"에 외국인 학교에 대하여 별도 법률도 정한다고 규정되어 있으므로 "학교 교육법 개정안"이 성립되면 외국인학교법 제정의 법적인 근거가 마련되는 것이라고 함. 다테는 그러나 문부성이 "학교 교육법 개정안"의 금차 국회 성립을 위하여 노력한다는 방침이지만 실제로 무난히 성립될 것인가는 반드시 낙관할 수 없다고 말함.

3. 학교 교육법 개정안 텍스트를 입수하기 위하여 노력 중이며 계속 보고 위계임. (일정 아교 아북)

3. 조선대학교 인가 문제

5. 所謂 朝鮮大學校 認可問題 主要經過 및 現況

　가. 68. 4. 17日 東京都知事가 "各種學校"로서 正式認可한데 對하여 我側은 性質上 敎育機關이라 할 수 없고 大韓民國政府를 顚覆하려는 工作員養成機關인 点을 指摘하며 認可取消措置를 取하고, 閉鎖措置를 取하도록 日側에 要請하였음.

나. 이에 對하여 日側은 是正措置로서 此種學校를 규제 爲한 "外國人學校規制法案"을 前年에 國會에 提出했으나 時間 關係로 前會期에서는 審議되지 못하였음.

다. 68.11.28日 日本政府는 我側의 繼續的인 要請에 應하여 日本大使館을 通하여 本件是正을 爲한 方針은 變함이 없으며 69年初에 열리는 通常國會에 同法案을 再上程할 것을 다짐하는 oral statement를 提示해옴.

라. 張特使(장기영특사, 1969.1.18 29→724.41JA K369(4687))를 通하여 交涉케 한 結果, 坂田文相은 同法案을 圍繞하고 自民黨內에 異論이 있으나, 國會에 提出하겠다고 言明하고 同法案이 通過되면 大學校라는 名稱을 못 쓰게 하겠다고 말함.

4. 조선대학교(외국인학교 법안) 문제

朝鮮大学校(外國人学校法案)問題.

1. 朝鮮大学校認可에 對한 我國側의 强力한 抗議와 是正措置要求에 따라 日本側은 外國人学校法案을 지난번 國會會期時에 提出通過시킬랴고 한 바 있으나, 審議未了로 廃棄되었음.

2. 그러나 今次國會에서는 学校教育法改正案 가운데서 外國人学校는 各種學校로 分離할 것과 外國人学校法을 制定할 것을 明記한 兩法을 모두 提出 成立시키는 것은 도저히 困難하다고 하며 優先 学校教育法改正案을 成立 시키도록 日本側은 方針을 定하였다고 함

3. 学校教育法改正案※이 成立되면 外國人学校法 制定의 法的 根拠가 될 것이나 이것도 今次 國會에서 成立될지는 아직 未定임

※ 学校教育法改正案 中 "外國人学校에 対하여는 別途 法律로 정한다."는 조항이 있음.

5. 조선대학교(외국인학교 법안) 인가 취소 문제

所謂 朝鮮大学校認可取消問題

1. 朝鮮大学校의 正体

所謂 朝鮮大学校라 함은 在日朝聯系가 直接 北傀의 指示에 따라 1956. 4. 20. 日本 東京都에 建坪 500坪의 建物을 세우고, 朝聯系 幹部養成과 共産工作員 訓練을 目的으로 開校한 似而非教育機関으로서, 이는 本科(4年制)와 2年制 学部로 区分하며, 總 1000名의 学生과 100名의 教員을 갖이고 있다. (学長은 朝總聯 議長인 한덕수 兼任)

所謂 "朝鮮大学校"의 運営 經費는 全額 北傀로부터 調達되며, 現在까지 北傀가 在日朝聯系学校에 調達한 補助金 總額은 実로 美貨 1阡4百余萬불에 達하고 있다. (参考資料 別添)

2. 認可経緯

所謂 "朝鮮大学校"는 1956. 4. 20. 無認可開校한 以来 10年間 認可申請을 함이 없이 継續運営하여 오다가 開校 十週年을 맞이한 1966. 4. 20. 비로소 認可를 얻기 為하여 認可権者인 東京都知事에게 各種 学校로서 正式 認可를 申請하였다.

그러나 當時 東京都知事는 文部省으로부터 "朝鮮大学校"를 認可하지 말라는 次官의 通達도 있고하여, 同認可申請을 黙殺하였음은 勿論, 이러한 機関의 設置 自体까지 대수롭게 여기지 않고 無視하여 왔다.

그러나 1967. 6. 社会党 및 共産党의 支持를 얻어 東京都知事에 當選된 "美濃部"知事는 地方自治法 第148條에 依하여 各種学校의 認可権이 都, 府, 縣知事에 委任되어 있음을 기화로, 同年 9. 2. 이의 認可를 為하여 正式 東京都 私学審議會의 諮問을 要請하게 되었으며, 그후 私学審議會의 否定的인 答信은 勿論, 日本国内의 政府, 国會, 與党, 一般與論에 反하여 1968. 4. 17 이를 正式 認可하였다.

3. 我国政府의 措置

그동안 我国은 東京都知事가 이를 認可할 것 같은 기미를 探知하고 이러한 緊迫한 事態下에서, 政府는 日本政府에 對하여 "朝鮮大學校"를 認可하는 非友好的인 處事가 없도록 警告하고 我側 立場과 見解를 強力히 主張하는 一方, 如何한 경우라도 이것이 認可되는 일이 없도록 積極 交渉할 것을 駐日大使에게 訓令하고 駐日大使는 이에 따라 日本國内에서 日本政府의 모든 關係部處, 國會, 政府, 與党 및 言論機關과 接觸하고 可能한 限 모든 方途를 通하여 "朝鮮大學校"가 認可되어서는 않된다는 我側 立場을 갖이고 強力하게 交渉하여 왔으며, 本國에 있어서는 外務部長官이 日本法務相이 訪韓時 그와 "木村" 駐韓日本大使를 外務部로 招致하고 屢次 "朝鮮大學校"가 絶對로 認可되는 일이 없도록 하라고 强力히 要請하고 그때마다 日側의 不認可方針을 確認하여 온 바 있다.

4. 我国政府의 措置

또한 日本政府는 앞으로는 이 以上 더 朝鮮大學校를 認可하지 말라는 通達에 이어, 이번에는 "朝鮮大學校"의 認可까지도 接受치 말라는 第3次 通達을 發하고, 同年 8. 23.에는 "朝鮮大學校" 認可阻止策으로서 學校教育法을 改定하기 爲한 檢討를 始作한 바 있으며 그 後 9.9 文部次官은 東京都 學事 部長을 文部省으로 招致하여 "朝鮮大學校" 認可 設置에 關하여 東京都知事의 意見書를 添付하여 文部大臣과 協議하길 바란다는 通達을 發하고 阻止코저 하였던 것이다.

5. 私學審議會의 答信書

東京都 私學審議會는 前後9次에 걸친 愼重한 審議 끝에 總11項目으로 되어있는 公式見解를 提示하고 "朝鮮大學校" 認可에 否定的인 答信을 하였는 바, 行政的인 面과 行政的 外의 面으로 分離檢討된 本答信書 內容은 다음과 같다.

　　가. 行政的인 面에서의 檢討에서는 總 7項의 理由를 提示하였는 바, 要約하면

　　　　1) 大學校라는 名稱은 各種學校인 "朝鮮大學校"에는 適當치 않으며,

　　　　2) 學校設置 目的에는 明確히 日本國과의 友好關係를 確立하는 教育을한다고 明記토록 하고,

　　　　3) 學校 施設이 大學校로서는 不充分하고,

　　　　4) 學部構成이 大學의 學部 構成에 따르고 있으나, 그 밑에 있는 學科構成은 옳지 않고 各種學校 學科構成으로서도 合致하고 있지 아니하며,

　　　　5) 教課內容은 좀더 檢討되어야 하고,

　　　　6) 學校運營基金 北傀로부터 令達됨으로 恒久性이 없고

　　　　7) 教室마다 金日成의 肖像畵가 있어 北傀思想 및 所謂 北傀指導 原理에따르고 있는 것으로 본다고 하고, 이의 認可의 不當性을 指摘하였다.

　　나. 또한 私學審議會는 둘째로 行政的인 面 以外의 留意事項에서도 都知事에 依한 "朝鮮大學校" 認可의 不當性을 指摘하고 있는 바, 4個項으로 되어있는 그 內容은 다음과 같다.

1) 外國人 高等敎育機關은 公共團體인 私學審議會가 審議할 것이 아니고, 國家的인 見地에서 審議하여야 하며

2) 日本国内 外国人高等教育機関을 設置토록 認可할 것인가 하는 点에 再考할 点이 있고,

3) 北傀와는 外交関係가 없으며, 大韓民国은 "朝鮮大学校"의 認可를 反対하고 있으니, 各種学校의 認可가 国内法上으로는 問題가 없다 하드라도 国際的인 問題点임으로 "朝鮮大学校"의 認可는 都知事의 権限外의 일로 생각하며,

4) 文部省에서 屢次 政府와 協議할 것을 勸誘 乃至 勧告하여온 바도 있으니, 都知事는 政府와 協議하여 處理하기 바란다고 하였다.

6. 認可의 性格 및 效果

"朝鮮大学校"가 받은 認可의 性格 및 그 效果는 아래와 같다.

가. 所謂 "朝鮮大学校"가 今番 東京都知事로부터 받은 認可는 正規学校 即 日本学校教育法 第1條가 規定하는 小, 中, 高等, 大学으로서의 認可가 아니라, 單只 洋裁学院, 美容学院, 및 料理学院等과 같은 範疇에 属하는 各種学校로서의 認可에 不過하다.

나. 따라서 "朝鮮大学校"는 今番 認可로서

1) 学校施設에 対한 固定財産税의 免除

2) 在学生이 学校通学에 必要한 定期 "파스"券의 購入等, 그 特典은 사소한 것에 不過하다.

7. 今後의 展望

本 所謂 "朝鮮大学校"의 認可가 發表되자, 我国政府와 國民은 勿論, 日本各界에서도 左翼系列을 除外하고는 全員 強한 反撥을 보이게 되었으며, 特히 文部大臣은 "今番 東京都知事가 文部省의 意向 및 都 私学審議會의 答信의 趣旨를 받아드림이 없이 "朝鮮大学校"를 그대로 各種學校로서 認可한 것은 매우 遺憾이다"라고 하는 聲明을 發表하는 一方, 早速한 時日內에 "外國人学校法案"을 國會에 提出, 通過할 것을 다짐한 바 있다.

또한 駐韓日本大使館에서는 上記 文部大臣의 聲明을 日本政府의 公式 見解로서 我側에 傳하여 온 바 있다.

그後 日本政府는 閣議를 召集하고 "朝鮮大学校" 認可取消를 爲한 是正措置

로서 國會에 "外国人学校法案"을 上程한 바 있으며 當時 會期에는 時間関係로 廃棄되고 말았으나, 1969. 1月에 召集되는 通常國會에서는 기필 이를 다시 上程, 通過할 것임을 다짐하고 있다.

我側으로서는 日本側이 "朝鮮大学校"의 取消는 勿論, 閉鎖까지 하도록 해야 할 것임으로 継続 이의 取消를 爲한 是正措置를 強力히 促求할 것이다. 끝

제3부

재일한인 재입국 허가

해방이후 재일한인 외교문서 해제집

┃제1권┃ (1945~1969)

한일협정이 체결되기 이전, 양국간의 인적교류는 매우 제한적이었다. 이 시기는 세계적으로도 국가 이동이 자유롭지 않은 것이 일반적 추세였지만 수교 성립이 되지 않고, 과거 감정이 강한 한일 양국의 교류는 더욱 복잡하고 까다로울 수밖에 없었다.

본 문서들은 일본 거주 재일 한인들이 한국과 북한을 왕래하기 위해 일본 정부로부터 받아야 하는 재입국 허가에 관한 몇 년간의 변화과정과 양국의 대처 방식을 보여주고 있다. 한일 수교 이후, 한국 정부는 북한 방문자의 재입국 허가는 '두 개의 한국'을 인정하는 것으로 한일협정에 위배되는 것이라며 강하게 항의하였지만 일본 정부는 재입국 허가를 야당과의 정치적 협상을 위해 이용하였다. 일본 재입국 허가는 '케이스 바이 케이스(case by case)를 원칙으로 한다는 것이지만 유사한 목적으로 신청해도 각기 다른 결정이 있었기 때문에 '케이스 바이 케이스'는 정치, 외교상 자의적 적용의 우회적 표현이었다. '미승인 국가와의 전례 부재'를 내세우며 허가하지 않는가 하면, 허가하는 경우는 '인도주의적 차원'으로 포장하였다.

수교 이전 양국간의 왕래에 관해서는 ① 일본정부의 재일한인재입국허가방침 (1958) 문서를 통해 명분과 실질이 다른 일본 정부의 태도가 나타난다. 본 문서는 1958년 8월 8일 '한국인의 재입국 허가를 보다 엄격하게 심사할 것'이라는 내용의 기사가 일본 언론에 보도된 이후, 이 기사의 의도를 확인하고 항의하였던 외무부의 활동을 정리한 것이다. 당시 기사의 내용은 다음과 같았다.

〈재입국 심사 엄중하게 ‒ 재일한국인의 악용 막는다〉

외국인이 일본에 입국하려면 재류 기간의 지정과 입국관리령에 정해진 자격에 대해서 심사를 받게 되어 있지만 전전(戰前)부터 일본에 재류하고 있는 한국인에 대해서는 법률에 의해 어느 정도의 자격 제한도 없이 '당분간' 일본에 계속 재류하는 권리가 주어져 왔다. 이 권리는 미리 재입국 허가로서 일본에서 출국하고 재입국해도 없어지지 않는 것으로 되어 있다.

한국의 건국기념일(8월 15일)[1] 전후에는 귀국하는 희망자가 격증하는 경향이 있다. 금년도 본국에서의 단기교육을 위해 재일한국인 교사 및 생도 88명을 비롯해 반공단체 본국시찰단(95명), 재일한상 대학생 본국견학단(50명), 한국거류민단 중앙본부(150명) 등이 연달아 신청을 했다. 하지만 현재 일한관계에서는 일본인은 한국 입국을 거부당하는데 한국인은 일본에 재입국 가능하다는 것은 불합리하고, 밀무역

---

1) 일본 기사의 표현대로 인용.

촉진이나 밀입국 주선 등의 나쁜 결과를 부르는 경우도 있다고 한다. 이런 사정에서 법무 당국은 종래처럼 대부분 무제한으로 재입국 허가를 준다는 방침을 고쳐 금후는 엄선주의를 취할 것이므로 그 제1호로서 한국대표부가 미리 신청해온 재일한국인 교사 및 생도의 재입국 허가를 거부했다.

이는 일한관계 개선에 도움이 되지 않고, 현상적으로 재입국 허가가 악용되고 있어 법무성은 앞으로는 재입국심사를 엄격하게 행하고, 원칙으로서 '일한관계의 개선에 도움이 될 것으로 기대되는 경우 이외는 허가하지 않는다'고 발표했다.[2]

기사가 발표된 1958년은 정식으로 한일수교가 이루어지지 않은 시기였고, 이승만 정부의 '평화선 설정'[3]으로 빚어진 인근 국가와의 마찰, 밀입국자들에 대한 일본 사회의 비난과 엄한 처벌 등 양국 국민들의 왕래 문제는 법적 처리를 두고 잦은 분쟁의 이유가 되었다.

이런 상황에서 법무성은 재일한국인들은 한국 방문과 일본 재입국을 하는데 비해 일본인의 한국 방문은 거부당하는 경우가 잦고, 이는 한일관계 개선에 도움이 되지 않는다고 주장하였다. 하지만 그 이면으로는 재일한국인을 통해 이루어지는 밀무역 촉진, 밀입국 주선 등의 문제를 더욱 심각하게 여겼을 것이다.

일본 정부의 진의를 확인하기 위해 대표부의 이재항 총영사는 박영 이등서기관과 함께 법무성을 방문해 대담을 나누었다. 법무성의 입장은 '집단적 심사제도'를 '개별적 심사제도'로 변경하여 엄격하게 심사하겠다는 것이지만 신문 보도는 기자들이 '억측을 포함하여 광범위하게 기사를 취급한 것'이라는 해명이었다.

한국 측으로서는 일본으로부터 납득할 만한 해명을 듣지 못하였지만 보도 내용은 근거가 없는 것이 아니라고 확인하였다. 이 시기는 한일회담이 지속적으로 진행되고 있었는데 이러한 선별적 엄선주의는 재일 영주권과 직접 관련이 있기 때문에 한국 측은 일본의 무성의함에 해결을 촉구하는 항의문을 발송했다.

일본은 이에 대해 '첫째, 재일한인에 대한 재입국 방침은 이전과 달라지지 않았다. 재입국허가 신청 절차는 신청자 본인이 해야 하지만 기존에는 편의적 조치로 단체

---

2) (1958.8.8.) 『朝日新聞』, 원문대로 인용.
3) 1952년 한국의 연안수역 보호를 목적으로 선언한 해양주권선. 이승만 라인, 이라인이라고도 한다. 해안에서부터 60마일 수역에 포함된 광물과 수산자원을 보존한다는 내용이지만 공산 세력의 침투 방지, 일본과의 어업분쟁 등을 염두에 둔 것으로 1965년 한일수교 이전까지 일본과 외교적인 분쟁을 지속적으로 야기하는 요인이 되었다.

신청도 받아주었다. 하지만 단체 신청은 출입국 관리 행정상 각종 폐해가 수반되기 때문에 앞으로는 단체에 의한 신청은 원칙적으로 인정하지 않는다. 둘째, 한국 정부가 일본 국민의 한국 거주 및 한국 출입국을 현저히 제한하고 있는 것에 비해 일본은 한국 국민의 일본 거주 및 일본 출입국을 관대하게 취급하고 있다는 사실을 지적하고 싶다'는 회답을 보내왔다.

답변서 중 첫 번째 항목은 관례적으로 행해왔던 단체 방문 신청을 개인 신청만 허락하겠다는 원칙을 강하게 적용하겠다는 것이다. 여기에서 언급하는 '각종 폐해'란 교민 사회에 영향력을 미치는 단체가 한국에서 다양한 정보와 교육을 접한 다음 이를 교민 사회에 전파할 것을 우려하는 것이 아닌가 한다. 예를 들어 재입국 허가 거부 1호는 교사와 학생으로 이루어진 한국 방문단이었다. 이들이 신문 기사에서 언급한 것처럼 밀무역, 밀입국 등을 자행한다고 보기는 어렵다. 오히려 주목하고 싶은 것은 이 단체들이 신청하고자 한 방문 시기이다. '한국의 건국기념일' 즉 '광복절'의 한국 방문을 통해 민족의식을 고취하고, 반일 의식이 고양되어 한일관계에 악재로 작용하는 것이 아닐까 하는 우려가 내포되어 있었다고 보인다.

둘째 항목은 상호 왕래의 형평성과 관련된 것으로 양국의 수교가 아직 없고, 인적 교류가 활발하지 않았던 상태에서 유의미한 불균형이 있었던 것인지 보다 정밀한 자료가 필요할 것이다. 일본 정부는 합법적 방문자의 경우를 언급하는 것 같지만 일본인의 한국 밀입국보다 한국인의 일본 밀입국이 압도적으로 많은 상황을 우회적으로 내포하고 있는 것은 아닐까 추정할 수 있다.

② 북한의 일본 침투(1963~64) 문서는 1962년 말부터 조총련계 동포들에 의해 전개된 '북한 자유왕래 운동'에 관한 경위와 현황에 대한 각종 보고 모음이다. 사안은 1. 조총련계에 의해 전개되는 북한 자유왕래 촉진 운동 전개 건, 2. 북한 왕래에 관한 일본 정부의 기본 방침과 변동 상황에 대한 보고, 3. 주북경 스웨덴 대사의 북한 경유 일본 입국 건, 4. 무역 등을 통한 북한 인사들의 교류 등이다.

사안 1은 1959년 12월부터 시작된 북한으로의 송환(귀국) 사업과 밀접한 관련이 있다. 내용은 '1963년 1월 초 동경도 내 지구 민중대회에서 문제가 제기되고, 3월의 조총련 중앙위원회에서 정책화, 5월 중순 경에는 전국적으로 가두 선전과 서명 날인 운동 단계를 거쳐 각 도시 중심의 민중대회 개최'라는 형태로 진행되었다.

도쿄는 '조련계'[4] 학생들이 동원되었고, 오사카를 비롯한 각 지방에서는 대규모

---

4) 외교 문서에는 일정 시기까지 조총련(재일본조선인총연합회)보다 '조련계'라는 용어가 더욱 빈번

민중대회 개최, 일본 공산당, 사회당, 노조 및 '용공, 친공 각 기관'은 이 운동에 적극 호응, 동조하였다. 대한민국 대표부는 민단에게 요청해 대책을 수립하도록 하였는데 이 운동은 '강제북송' 운동의 연장일뿐 아니라 한일회담에 대한 적극적 저지책이라고 보았다.

일본 외무성은 자유왕래 허용을 전혀 고려하고 있지 않는다고 하였지만 사회당, 일본공산당, 일조 협회(日朝協会)5) 등이 중간에 들어서서 수상 면담을 요청한다고 하였다. 이들이 북한 가족 방문이 '인도적 차원'임을 강조한다면 일본 정부로서도 대응할 논리를 찾기 어려웠다. 운동 당시에도 송환사업이 진행 중인 한편 한일회담을 위한 사전 물밑 교섭도 행해지고 있었다.

외무부는 민단 조직을 활용하여 저지 운동을 펼치고자 하였다. 외무부는 국내의 반응이 무관심하다고 지적하며 중앙정보부(국정원, 안기부의 전신), 공보부, 치안국, 내무부 등의 협조를 구하였다. 공보부에는 소요 예산 15,000달러의 선전비를 공보부에 요청하였으나 공보부는 예산 사정으로 이를 거부하였다.

치안국은 민단의 분위기를 다음처럼 보고하였다. 조총련은 인도주의라는 명분으로 일본 각계각층의 동조를 얻어내고 있어 목적이 이루어질 가능성도 있으므로 북송 문제 때와 같이 언론계를 동원하는 등 반대 여론을 환기하고 일본 정부에 대하여도 강경히 경고하여야 한다는 것이 재일지식인층의 의견이라고 전달하였다.

8월 24일 방희 공사는 변훈 일등서기관과 함께 법무성 입국관리국을 방문하였다. 이 면담에서 북한 자유왕래 운동 건과 더불어 북한으로 갔으나 탈출한 김종국 건을 언급하고 있다. 김종국의 처리에 대해 양국은 각각 다른 견해를 피력한다. 한국에서는 김이 북한 체제에 속아서 갔던 자였고, 이를 견디지 못해 탈북하였으니 조속한 석방을 요청했으나 일본에서는 그의 탈북에 '스파이 혐의' 가능성을 두었다. 일단 출입국법에 의거해 밀항자로 취급하지만 국회와 좌익단체의 항거를 고려해 쉽게 판단하기 어려운 상황임을 설명하였다.

방공사는 입관 구류 중인 김의 가족이 와병이라는 소문이 조총련의 조작인지, 김이 한국 영사와 만남을 회피하는 상황에 조총련이 개입한 것인지 확인을 요청하였

하게 등장한다. 1949년 강제 해산된 조련(재일본조선인연맹)의 연장선이라고 인식하였기 때문 인 듯 하다.
5) 1955년 일본에서 친북적인 인사들에 의해 결성된 단체. "일본과 조선(북한) 양 민족의 이해와 우호 를 증진하기 위해 일본 국민의 자주적 입장에 서는 활동을 원칙으로 상호 번영과 평화에 공헌하는 것"을 목적으로 한다. 친한, 친미적인 일본 정부를 비판하고, 북한과 국교를 맺을 것을 주장하였다.

다. 일본은 좌익계의 항의를 계속 염두에 두고 있어 한국 영사와의 만남을 에둘러서 거절하고 있다. 법무성은 북한 자유왕래 운동은 문제 삼지 않을 방침이라고 하면서 민단 쪽에서 이에 대한 적극적인 대항운동을 펼쳐야 한다는, 두 단체의 대립을 부추기는 듯한 묘한 발언을 하기도 한다.

그런데 면담 직후인 9월 초, 자유왕래를 불인정이라는 종래 방침을 그대로 고수한다는 발표가 나왔다. 이는 '인종이나 신조 상의 차별이 아니며 일본이 주권국가로서 내외 정세에 대응하여 취하고 있는 조치로서 국제법이나 세계 인권선언에 위반되지 않는다'는 것이었다. 이를 보면 비공개 외교 라인을 통해 적어도 북한 자유왕래 논의는 저지한 것이 아닐까 한다.

한편, 같은 시기 공문에는 일본 법무대신이 북한 왕래에 관한 현 정책을 '변경할 필요가 있다'는 견해를 밝힌 보도가 나왔다며 상기와 반대되는 내용 확인 요청 공문도 있다. 확인 결과 이는 단순히 영문 오역임이 밝혀졌다.

문서 후반부는 자유왕래에 관한 1964년 일본 정계의 반응이다. 일본 정부는 북한과의 인사교류를 개선하기 위해 무역 관계 최소한의 요원 입국을 검토하고자 하였다. 외무성과 법무성은 대 한국 관계가 미묘한 상황이므로 무역 관계의 한정된 교류를 고려하고 있다는 의견을 냈다. 이 논의는 1964년 가을에 개최된 도쿄 올림픽 직전부터 있었고, 북한 선수단과 관계자의 입국은 허락한 상황이었다.

논의는 연말까지 계속되었는데 12월 말 법무, 외무, 관방 세 부서는 1. 소위 자유왕래 운동은 한일회담의 방해 및 저지 등을 목적으로 하는 정치적 성격이 강한 것으로서 절대 인정할 수 없다, 2. 묘지 참배 등 북한왕래가 자유왕래 운동과 결부되어 있는 한 허가하는 것은 타당치 않다, 3. 경제인 교류 문제는 현재로서는 기회가 성숙하지 않으므로 후일 결정한다 등의 의견 일치를 보았다. 자유왕래 운동은 원칙적으로 반대하지만 성묘 등 '인도주의적' 왕래에 대해서 여지를 보인 것인데 이는 이듬해부터 실행되기 시작했다. 원칙적으로는 자유왕래를 반대하지만 플랜트 등의 무역교류, 성묘 등에 대해서는 선별주의를 택함으로써 한일회담을 앞두고 명분과 실리를 다 챙기려 했을 것이다.

한편 문서철 사안 중에는 주북경 스웨덴 대사의 일정 문의가 눈에 띈다. 그는 판문점을 통해 한국으로 입국해 서울에서 2~3일 체류 후 일본으로 출국하겠다는 의사를 밝혔다. 남북 긴장 관계가 상당히 완화된 현재도 이런 식의 경유는 사례를 찾아보기 힘든데 냉전 상태가 엄혹했던 1960년대 중반 시점에서 이런 문의를 했다는 점이 흥미롭다. 스웨덴 정부는 동북아 4국의 대처방안을 알아보기 위해 일종의 떠보기를 한 것이 아닐까 싶지만 결론적으로 한국 정부는 이를 허가하지 않았다.

③ 조총련교민 북한 방문(1965.12.27.), ④ 재일한인 북한 방문 문제(1965~66), ⑤ 북한의 일본 침투(1966) 문서들은 1965년 연말, 일본 정부가 조총련 교민 북한 방문 허가 이후, 일본에 보낸 외교 구상서와 이듬해부터 실질적으로 행해지는 여러 차례의 방문에 관해 한국 정부가 행한 외교적 항의에 관한 내용이다. 1962년 말부터 조총련계 교민들은 '조국 자유왕래 운동'을 펼쳤고, 한국 정부는 이를 저지하기 위해 노력해 왔다. 일본 정부는 이러한 움직임에 대해 원칙적으로 반대한다는 입장을 밝혔지만 성묘 등의 '인도적 이유'는 허가할 수도 있다는 여지를 남겼다.

그런데 1965년 연말, 실제로 이를 허가하는 사례가 발생했다. 한국 정부는 한일협정 직전까지 모호한 태도를 보였던 일본이 협정 직후에 '인도주의'를 운운하며 북한 왕래와 일본 재입국을 허락하는 것은 협정 위배라는 의견을 강하게 주장하였다.

몇 차례에 걸쳐 발송하는 영문 구상서는 한국측의 강한 항의 의견을 담고 있다. 번역해 본 내용은 다음과 같다.

note verbale

한국대사관은 외무성에 안부를 전하며, 재일동포 00명이 한국 북부지역뿐만 아니라 일본 재입국이 가능하도록 최근 일본 당국이 취한 조치와 관련하여 다음처럼 말씀드리고자 합니다.

일본 정부도 잘 아시겠지만 한국 정부는 공산당이 점령한 한국 북부 지역과 일본을 오가는 한국인의 여행을 반대해 왔습니다. 한국 측의 입장을 일본 정부에 거듭 표명했음에도 불구하고 일본 당국이 앞서 언급한 조치를 취한 것은 매우 유감스럽습니다. 양국간의 우호와 우호에 기초한 새로운 관계가 막 시작된 시점에서 일본 정부가 이러한 전례 없는 조치를 취하려는 의도에 대해 한국 정부는 심각하게 우려하고 있습니다.

조약과 협정에 대한 비준을 교환한지 얼마 되지 않았는데 한국 정부는 일본의 조치가 기본관계 조약의 정신, 재일동포의 법적 지위 및 처우 등에 관한 협정과 완전히 상충된다고 보고 있습니다. 한국 정부는 조약과 협정의 성실한 이행을 위해 일본 정부의 진정성을 의심하지 않을 수 없습니다. 일본의 이러한 조치가 양국 관계에 먹구름을 드리우고 다가올 양국 관계 시대에 악영향을 미칠까 우려됩니다.

한국 정부는 일본의 조치가 결국 국가 안보와 복지에 영향을 미칠 것을 우려하고 있습니다. 북쪽 지역의 공산 괴뢰 정권은 일본 영토를 한국 전복 활동의 근거지로 이용할 것이기 때문입니다. 한국 정부는 또한 일본의 조치가 괴뢰 정권 사이의 간접적인 접촉을 위한 길을 열어줄 것이라는 점에 주목하고 있습니다. 대한민국 정부는 일본 정부가 0000년 00월 00일 상기 00의 교민에게 부여한 것으로 알려진 재입국허가의 효력을 조속히 취소할 것을 강력히 요청합니다. 또한 일본 정부는 위에서 언급한 어떠한 조치도 향후 재발되지 않도록 보장해 줄 것을 촉구합니다.[6]

이후 전달하는 구상서나 항의문은 시기와 사안에 따라 세부적 차이가 있지만 기본적인 논조는 이와 같았다. 일본에서는 한일수교 이전부터 재일동포에 대한 북한 왕래와 재입국 허가에 대해 정부 차원의 논의가 있었다. 원칙적으로 불허 방침을 내세웠지만 사회당이나 좌익 계열의 반대 때문에 '케이스 바이 케이스'로 허가할 가능성이 있다는 점도 언제나 함께 언급되는 조건이었다. 북한 왕래 허용이 한일협정 체결의 방해요소가 된다는 것이 일본의 입장이었지만 정작 체결이 된 이후에는 예외적 허가를 해줌으로써 한국 정부와는 갈등을 빚었다.

외교구상서에서 언급되었듯이 한국은 일본과 북한의 교류가 '간접적 방식'을 통해 일본 영토가 '한국 전복 활동의 근거지'가 될 것이라는 점을 우려하고 있다. 한국 정부가 이 문제에 대해 가진 의식은 '북한의 일본 침투'라는 문서 표기에도 잘 나타나 있다.

일본 정부로서는 북한 방문과 일본 재입국 문제가 외교와 내치 사이의 딜레마가 되었다. 북한에 우호적인 사회당이 재입국 관련 여론을 주도하였는데 이를 빌미로 예산안 수립 등 주요 의제에서 여당을 공격했기 때문에 일본 정부로서는 이를 무시하기가 어려웠다.[7]

사회당은 북일 교류의 내용으로 '사회당 사절단 북한 파견으로 양국 관계 개선, 북일간 교역 확대로 중공과 같은 수준으로까지 발전시킬 것, 북한 예술 단체의 방일 등 예술, 스포츠계 교류 확대, 양국 기자 교류, 재일한국인[8]의 조국 왕래 운동 강화 강력 추진' 등을 주장했다.

---

6) 구상서의 내용은 동일하지만 각 시기나 허가 인원수가 다르므로 해당 숫자는 00으로 처리하였다.
7) 일본 재입국 건을 가장 강력히 주장하고 실행에 영향을 미친 이는 사회당 소속 가메다 도쿠치(龜田得治: 1912~1994) 의원이었다. 그는 직접 북한 방문 허가를 받기도 하였다.
8) 원문 그대로 인용. 문맥상으로는 재일조선인이 되어야 할 것이다.

하지만 일본에서도 각 부서들끼리 이런 기준이 통일되지 않았다. 1966년 2월 하시모토 관방장관은 기자회견에서 "미승인국 출입국에 대해서는 현재 명확한 기준이 없으므로 법무, 외무 양 성을 중심으로 기준 작성을 서둘고 있다. 별도로 북한 등에의 출입국을 인정, 완화가 아니라 여행 목적, 기한 등의 허가기준을 통일하는 것이 주목적이다"라는 의견을 밝혔다.

하지만 이 회견 직후, 외무성은 플랜트 상담을 위해 일본을 방문하고자 하는 북한 기술자들의 입국을 허가하지 않았다. 통산성은 무역확대 경기 대책상 이를 지지하는 기술자 입국을 지지하는 입장이었지만 외무성은 한국 정부의 강력한 항의 때문에 이를 거부한다는 방침을 취한 것이다.

한편, 문화계의 움직임으로 특기할 만한 것은 최승희 초청 시도였다. '일부 문화인들'[9]이 최승희와 조선국립무용단을 초청하려고 위원회까지 결성하였다. 위원회에 참가한 이들 중에는 최승희의 스승인 이시이 바쿠의 미망인인 이시이 야에코도 있었다. 하지만 1966년 연말, 법무성은 관계자들이 이를 신청해온 사실이 없다고 하였다.[10] 일본 정부는 원칙적으로 북한과의 인적 교류를 허락하지 않지만 상황에 따라 '케이스 바이 케이스'를 자의적으로 적용했다. 다만 조총련계 동포들의 방문 허가 이후, 한국측의 항의가 거세짐에 따라 그런 방침도 자제한 경우가 아닌가 한다.

⑥ 재일교민 북한 방문(1969) 문서는 1968~1969년 사이 발생한 두 가지의 사안을 취합한 내용이다. 첫 번째 사안은 조총련계 인사들의 행정소송 제기 건(이하 '행정소송')이다. 두 번째 사안은 '재일 한인'[11]들의 성묘와 친지 방문용 재입국 신청 허가 건(이하 '재입국 허가')이다. 두 사안은 각기 별개지만 우연이라고 보기에는 시기가 밀접하게 중복된다. 소송 진행과 재입국 허가 배경에는 북한에 동조하는 일본 좌파 세력이 연계되어 있고, 이들이 정치권과 사법계에 영향을 미쳤다는 점 때문에 한국 정부에서는 심각한 사안으로 판단하였다. 그런 한편 일본 정부의 이러한 정치적 결정을 양국 경제 문제 협상에 유리하도록 이끌고자 했던 점도 엿볼 수 있다.

보고서에 정리된 각 사안의 내용은 다음과 같다. 첫 번째 '행정소송' 건이다. 1968년 7월, 조총련 간부들은 9월 9일 북한의 공화국 창건 20주년 기념식 행사 참석을

---

9) 외무부의 의견으로는 일조협회가 중심이 된 것 같다고 하였다.

10) 최승희는 1969년 사망한 것으로 알려져 있고, 초청 시도가 있던 무렵에는 숙청 대상으로 올랐던 것으로 보인다. 설령 일본 측에서 입국 허가를 해주었다고 하더라도 북한 측에서 해외 방문을 허용해주지 않았을 가능성이 크다.

11) 신청자들은 조선적을 가진 '재일조선인'이겠지만 본 문서의 표기에 사용한 '재일한인'을 그대로 인용하였다.

위해 일본 재입국 신청을 하였다. 하지만 일본 정부는 일정이 임박했는데도 이를 방치했고, 조총련 간부들은 8월 16일 도쿄 지방재판소에 이 건으로 행정소송을 제기했다.

8월 20일, 일본 법무성은 이 소송이 국익에 반한다고 하여 불허하였지만, 소송 제기 결과 1심(10월 11일)에서 조총련 측이 승소하였다. 하지만 법무성은 이에 불복하여 같은 날 항소하였고, 12월 18일, 2심에서도 정부 측이 패소했다. 정부는 같은 날 최고재판소에 상소하였고, 이 재판은 여러 가지 이유로 지연되었다.

두 번째 '재입국 허가' 건은 상기와 달리 일본 정부가 재입국을 허용한 사례였다. 1959년 12월, 북송(귀국) 사업이 시작된 후 조총련은 1963년 1월부터 이른바 '조국 자유왕래 운동'을 전개하기 시작하였다. 1964년 이후부터 북한 왕래를 신청한 이들은 1968년까지 2,117명에 이르렀다. 1965년 12월에는 2명이 성묘 목적으로 왕래 허가를 받기도 하였다. 1968년 7월의 '행정소송'이 진행되는 과정 중인 12월에 정부는 방문 목적을 가족 성묘로 제한하고, 신청자 중 고령자 8명에게 재입국을 허용하기로 했다.

허가 방침은 1968년 12월 17일, 대상자 발표는 이튿날인 18일에 있었는데 공교롭게도 '행정소송'에서 정부가 2심에서 패소한 그 날이었다. 최종허가를 받은 6명은 1969년 1월 18일 일본과 북한을 왕래하는 무역선 쇼오도마루(松濤丸)를 타고 1월 22일 출항하여 3월 3일에 재입국하였다.

한국측의 기본 입장은 정치적이든 인도적이든 '북괴'와의 접촉은 부당하다는 것으로 이 사안에 대해 강경한 태도를 견지했다. 양국이 정식 수교를 수립한 지 만 3년이 되는 상황에서 일본의 결정은 '두 개의 한국론'을 인정하는 것이고, 북한 왕래 허용은 공공연한 '스파이 루트'[12]가 되는 것이므로 '조련계[13]와 북괴'에 도움을 줄 개연성이 있다는 점에서 심각한 우려를 표하고 있다.

제1심의 경우는 조총련을 지원하는 사회당과 공산당 측에서 혁신적인 경향을 가진 스기모도 재판장이 소송을 담당하도록 공작한 바가 있다고 한다. 1심에서 패소할 수도 있다는 점은 사전부터 염려하였으나 제2심도 패소한 것이다. 이에 대해 '충격을

---

12) 1965년 한일수교 이후부터 일본과 북한의 인적교류를 '북괴의 일본 침투'로 여기고 있으며 항의서 한에서도 꾸준히 이런 입장을 보였다.
13) 현재 한국에서는 조총련, 일본에서는 조총련으로 부르는 재일본조선인총연합회는 한국의 외교 문서에는 일정 시기까지 이들을 '조련계'라고 표기하는 빈도가 훨씬 많다. 이는 1949년 GHQ에 의해 강제 해산된 재일본조선인연맹(조련)을 부르던 방식이 이어진 것으로 보이지만 조련계, 조총련계, 조총련 등이 각기 병기되어 있다.

받았다'는 표현에서 한국 정부의 심경이 나타난다.

'행정소송' 원고측 변호사이자 사회당 소속 참의원 가메다 도쿠지[14]는 북한 왕래 허가를 법무성 대신에게 요청하였는데 소송건과 재입국 허가 건이 '별개의 사건'이라고는 하나 사회당과의 관계와 여러 정황을 보면 두 사안은 서로 밀접한 관련이 있다 할 것이다.

가메다는 2천명이 넘는 신청자 중에서 20명에 대한 재입국 허가를 요청했다. 이 중에서 1. 50세 이상 2. 북한 지역 출신자 3. 왕래목적이 비정치적이고 인도적일 것 4. 정치활동이 극렬하지 않고 비교적 온건한 자라는 조건에 부합하는 8명이 허가를 받았다. 하지만 대상자 중 한 명은 북한 출신이 아니고, 다른 한 명은 고령자가 아니어서 최종적으로 6명이 재입국 허가를 받게 되었다.[15]

한국 정부는 허가 이튿날인 12월 19일 가나야마(金山) 주한 일본대사에게 항의각서를 수교하였다. 최외무장관은 사토(左藤) 수상과 회담하였으며 사토는 이 문제를 재검토하겠다고 답했다. 하지만 원천 무효가 아닌, 구정성묘라는 이유로 허가를 1월로 연기한다는 정도였다.

1월 연기는 또다른 문제를 야기했다. 이 시기 한국 정부는 경제 정책 논의를 위해 특사로 전 부총리 겸 경제기획원 장관인 장기영을 파견하기로 예정되어 있었다.[16] 그런데 장기영이 도착하기로 된 날인 1월 18일에 북한 방문 대상자를 발표하여 의도적으로 '외교적 모욕'을 준 것이 아닌가 하는 점이 제기되기도 한다.[17]

일본 측의 허가 이유는 사회당을 비롯한 지방의회 진정단체의 강한 압력 및 1월말에 개회되는 통상국회에서 야당 공세에 대처하기 위해 부득이한 상황이었다는 것이다. 귀국·북송 사업은 1968년 중지가 되었고, 언제 재개가 될지 전망을 알 수 없는 상태에서 인도주의의 강조를 논리로 내세운듯하다.

한국은 1968년 10월 삼척·울진 침투 무장공비가 사용했던 물품이 일제였고 이 물품들은 '조련계 왕래와 북송시 반출'되었을 것이라며 일본의 재입국 허가가 결과적으로 '북괴의 대남침투'에 이용되었다는 공격 논리를 내세웠다.

---

14) 일본 재입국 건을 가장 강력히 주장하고 실행에 영향력을 발휘한 의원이었다. 그는 직접 북한 방문 허가를 받기도 하였다.
15) 어떻게라도 방문자를 줄이기 위해 한국 측에서 꾸준한 교섭을 하였을 것이고, 일본도 이러한 조건으로 숫자를 줄임으로써 외교상 생색을 낼 수 있었을 것이다.
16) 1969년 1월 7일자 사토 수상에게 보내는 박정희 친서.
17) 1969.3.7. 국회의사록 13p, 국회에서는 장기영을 보내서 무슨 성과가 있었냐고 추궁하였다.

하지만 이들 6명은 결국 북한을 방문하였고, 3월 3일 전원 쇼도마루를 타고 일본으로 재입국하였다. 한국 외무부는 성묘가 목적이라는 이들이 자신들의 조상보다 김일성의 조상을 성묘하고 있고, 북한 여기저기를 다니면서 정치 선전에 이용되고 있다고 하였다.

그런데 이후 보고서 내용을 보면 일본 정부의 '케이스 바이 케이스' 허용 사례는 어떤 일관성을 가지고 있었는지 가늠하기 어렵다. 일본은 1969년 7월 '조련계 인권수호위원회 대표단'의 방북은 허락하는 한편, 9월의 체육인 연합회의 방북 신청은 인도상 이유가 아니라고 하여 불허했다.

인권수호위원회의 호칭은 일견 인도적인 단체로 보이지만 오히려 이런 단체가 정치적인 목적이 강했을 가능성이 높은 반면, 스포츠 관련 교류는 냉전 시대에도 일종의 돌파구 노릇을 했던 만큼 체육인 연합회의 방문 불허는 어쩐지 앞뒤가 맞지 않는다는 느낌이 든다. 한편, 형평성 때문인지 알 수 없으나 같은 시기 화교총회가 신청한 '중공' 국경일 경축단 건에 대해서는 정치적 목적으로는 허가할 수 없다고 통지하였다.

일본이 판단하는 '케이스 바이 케이스'는 인도주의, 비정치적 목적이라는 원칙이 아니라 국내 정세와 외교상의 손익 계산에 의해 그때그때 자의적으로 해석되었던 것으로 보인다.

┃ 관련 문서 ┃

① 일본정부의 재일한인 재입국 허가방침, 1958
② 북한의 일본 침투, 1963
③ 조총련교민 북한 방문 1965.12.27
④ 재일한인 북한 방문 문제, 1965-66
⑤ 북한의 일본 침투, 1966
⑥ 재일교민 북한 방문, 1969

① 일본정부의 재일한인 재입국 허가방침, 1958

○ ● ○

기능명칭: 일본정부의 재일한인 재입국 허가방침, 1958

분류번호: 791.41 1958

등록번호: 449

생산과: 아주과

생산연도: 1958

필름번호: P-0001

프레임번호: 0159~0188

1. 외무부 공문

번호 韓日代 第1559號
일시 1958.8.11.
발신 주일대사
수신 외무부 장관
제목 日本政府의 日韓人在入國許可方針의 件

　　머리의件 지난 八月八日付 日本各新聞에 別添과 如한 報道가 있었음으로 当代
表部李載沆總領事로 하여금 日本法務省 入國管理局을 訪問하여 其眞相을 糾明
하도록 하고 兼하여 遺憾의 뜻을 表한바 있음으로 玆에 別添報告書와 같이 報告
하나이다.

報告書
總領事　李載沆
二等書記官　朴英
檀紀四二九一年 八月八日字로 駐在國內朝日新聞, 日本経済新聞 및 Japan Times,
「在日本韓國人의 日本再入國許可申請」에 関하여 各々에 別添과 같은 新聞記事
가 取材되였압기 그 眞相을 糾明하기 爲하여 依命 小職等은 八月九日 日本 法務
省出入國管理局에 勝野局長을 訪問하여 面談한 結果를 左와 如히 報告하나이다
記
一、日時　檀紀四二九一年八月九日十時半～十一時半
一、場所　法務省入國管理局事務室
一、参席者
我側　總領事　李載沆
　　　二等書記官　朴英
日側　入國管理局長　勝野
　　　資格審査1課長　今井
總領事　今日訪問한 案件은 在日韓國人日本再入國許可問題에 関한 朝日新聞, 日
　　　　本経済新聞 및 Japan Times에 記載된 記事의 眞相을 알기 爲한 것
　　　　인데

勝野局長 그것은 集団的審查制度를 個別的審查制度로 変更하여 앞으로 이에 対한 審查를 一層嚴格히 하자는 데 있는 것인데 新聞記者들이 自己들의 憶測을 包含하여 廣範囲하게 記事를 取扱한 것이다.

總領事 同記事는 如何한 方法으로 記者에게 発表된 것인가?

勝野局長 記者들에게 lecture 形式으로 한 것이다.

總領事 그러나 韓日関係를 改善할 저 努力하고 있는 이때 省當局을 通하여 이러한 記事가 取扱된 것은 遺憾이다.

勝野局長 그 記事内容이 너무나 廣範囲한 感이 있는데 再入國審查는 個別的으로 審查하고 出入國管理局内에 있어서 内部的으로 相議하여 許不許를 決定한 것이다.

總領事 朝日新聞에 取扱된 記事内容에「日韓関係の改善に役立つと期待できるもの以外は許可しない」로 되어 있는데 이에 対한 解釋은? 具体的으로는 세 가지를 生覚할 수 있는데 即 1. 韓日兩國에 利益되는 旅行. 2. 日本에만 利益이 되는 旅行. 韓國側에만 利益이 되는 旅行等 各項에 対하여 具体的인 見解는?

今井部長 原則的으로 再入國許可를 爲한 資格審查는 原則上 嚴重히 하자는 것인데 1, 2에 対하여는 勿論 異議가 없다. 그러나 3에 対하여는 個別的인 事情을 考慮하여 case by case로 審查許可할 것이다.

勝野局長 韓國을 爲하여 有利한 者이며 또 日本을 爲하여도 有利한 者라야 되겠다. 韓國만을 爲하여 有利한 者에 対한 資格審查는 原則上 作成 된 것이 없고 case by case로 審查하겠다. 註(此項에 対하여는 明確한 答辨을 回避하는 듯 生覚되였음)그리고 在日韓人의 再入國許可問題를 根本的으로 解決하랴면 至今이라도(韓日会談締結前이라도)日本人의 韓國入國을 許可하면 될 것이다.

總領事 우리가 現在 韓日会談을 하고 있는 것은 이러한 問題를 解決하기 爲하여 会談을 하고 있는 것으로 안다. 그리고 現在 在日韓人의 再入國許可問題는 從前부터 許容하여 오던 것인데 韓日会談 進行 中인 現在에 從前 許可範囲를 縮少 乃至 制限한다는 것은 韓日関係의 退步를 意味하게 되며 우리로서는 매우 遺憾으로 生覚한다. 貴方針을 是正하여 最少限 從前의 範囲대로는 再入國許可를 許容하도록 하여 주기를 要求하는 바이다.

勝野局長 入國管理当局으로서는 이 問題를 韓日会談 問題와는 分離하여 生覚한
　　　　다. 또한 日本政府로서는 日本國民의 与論 特히 國会의 圧力에 依하여
　　　　不得已 取한 措置임을 알어주기 바란다. 그리고 또 今般当局에서 取한
　　　　措置는 再入國許可申請에 対한 集団審査로 因하여 惹起되는 모-든 難
　　　　点과 不合理한 点을 없애는 内部的인 行政刷新上 取한 것도 그 理由中
　　　　의 하나이다.

二等書記官 当代表部幹部들은 韓日問題解決을 爲하여 最善의 努力을 다하고 있
　　　　는 이때 이러한 貴側의 措置에 対하여 大端 놀라고 있으며 貴側은 이
　　　　것이 内部的인 単純한 行政刷新이라 할지라도 이 問題는 在日僑胞六
　　　　十万에 直接影響하는 것이며 또한 韓日関係가 微妙한 이때에 我側으
　　　　로서는 貴側의 措置를 一般政治問題와 関聯이 없다고 할 수 없다. 文教
　　　　部招請으로 本國出入國하는 在日韓國学校教師 및 生徒의 再入國許可
　　　　를 早速히 交付받기 爲하여 去般面談時 勝野局長이 말한「日本사람은
　　　　韓國으로 갈 수 없는데 韓國人만이 本國往来를 自由롭게 하여 달라는
　　　　것은 一方的이니」考慮하기 困難하다고 하였으며 朝日新聞 記事内容
　　　　에도「しかし現在の日韓関係では日本人は韓國への入國を拒否云々」이
　　　　라고 記載되여 있는 것을 参酌하여 貴側이 取한 今般措置는 韓國側에
　　　　対한 一種의 牽制라고 보는데

日側　　 答辨이 別無하였음.

總領事 朝日新聞末項 記事에「其の第一号として韓國代表部が予め申請してき
　　　　た云々」이라 取材하였는데 이것으로서 代表部의 立場이 大端히 困難
　　　　하다. 今般 貴側의 再入國에 関한 発表는「一般的인 再入國 審査事務
　　　　의 変動」이 中心인가 前記 在日韓國学校教師 및 生徒들에게 早速히 再
　　　　入國許可를 하여 달라는 当代表部의 依頼를 拒否하였다는 것을 発表
　　　　하고저 한 것이 中心이 있는가.

勝野局長 그것은 어데까지나 前述한 바와 같이 再入國審査에 関한 当局의 事務
　　　　改革을 말하는 것인데 때마침 貴代表部에서 依頼한 再入國申請件이
　　　　提出되였압기 이것을 新聞記者들이 任意取材한 것에 지나지 않는 것
　　　　이다.

總領事 이러한 貴側措置는 大端 遺憾스러운 것이다. 在日韓國人의 特殊한 立場
　　　　을 十分考慮하여 實際 出入國行政事務運營에는 從来보담 惡化하여서

困難하니 善處하여 주기 바란다.

以上

2. 외무부 공문(outgoing telegram)-일본정부의 재일 한인 재입국허가 방침에 관한 건

MINISTRY OF FOREIGN AFFAIRS.
번호 FT-094
일시 08221700
발신 외무부 장관 의전국장
수신 주일대사
건명 일본정부의 재일 한인 재입국허가 방침에 관한 건
(대 단기 4291년 8월 11일자 한일대 제1558호)

머리의 건에 관한 귀하의 대호 보고는 검토하였는 바, 이에 관하여 다음과 같은 처지의 NOTE VERBALE을 작성하여 일본외무성에 제출하시고 이에 대한 회답을 촉구하시기 바랍니다.

기

1. 지난 8일자 일본 각 신문보도에 의하면, 일본정부는 전전부터 일본국내에 거주하는 한인이 본국으로 여행할 경우 그들에 대한 일본국 재입국허가를 제한할 것이라고 하였는 바, 이에 관련하여 지난 8월 9일 주일대표부 이재항 총영사가 일본 출입국관리국 가쓰노 국장을 방문하고 전기 보도에 관한 사실과 경위를 문의한 결과 납득할 만한 설명은 받지 못하였으나 전기의 보도내용이 근거 없는 것은 아니라는 것을 알았다.

2. 전기와 같은 보도의 내용이 진실한 것인지, 만일 사실이라면, 이러한 새 방침의 내용은 무엇이며, 그 방침을 수행하려는 일본의 진의는 무엇인지 이에 문의하는 바이다.

3. 한국정부는 일본정부에 대하여 전기의 한인들에 대한 일본국 재입국허가의 문제는 즉 재일 영주권에 관한 문제이고 또한 바로 이 문제에 관하여서는 현재 정식회담이 양국 간에 진행되고 있다는 사실에 주의를 환기하는 바이다.

4. 한국정부의 견해로서는 이러한 문제는 전면 회담에서 해결될 때까지 최소한

도 STATUS QUO를 유지하는 것이 국제관례의 용례라고 생각하며, 이와 같은 일본정부의 조치는 한일회담에 있어서 이 문제 해결에 대한 일본정부의 성의의 결여에 있는 것이라고 생각하지 않을 수 없다.

5. 여기에 한국정부는 일본정부에 대하여 이 문제에 관한 완전한 설명을 요구하는 바이다.

3. 보고서

외무부
일시 1958.9.10.

주일대표부에서는, 본부의 지시에 의거, 거반 "일본정부는 재일한인에 대하여 재입국 허가를 제한할 것이다"라고 보도된데 대하여 별첨과 같은 동 보도사실의 해명을 요구하는 항의문을 일본외무성에 제출하였읍니다.

첨부-항의문 제출 보고

번호 한일대 제1737호
일시 1958.9.4.
발신 주일대사
수신 외무부 장관
제목 재일한인 재입국허가 방침에 관한 건
(대 四二九一년 八월 二二일자 FT-○九四호)

머리의 건 거반 일본정부의 재일한인 재입국허가 방침에 관한 일본 신문보도에 대하여 본국 정부 훈령 FT-○九四호에 의거하여 별첨과 여한 항의문을 일정외무성에 제출하였기 자에 보고하나이다.

첨부-항의문 구상서 사본

NOTE VERBALE

The Korean Mission in Japan presents its compliments to the Ministry of Foreign Affairs and has the honour to darw the latter's attention to the local press report of August 8, 1958 concerning the issuance of re-entry permits to Korean residents in Japan.

The said press report had it that the Government of Japan would start enforcing certain resitrictions in issuance of re-entry permits to Korean residents who desire to travel from Japan to Korea and back. Consul-General Chai Hang, EA of the Mission previously inquired Director Yasusuke Katsuno of the Immigration Bureau, the Ministry of Justice, about the press report in question. However, the conversation held between the two failed to bring to light the real picture in this regard.

The Mission wishes to informed of the authenticity of the said press report; and should the press report be true, the Mission would like to be advised if it reflects the real intent of the Government of Japan and if it indicates any change in the policy of the Government of Japan toward the issuance of re-entry permits to Korean residents.

The Mission is of the opinion that the question of the issuance of re-entry permits to Korean residents is inseparable from that of their residence status. The Mission wishes to invite the Ministry's attention to the fact that matters concerning "status and treatment" of the Korean residents in Japan are also integral part of agenda of the current overall talks between the two countries. Furthermore, in the view of the Mission, in accordance with international practice negotiating parties are required to maintain "status quo" at least in the handling of the question of this nature, while the negotiations are underway. Naturally, the Mission is obliged to form doubt as to sincerity on the part of the Government of Japan in reaching a settlement of the problem at the overall talks.

Such being the case, the Mission wishes to request the Ministry to furnish the former with a complete explanation concerning the press report as well as the change in the policy of the Government of Japan, if any, on the issuance of re-entry permits to Korean residents.

Tokyo, September 2, 1958

4. 외무부 공문-재일 한국인 재입국 허가 방침에 관한 건

번호 한일대 제2444호/
일시 1958.11.24.
발신 주일공사
수신 외무부 장관
제목 재일 韓國人 재입국 허가 방침에 관한 건

수제의 건에 관하야 거 八월 二十三일자 FT ○九四호로서의 훈령에 의하여 日本 정부에 구상서를 제출하였든 바 별첨사본과 같은 회보가 유하였아옵기 자이 보고하나이다.

별첨-구상서 제출에 대한 회보
亞北 第二○五号

口上書

外務省は、在本邦大韓民国代表部に敬意を表するとともに、同代表部の一九五八年九月二日付口上書RKM-17に言及し左記のとおり回答するの光栄を有する。
昭和三十三年十一月十七日
記
一、日本国政府は、人道的見地その他の理由により適当と認める□合在日韓人に対して再入国許可を与えており、この方針は従来となんら変るものではない。
なお、再入国許可申請の手続は、出入国管理令により申請者自身による

申請を必要とするところ、従来は便宜的措置として団体による申請をも取扱っていたが、右取扱いは出入国管理行政上各種の弊害を伴うことが判明したので、今後は団体による申請は原則として認めないこととしたので、右□□まで申し□える。

二、なおこの機会に日本国政府は、韓国政府が日本国民の韓国における居住及び韓国への出入国を著しく制限しているのに比し、韓国国民の日本における居住及び日本への出入国を寛大に取扱っている事実を指摘いたしたい

No. 205/ASN

NOTE VERBALE

The Ministry of Foreign Affairs presents its compliments to the Korean Mission, and, with reference to the latter's note verbale RKM-17 dated September 2, 1958, has the honour to reply as follows;

1. The Japanese Government has granted and is granting re-entry permits to Korean residents in Japan whenever the issuance of such permits is considered appropriate from a humanitarian viewpoint or on other grounds. This policy has never been changed.

It should be added for the Mission's information that no application in mass shall be as a rule accepted henceforth, as it has become evident that such as application in mass, though accepted so for as an expedient measure, will entail various undesirable effects on immigration control. In this connection, it should be noted that the Immigration Control Order requires that an application for re-entry permit be made by the applicant himself.

2. The Japanese Government wishes to take this opportunity to point out the fact that while severe restrictions are being imposed by the Korean Government on Japanese nationals' stay in, entry into and exit from the Republic of Korea, these matters of Korean nationals in Japan are treated with generosity by the Japanese Government.

Tokyo, November 17, 1958

5. 외무부 공문–일본정부의 재일한인에 대한 재입국허가 방침에 관한 건

외무부
번호 외정 제4447호
일시 1958.12.2.
발신 외무부 정무국장
수신 의전국장
건명 일본정부의 재일한인에 대한 재입국허가 방침에 관한 건.

　　머리의 건에 관하여 거반 일본 신문에 일본정부는 재일 한인에 대하여 일본 국 재입국허가를 제한할 것이라는 요지가 보도되었으므로 주일대표부를 통하여 전기 보도된 사실의 해명을 요구하는 항의문을 일본외무성에 제출하였던바, 일 본외무성으로부터 별첨과 같은 내용의 회답이 내도하였으므로 등사본 1통을 송 부하오니 사수하시기 바라나이다.
별첨: 일본 외무성 구상서 사본 1등.
이상

별첨-외무부 구상서 사본

No. 205/ASN
NOTE VERBALE

　　The Ministry of Foreign Affairs presents its compliments to the Korean Mission, and with reference to the latter's note verbale RKM-17 dated September 2, 1958, has the honor to reply as follows:
　　1. The Japanese Governments has granted and is granting re-entry permits to Korean residents in Japan whenever the issuance of such permits is considered appropriate from a humanitarian viewpoint or on other

grounds. This policy has never been changed.

It should be added for the Mission's information that no application in mass shall be as a rule accepted henceforth, as it has become evident that such an application in mass, though accepted so far as an expedient measure, will entail various undesirable effects on immigration control. In this connection, it should be noted that the Immigration Control Order requires that an application for re-entry permit be made by the applicant himself.

2. The Japanese Government wishes to take this opportunity to point out the fact that while severe restrictions are being imposed by the Korean Government on Japanese nationals' stay in, entry into and exit from the Republic of Korea, these matters of Korean nationals in Japan are treated with generosity by the Japanese Government.

Tokyo, November 17, 1958

② 북한의 일본 침투, 1963

○ ○ ○

기능명칭: 북한의 일본 침투, 1963

분류번호: 725.1JA 1963~64

등록번호: 878

생산과: 동북아1과

생산연도: 1964

필름번호: D-0002

파일번호 :10

프레임번호: 0001~0035

1. 외무부공문(착신전보)–조총련측 "북한 자유 왕래 촉진 운동"에 관한 경위 및 현황 보고

대한민국 외무부
번호 JW-06189
일시 171740
수신시간 1963.6.17. PM9:05
발신 주일 대사
수신 외무부 장관
제목 조총련측 "북한 자유 왕래 촉진 운동"에 관한 경위 및 현황 보고

1. 경위
조총련측 변에 의하면 "재일교포들의 자발적인 행위로서, 1962년 말경부터 일어난 민중 운동" 이라고 함. 1963년 1월 초에 열린 동경도내 몇몇 구 등, 지구의 민중 대회에서 문제를 제기시켜, 3월에 열린 제30차 조총련 중앙위원회에서 정책화한 것이라 하며, 5월 중순부터, 전국 일제히, 역두, 가두에 선전 삐라를 산포하였으며, 현재는 서명 날인 운동 단계에 들어갔고, 이를 합리화시키려는 민중 대회가 파생적으로 각 도시 중심으로 열리고 있음.

2. 지방 현황
가. 동경지구는 조총동, 조학동 및 조선대학등, 조련계 학생들이 동원되어 상기 운동에 광분하고 있음.
나. 가나가와현, 요코하마시는 역전, 가두에서, 조총련 계열뿐만 아니라 일본, 공산당, 사회당, 노조등이 협력하여, 삐라 산포와, 서명 운동을 실시중이라 함.
다. 오오사까에서는 삐라, 포스타, 벽보 등으로, 피-알 중이며, 6월 12일, 시탠노 음악당에서, 약 1만명이 참집하여, 상기 민중대회를 열었다 함.
라. 미야기현, 센다이시에서는, 5월 하순, 센다이시 공회당에서, 민중 대회를 열고, 현재 가두 활동 중이라 함.

3. 일본의 정당 동향:
일본 공산당, 사회당, 노조 및 용공, 친공 각기관에서는, 상기, "북한 자유왕래 운동"에 적극 호응, 동조 중에 있으며, 특히 사회당에서는 6월 15일, 16일, 동경

"젠덴조" 회관에서 열린, 제 38회 중앙위원회의 의안으로, "한일 회담 분쇄에 관한 결의안, 일본과 북한과의 왕래에 대한 부당 재한 재거에 관한 결의"를 승인한바 있어, 향후 조총련의 상기 운동을 지원하게 될 것으로 사료 됨.

4. 조치 사항:

대표부는 6월 12일, 17시, 민단 중총 간부에게 제4차 집행기관회의를 개최케 하여, 상기 운동을 검토케 한 바 있으며, 동 회에서 대책위원회를 구성키로 합의를 보고, 잠정적으로 활동 계획과 선전책을 수립하였으며, 이에 관한 상보는 별도 서면 보고 위계 임.

5. 의견:

본 운동은 강제 북송운동의 연장으로 간주되며, 한일회담에 대한 적극적 저지책이라고 볼 수 있음. 본 운동의 시초 동기와 경위를 보면, 북한 강제 송환 운동과 흡사하며, 북한 자유 왕래라는 명목을 띤 북한 괴뢰의 흉책으로 사료됨.

6. 건의:

본건에 대한 활동 방침을 지시 바람. (주일영)

2. 외무부공문(발신전보)–조총련측 북한 자유 왕래 촉진 운동

대한민국 외무부
번호 WJ-06179
일시 191800
발신 외무부 장관
수신 주일대사
제목 조총련측 북한 자유 왕래 촉진 운동

1. JW-06189의 대호임.

2. 일본 공산당, 사회당의 동조를 얻어 조총련이 책동하고 있는 북한 자유 왕래 촉진 운동에 대하여 다음과 같이 조치할 것을 지시함.

　가. 일본 정부에 대하여

　　(1) 이러한 운동이 일본 정부의 대북괴 정책에 영향을 주어 재일 한인의 북한 왕래를 허용하는 입장을 취하게 되면, 이는 현재의 국교정상화

를 위한 양국의 노력을 파괴하는 결과가 될 것이며, 아직도 진행중인 교포 강제 북송 문제와 아울러 한일관계에 중대한 결과를 초래케 될 것을 우려한다는 우리의 입장을 밝히고,

(2) 일본 정부로서 가능한 모든 방법으로 여사한 운동을 좌절시키도록 협조하여 주는 동시, 일본 정부의 대북괴 정책을 명백히 하므로서 한일회담 타결을 촉진하는데 기여할 것을 요청할 것.

나. 민단 조직을 최대한으로 이용하여 조총련의 흉계를 저지하는 대항 운동을 전개할 것. (동북)

3. 외무부공문(착신전보)

대한민국 외무부
번호 JW-06268
일시 241811
수신시간 1963.6.25. AM 8:3□
발신 주일대사
수신 외무부 장관

대: WJ-06179

1. 대호 지시에 관하여는 일본외무성 마에다 과장을 직접 면담하고 정부의 입장을 밝히는 동시에 그들의 협조를 요청하였음.

2. 이에 대하여 마에다 과장은 북한자유왕래의 허용과 같은 문제에 대하여는 위는 수상으로부터 아래는 담당직원까지 고려하여 본 사실도 없거니와 한국과의 조속 타결을 희망하고 있는 그들의 정책에 감하여 한국정부가 우려할 정도의 어느 정책(대북한)의 변동은 있을 수 없다고 말하고 더욱이 전번 북송문제로 하여 사태를 악화시킨 사례에 비추어도 극히 심중히 처리하고 있다고 답변하고 있었음.

3. 다만 그들이 일본공산당, 사회당, 일조협회측을 중간에 개재시켜 파상적인 오히라대신 면회 요청을 하고 있어 전연 면회를 사절한다고는 할 수 없어 마에다과장 선에서 개별적인 면회를 허용하고 있다고 말하고 있었음. (주일정)

4. 공보부공문-북한 자유 왕래 저지 운동

공보부
번호 공문선 725.1288 (72-7952)
일시 1963.7.9.
발신 공보부 장관 임성희
수신 외무부 장관
제목 북한 자유 왕래 저지 운동

    1. 외정교 725-686에 대한 응신입니다.
    2. 북한 자유 왕래 저지운동에 대하여는 당부 주일공보관이 주일대표부 및 재일거류민단과 협조하여 실시하도록 지시하였으며 귀부에서 요청하신 선전비 $15,000은 당부의 예산 사정상 지출이 불가능함을 알려드립니다.   끝

5. 부전 朝總聯側 "北韓自由往來促進運動"

    제목요약 朝總聯側 "北韓自由往來促進運動"
    (1) 民團에서도 이에 對한 沮止運動을 展開하고 있으나, 人道面을 내걸은 日本 各界의 同調가 있으므로, 그들의 目的이 貫徹될 可能性도 不無하다.
    (2) 在日僑胞 一部는 今後 本國에서 言論界를 통한 反対與論 喚起와 日政에 對한 强硬한 警告를 要望하고 있다.
    (治安局으로부터의 通報)

6. 내무부공문-조총련의 북한자유 왕래 촉진 운동에 대한 재일교포 여론

내무부
번호 내치정 2068,62-8112
일시 1963.7.30.

발신 (장관 명에 의하여)치안국장 이소동
수신 중앙정보부장(제3국장), 외무부 장관, 공보부 장관.
제목 조총련의 북한자유 왕래 촉진 운동에 대한 재일교포 여론

　　　최근 조총련에서는 소위 북한자유 왕래 촉진운동을 전조직을 총동원하여 전
국적으로 전개하고 있어 민단 측에서도 이에 대한 저지운동을 또한 전개하고
있기는 하나 인도주의적 면에서 의당히 북한왕래를 자유로히 하도록 허용하여
야 할 것이라는 일본 각계의 동조가 있어 동 운동을 꾸준히 지속해 나간다면
그들의 목적이 관철될 가능성도 불무하다고 보는 바 본국의 이에 대한 태도를
보건데 전연 무관심한 것 같다. 금후 본국에서 북송문제 때와 같이 언론계를
동원하는 등 반대여론을 환기하는 일편 일본정부에 대하여도 강경히 경고하여
야 한다는 재일지식층 교포들의 여론이라 하기 보고(통보) 합니다. 끝

7. 기안-조총련의 북한자유 왕래 촉진운동

번호 외정북722-830
기안일시 1963.8.3.
시행일시 1963.8.5.
기안처 동북아과 김혁
발신 외무부 장관
수신 내무부 장관
제목 조총련의 북한자유 왕래 촉진운동

　　　1. 내치정 2068.62-8112의 연호입니다.
　　　2. 조총련에 의한 소위 북한 자유 왕래 촉진운동에 관하여는 이것이 한일관
계에 미칠 결과의 중대성을 고려하여 당부로서도 깊은 관심을 가지고 대처하고
있읍니다.
　　　3. 이에 관하여 당부가 6.19일자로 동 운동 저지를 위하여 주일 대표부에
훈련한 전문 사본과 동 훈령에 대한 동 대표부의 전문회보 사본을 송부하니 참
고하시기 바라며 앞으로도 조총련에 의한 이러한 흉계를 봉쇄하는데 있어 귀부

의 협조 있기를 바랍니다.

유첨: (1) 전문 WJ-06179 사본

     (2) 〃 JW-06268 사본.　끝

8. 외무부공문(착신전보)

대한민국 외무부
번호 JW-08309
일시 261142
발신 주일대사
수신 외무부 장관

8. 24 (토) 오전 11:30 방희공사는 변훈 일등서기관을 대동하고 김종국건 및 조총련의 소위 "북한 자유 왕래 운동"에 관하여 일본 법무성 입국관리국 "오나와[1]) 세이시로" 국장을 방문 면담한바 그 요지는 다음과 같음을 보고함.

1. 김종국 건에 관하여

가. 방공사: 김종국은 북괴의 기만적인 선전에 속아 북송되었다가 북한에서의 생활고에 견디지 못하였을 뿐 아니라, 자유를 희구하던 나머지 생명을 걸고 탈출한 자인만큼 현행 국제적 관례(실례를 듬)는 물론 국제적 도의상으로나 인도적 견지에서 볼 때 밀항자 취급을 한다는 것은 부당하므로 조속히 석방하여주면 좋겠다.

오가와 국장: 북괴에서 밀파된 스파이 혐의 여부를 우선 조사해야 되겠고 현행 출입국법에 비추어서는 일단 밀항자로 취급할 수밖에 없는 것이며 일본 내의 특수사정에 비추어 국회에서나 좌익 단체의 정치적인 항거도 고려하여 현재 직각적인 판단을 내린다는 것은 매우 위험한 관계로 심중히 취급할 문제이다. 방공사의 요청에 관하여 이해할 수 있으나 조사결과에 따라 고려될 것이다. 그러나 현재의 예측으로는 종국적으로 국제적십사 같은 데에 의뢰하여야 할 가능성도 내포하고 있는 것이라고 볼 수 있겠다.

---

1) 오가와

나. 방공사: 들리는 말에 의하면 현재 하관 입관에 구류되어있는 김을 친형(조총련계)이나 공산당원 변호사가 요청한대로 병으로 위독하다는 부친(경도 거주)을 만나게 하기 위하여 근간 가석방된다고 하는게 사실인가. 또한 부친의 병이 조총련 측의 조작이라고 의심할 수 있겠는데 이를 재확인할 수 있겠는지?

오가와 국장: 현단계로서는 가석방을 고려한 적이 없고 다만 부친이 위독하다는 지방 입관 보고임으로 도의상 거절할 수 없어 입관 경호관 입관 하에 일차 면회시키고 끝나면 곧 재구류할 예정으로 있다. 부친의 위독 여부는 재지시하여 확인하여 보겠다.

다. 방공사: 김종국은 당초 한국 영사만을 만나겠다는 것이 근래에 와서 실형(조청련2)에 속하고 있으며 조총련의 지시에 움직이고 있는 자임)과 공산당원인 일본인 변호사를 만나고 있으나 우리 영사를 만나는 것을 꺼려하고 있다고 하니 이것은 반드시 조총련이 실형을 통해 어떤 압력이나 공갈이 있었다는 증좌이므로 김이 자유를 찾아 피난해온 자인만큼 그를 올케 인도하고 보호하기 위해서라도 우리 영사가 필요시에 면회를 해야겠으므로 선처 바란다.

오가와 국장: 본인이 원치 않는다면 영사일지라도 면회하기 어렵고 만일 영사가 입관 관헌의 협력을 얻어 강압적으로 면회한 사실을 좌익 측이 알면 필연적으로 정치적으로 항의하여 나올 것이니 심중히 다루어야 하겠다. 그러나 선처 해보겠다.

2. 소위 북한 자유 왕래 문제에 관하여.

방공사: 조총련의 흉계에 의하여 현재 일본 좌익단체의 대중운동에까지 발전해온 소위 "북한 자유왕래문제"에 대하여 귀법무성 관측에서는 여하한 태도로 임할 것인지.

오가와 국장: 문제시 않을 방침이다. 북괴는 연 3억원 가량을 일본에 송금하여 조총련으로 하여금 강력한 조직 운동으로써 지방회의에서 동 문제를 통과시키는데 전력을 다하고 있는 것 같은데 이에 비하여 한국의 거류민단 운동은 약한 것 같으므로 더욱 적극적인 대항 운동이 전개되었으면 좋겠다. (주일영)

---

2) 조총련

9. 외무부공문(착신전보)-일본 북한 간의 자유왕래

대한민국 외무부

번호 JW-09042

일시 040953 pm 14:20

발신 주일대사

수신 외무부 장관

일본 북한 간의 자유왕래

작3일 일본 정부는 각의에서 북한과의 자유 왕래에 관한 "가야" 법무 대신의 보고를 양승하여, 북한과의 자유 왕래를 인정하지 않는다는 종래의 방침을 그대로 견지하기로 결정하였다고 함.

즉, 그간 법무성은 외무성을 위시하여 치안당국 또는 법제국 등과 이 문제에 관한 대책을 협의중에 있었는데, 그 결과 다음과 같은 방침을 세우고, 이를 작일의 각의에 보고하여 양승을 얻은 것이라 함.

1. 북한과의 자유 왕래를 인정하지 않는 것은 인종이나 신조 상의 차별이 아니며 일본이 주권국가로서 내외 정세에 대응하여 취하고 있는 조치로서, 국제법이나 세계 인권선언에 위반되지 않는다.

2. 따라서 입국자의 입국 이유가 정당하고, 또한 입국을 인정하여도 일본의 이익에 반대되지 않는 자에 한하여 케이스 바이 케이스로 입국을 허가한다는 지금까지의 방침을 변경할 필요가 없으며, 자유 왕래는 인정하지 않는다. (주일정)

10. 외무부공문(발신전보)

대한민국 외무부

번호 WJ-09058

일시 061005

발신 외무부 장관

수신 주일대사

1. 동경 9.3.발 AP 통신은 동일의 일본 각의가 북한 자유 왕래문제를 논의할 시에, 법무상 "가야 오끼노리"는 북한 왕래를 제한하고 있는 현 정책을 변경할 필요가 있다고 말하였으며 각의에서는 가야의 이러한 견해에 동의하였다고 보도하고 있음.

2. 위에 관한 사실 여부를 조사 보고 하시기 바람. (동북)

11. 외무부공문(착신전보)

대한민국 외무부
번호 JW-09082
일시 061352
발신 주일대사
수신 외무부 장관

대: WJ-09058
1. 대호의 AP 통신 보도는 사실임.
2. 이에 대하여는 JW-09042(63.9.4)로 이미 상세히 보고 한 바 있으니, 이를 참조 하시압 (주일정)

12. 기안-일본북한간 자유왕래

번호 외정북722-
시행일시 1963.9.9.
기안처 동북아과 김혁
발신 외무부 장관
수신 주일대사
제목 일본북한간 자유왕래

1. JW-09042, WJ-09058, JW-09082의 연호임

2. 동경 3일발 AP 통신(별첨1)은 일본 법무상이 각의에서 "일본 북한간 여행을 제한하고 있는 현 정책을 변경할 필요가 있고", "각의는 이 문제에 관한 법무상의 견해를 양승했다" 고 보도하였음.

3. 귀 보고 JW-0942는 "각의에서 북한과의 자유왕래에 관한 "가야" 법무대신의 보고를 양승하여, 북한과의 자유왕래를 인정하지 않는다는 종래의 방침을 그대로 견지하기로 결정하였다"고 보고하였음.

4. AP 보도와 전기 보고와는 중요한 점에 있어서 상반되고 있는 바, 어느 것이 사실인가의 여부를 조사하여 재보고 하기 바람.

유첨: (1) AP 보도.   끝.

유첨-AP보도

Tokyo, Sept, 3 (AP)--Japanese Justice Minister Okinori Kaya told the cabinet Tuesday there was need to change the current policy of restriciting travel to and from North Korea.

A number of the half million Korean residents here have been campaigning for months for the right of unrestricted travel between Japan and North Korea.

The subject was taken up at the cabinet meeting as the government had been embarrassed by resolutions passed in several local legislatures backing up the Korean demand, and a socialist demand that the government clarify its position on the subject.

The cabinet was reported to have accepted the Justice Minister's Viewpoint on the subject.

13. 외무부공문(착신전보)

대한민국 외무부
번호 WJ-09167

일시 111523
발신 주일대사
수신 외무부 장관

대: 외정북 722-18402 (63.9.9)

1. 대호로 조사 지시하신 일본 북한간의 자유 왕래 문제는 대표부의 JW-09058
및 JW-09082호 보고가 정확하며, "AP" 통신 보도는 ---THERE WAS NO NEED
TO CHANGE-- 의 오식인 것으로 추측됨.

2. 이에 대한 상세한 내용은 주간 정세보고 제35를 참조 하시압. (주일정)

14. 협조전-주북경 스웨덴 대사에 대한 입출국허가

번호 외아북487
일시 1964.1.21.
발신 아주국장
수신 구미국장
제목 주북경 스웨덴 대사에 대한 입출국허가

주일대사로부터 주북경 스웨덴 대사의 북한 경유 입국 및 일본향 출국사증
신청에 관한 공한을 송부하여 왔는 바, 이는 귀국 소관으로 사료되옵기 별첨
이첩합니다.

유첨: 주일정 722-13. 끝

15. 협조전-주북경 스웨덴 대사에 대한 입출국허가

번호 외구주
일시 1964.1.22.
발신 구미국장 장상문
수신 아주국장

제목 주북경 스웨덴 대사에 대한 입출국허가

(대: 외아북 487)

　　1. 대호 건에 관하여 해당인의 국적은 서전이나, 해인의 여행이 동북아 지역에 관련된 것이므로, 표기 건은 귀국소관으로 사료되어 이를 반송합니다.

　　2. 해인의 금반 여행이 판문점을 통하여 입국 서울에서 2, 3일 체류 후 일본으로 출국하겠다 하나, 여사한 방법의 출입국은 제반 사정을 감안하여 하가 아니하는 것이 좋으리라 사료되어 자에 당국의 의견을 송부합니다.

　　유첨: 주일정 722-13. 끝

16. 협조전–주북경 스웨덴 대사에 대한 입출국허가

번호 외아북494
일시 1964.1.23.
발신 아주국장
수신 의전실장
제목 주북경 스웨덴 대사에 대한 입출국허가

1. 주일대사로부터 주북경 스웨덴 대사의 북한 경유 입국 및 일본향 출국사증 신청에 관한 공한을 송부하여 왔는 바, 이는 귀국 소관으로 사료되옵기 별첨 이첩합니다.

2. 해인이 판문점을 경유하여 입국하고 서울에서 2, 3일 체류 후 일본으로 출국하기를 희망하고 있다는 바, 이러한 방법의 입출국은 현 실정으로 보아, 허가하지 않는 것이 좋을 것으로 사료되옵기 당국의 의견을 첨언합니다.

　　유첨: 주일정 722-13.　끝

17. 외무부공문(착신전보)–

대한민국 외무부

번호 JAW-05410
일시 290954
수신시간 1964.5.29. PM12:20
발신 주일대사
수신 외무부 장관

　　신문 보고
　　연: JAW-05352
"니가다"발 아사히 신문 보고에 의하면 제117차 북괴 귀환선 "야크차"호는 오는
27일 니가다에 입항하였으나 적십자사의 초청으로 내일 할 예정이었던 김수영
북괴 적십자사 국제부 차장은 동선에 승선하고 있지 않다 함.
(주일정)

18. 부전-일본북괴간인사교류

제목　日本北傀間人事交流

　　(1) 大平外相은 17 日 衆議院에서 北傀貿易關係의 最小限의 要員入國에 關하여
　　　　外務, 法務兩省에서 檢討할 것을 決定하였다고 말함.
　　(2) 外務, 法務者은 現. 対韓関係가 微妙한 段階이므로, 貿易関係를 中心으로 限
　　　　定된 範圍의 交流를 考慮中이라함

19. 외무부공문(착신전보)-신문보고

대한민국 외무부
번호 JAW-06260
일시 181007
수신시간 1964.6.18. AM10:40

발신 주일대사
수신 외무부 장관

신문보고

일본, 북괴와 인사교류검토 (6월 18일자 일본 경제신문 보도)

일본 정부는 북괴와의 인사교류를 개선하기 위하여 무역관계의 최소한의 요원
입국에 관하여 외무성, 법무성에서 검토할 것을 결정하였다고 함.

"오히라" 일본외상은 17일 중의원 외무위원회에서 상기사실을 사무당국에 검토
하도록 지시하였음을 밝혔는 바, 외무성, 법무성은 대 한국관계가 미묘한 단계
이므로 일반적인 인적 교류는 무리이므로 무역관계를 중심으로 한 한정된 범위
의 교류를 고려하고 있다고 함. (외통조, 외아북)

20. 부전

제목 日本・北傀間人士交流

(1) 日外務省前田課長은 方公使에게 日.北傀間人士交流에 関한 大平外相의 國
會發言에 対하여 다음과 같이 말함

(가) 北韓自由往來問題가 論議된 것은 지난 3月부터이므로 이번이 새로운 것이
아니고

(나) 貿易関係者의 往來에 関하여 事務當局에 檢討指示하엿다고 外相이 対辯한
것은 外務省이 이에 関한 指示를 못 받은 事実로 보아 國會対策上의 發言이
라고 生覺된다.

21. 외무부공문(착신전보)―신문보고

대한민국 외무부
번호 JAW-06262
일시 181121

수신시간 1964.6.18. PM11:54
발신 주일대사
수신 외무부 장관

신문 보고 (아사히)

6.17. 오후의 중의원 외무위원회에서 북한과의 자유왕래 문에 관하여 "야마모토 고이찌" 의원(사)의 질문에 답하여 오히라 외상은 북한과의 자유왕래가 행하여 지지 않고 있는 현상은 부자연스럽다. 나로서는 이것을 개선하고 싶은 생각이 며, 우선 먼저 무역관계자의 왕래를 실현하도록 그 구체안을 사무 당국에 검토 시키고 있다.

그러나 일반인의 왕래를 인정하는데 까지는 미치지 못하고 있다고 말하였다 함. (외아북)

22. 외무부공문(착신전보)

대한민국 외무부
번호 JAW-07241
일시 171340
발신 주일대사
수신 외무부 장관

금 7.17 일자 "니께히" 조간에 "북조선 대일 접근을 기도, 기술자의 입국을 희망, 정부는 근근결론" 이라는 제목으로 제1면, 4단 기사가 게재되었기 요지를 보고 함.

"북조선의 대일접근 동향이 최근 본격화하고 있다. 그 목표는 당면 양국간의 거리를 무역경제관계의 촉진을 통하여 좁히는데 있는 듯하며, 무역업계 소식통 에 의하면 화학푸란트의 대일구매와 관련하여 기술관계자의 일본입국을 강하게 희망한다는 예가 생겼다 한다.

"이에 대해 정부는 북한이 한국과 대립관계에 있는 이상 당분간 호흡을 마쳐 관계 긴밀화에 움직이는 것은 곤난하다는 입장을 취하고 있으나, 일본측에는 무역관계지의 입국을 일체 거부하고 있는 현재와 같은 상태는 부자연하다는 견해도 강하므로 이를 둘러싼 국제정세 등도 고려해서 머지않아 북한으로부터의 입국 문제에 결론을 낼 의향이라 한다.

"북한은 1961년을 초년도로 하는 국민경제발전 7개년 계획을 실시중으로 중화학공업을 육성하면서 농업생산도 확대한다는 사업을 벌리고 있다.

이 계획 달성에는 공장 설비류의 수입촉진이 중요한 바, 북한은 쏘련, 중공간 대립에서 중공에 편을 든 결과 쏘련으로부터의 중기계류의 수입 및 기술원조가 대부분 끊어져 7개년 계획달성에 상당한 문제가 있는 듯하다.

"이것은 공업 중 생산고가 1961년, 62년 20%로 순조로히 뻗어간데 대해, 63년에는 8%로 떨어진 데도 나타나 있다. 더욱이 중공으로부터의 기계수입은 중공 자신이 이를 필요로 하므로 별로 이를 기대할 수 없으므로 일본과의 무역확대에 길을 찾고자 하고 있는 것으로 보인다.

"북한의 대일 접근 배경에는 이와 같은 사정이 있으나, 일본 북한 간의 무역액은 최근 몇 년간 급 핏치로 증가하여 금년은 1-5월간에 이미 왕복 11백만불(일본으로 보아 수출 4백만불, 수입 7백만불)로 작년 1년간에 끼운 액이다.

"따라서 업계에서는 이와 같이 무역 규모 중개에 수반하여 일, 북한 간의 무역이 새로운 국면에 들어갈 전망이 짙다고 보고 있으며, 소식통에 의하면 북한 수뇌는 "마쓰구라 겐소"(주: 자민당대의사, 대중공 접근 논자,) 오까사기 기헤이다" 전일본항공회사" 젠니꾸 사장, 일·중공 (L.T.) 무역사무소, 일측 책임자)등 일 정재계 유력자를 통하여 무역루트를 연 전례에 비추어, 일측 유력자와의 접촉을 구하고 있다 한다.

"따라서 우선 "장님무역"의 현상을 개선하기 위하여 무역 관계자의 일본에의 입국"을 희망하고 있는 것으로, 관계측에 의하면 푸란트류의 대일 구매에 당하여 관계자의 파견을 조건으로 요청하고 있는 듯하다.

"한편 정부는 이제까지 북한으로부터의 입국은 일체 인정하지 않고 있으며, 다만 올림픽을 위하여 300명의 선수와 관계자의 입국을 인정하고 있는 정도이다. 그러나, "오히라" 외상은 정치활동을 목적으로 하지 않는 무역 관계자의 입국을 계속 거부함이 좋을지, 좋지 않을지에 관하여 외무당국에 검토를 지시하고 있으며, 내각 개조 후에 좌우간 결론이 나올 가능성이 짙다. "다만 북한으로부터의 입국을 인정하고 동국과의 경제 관계 촉진의 길을 여는 것은 것은 대립관계에 있는 한국이나, 대만과의 관련으로 보아 극히 곤란하다는 의견도 강하므로 북한

으로부터의 입국문제는 공산권 무역의 새로운 초점으로서 크게 주목될 것으로
보인다."(주일정, 외아북) 끝.

23. 외무부공문(착신전보)

대한민국 외무부
번호 JAW-07289
일시 211027
수신시간 1964.7.21. AM11:□5
발신 주일대사
수신 외무부 장관

　　연: JAW-07267

7.21.자 "니혼 게이자이" 조간에 개재된 기자회견 기사에 의하면 "시이나" 외상
은 북한으로부터의 입국문제처리에 관하여 아래와 같이 답변하였음.
"현재 북조선으로부터의 입국은 일체 인정하지 않고 있으나, 무역관계자의 입국
은 재검토할 단계에 와있다고 생각한다. 아무튼 객관정세를 고려하여 결론을
내릴 작정이다.
(주일정-외아북)

24. 외무부공문(착신전보)

대한민국 외무부
번호 JAW-12308
일시 171034
수신시간 1964.12.17. PM12:15
발신 주일대사
수신 외무부 장관

1. 12.17.자 당지 신문보도는 북한과의 왕래를 특별 고려할 것을 법무성 당국은 검토 중이라고 보도하고 있음.

2. 법무성은 요지음 여태까지 인정하지 않고 있는 북괴와의 인사교류를 최근 활발하여진 무역 관계상 장래에 있어서 새로운 각도에서 재검토하여 내년 봄 통상국회 재개에까지 정부로서의 의견조정을 끝마치자 하는 바.

(1) 북괴와의 무역확대가 국가방침으로서 인정될 경우 경제인의 입국은 인정할 수밖에 없다. (2)재일한인의 북괴와의 자유왕래는 종래와 같이 인정하지 않는다,는 방침으로 정부 부내에서는 "순수한 인도상의 경우에는 왕래를 인정할 것이 아닌가" 하는 의견도 높아지고 있다. 이러한 북괴와의 왕래문제를 일본 정부 당국이 재검토하게 된 연유는 일본 업계의 일부에서 최근 북괴와의 섬유프란트 수출을 강하게 희망하는 점, 또한 조총련계의 집요한 진정공작에 의한 것으로서 금년 6월 10일 공안조사 국장회의에서 당시 "가야" 법상, "요시까와" 공안조사청 장관이 동 자유왕래운동에 대하여 격렬한 태도를 보인 것과는 대조적인 것이다. 하여간 경제인의 인사교류 및 인도적 케이스로 인한 북괴와의 왕래가 앞으로의 한일회담 타결에 대하여 지대한 영향을 줄 것으로 보인다. (주일정一외아북)

25. 외무부공문(착신전보)

대한민국 외무부
번호 JAW-12445
일시 261027
수신시간 1964.12.26. AM11:12
발신 주일대사
수신 외무부 장관

북한과의 인사왕래 문제에 관하여 일본 정부는 24일 정부 기본방침으로서 "성묘 등을 위한 인도상의 왕래라 하더라도 조총련의 자유왕래 운동과 관계가 있는 한 인정하지 않기로" 한데 대하여, 소위 재일조선인 조국왕래 요청위원회 (위원장 이계백 조총련 부의장)는 25일 다음과 같은 성명을 발표하였다함. "일본정부가 재일조선인의 조국 자유 왕래를 부인하고 있는 유일한 구실은 그것이 "정치

운동"이라는 것이지만, 순수히 인도상의 입장에서 출발한 것이며, 그것에 정치를 끄러드리는 것은 오히려 일본정부이다." (주일정-외아북)

26. 외무부공문(착신전보)

대한민국 외무부
번호 JAW-12448
일시 261118
수신시간 1964.12.26. PM1:23
발신 주일대사
수신 외무부 장관

25일자 당지 각 신문은 북괴와의 자유왕래 문제에 관하여 법상, 외상, 및 관방장관과의 3자 협의 결과에 관한 기사를 개재하고 있는 바 그 중 요미우리가 보도한 바는 다음과 같음.

가. 소위 자유왕래 운동은 한일회담의 방해 및 저지 등을 목적으로 하는 정치적 성격이 강한 것으로서 이것을 인정하는 것은 절대로 할 수 없다.

나. 재일 한인의 북괴에의 묘지 참배 등을 이유로 하는 북괴와의 왕래는 전기와 같은 자유왕래운동과 결부가 되어있는 한 허가하는 것은 타당치 않다. 라는 점에 3자가 의견 일치를 보았다. 한편 경제인 교류 문제에 관하여는 "지금 협의하기에는 기회가 성숙되어 있지 않다" 라는 것으로서 태도 결정을 후일로 하기로 하였다. 자유 왕래 문제에 관하여 이것을 인정하지 않는 태도를 결정하였다는 것은 이제까지의 방침을 계속 한 것이나 묘지 참배 등의 왕래에 관하여 "자유 왕래 운동과의 결부가 되어 있는 경우에 대한 어떠한 함축성을 포함시키고 있다는 인상을 주는 것으로서 주목을 끌고 있다라고 당지는 보도하였음. (주일정-외아북-외아교)

③ 조총련교민 북한 방문, 1965.12.27.

○ ○ ○

기능명칭: 조총련교민 북한 방문 1965.12.27.

분류번호: 791.56JA 1965

등록번호: 1691

생산과: 동북아주과

생산연도: 1965

필름번호: D-0003

파일번호: 07

프레임번호: 0001~0007

1. 기안

번호 외아북722
기안일시 1965.12.31.
기안자 동북아주과 신준영
발신 장관
경유수신참조 주일대사
제목 담화요록 사본 송부

　　북괴행 재일한국인 2명에 대한 재입국 허가 발급문제와 관련하여 지난 12.29.
에 최광수 동북아주과장이 마에다 주한일본대사관 참사관에게 representation한
담화 요록사본을 별첨 송부하니 참고하시기 바랍니다.
유첨: 동 사본 1부. 끝

2. NOTE VERBALE

번호 PKB-004
일시 1965.12.30.

　　The Embassy of the Republic of Korea presents its compliments to the
Ministry of Foreign Affairs and, with reference to the recent measures taken
by the Japanese authorities concerned to allow two Korean residents in
Japan not only to proceed to the northern part of Korea but also to return
to Japan, has the honour to state as follows:

　　As the Government of Japan may be fully aware, the position of the
Government of the Republic of Korea has been and is against any travel
by Koreans between Japan and the Communist-occupied northern part of
Korea. It is most regrettable that the Japanese authorities concerned have
taken the aforementioned measures in spite of repeated representations of

the Korean position to the Japanese Government.

The Korean Government is seriously concerned with the intention of the Japanese Government in taking such unprecedented measures at a time when new relations based upon friendship and good-neighbourliness between the two countries have just begun, following the exchange of ratifications on the treaty and agreements less than two weeks ago. The Korean Government is of the view that the Japanese measures are utterly in conflict with the spirit of the treaty on basic relations and the agreement on the legal status and the treatment of the Korean residents in Japan. The Korean Government is compelled to doubt the sincerity of the Japanese Government for the faithful implementation of the treaty and agreements. It is a fear of the Korean Government that such Japanese measures would bring about dark clouds over the relationship between the two countries and would cause adverse effects upon the forthcoming era of their relations.

It is the concern of the Korean Government that the Japanese measures would eventually affect its national security and welfare since the Communist-puppet regime in the northern part of Korea would take advantage of such measures in exploiting the territory of Japan as a base of its subversive activities against the Republic of Korea, irrespective of the intention of the Japanese Government. The Korean Government also notes that the Japanese measures would pave a way for an indirect, if not direct, channel of contacts between the Government of Japan and such puppet regime.

The Government of the Republic of Korea strongly requests that the Government of Japan promptly revoke the validity of re-entry permits which were allegedly given to the aforesaid two Korean residents on December 28, 1965. Furthermore, the Japanese Government is urged to give an assurance that any such measures as stated above be not recurred hereafter.

December 30, 1965,
Tokyo.

④ 재일한인 북한 방문 문제, 1965-66

○ ○ ○

기능명칭: 재일한인 북한 방문 문제, 1965-66

분류번호: 791.56JA 1965~66

등록번호: 2045

생산과: 동북아주과

생산연도: 1966

필름번호: Re-0037

파일번호: 08

프레임번호: 0001~0035

1. 외무부 공문(착신전보)-신문보고

대한민국 외무부
번호 JAW-02348
일시 211052
수신시간 1966.2.21. 13:16
발신 주일대사
수신 장관

신문보고

1. 사회당은 북한과의 교류 촉진에 관한 당면 방침에 관하여 동당국제국을 중심으로 검토하고 있든 바

　　1). 정부의 비우호적 태도를 고려, 일조인민의 교류를 방해하는 차관 결정을 철회함으로서, 출입국의 자유를 보증하며,

　　2). 북한을 명시한 정규의 직접 도항을 싸워 얻어 출국 수속에서의 불평등을 시정한다는 기본방식을 정하고, 구체적으로는

　　가). 5월경 사회당 사절단을 북한에 보내여 북한 노동당, 또는 동국 우호단체의 방일 실현

　　나). 현재 연간 100억엔의 규모에 머물고 있는 일조간 무역의 확대를 도모하여, 중공과의 종합무역과 같은 레벨에까지 발전시킨다.

　　다). 북한 국립 민족 무용단의 내일 등 예술, 스포츠의 교류 확대

　　라). 일조 기자의 교류 실연

　　마). 재일 한국인의 조국 왕래 운동 등 강화 등을 강하게 추진한다 등을 내용으로 한 것이라 한다.

2. 15일 중의원 예산위에서 있었던 일반질문에서 사회당의 이시노 의원이 북한과의 일시 귀국 또는 프란트 수출에 수반한 기술자의 북한에의 입국을 정부가 인정치 않는데 어떠한 방침이냐고 물은데 대하여 이시이 법상은 북한에서 조국 왕래의 희망은 인도상으로도 무시할 수 없다. 그러나 이를 정치적으로 크게 의미 있다고 보아 정치적 효과를 노리는 점이 있어 곤란하다. 여하간 금후 거부할 생각은 없다고 말하였다 하며, 20일자 마이니찌 조간에 의하면, 동 일반질문에

서 이시노 의원이 수출입은행 자금을 북한 등에 사용하면 무역량은 확대할 것이라고 말한데 대하여 미끼 통산상은 수은[1] 자금을 사용한다는 것은 약속할 수 없으나 가능한 한 적극적 자세로 나가고 싶다고 말하였다고 보도되고 있음.

3. 사회당의 사사끼 위원장은 지방에서의 기자회견에서 아세아 제 국민회의를 5월경에 동경에서 열고저, 금월말에 야마모도 국제국장을 캄보디아에 파견하고, 자기도 내월 초에 캄보디아, 버마, 인도 등을 방문하여 동의의 필요성을 호소하겠다고 말하였단 한다.

4. 21일자 동경신문 조간은 1면 특종기사로서, 뉴질란드의 일방적 전관수역 설정에 대하여 과반 양국정부가 국제 사법재판소에 재소하기로 합의를 보았는 바, 동 공동재소[2]문의 원안이 외무성에 의해 작성되었다 하는 바, 동 원안은 1). 뉴질란드 주변의 어업 전관수역 설정을 위요한 일본과 뉴질란드간의 분쟁 (사실관계) 2). 동 분쟁에 있어서의 양국의 국제법적관계 (재소사항) 3). 수속사항의 3항목으로 되여있으며, 그 골자는 뉴질란드 정부가 동 국내법으로 설정한 배타적 어업 전관수역을 국제법상, 유효로 인정하는 여부를 재정토록 요청하는 것으로서, 동 재소에 제하여 일본 정부는 일류의 미국 국제법학자를 변호인으로 위촉함에 의해, 일본의 해양법학자 수 명으로 된 팀을 편성하여 만전을 기하려 하는 바, 일본 전문가로서는 고다 동북대 법학부 교수가 예정되고 있다 한다.

5. 21일자 아사히 신문 조간은 서울 특파원발로 한국 정부가 8월까지에 월남에 2만명을 □하기로 19일 밤, 이 외무장관과 브라운 주미대사간에 합의되었다고 보도되고 있음.

(아북, 아남, 통신)

2. 기안-재일한인 등의 북괴지역 여행 저지

번호 외아북722

기안년월일 66.2.23.

기안자 동북아주과

---

1) 수출입은행
2) 제소가 재소로 표기되어 있음.

발신 장관

경유수신참조 주일대사

제목 재일 한인 등의 북괴지역 여행 저지

대: (1) JAW-02203

(2) JAW-02348

일본과 북괴 지역 간의 내왕에 관하여 정부는 중대한 관심을 가지고 이의 저지를 위하여 노력하여 온 바, 한일 국교 정상화 이후 일본 정부가 취한 일련의 조치와 관련하여 우리 정부의 기본적인 입장을 일본 정부에 재천명하고 금후 이와 같은 사건의 재발을 저지하기 위하여 우선 아래와 같은 조치를 취하시고 그 결과를 보고하시기 바랍니다.

1. 일본 정부에 대하여 아래와 같은 내용의 각서를 수교하고 동시에 귀하가 직접 구두로도 그 내용에 따라 엄중 항의하고 일본 정부의 성의 있는 조치를 촉구하시기 바람.

가. 1959. 8. 13. 에 일본 적십자사와 북괴 적십자 간에 소위 칼캇타 협정이 체결되고 동년 12. 14. 에 재일 한인이 북송되기 시작한데 대하여 우리 정부는 일관하여 이와 같은 일본 정부의 조치에 엄중히 항의하고 이의 즉시 중단을 계속 촉구하여 온 바이며, 다시 한번 강력히 이의 즉각 중단을 촉구하는 바이다.

나. 한일 양국간의 제 현안을 해결하고 국교를 정상화하려는 장구한 노력이 결실하여 65. 12. 18. 양국간에 국교가 수립된 후에도 종래의 일본 정부의 처사가 시정되기는커녕 오히려 국교 수립 후 일천한 시기에 우리 정부의 강력한 항의에도 불구하고 전례에 없이 재일 한인 2명에게 북괴지역에 여행하였다가 일본에 재입국할 수 있는 허가를 준 사실, 한국으로부터 밀항한 자 (박영이)를 대한민국으로 송환치 아니하고 북괴지역으로 보낸 것, 또한 일본인에게 북괴행을 목적으로 하는 여권을 발급한 사실 등은 심히 유감된 일이 아닐 수 없다.

다. 이와 같은 일련의 조치가 한일 양국간의 국교 정상화에 따라 선린우호에 입각한 새로운 관계를 이룩하여 나가려는 시기에 일본 정부에 의하여 취하여진 것은 양국간의 국교 정상화의 분위기를 결정적으로 파괴하여 국교수립의 의의를 흐리게 하는 행위이며, 또한 양국정부가 성실히 이행하여야 할 한일간의 조약과 제협정, 특히 기본관계에 관한 조약과 재일 한인의 법적지위 및 처우에 관한 협정의 정신에 위배되는 것으로서, 한국 정부는 일본 정부가 양국간에 조인된 조약 및 제협정을 신의에 입각하여 성실하게 시행할 것인가에 대하여 크게 의문을 품지 않을 수 없다.

　　라. 한국 정부는 이에 다시 한번 이상과 같은 일본 정부의 조치에 강력한 항의를 하는 동시에 금후 또다시 이와 같은 사태가 계속된다면 한일 양국간 관계의 앞날에 암운을 던질 사태가 발생치 않을 거라고 보장할 수 없다는 점에 특히 일본 정부의 주의를 환기코저 하는 동시에 만일 이과 같은 사건이 재발한다면 이를 말미암은 사태에 대한 책임은 전혀 일본 정부에 있는 것임을 미리 경고해 두고저 하는 바이다.

　　마. 한국 정부는 일본 정부가 한일 양국간의 국교 정상화의 의의를 십분 인식하고 양국간의 우호관계를 □□하여 □□하여 나가는 견지에서 깊이 반성하여 금후 여사한 사태의 재발이 없도록 필히 조치할 것을 재삼 강력히 촉구하는 바이다.

　2. 이상의 항의각서를 수교함에 있어 귀하는 우리 정부의 입장을 일측에 충분히 설명 납득시켜 금후 여사한 사태가 재발치 않도록 강력히 촉구하시고, 밀항자의 북송은 일반적인 국제관행 및 우리나라의 국가 안전의 견지 등에서도 재일 한인의 북송보다 더욱 중대한 일임을 특히 강조하시기 바라며, 이러한 일이 재발하지 않는다는 보장을 받도록 노력하시기 바랍니다.

　3. 이와 같은 노력과 병행하여 지난 2.20.에 일본 사회당이 결정하였다고 하는 소위 일본과 북괴간의 교류증진 방안(대호 2보고)에 대하여 이와 같은 움직임이 절대로 실현되지 않도록 최선의 노력을 다하시기 바랍니다. 끝

3. 외무부 공문(발신전보)-미보고 재촉건

대한민국 외무부
번호 LTA-03177
일시 151455
발신 장관
수신 주일대사

　연: 외아북 722-108

연호 공한으로 지시한 사항에 관하여 아직 보고가 없는 바, 만약 아직까지 조치하지 않았다면 조속 조치하고 결과를 보고하기 바람(외아북)

장관

4. 외무부 공문(착신전보)-외상 방문 예정 보고

대한민국 외무부

번호 JAW-03290

일시 151717

수신시간 66.3.15. 19:36

발신 주일대사

수신 외무부 장관

대: WJA-03177 외아북 722-108 (재일한인들의 북괴지역 여행저지)

대호 지시를 실시하기 위하여 본직은 내 17일 (목) "시이나" 외상을 방문하기로 되어있음. 국회 관계로, 면담시간은 추후 결정될 것임. (주일정-외아북)

5. 외무부 공문(착신전보)-외상 방문 시간 보고

대한민국 외무부

번호 JAW-03335

일시 171022

발신 주일대사

수신 장관

연: JAW-03290

연호로 보고한 본직의 "시이나" 외상 방문 시간은 금 17일 하오 4시로 결정되었음. (주일정-외아북)

6. 외무부 공문(착신전보)–외상에게 수교한 항의각서 송부

대한민국 외무부
번호 JAW-03349
일시 171600
수신시간 66.3.17. 17:23
발신 주일대사
수신 장관

연: JAW-03335

대: 외아북 722-108

금 17일 하오 4시 시이나 외상과 만나 본직은 대호에 관하여 별지와 같은 항의
각서를 수고하였음. 면담내용에 관해서는 별도 보고함.

별지
NOTE VERBALE

THE EMBASSY OF THE REPUBLIC OF KOREA PRESENTS ITS
COMPLIMENTS TO THE MINISTRY OF FOREIGN AFFAIRS AND HAS THE
HONOUR TO STATE AS FOLLOWS:

THE DIPLOMATIC RELATIONS WERE ESTABLISHED BETWEEN THE
REPUBLIC OF KOREA AND JAPAN IN DECEMBER 1965 ON A BASIS OF
GOOD NEIGHBORLINESS AND MUTUAL RESPECT, AS A RESULT OF
CONTINUED EFFORTS FOR A PERIOD OF MORE THAN TEN TEARS BY
THE TWO GOVERNMENTS FOR THE SETTLEMENT OF OUTSTANDING
PROBLEMS AND NORMALIZATION OF THE RELATIONS OF THEIR TWO
COUNTRIES. WITHIN A PERIOD OF LESS THAN THREE MONTHS AFTER
AFTER THE ESTABLISHMENT OF SUCH NEW RELATIONS, HOWEVER,
THE GOVERNMENT OF JAPAN HAS TAKEN A SERIES OF MEASURES
WHICH THE KOREAN GOVERNMENT HAS BEEN SERIOUSLY CONCERNED
WITH. THE JAPANESE GOVERNMENT CONTINUED DEPORTATIONS OF
KOREAN RESIDENTS TO THE COMMUNIST- OCCUPIED NORTHERN

PROVINCES OF THE REPUBLIC OF KOREA, BY MEANS OF THE SO-CALLED CULCATTA AGREEMENT OF 1959. IT DEPORTED A KOREAN NATIONAL TO SUCH PROVINCES, WHO HAD FILTERED INTO JAPAN FROM CHEJU ISLAND. IT UNPRECEDENTEDLY PERMITTED TWO KOREAN RESIDENTS TO TRAVEL SUCH PROVINCES. MAY JAPANESE NATIONALS INCLUDING A MEMBER OF THE HOUSE OF COUNCILORS WERE ALSO AUTHORIZED TO TRAVEL SUCH PROVINCES, IT IS MOST REGGETTABLE TO NOTE THAT THE SAID SERIES OF MEASURES ARE NOT ONLY THE REPETITION OF THE PREVIOUS JAPANESE MEASURES BUT ALSO AN INITIATION OF UN-PRECEDENTED ONE.

THE GOVERNMENT OF THE REPUBLIC OF KOREA HAS BEEN OPPOSED TO THE AFORE-MENTIONED JAPANESE MEASURES AND REPEATEDLY REQUESTED THE JAPANESE GOVERNMENT TO RECONSIDER THE CONTINUING OF SUCH MEASURES. IT IS A FEAR OF THE KOREAN GOVERNMENT THAT THE MEASURES TAKEN BY THE JAPANESE AUTHORITIES AT A TIME WHEN EVERY EFFORT SHOULD BE MADE TO CONSOLIDATE A SOUND FOUNDATION OF THEIR NEW RELATIONS ON A BASIS OF FRIENDSHIP AND GOOD NEIGHBORLINESS WOULD VITIATE AN ATMOSPHERE OF NORMALIZATION OF THEIR RELATIONS AND ALSO WOULD UNDERMINE THE SIGNIFICANCE OF THE ESTABLISHMENT OF DIPLOMATIC RELATIONS. FURTHERMORE, SUCH MEASURES ARE REGARDED AS INCONSISTENT WITH THE SPIRIT OF EXIST, NG TREATIES, PATRICULARLY THE TREATY ON BASIC RELATIONS AND THE AGREEMENT ON THE LEGAL STATUS OF KOREAN RESIDENTS IN JAPAN, WHICH THE TWO COUNTRIES SHOULD FAITHFULLY ABIDE BY. THE KOREAN GOVERNMENT IS COMPLLED TO DOUBT WHETHER THE JAPANESE GOVERNMENT IS PREPARED TO IMPLEMENT IN GOOD FAITH THE PROVISIONS OF THESE TREATIES.

THE KOREAN GOVERNMENT WISHES TO POINT OUT THAT, IF THE AFORE-MENTIONED MEASURES CONTINUE TO BE TAKEN AGAIN, THERE WOULD BE NO ASSURANCE THAT ANY SITUATION WHICH

SHOULD BRING ABOUT DARK CLOUDS OVER THE RELATIONS OF THEIR TWO COUNTRIES WOULD NOT OCCUR. IT ALSO WISHES TO MAKE IT CLEAR THAT THE JAPANESE GOVER-NMENT WOULD BE SOLELY RESPONSIBLE FOR ANY CONSEQUENCES CAUSED BY ANY SUCH MEASURES BEING TAKEN AGAIN.

THE KOREAN GOVERNMENT URGES THE JAPANESE GOVERNMENT TO TAKE FULLY INTO ACCOUNT THE IMPORTANCE AND SIGNIFICANCE OF THE NORMALIZATION OF RELATIONS AND TO COOPERATE WITH THE KOREAN GOVERNMENT IN PROMOTING STEADILY THE FRIENDSHIP OF THE TWO COUNTRIES.

MARCH 17, 1966
TOKYO

7. 정세보고처리전–시이나 외상 면담 보고

외무부
정세보고처리전

발신 주일대사
요약 및 비고
"시이나" 외상 면담보고 (재일한인 등의 북괴지역 여행저지)
1. 재일한인 등의 북괴지역 여행허가에 관하여 항의하는 구술서를 수교하고 구두 설명하였음. (구술서 별첨)
2. "이시바시" 전수상의 북괴지역 방문에 관하여서는 외상은 반대한다 하였음.
3. 동 건들에 관한 아측 입장을 신문에 발표하자고 일측이 주장. 아측은 필요하다면 여러 문제 중의 하나로 간단히 언급하겠다고 하였음.

8. 외부무 공문(착신암호전보)–시이나 외상 면담내용 보고

대한민국 외무부
번호 JAW-03361
일시 171818
수신시간 1968.3.18. AM8:□□
발신 주일대사
수신 장관

연: JAW-03349

본직은 금 17일 하오 4시 외무성으로 "시이나" 외상을 방문 약 40분간 면담하였는 바 이를 보고함. (외무성 아세아 국장이 배석함.)

1. 본직은 연호 보고대로 대사관 구술서를 수교하고 구두로 그 내용을 외아북 722-108에 따라 설명하였음.

2. 일측은 이를 신중 검토하겠다고 함. 외상은 "이시바시" 전 수상의 북한 방문은 자기도 반대한다고 말하였음.

3. 일측은 금일의 아측 입장 제시 내용을 대외적으로 발표하고자 하는 의사를 표시하였는 바 이에 대하여 본직은 현금 제53해양환 사건이 발생되어 있음에 비추어 본 건 북한과의 문제를 대외적으로 크게 발표하면 마치 한국 정부가 우선 문제를 정치적으로 흥정하려는 의도를 가지는 것처럼 오해될 염려가 있으므로 발표를 삼가 하는 것이 좋겠다고 하는 견해를 표명하였음. 그러나 일측은 신문에 어느 정도 비추어두는 것이 좋겠다고 하여 필요하면 간단히 언급하겠다는 말을 하였는 바 본직은 여러 문제 중의 하나로 논의된 것으로 한다면 무방하겠다고 하였음.

9. 외무부 공문(착신전보)–일본 북괴간의 내왕에 관한 사또 수상 답변

대한민국 외무부
번호 JAW-04071
일시 051820

수신시간 66.4.5. 11:28
수신 외무부 장관
발신 주일대사

대: WJA-004042 연: JAW-04044

1. 대호 지시에 관하여 추후 국회회의록에서 확인 보고위계이오나 우선 현재까지 알려진 바를 종합하면 문답내용은 아래와 같음.

가메다 의원 (사회당)…일본인이 북조선을 여행하는 사람이 많은데 반대의 경우는 적다.

"사또" 총리: 미승인국가의 왕래는 자유가 아니다. 금후 차차 개선될 것으로 생각한다.

가메다: 북조선계 조선인의 일시귀환에 대하여 정부는 어떠한 조치를 취하는가.

사또: 북조선계 조선인의 일시귀환은 정치문제에 결부되지 않는 한 케이스 바이 케이스로 처리하여 나간다. 장래에 화근을 남기지 않도록 하겠다.

가메다: 북조선 쪽으로부터 무역관계자 입국에 관하여 요청을 받고 있다. 왜 보다 더 빨리 처리할 수 없는가.

사또: 동정적인 생각(강가에까다)을 가지고 있다. 언제까지나 입국시키지 않는다는 것은 어떨지라고 생각한다. 정치적 관계의 것과 순 경제적인 것을 정지하는 것이 필요하다.

가메다: "이시바시" 단장씨의 북조선 방문을 저지하고자 하는 움직임이 자민당 내에서 있다고 듣고 있는데 어떤가.

사또: 어떠한 정황인지 모르겠다. "이시바시" 씨의 건강이 외유에 견딜 수 있는 것인지 어떤지 잘 생각하겠다.

2. 연호 보고와 같이 전기 문답은 4월 2일의 1966년도 예산 성립을 하로 앞둔 1일 하오 상의원예산위에서의 총괄질문에서 행하여진 것이며, 당시 신문들은 수상이 북한으로부터의 기술자 입국에 대하여 호의적으로 고려할 것으로 시사한 것으로 보도하였으며 요미우리 2일자 조간 "칼럼" 기사인 "예산위 채점"에서는 북한문제에 대하여 정부측이 제법 명확히 "마에무끼"를 보인 것이 이번 예산위의 수확이라고 논평됨.

(주일정-외아북)

10. 대한민국 외무부(발신전보)—신문보도 확인 지시

대한민국 외무부
번호 WJA-11184
일시 141130
발신 장관
수신 주일대사

　　동경 12일발 합동 통신에 의하면, "이시이" 법상이 11일 참의원 법무위에서 사회당 "이나바" 의원 질의에 답하여, 재일 한인중 북한 출신자에 대하여 일시 북괴에 귀국시키는 것은, 당분간 불허할 방침이라고 말하였다 하는 바, 상기 보도의 사실 여부를 조속히 확인 보고하시기 바람. (아북)
장관

11. 신문기사—合同送信 11月 12日 第4便 特2 다

北韓出身僑胞
일시 歸國 당분간 不許
人道的으로 허용하겠지만 政治的利用할 可能性있어 石井 法務相 參議院에서 答辯

(東京12日發=合同) 李相權 특파원 記 = 石井光次郎 日本法務相 은 11일 朝總聯 出身의 在日僑胞들을 일시 北韓에 귀국시키는 문제는 당분간 허가하지 않을 방침이라고 말했다.

　　11일에 열린 參議院 法務委에서 社會黨의 「이나바 세이이치」 議員은 昨年末과 같이 在日韓國老人에 대하여 北韓에 성묘 등 일시 귀국은 국위에 해가 되지 않으니 금년에도 이를 다시 허가하라고 요구했다. 이에 대해 石井法務相은 人道的으로 보아 재일한국인의 北韓 일시 귀국을 인정할 방침이나 이것이 정치적으로 이용될 가능성이 있으므로 허가시기 등 정세를 검토 중인데 당분간은 허가하지 않을 방침이라고 답변했다.

또한 石井法務相은 한번에 다수인원을 허가할 수 없으나 소수인원이라면 고려할 수 있다고 밝히면서 □□의 경우 3명의 일시귀국을 허가하면서 北韓이 이를 정치적으로 이용하지 말 것을 당부했으나 결국 北韓이 이를 어겼다고 말했다.

(特끝)

12. 주일대사관 공문—제일교포의 북한 왕래 문제(일본의 재입국 허가 문제)

주일대사관
번호 주일정 772-470
일시 1966.11.24.
발신 주일대사
수신 외무부 장관
참조 아주 국장
제목 제일 교포의 북한 왕래 문제 (일본의 재입국 허가 문제)

    대 WJA 11185

    1966년 11월 11일 일본 참의원 법무위원회에서 사회당 이나바 세이이찌 의원의 질문에 대하여, 이시이 법무대신이 재일교포의 북한 왕래 허용에 관하여 답변한 바, 동 위원회 회의록 발췌를 별첨과 같이 송부합니다. 동 회의록 발췌는 외무성 측으로부터 제시 받았는 바, 지난 11월 12일 본건에 관하여 오 정무과장이 외무성 노다 북동아과장에게 조회한 바 그 당시 그는 본건 국회에서의 논의에 대하여 전혀 아는 바 없다는 말을 하였으며 그후 이를 확인한 결과로서 별첨 자료를 제시해 왔습니다.

유첨 1966.11.11. 일본 참의원 법무위원회 회의록 발췌 1부. 끝.[3]

---

3) 식별 불가로 생략

13. 외무부 공문(착신암호전보)

대한민국 외무부
번호 JAW-12333
일시 161350
수신시간 1966.12.16. 3:32
발신 주일대사
수신 장관

　　재일교포 북한 왕래를 위한 일본정부의 재입국 허가문제에 관하여 금 16일 상오 외무성 노다 북동아 과장과의 면담에서 아측 타진에 대하여 금년에는 허가하지 않기로 법무성 측과 양해되었다고 말하였음.

　　노다 과장은 최근 법무대신 경질 직후 "시모다" 외무차관이 다께우찌 법무차관에게 작년말 재입국 허가문제 때문에 설쉬기를 잡쳤으므로 금년에는 그런 일이 없도록 하자고 제안하여 다께우찌 차관도 이를 양해하였다고 말함.

　　노다는 이번에 법무대신이 바뀌어서 이 문제가 잘됐다고 말함. 내년에 들어가서 여하이 될것인가에 관하여는 노다는 언급을 회피하였음. (아북)

⑤ 북한의 일본 침투, 1966

○ ○ ○

기능명칭: 북한의 일본 침투, 1966

분류번호: 725.1JA 1966

등록번호: 1847

생산과: 동북아1과

생산연도: 1966

필름번호: D-0004

파일번호: 06

프레임번호: 0001~0028

1. 외무부공문(착신전보)-신문보고

대한민국 외무부
번호 JAW-02219
일시 141024
수신시간 66.2.14. 14:48
발신 주일대사
수신 외무부 장관

　　신문보고
　　1. 13일자 아사이 및 요미우리 신문 조간은 "북한에의 왕래를 한국측의 반대로 그만둔다" 는 요지의 기사가 보도되였는바 그 내용은 다음과 같음.
　　아사이: 북한과의 왕래 그만 두다 "한국의 반대를 고려" "외무성, 법무성과 조정에" 란 표제로 다음과 같이 보도하고 있음.
"일본과 북한과의 민간 교류에 대하여 최근 한국정부가 강하게 난색을 표명하였음으로 외무성은 당분간 북한과의 왕래를 그만둘 방침을 굳혔다.
외무성이 12일 밝힌 바에 의하면 김 주일대사는 전반 우시바 심의관을 방문하고 "최근 일본과 북한과의 왕래가 계속되고 있는 바 이는 한일국교정상화의 정신에 반하여 양국의 우호관계를 손상하는 것이다" 라는 강경한 태도로 항의하고 있어 일본정부의 선처를 요구하였다. 이때에 동대사는 금후에도 계속하여 여사한 왕래가 행하여 질 때는 한국정부는 동대사의 본국송환도 고려하고 있음을 시사하였다고 한다.
외무성 수뇌는 여사한 강경한 한국측 태도에 어떻게 대처할 것인가를 간부회 등에서 신중히 검토한 결과 북한과의 왕래를 당분간 인정하지 않을 방침을 정하였다. 외무성 당국의 이러한 결정은 한일 양국의 국교가 정상화하여 얼마되지 않은 현재에 이 문제로 한국정부와의 마찰을 계속하는 것은 득책이 아니라는 판단에 기초한 것이다.
일방 출입국 관리 당국인 법무성은 법상 이하가 북한과의 왕래를 가능한 한 완화할 방침을 갖고 있어 이 문제에 대한 정부내의 생각에 상치점이 생기고 있다. 정부는 현재 북한으로부터의 기술자의 입국신청 문제가 걸려있고 또한 사회당이 북한과의 교류 촉진의 방침을 내세우고 있음으로 외상, 법상을 중심으로 조급히 북한과의 왕래에 대한 의견의 조종을 도모하여 정부로서의 통일적인 방침을 정할 생각이다.

양국정상화 후의 일본과 북한과의 관계에 대하여는 작년의 한일국회에서도 커다란 논쟁점이 되어 수상은 답변에서 케이스 바이 케이스로 한다는 취지로 그쳤으나 법상은 정쇠[1]의 변화에 따라 경제 기타면의 교류는 점점 허가하여도 좋을 것이 생기게 된다고 생각한다고 왕래 완화의 방향을 시사하는 답변을 하였다. 여사한 정부의 방침에 따라 작년말 2명의 재일 한인의 북한의 왕래가 허가되고 최근은 오무라 수용소의 밀입국자의 북한에의 송환 "가메다" 참의원 등 일조 우호국민 사절단 10명의 북한과의 왕래가 계속하여 일어났다. 일방 한국정부는 동국 국회에 있어서 한일협정의 심의시로부터 기본조약 등의 체결은 일본과 북한과의 관계를 봉쇄하는 것이라고 설명하고 있어 일본정부가 북한과의 왕래를 인정할 때마다 재일 대사관을 통하여 항의하여 온 것이다."

요미우리: "북한과의 도항 가메다 씨는 어디까지나 예외" 라는 표재로 다음과 같이 보도하고 있음.

"도항은 지난 5일 가메다 의원 등 3명에게 허가된 이후 계속 외무성에 문의 또는 도상 신청이 쇄도[2]하고 있는 바 동성은 가메다 씨의 도항이 예상 이상으로 한국측의 반감을 삿다는 데서 금후의 도항 사정은 극히 소극적인 태도를 취하고 있다. 이 때문에 당분간 예외적인 경우를 제외하고는 북한 도항이 허가될 전망은 박약해 졌다.

가메다 씨 등에의 도항 허가 이후 외무성에서의 북한 도항 허가신청 및 문의의 내용을 대별하면 (1) 고향에 돌아감 (2) 상사 활동 (3) 북한으로부터의 상업 활동상 입국 등 인데 일방 가메다씨의 도항 허가에 대한 한국측의 반발은 당초의 외무성이 예상한 이상으로 강하여 재한 "요시다" 공사로부터의 공전도 한국측의 강한 반향을 전하고 있다.

동성으로서는 이들 사정을 고려하여 금후도 계속 북한에의 도항을 인정한다면 한국측이 아국의 제한[3] 상사 주재원 등에 압력을 가할 것 등도 우려함에 이르러 적어도 당분간은 북한에의 도항 우리나라에의 입국은 인정하지 않을 방침이 된

---

1) 정세
2) 쇄도
3) 재한

것이라고 보고 있다한다." (주일정-외아북)

2. 외무부공문(착신전보)-신문보고

대한민국 외무부
번호 JAW-02223
일시 141113
수신시간 66.2.14. 16:47
발신 주일대사
수신 외무부 장관

신문보고.

1. 13일자 상계이 신문 조간은 일본정부가 한국측을 자극시키지 않기 위하여 북한과의 교류를 당분간 인정하지 않을 방침이라고 말하고 이는 한국측의 반발이 예상외로 컸던 점에서 일본 상사, 일본 어선에 대한 조치를 우려하고 초대 대사의 부임까지만이라도 이 이상 무용한 자극을 피하자는 배려에서 북한에의 도항, 북한으로부터의 입국 등을 인정하지 않으며, 인도적 견지로부터 인정한 "고향 돌아감"(일어, 사도오 가에리)도 북한측이 방송을 통하여 대대적으로 선전하여 정치적 도구에 이용하고 있음으로 당분간 인정하지 않기로 하였다는 것이며, 프란트 수출 본 계약을 위해 필요한 북한 기술자의 입국도 당분 실현이 곤란하게 되었다고 보도하고 있음. (JAW-02219 참조)

2. 13일자 닛께이 조간은 일본 정부가 작년 여름부터 모스코바에서 일쏘 조약 체결을 위한 교섭을 진행하고 있었는데 "영사의 특권에 관한 조항"을 제외하고 거의 합의에 이르렀음으로 4월 중순에 정식 조인을 행할 공산이 커졌으며, 이 때문에 3월중에도 쏘련 정부에 대하여 "그로미코" 외상이 조인을 위해 내일하도록 거듭 요청할 방침이라 한다.

3. 싸우디 아라비아를 방문중인 "가외지마" 특사는 13일 오전 화이살 국왕을 방문하고 "사또" 수상의 친서를 수교하였는데, 동 친서에서 양국의 우호 증진을 확신한다고 말하고 동 국왕을 적당한 시기에 내일토록 초청하였다 한다. 한편 동 특사 일행인 "와지마" 외무성 고문은 일행보다 앞서 귀국 하였는 바, 12일

오후 "사또" 수상을 만나 "가와지마" 낫쎌 대통령 간의 회담 경과를 보고 하였다 한다.

4. 14일자 아사히 조간은 외무성은 쏘련이 제네바 군측위에 제출한 "비핵 보유국에는 핵 공격을 않는다" 라는 제안을 비핵 보유국의 안전 보장에 관한 하나의 방식으로서 종래보다는 일보 전진한 것으로서 검토할 가치가 있으나, 비핵 보유국의 안전 보장이 동 쏘련 제안의 선에서 해결될지의 의문이 있으므로 무조건으로 환영할 수 없다고 보고 있다 한다.

5. 13일자 마이니찌 조간은 일본 정부가 동남아를 향한 의료 협력비로서 외무성 소관으로 3억 2천 5백만엔을 중심으로 거의 5억엔을 1966년도 예산안에 처음으로 계상하고 이를 실행하는 기관으로 동남아 의료 협력 사업단(가칭)을 설치코자 관계 각성 간에 협의를 시작할 방침이라 한다. (주일정-외아북, 외아 남)

3. 정세보고처리전—일본인 북한 왕래 허용, 한국정부의 항의에 관한 일본 국내 신문 보도

외무부
정세보고처리전
SOURCE JAW-02201
일시 1965.2.15.

발신인: 駐日大使

요약 및 비고

題目: 日本人北韓往來許容, 韓國政府의 抗議에 關한 日本國內新聞報道.

1. 朝日新聞: 日本과 北韓과의 民間交流에 關하여 韓國政府로부터의 強한 抗議 에 부닥친 外務省 首腦는 幹部會 等에서 對策을 愼重히 檢討한 結果, 北韓과 의 往來를 當分間 認定치 않을 方針을 決定. 한편 法務省 側은 이 問題에 있어 可能한 限 緩和할 方針을 갖고 있어 政府內의 意見이 不一致되고 있어 外相, 法相間의 接觸을 通하여 意見을 調整할 것이다.

2. 讀賣新聞: 韓國側의 强한 反撥로 例外的인 境遇를 除外하고는 當分間 北韓
   渡航이 許可될 前望은 박약해졌다. 앞으로 계속 北韓渡航을 認定할 경우.
   韓國側의 在韓 日本商社, 駐在員에게 加할 壓力등을 우려하여 當分間은 北
   韓 · 日本間의 民間交流는 認定되지 않을 것이다.

3. 産經新聞: 在韓日人商社, 日本漁船에 대한 韓國政府의 制裁를 우려 初代日本
   大使의 赴任時까지만이라도 北韓 · 日本 往來를 認定하지 않을 것이며, 또한
   이번 事件을 契機로 北韓이 대대적으로 宣傳하여 政治的 道具로 利用하는데
   도 理由가 있다.

4. 외무부공문(착신전보)—신문보고

대한민국 외무부
번호 JAW-02242
일시 151028
수신시간 66.2.15. 11:30
발신 주일대사
수신 외무부 장관

　　15일자 동경신문 조간은 "하시모도" 관방장관이 14일 기자회견에서 북한 등
미승인 국의 출입국 문제에 대하여 다음과 같이 말하였다고 보도하고 있음.
　　"미승인국의 출입국에 대하여는, 현재 명확한 기준이 없으므로 법무, 외무
양성을 중심으로 기준의 작성을 서둘고 있다. 이는 별도로 북한 등에의 출입국
을 인정한다든가, 완화한다는 것을 의도하는 것이 아니고, 여행의 목적, 기한
등의 허가 기준을 통일하는 것이 주목적이다" (주일정-외아북)

5. 외무부공문(착신전보)—신문보고

대한민국 외무부
번호 JAW-02294

일시 181022
수신시간 66.2.18. 14:37
발신 주일대사
수신 장관

동문: 중앙정보부장

신문 보고

1. 18일자 요미우리 신문 조간은 "북한의 프란트 상담", "외무성 기술자 입국을 거부"란 표제로 다음 요지로 보도하고 있음.

일본 정부는 한국과의 국교 정상화 후 북한과의 인사교류, 무역촉진에 대하여 신중히 검토하고 있던 바, 요지음 북한으로부터 프란트 상담을 위한 5명의 기술자가 내일을 희망한데 대하여 "당분간 입국을 인정하지 않는다"란 방침을 정하였다 한다. 이는 앞서 "가메다" 사회당 의원 등에게 북한에의 직접 도항을 허가한 것이라든가, 2명의 재일 한인의 북한 왕래를 허가한 것이 한국 정부의 태도를 강화시켜 모처럼 조성된 "한일 친선" 분위기를 깨트리는 결과가 되어 "CASE BY CASE"로 인정한다는 방침을 "일시 동결"하게 된 것이라 한다.

5명의 북한 기술자는 조사, 가계약을 위해 내일을 희망하고 있는 푸란트는 도오꾜(동녘동, 지을공) 물산을 창구로한, "구레"(오나라오), 도효오(동방), 신일본요소의 3사에 의한 아크리르 내로리트 섬유 프란트로서 총액 4천 8백만 딸라, 1건당 프린트로서는 전후 최대의 것으로 이것이 실현되면, 제 2,3진의 프란트 상담이 준비되고 있다한다. 이 때문에 일조 무역 업계는 강하게 이를 추진, 사회당도 지난 9일 "프란트 무역 기술자의 입국을 금월 하순 또는 내월 초순에 실현시킨다"는 방침을 동 당외교 위원회("야마모도" 국제 국장이 위원장)에서 방침을 정하여 정부에 요청도 하여 지난 주말 관방장관을 맞났을 때 "인정하여도 좋다"라는 의향을 명백히 했을 정도였다 한다.

그러나 그간 한국 정부는 재일한국인 2명의 북한 왕래와 "가메다" 의원 등의 직접 도항허가를 중시하여 외무성에 김대사가 강경한 항의를 해왔음으로, 동 항의를 중시하여 "입국 불승인"의 결정을 하게 된 것이다. 일방 법무성으로서는 (1) 정치 문제가 아닌 북한인의 출입국은 케이스 바이 케이스라 한다. (2) 상거래가 구체화하여 국가가 무역확대의 방침을 인정하게 되면 이에 따라 경제인 기술자의 입국은 인정해도 좋다는 방침을 취하고 통산성도 무역확대 경기 대책 상 이를 지지하였다. 그러나 실제 입국 사증을 거부하는 입장에 있는 외무성이 당분간 인정치 않는다는 방침을 굳혔으므로 이를 실현치 못하게 된 것이다. 이에 대하여 무역 업계 및 사회당 측은 "어느 나라와도 사이 좋게" 지난다는 "사또" 내각의 방침에 반한다고 보고 있으며, 18일 중의원 외무위에서 "호즈 미시찌로" (사회당) 위원이 이 문제를 들어 외무상을 추궁할 것이라고 한다.

2. 17일 "시모다" 외무차관은 비행 보유국의 안정과 핵확산 방지에 대하여 말하기를 (1) 핵보유국이 핵 확산 방지를 위해 보유 핵병기의 점감 또는 완전 폐기의 자세를 보일 것, (2) 이러한 위에 서서 핵개발 능력을 가진 국가의 자기 희생을 요구할 일이라고 주목할 만한 발언을 하였는데 이는 제네바 18개국 군축위에 제출된 쏘련안에 관련해서 말한 것이라 한다.

3. 아랍 연합의 낫셀 대통령은 특사인 헤이칼씨 (AL AHRAM 지주간) 가 17일 내일 하였으며, 약 10일간 체재하면서 수상, 외상과 회담할 것이라 한다. (주일정-외아북, 외아남, 와구아)

6. 외무부공문(착신전보)–신문보고

대한민국 외무부
번호 JAW-02324
일시 191046
수신시간 66.2.19 11:48
발신 주일대사
수신 외무부 장관

北韓往來問題

신문보고:

1. 외무성은 18일 간부회의에서 월남문제를 위요한 쏘련의 17일자 대일각서를 검토한 결과 내주초에 주쏘 대사를 통하여 일본정부의 회답을 수교할 것을 정하였는 바, 일본정부로서는 동 쏘련 각서가 쏘련의 대일정책의 변화를 의미하지 않으며, 일쏘 관계의 금후에 양향하지 않는다고 판단하고, 일본정부

의 회담에서는 쏘련측이 사실을 오인하여 책임을 일방적으로 일본에 전가, 중상하는 것은 문제해결이 되지 않으며, 일본정부는 독자적인 입장에서 평화적 해결에 노력할 것이며, 양국은 상호 국제적 입장의 상치점을 충분 고려하여 건설적 의견을 교환하자는 것을 골자로 할 것이라고 한다.

2. 외무성은 18일 간부회의에서 17일 기자회견에서 "시모다" 차관이 발언한 핵 확산방지 및 안보문제에 대하여 의견을 교환하고 일미안보 체제를 견지하며, 일본에 핵병기를 들여오지 않는다는 종래방침으로서 군축 문제에 협력해가난다는데[4] 의견의 일치를 보고 근간 이에 대한 통일견해를 마련할 것이라고 한다.

3. 19일자 아사히 조간은 파리특파원 발로 드골대통령은 월남전쟁 해결을 위해 하노이와의 "서측의 창구"를 열어 둔다는 의미에서 불란서 월맹 관계를 강화하기도 하여 그 첫 시도로서 파리에 있는 월맹의 통상 대표부를 외교 기관의 지위로 승격시킬 것을 고려하고 있다고 한다.

4. 19일자 요미우리 조간은 "북한과의 상담을 인정하라"라는 사설을 게재하고 있는 바. "북한과는 정경 분리의 방침으로 무역을 하는 이상, 동요할 일은 아니다. 국부와의 관계에 있어서 일관한 방침이 없었던 것이 도리어 양국간에 무용한 마찰을 이르킨 악례를 잊어서는 안된다." 라고 결론짖고 프란트 상담을 위해 내일하는 북한 기술자의 입국을 인정하라고 논하고 있음. (주일 정-외아북, 외아남, 외구주)

7. 외무부공문(발신전보)−신문보고에 대한 확인 지시

대한민국 외무부
번호 WJA-12140
일시 100945
발신 장관
수신 주일대사

　　　대: JAW-12166

---

4) 협력해 나간다는데

8일 석간 요미우리 신문이, 일본의 문화인 일부가 가까운 시일 내에 북괴의 무용가 최승희 등 조선 국립무용단을 초청코저 외무성에 입국허가를 신청할 계획이라고 보도한데 대하여, 동 보도의 사실여부를 확인하시고 본건 진전상황을 수시 보고하시기 바람(아북)

8. 주일대사관 공문—최승희 북한무용단 방일초청문제

주일대사관
번호 주일정772-501
일시 1966.12.19.
수신시간 1966.12.21.
발신 주일대사관
수신 외무부 장관
제목 최승희 북한 무용단 방일 초청 문제

　대: WJA-12140
　　최승희 등 북한 무용단을 당지에서 일부 문화인들이 초청하고자 하는 문제에 관하여 현재까지 조사된 상황을 아래와 같이 보고합니다.
　　1. 일본의 문화인을 중심으로, 정계, 학계, 예술계 등을 망라하여, 당지에 있는 "일조협회"가 중심이 되어 조직체를 형성하여 초청 운동을 하고 있는 것 같음. 단, 일본 정부의 허가를 받을 수 있다는 자신을 가지고서 행하는 것인지 또는 단순히 선전 효과를 노리는 것인지는 좀더 조사를 요함.
　　2. 상기 방일 초청 조직체는, 200명 이상의 인원으로 구성된 "최승희 여사와 조선 국립 무용단 초청 위원회"라는 명칭을 가진 단체인 바, 그 명단 기타 관련 사항은 별첨 안내장을 참고 바람.
　　3. 1966. 12. 16. 외무성 "노다" 북동아과장은 오 정무과장과의 면담에서, 전기 초청 운동 관계자들이 지난 12월 6일 자기를 방문하여, 일본 정부가 입국을 허용해줄 것을 진정해왔다고 말하였음. "노다" 과장은 동 진정에 대하여, 법무성에서 하는 일이므로 법무성 측에 전달해 놓겠다고 말하였다 함. "노다" 과장은 "우리들로서는 입국에 반대한다"라고 정무과장에게 말하였음. 전기 관계자들은,

최승희 등 약 100명을 북한으로부터 초청하고자 한다는 의사를 표명했다 하며 단, 언제 초청하고 언제 입국을 희망하는지 등 구체적 사항에 관하여는 진술이 없었다 함.

4. 1966. 12. 16. 김득보 제2 영사과장의 조회에 대하여 법무성 입관국 "하야시" 입국 심사과장은, 동 초청에 관한 풍문을 들었으나 관계자들이 법무성에 진정하여 왔거나 입국을 신청하여 온 사실은 없다고 말하였음. "하야시" 과장은, 입국이 허용되지 않을 것임을 시사하였음.

5. 당 대사관으로서는, 주일 공보관의 협조를 얻어, 전기 초청 위원회에 소속된 일본인들의 성분 등 관계사항을 계속 조사중임.

6. 지난 12월 16일 외무성을 방문한 초청 운동 관계자들은, 일조협회 회장 "나가노 구니스께", "이시이 바꾸" 바레단 대표, "이시이 야에꼬"(주: 이시이 야에꼬는 동 바레단 창설자인 이시이 바꾸의 미망인인 바, 최승희는 한때 (무용가로 데뷰할 당시인 것 같음) 동 이시이 바꾸 문하생이였다함.) 및 전기 초청 위원회 간사장 "오자끼 히로쯔구"의 3명과 기타 약간명이었다 함.

첨부: 동 안내장 2부. 끝.

朝鮮国立舞踊団を招こう

崔承喜女史と朝鮮国立舞踊団招請委員名簿

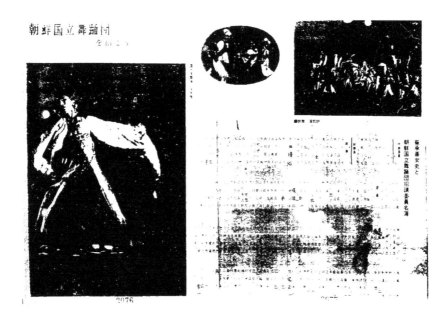

招請委員会の仕事

⑥ 재일한인 북한 방문, 1969

○ ● ○

기능명칭: 재일한인 북한 방문, 1969

분류번호: 791.56JA, 1969

등록번호: 3365

생산과: 동북아주과

생산연도: 1969

필름번호: P-0007

프레임번호: 0001~0129

1. 대통령 서한

일본국 총리 대신
사또 에이사쿠 각하

본인은 대한민국과 일본국 사이에 현존하는 우호 관계를 가일층 돈독히 하며, 우리 양국간의 협조 관계를 발전시키기 위하여 제반 현안 문제 해결을 위한 귀 정부 당국과의 교섭을 목적으로 전 부총리 겸 경제기획원 장관인 장기영씨를 동경에 방문케 하는 바 입니다.

본인은 장기영씨가 그에게 부과된 중대한 사명을 수행함에 있어 전력을 다할 것이라고 믿고 있습니다. 그러므로 본인은 각하께서 동인을 친히 받아 주시고 또한 그가 대한민국을 위하여 말씀드리는 바를 전적으로 신임하여 주시기 바랍니다.

본인은 각하에 대한 존경의 뜻과 아울러 대한민국 정부의 국민이 일본국 정부와 국민에 대하여 가지고 있는 우의를 받아 주시기 바랍니다.

대통령
1969년 1월 7일 서울에서

2. 외무부 공문(착신전보)

외무부
번호 JAW-01030
일시 081030
수신시간 1969.1.8. PM3:40
발신 주일대사
수신 장관

대: WJA-12278

대호 지시(3항) 와 관련하여 그간 당지 주재 아국 특파원등으로부터 알아본 바는 다음과 같음.

1. 68.12.26 당지 "오꾸라" 호텔에서 신임 외상 주최 외신기자들을 위한 로셉션이 있었음. 동연회에서 외상이 장내를 돌다가 아국 특파원들이 있는 곳으로 왔을 때 아국 특파원중 한사람이 (동화 통신의 박용근) 조련계 북괴 왕래문제의 앞으로의 전망에 대하여 질문하였던 바 외상은 "한일 우호관계에 비추어 신중히 검토할 것이다"라고 답변하였다고 함.

2. 그 자리에 같이 있었던 아국 특파원들에 의하면 상기 외상의 말은 다분히 의례적인 말로 들렸었는데 이것이 아국 신문에 과장되어 보도된 것 같다고 함. (아북, 아교)

예고문: 금년말 재분류

3. 주일대사관 공문-조련계 북한 방문 관계 소송 판결문 송부

주일대사관
번호 주일정700-77
일시 1969.1.10.
발신 주일대사
수신 외무부 장관
참조 아주 국장
제목 조련계 북괴방문(조련계 재입국 소송)

　연: JAW-12236 (68.12.18.)

1968.12.18, 조련계의 북괴 임시 방문 관계소송 사건에 대한 동경 고등 재판소 판결문 사본을 별첨과 같이 송부합니다.

유첨: 상기 판결문 사본 1통. 끝.

유첨-판결문 사본

被控訴人　　崔泳鎮

東京都板橋区大谷口二丁目六一番地

被控訴人　　全京千

同都北区上十条三丁目七番五号

被控訴人　　朴仁煩

大宮市錦町六一三番地

被控訴人　　洪鳳寿

東京都新宿区西落合二丁目二三番八号

被控訴人　　盧在浩

三越市東田町一二番九号

被控訴人　　崔因華

東京都練馬区上石神井一丁目四六四番地

被控訴人　　金圭昇

昭和四三年行㋑第五五号(原審・東京地方裁判所昭和四三年行㋑第一五四号)

判決

東京都千代田区霞ヶ関一丁目一番一号

控訴人　　法務大臣　　西郷吉之助

右指定代理人　　小林定人 ほか 三名

同東板橋区西台三丁目八番一一号

被控訴人　　許南騏

同東新宿区下落合一丁目二七番地

被控訴人　　金性律

大阪市東成区大今里本町一丁目七七番地

被控訴人　　李達信

福岡市大字金平三八八番地

同都豊島区長崎四丁目一二番四号

被控訴人　　鄭在 一

同都黒田区黒田二丁目二番七号

被控訴人　　金英基

　　右一二名訴訟代理人弁護士 近藤綸二 ほか一八名

　右当事者間不作為の違法確認請求控訴事件について、当裁判所は次のとおり判決する。

　　　　主文

本件控訴を棄却する。

控訴費用は控訴人の負担つする。

　　　　事実

　控訴人は「原判決を取り消す。被控訴人らの請求を棄却する。訴訟費用は第一、二番とも被控訴人らの負担とする。」との判決を求め、被控訴人らは主文第一項と同旨の判決を求めた。

　当事者双方の陳述は、控訴人および被控訴人らがそれぞれ次のよううに附加したほか、原判決事実摘示のとおりであるからこれを引用する。

　控訴人は

一 被控訴人らは、もはや本件処分の取消を求める法律上の利益を有しない。被控訴人らは、本訴において、被控訴人らのした朝鮮民主主義人民共和国創建二〇周年記念日の祝典に参加するための同国むけの再入国許可申請に対し、控訴人法務大臣のした拒否処分の取消をもとめるのであるが、前記祝典は昭和四三年九月九日終了し、続いて同国の各地で催されるという行事も同年一〇月一七日に終了したことは被控訴人らの自ら認められるところであるから、たとえ被控訴人らが勝訴の判決を受け、右拒否処分が取消されたとしても、被控訴人らはもはやその申請にかかる再入国許可を受けるに由ないものである。従って、被控訴人らは、もはや右処分の取消を求める法律上の利益を失ってものといわなければならないから、本件訴は脚下さるべきである。

二 本件不許可は次に述べる如き理由に則り、再入国を許可することは国益に反するものと認めてなされたものである。すなわち、わが国に接する朝鮮半島には、わが国と国交関係のある大韓民国が存在しているところ、北朝鮮には、わが国が承認した政府がなく、また承認を前提とする修交関係が設定されていないこと、並びにわが国には、いわゆる在日朝鮮人(大韓民国の国籍を有する者を含む)が約六〇萬人在留し、従来から南北が対立抗争の状況下にあること

等内外の諸般の情勢からみて、本件再入国を許可することは大韓外交上および在日朝鮮人の管理上、わが国の国益に沿わないとの結論に達したので、それを許可しなかったものである。

と述べた。

　被控訴人らは原判決別表記載の日程により朝鮮民主主義人民共和国を訪問したのち再入国をする予定であったが、右日程の最終日もすでに経過した。しかしこのことによって本訴の訴の利益が消滅することはない。すなわち、被控訴人の訪問の目的は、在日朝鮮人を代理表して祖国創建二〇周年を祝賀し、同共和国の各種記念行事に参加し、あわせて直接共和国同胞に接して喜こびを分ち、一そうの努力を誓いあいたいというにある。右共和国の記念行事は昭和四三年一〇月二三日に終わるものではなくて、ひきつづき多彩に展開されているばかりではなく、同共和国は被控訴人ら祝賀団の訪問を鶴首して待ちうけ、被控訴人らの訪問が実現したときはいつても国をあげてこれを観迎する態勢にあり、被控訴人らも本件再入国許可があり次第、いつでも祖国を訪問する用意をととのえている。従って、前記予定日程の最終日を経過したことは、本件再入国不許可処分の取消を求める必要性すなわち本訴の訴の利益の存在に対し、なんらの影響も及ぼさない。

と述べた。

　双方の証拠の提出援用認否は、被控訴人らが申第一一号証、第一二号証を提出し、控訴人がその成立を認めると述べたほか、原判決事実第五記載のとおりであるからこれを引用する。

　　　　　理由

　先ず控訴人は、「被控訴人らは適式の再入国許可申請書を提出していないので、控訴人も再入国許否の処分をしていない。仮に申請を拒否する処分があったとしても、それは申請が不適式であることを理由とする脚下処分であいって不許可処分ではない。従って本訴は不適法である。」と主張する。

　成立に争のない乙第一号証によって認められる本件再入国許可申請書の様式が、出入国管理令施行規則第二四条第一項所定の書式(同規則別記第二五号様式)と異なっていることは明らかであり、右申請書の提出に当たって同条第二項の規定する、旅券、証明簿等が呈示されなかったことは争がない。しか

し、成立に争のない申第四号証の二たいし四および原審の証人橋瓜三男の証言によれば、原審判決理由一1記載の経緯で控訴人が右申請書による再入国許可申請を不許可と決定し、昭和四三年八月二〇日閣議に報告し了承を得て、事務担当課長である法務省入国管理局資格審査課長をして被控訴人許に対し、電話により右決定の結論を通告させとことが認められる(右通告の事実は争がない。)。されば控訴人は、本件申請が不適式であることを咎めて脚下処分をすることなく、申請が適式にされた場合と同等な取扱いをして事実的理由によりこれを不許可と決定したものと解し得られるのであり、かような取扱いをした理由は、控訴人が、被控訴人らがいずれも戦前からわが国に在留していて旅券を持たない在留外国人であることを承知し、かつ、申請を事実的理由によって拒否する以上適式の点は問わないこととしたためであることは、右証言人の証言ならびに口頭弁論の全趣旨によって明らかである。従って控訴人の主張は理由がない。

次に控訴人は、被控訴人らが予定していた祖国訪問日程の最終日もすでに経過したから、本件申請不許可処分の取消を求める訴の利益はないと主張する。

被控訴人らが原判決別表記載の日程で祖国を訪問する予定であったことは、被控訴人らが主張するところであるが、原審の被控訴人許本人尋問の結果と口頭弁論の全趣旨によると、被控訴人らは祖国の創建二〇周年に際して祖国を訪問することが目的であって、右日程表記載の期間中に訪問を遂げることをもって最上とするけれども、右期間をはずしては訪問の意義がないということではなく、昭和四三年中或はこれに接する時期に訪問することができるならば十分に成果があることを推認することができる。従って、申請に対する不許可処分取消を求める訴の利益は現に存すること言うをまたず、控訴人の主張は当を得ないものである。もちろん本件申請書に記載された旅行日程は、最終的には出入国管理令施行規則の規定に従って訂正を要するであろうが、かような訂正措置は手続上の事項に過ぎず、これによって本件申請を取下げて別個の申請をするものと見みるべきでないとは当然である。

そこで次に本件不許可処分の適否を判断する。

日本国民の基本的自由権の一つである一時的海外旅行の自由は、憲法第二

二条第一項によって保障されると解する(同条第二項によって等しい。)が、日本国の領土内に存住する外国人は、日本国の主権に服すると共にその身体、財産、基本的自由等の保護をうける権利があることは明らかであるから、日本国民が憲法第二二条第一項(または第二項)によって享受すると同様に、公共のっ福祉に反しない限度で海外旅行の自由を享有する権利があるといってよい(同条項が在留外国人に対しても直接適用があると解すればなおさらのことである。)。然して、被控訴人らが、ポツダム宣言の受諾に伴い発する命令に関する件に基く外務省関係諸命令の措置に関する法律第二条第六項によってわが国に在留する権限のある者であることは争がなく、その履歴、家族構成が原判決事実摘示のとおりであることは原審の被控訴人許本人尋問の結果から認められるところであり、ただ被控訴人らが朝鮮民主主義人民共和国の公民であるため、現時点では大韓民国国民の有するような永住許可申請権(昭和四〇年法律第一四六号による。)を有しないけれども、在留期間の制限をうけない点では、永住権者と同視すべき外国人ぢあるから、被控訴人らは海外旅行に関して、日本国民と同様な自由の保障を与えられているということができる。本件再入国許可申請の実質は海外旅行の許可の申請であるから、本件申請に対して出入国管理令第二六条による許否を決するに当っては、右に述べた趣旨に則ることが要請されるのであって、この点は原審のの判断(判決理由二 1 末尾「上記管理令の条項は」以下)と帰結するところが等しい。

　ところで控訴人は、不許可処分の理由として、(一)北朝鮮にはわが国が承認した政府がなく国交が開かれていないこと、(二)本件申請を許可することはわが国と大韓民国との修交上および在日朝鮮人の管理上国益に沿わない結果となることを挙示する。

　右第一の点は、成立に争のない甲第一二号証に収録された法務省入国管理局長の答弁によって認められる、在日中華人民共和国国民の再入国許可件数が、昭和三二年三月から昭和四三年一一月一二日までの間に八九七件を数えていることからみれば、客観的にも本件申請を拒否する絶対的な理由でないことが明らかである。要するにさきに記述した、日本国民と同様の海外旅行の自由の保障をうけるべき在留外国人の再入国の拒否は、当該外国人の本國とわが国との間に国交が開かれているか否かとは、かかわりのないものと解される。

　第二の点について考えるに、わが国と大韓民国とは国交を開いていて、在

日同国民の法的地位等についてはすでに協定が成立し、これに伴う特別法も施行されているが、わが国と朝鮮民主主義人民共和国との間には国交がなく、在日同国公民については右のような協定が成立していないこと、右両国の国民の間に、国境線をはさんで時に不穏の動きがあることが報道され、またわが国内でも時に大韓民国居留民団と在日朝鮮人総連合会との各構成員間の確執が報ぜられることは、すべて公知のことからである。かような事情に着目すれば、本件申請を許可した後の国際および国内の事態について、控訴人が何らかの危惧をいだくことは故なしとせず、それ故にこそ控訴人は政策として申請を許可しなかったものと考えられる。しかしながらわが国の国益というものは、究極においては憲法前文にあるとおり、いずれの国の国民とも協和することの中に見出すべきものであるから、一国との修交に支障を生ずる處があるからといって、他の一国の国民が本来享有する自由権を行使することをもって、ただちにわが国の国益を害するものと断定することは極めて偏頗であり誤りといわなければならない。すなわち、元来政府の政策は、国益や公共の福祉を目標として企画実施されるべきことは多言を要しないが、政策と公共の福祉とは同□ではないから、或る人々が本来享有する海外旅行の自由を行使することか、たとえ政府の当面の政策に沿わないものであっても、政策に沿わないというのみで右自由権の行使が公共の福祉に反するとの結論は導かれないのである。そうして本件では、今後の事態については具体的な主張立証もないから、それは憶測の域を出ないと思われ、わが国に対する明白な危険が予知されているとは認められないので、結局被控訴人らの海外旅行が、(旅劵法第一三条の表現を借りるならば)著しくかつ直接に国益を害する虞があることすなわち公共の福祉に反するものであることは、確定されないことに帰着する。よって控訴人主張の事由は本件不許可処分を正当とする理由とはなし得ない。

　なお、本件口頭弁論終結後被控訴人が提出した準備書面によれば、本件不許可処分の理由の中には、被控訴人らの渡航目的が政治意図が強いことも考慮されているように窺われるので附言する。一般に政治性の強弱の判定基準は極めて主観的なものである。本件渡航目的は、建国記念の諸行事に参加するためというのであったから、政治的意図が強いということは一応はいえるであろう。しかし建国記念行事は世界各国において行なわれている極めて普遍的かつ開放的な行事であり、海外居住のその国の国民がそれへ参加することを、他国

が拒止する理由も通常はない答である。本件の場合も同様であ被控訴人らが祖国の建国記念行事に参加することをわが国の政府が差止めることを特に正当とすべき理由も見出せない。要するに、本件申請目的から汲みとれる政治的意図は、それだけで申請拒否の理由とはなりがたい。

如上のとおり、本件申請拒否の理由はそれぞれ薄弱であり、これらを合しても拒否を正当とする理由にはならないので、本件行政処分の取消を求める被控訴人の請求はこれを認容すべきものである。よってこれと同趣旨の原判決は相当で本件控訴は理由がないから、本件控訴を棄却し、控訴費用の負担について民事訴訟法第八条を適用して、主文のとおり判決する。

　　　東京高等裁判所第一五民事部
　　　　　　裁判長裁判官　近　藤　完　爾
　　　　　　裁判官　小　掘　　勇
　　　　　　裁判官　吉江清景

4. 주일대사관 보고–조련계 왕래 문제

朝聯系北傀往來問題
(67.1.13. 駐日大使舘報告)

許可方針決定까지의 経緯
(1) 同8名은 社会党所属参議員 亀田得治(原告側辯護士中 1人)가 北傀往來를 許可하도록 法相에게 要請한 20名 가운데서 選定한 것
　　(同20名은 北傀往來를 申請한 2000名中에 包含되어있음)
(2) 同8名 選定을 위한 日政府基準
　　가. 50歳以上의 者
　　나. 北韓地域出身者
　　다. 往來目的에 非政治的 人道的일 것

라. 政治活動이 極烈하지 않고 比較的 穩健한 者

上記 基準 中 特히 다 項 및 라 項의 条件을 重視 嚴選하고 政治的으로 無害하다는 点을 考慮함.

(3) 同8名이 陳述한 北傀往來目的은 主로

가. 姉妹相面과 省墓

나. 父親相面과 省墓

다. 妹와 女息夫婦 相面

라. 母親 및 兄弟相面, 省墓 等임.

(4) 同8名에 対하여는 許可方針이 決定되었으나 아직 日赤 発行 身分証에 許可印을 捺印하지 않고 있음.

(5) 許可의 境遇 特別한 條件은 明示하지 않음. 同期間은 出國后 2個月以內에 再入國하여야 함. (中共의 境遇, 3個月間 許可)

(6) 同8名은 人道的目的(親族訪問)으로 되어있음으로 同目的에 違反되는 行動을 하는 경우, 다음에 혹시 있을지 모르는 許可에 影響을 줄것임.

(7) 今般許可方針決定은 偶然히 朝聯系의 "北傀訪問使節団"関係訴訟 第2審判結果와 一致하여 行하여졌지만 故意的으로 一致시킨 것은 아님. 그러나 將來 最高審議 審理課程에 있어서 今般의 許可方針決定이 어떠한 影響을 가할수 있으리라는 것을 生覚할 수 있음.

(8) 訴訟에 関하여 第一審의 境遇는 朝聯系 및 이를 后援하는 社会党과 共産党 側에서 所謂 革新的傾向을 갖인 杉本 裁判長이 訴訟을 担当하도록 工作한 点도 있어서 或是 政府側이 敗訴할 수도 있다고 念慮하였으나 第2審까지 敗訴한데 対하여 衝激을 받았음.

(9) 第2審 判決要旨는 第一審보다 더욱 嚴格하다고 政府側은 보고있으며 最高 審決課에 対해서는 半入程度를 予想하고 있음.

(10) 最高심의 判決은 3, 4月頃에 있을 것으로 予想하고 있음. 政府側이 敗訴한다면 앞으로의 日政府의 朝聯系 北傀왕래 不許方針에 크게 影響을 비칠 수 있는 것으로 生覚하고 있음.

(政府側이 敗訴하면 同訴訟関係者 12名의 再入國 許可決定을 政府가 내려야 하는 것이냐? 에 대하여는 法務省 入管局次長은 結局 政府가 許可하지 않으

면 안되지 안느냐는 見解임)

(11) 訴訟課程에 있어 政府側이 가장 괴로운 奌은 北傀와의 往來를 不許하는 根據가 北傀와는 國交樹立이 없고 対韓関系를 考慮하여 라고 說明하는데 対하여, 裁判所 및 反対側에서 國交未樹立國家에 対하여도 다른곳은 어찌하여 往來를 許容하느냐(中共의 境遇 이미 80余名 許可한 前例가 있음)는 奌을 追窮하는데 있다고 함.

金得鉉	男	81才
趙胤吉	男	62 才
金応箕	男	62 才
文元燦	男	61 才
朴分顚	女	61 才
金善彬	男	56 才
金膺竜	男	55 才
金成麟	男	48 才[1]

5. 외무부 공문(발신전보)–판결에 대한 일본 정부의 대응 확인 요청

외무부
번호 WJA-0165
일시 131615
발신 외무부 장관
수신 주일대사

연: WJA-12174

1. 조련계의 북괴 방문에 관하여 일본 정부측은 앞으로 있을 최고재의 판결에 관련하여 어떠한 대책을 강구하고 있으며 또한 동 판결이 정부측에 갖어 오는 효과에 대하여 회보 바람. (아북)

---

1) 방문 예정자들의 신상은 여러 차례에 걸쳐 나오는데 매번 한자 이름이 조금씩 달라지고 있다.

2. 상기 내용에 관련하여 일본 언론계의 보도 사실 및 논평등이 있으면 아울러 보고 바람. (아북)

6. 외무부 공문(착신전보)−판결에 대한 일본 정부의 대응

외무부
번호 JAW-01096
일시 131425
수신시간 1969.1.13. PM4:52
발신 주일대사
수신 장관

조련계의 북괴왕래 문제 당관 김과장은 그간 외무성 다데 북동아과장 및 법무성 하시즈메 자격심사과장 등과 접촉, 표기문제에 관한 일정부가 허가방침을 결정하기까지에 이른 경위 및 내용등에 관한 설명을 얻었는바 일측의 설명내용의 요지를 보고함.

(하기는 일정부가 8명에 대한 허가방침 결정을 철회하여야 한다는 아측의 기본입장에는 어떠한 변화도 없다는 전제하에 대한 일부적인 면에서 타진한 것임.)

1. 본건 8명은 사회당소속 참의원 의원인 가메다 도꾸지(오사까출신, 조련계 북괴방문 사절단 관계 소속의 원고측 변호사의 한사람)가 북괴왕래를 허가하여 주도록 법상에 요청한 20명 가운데서 선정한 것임. (동20명은 과거 북괴왕래를 허용하여 주도록 진정 또는 허가신청한 자 2000여명 가운데 포함되어 있음.)

2. 8명을 선정함에 있어서 일정부는 대체로 다음과 같은 기준을 원칙으로 적용하였음.

　가) 50세 이상의 자

　나) 북한지역 출신자

　다) 왕래목적이 비정치적이고 인도적일 것

　라) 정치활동이 극렬하지 않고 비교적 온건한 자

선정에 있어서 특히 전기 다) 및 라)의 조건을 중시하여 엄선하였으며, 정치적으로 무해하다는 점에 안전을 기하였음.

3. 동8명이 진술하고 있는 북괴왕래 목적은 각각 다음과 같음.

전득현. 누이동생 상면과 성묘

조윤길. 자매상면과 성묘

김응기. 부친상면과 성묘

문원찬. 부친상면과 성묘

박분점. 동생과 딸 부부 상면 (동생과 딸 부부가 북송된자가 아니냐는 질문에 잘 모르겠다고 답함)

김선빈. 모친 및 형제상면과 성묘

김응룡. 모친 및 누이동생 상면과 성묘

김성린. 모친 및 형제 상면과 성묘

4. 동 8명에 대하여는 허가하는 것으로 방침이 결정되어 있으나 아직 일적발행 신분증에 허가도장은 찍지 않고 있는 상태에 있음.

5. 허가를 하는 경우 허가에 특별한 조건은 명시해서 붓이는[2] 것은 아님. 허가기간은 출국 후 2개월 내에 재입국하여야 됨 (중공의 경우는 3개월간 허가하고 있음.)

6. 8명은 인도적 목적(친족 방문)으로 되어 있기 때문에 동 목적에 위반되는 행동을 하는 경우에는 다음에 혹시 있을지 모르는 허가에 영향을 줄것임.

7. 금번 허가 방침 결정은 우연히 조련계의 "북괴 방문 사절단" 관계 소송 제2심 판 결과 일치해서 행하여 졌지만 고의적으로 같이 마추어서 한 것은 아님. 그러나 장래 최고심의 심리과정에 있어서 금번의 허가 방침 결정이 어떠한 영향을 가할 수 있으리라는 것을 생각할 수 있음.

8. 전기 소송에 관하여 제1심의 경우는 조련계 및 이를 후원하는 사회당과 공산당측에서 소위 혁신적 경향을 가진 스기모도 재판장이 소송을 담당하도록 공작한 점도 있어서 혹시 정부측이 패소할 수도 있다고 염려하였으나 제2심까지 패소한데 대하여는 충격을 받았음.

9. 더욱 제2심 판결요지는 제1심의 경우보다 더욱 엄격하다고 정부측은 보고

---

2) 붓이는

있으며 따라서 최고 심의 결과에 대해서는 반반 정도로 예상하고 있음.

10. 최고심의 판결은 3,4월 정도에 있을 것으로 예상하고 있는데 정부측이 패소한다면 앞으로의 일정부의 조련계 대북괴 왕래 불허방침에 크게 영향을 미칠 수 있는 것으로 생각하고 있음. (정부측이 패소하면 동 소송관계자 12명의 재입국허가 결정을 정부가 내려야 하는 것이냐는 질문에) 법무성 입관국 차장은 결국 정부가 허가하지 않으면 안되지 않느냐는 견해임

11. 소송과정에 있어서 정부측이 가장 괴로운 점은 북괴와의 왕래를 허가하지 않는 근거가 북괴와는 국교수립이 안되어 있고 대 한국관계를 고려해서라도 정부측이 설명하는데 대하여 재판소 및 반대측에서 국교미수립국에 대하여도 다른곳은 어째서 왕래를 허용하느냐(중공의 경우 이미 800여명 허가한 전례가 있다고 함)는 점을 추구하고 있는 점임 (아북, 아교)

7. 외무부 공문(착신전보)—조총련의 북괴 왕래

외무부
번호 JAW-01097
일시 131515
수신시간 1969.1.13. PM4:4
발신 주일대사
수신 장관

조련계의 북괴왕래

1. 현재 문제되고 있는 8명의 북괴 왕래가 만일 허가될 경우에는 북괴를 왕래하는 선박인 "쇼오도오 마루"(소나무송 판도도)를 이용할 것으로 추측하고 그간 당관이 주 오오사까 총영사관으로 하여금 조사케한 바에 의하면 동 선박은 작년 12.28일 대판을 출항한 이래 일본에 아직 귀환하지 않고 있으며 오는 1.19일 대판에 입항하여 하물을 적재한 다음, 1.21일 청진, 흥남 방면을 향하여 출항할 것이라고 함. (동 선박은 보통은 대판을 출항하여 "야하다, 도바다, 히로하타, 가와사끼" 등 일본의 각 항구를 거친 다음 북괴로 향하나 이번에는 대판에서

하물을 적재함으로 전기 다른 항구는 거치지 않고 북괴로 직행한다고 함.

2. 본건 일정이 금번 선박편에 출항을 허가하지 않도록 최선을 다하고 있음.

(아북, 아교)

8. 외무부 공문(발신전보)–일본 정부 허가 예정에 대한 저지 요청

외무부
번호 WJA-0177
일시 141610
발신 외무부 장관
수신 주일대사

대: JAW-01097

1. 대호로 보고된 "쇼오도오마루"가 1. 19. 대판에 입항하여 1. 21. 북괴로 출항할 것이라는 정보와 관련하여 금 14일 당지 석간은 동경 특파원발로 (대한일보) 일본 정부가 이 선편에 출국할 수 있도록 조련계8명에 대한 허가를 할 것이 예상된다고 보도하였음.

2. 이와 관련하여 금14일 오후 "김" 아주국장은 "가미가와" 공사를 초치하고 일본 정부가 허가하는 일이 없도록 할 것을 촉구 하였는바, 귀지에서도 이의 저지를 위하여 계속 노력하시기 바람. (아북)

9. 외무부 공문(발신전보)–허가에 대한 항의 지시

외무부
번호 WJA-01108
일시 161815
발신 외무부 장관
수신 주일대사 대리(사본: 아주국장)

대: JAW-0177

1. 엄대사 및 안광호 대사의 구두 보고에 의하면 귀국 전 일 외상 및 아주국장을 만난바, 일측은 국내 정치 사정상 통상 국회 개최 이전에 북괴 왕래를 신청한 자 중 6명에 대하여 도항 허가를 하지 않을수 없으므로 1.18. 경 허가할 것이라는 태도를 보이었다는 것임.

2. 본직은 금16일 16:30 – 17:20 "가나야마" 대사를 초치한 자리에서, 일측의 그러한 태도는 제반 현안을 해결함에 있어 일측의 성의가 있는지 의심케 하는 것이며, 더구나 이 문제도 포함하여 일측과 협의하고저 하는 대일 교섭 사절단이 18일 도일하는 것을 알면서 같은 날에 허가 한다는 것은 국제 관례로나 의전상으로 또한 도의적으로 보아 그 방법이 우리 정부나 국민이 도저히 이해할수 없는 일측의 고의적인 처사로 밖엔 해석하지 않는 지극히 유감된 일임을 지적하여, 그런 일이 절대로 없도록 할것을 강력히 촉구하였음.

3. 귀지에서도 이상의 취지를 일본 정부에 전달하고 이를 저지토록 계속 강력히 교섭하시기 바람. (아북)

10. 외무부 공문(착신 전보)–오오사와 법무차관 면담 내용 보고

외무부
번호 JAW-01139
일시 161625
수신시간 1969.1.16. PM5:59
발신 주일대사
수신 장관

사본: 주일 엄대사

강영구 공사는 1. 16. 오후 2시부터 약 40분간 "오오사와" 법무차관을 방문하고 조련계 북괴 왕래 문제에 관하여 면담하였는바, 아래 보고함.

1. 강공사는 먼저 조련계 8명의 북괴 왕래에 관하여 일정부의 태도를 추궁하였는바 오오사와는 외교상의 통고가 않고 자신이 개인적으로 강공사에 confidential

하게 알려주는 것이라 전제하고 동 8명의 왕래를 일정부로서는 어쩔수 없이 허가하지 않으면 안될 사정이며, 일정부가 허가하게 되면, 8명 중 6명은 우선 1.21일경 오사카를 출항하는 "쇼오도오" 마루 편으로 출발하게 될 것으로 알며, 나머지는 2명(8명중 연소한자)은 1월말 또는 2월초에 출발하게 될 것으로 안다고 말함. 그는 이어 법무성으로서 동조련계의 출발이 2일전에 허가도장을 찍을 것이라고 말했음.

2. 강공사는 이에 대하여 조련계의 북괴 왕래는 비단 정치적인 목적뿐만 아니라 소위 인도 운운의 이유라고 할지라도, 결국은 두 개의 한국 인정과 연결되며 북괴의 도발행위 조장을 위한 공공연한 스파이 루트를 제공하여 북괴를 두둔하는 결과를 초래하는 것으로 한국 국민과 정부는 이 문제를 가장 중대시하고 있으며, 한국정부와 국민의 강력한 반대에도 불구하고 일본 정부가 허가를 한다면 양국 국교관계에 커다란 악영향을 미칠것임으로 경고하고 일본정부가 절대로 그들에게 재입국허가를 부여하는 일이 없을 것을 강력히 요청하였음.

3. 오오사와는 이에 대해 일 정부는 이 문제에 대한 한국국민과 정부의 입장을 충분히 이해하고 있으며 또한 그러한 입장을 이해하기 때문에 지금까지 조련계 및 사회당과 공산당의 양당세력이 강력한 압력을 가하여 왔음에도 불구하고 일 정부가 그들의 압력을 배제하여 온 것이라 하고 그러나 이것은 외교적인 LIP SERVICE가 아님을 강조하고 이번 8명에 대한 허가 방침 결정은,

    1) 이다 법무대신이 공식으로 발표하였고,

    2) 1월말 예산국회를 앞두어 야당 세력의 세공세가 예상되며,

    3) 나아가서 70년도 미일 안보조약 개폐 투쟁에 조련계가 말려들지 않도록 한다는 등 이유에서 그야말로 불가피하게 취하지 않으면 안 는 조치임을 누누히 설명하는 동시 한국측의 이해를 간절히 바란다고 하였음.

4. 강공사는 이에 대하여 일본정부가 8명에 대하여 허가를 부여한다는 것은 여하한 이유를 단다고 하더라도 일본의 태도를 정당화 시킬 수는 없다고 말하고 동 8명에 대한 허가를 부여하는 일이 없도록 재고하여 줄것을 강력히 촉구하였음.

5. 강공사는 금1.16 오후 4시 외무성 "수노베" 아세아 국장을 방문하여 본건에 관한 일본의 태도에 대하여 재차 강력히 항의할 것임. (일정-아국, 아교)

11. 외무부 공문(착신 전보)–외무성 차관, 일측 아주국장 등과의 면담 내용 보고

외무부
번호 JAW-01145
일시 161710
수신시간 1969.1.16. 22:57
수신 장관
발신 주일대사 대리

다음 전문을 박 부총리 및 장기영 전 부총리에게 지급 전달 바랍니다.

1. 9:30시 외무성 우시바 차관을 만난 교포의 북괴 귀향 중지를 강력히 요청 우시바 차관이 다시 한번 중지 노력을 기울려 줄 것을 요망한 바 우선 6명만 21일 선편에 귀향시키는 방침은 움직일 수 없는 것이라 하였음. 이는 종기를 떼 내는 것으로 하고 장 특사가 오시면 금후 문제는 충분히 토의할 용의가 있다함.

2. 1968년 중 북괴의 무장간첩 남침으로 실질적으로 전투 상태에 있는 이때 인도주의를 표방 조련계와 사실상 관련이 깊은 이들을 귀향시키는 것은 이적 행위일 뿐더러 간접적으로 한국 안전 위협 행위를 방조하는 것으로 한국민은 도저히 용납할 수 없으니 특히 특사 파견 시기에 이를 단행하는 경우 한국 국민은 더욱 일본의 의도를 의심할 것이니 차후 노력을 한번더 해줄 것을 요청 한 바 해보기는 할것이나 스노베 아주국장께도 잘 설명하라 하였음.

3. 스노베 국장과 10:00시에 만나 꼭 같은 설명을 되풀이한 바 법무성이 이미 사회당에 약속하였고 최 외무부장관 방일시 일측의 성의를 보이기 위하여 일차 연기하였기 때문에 재고는 불가능할 것이나 한번 더 협의는 해볼것을 간신히 비치는 정도임.

4. 그후 무라이 국제 금융국장 요시구니 주세국장 구마가이 통상차관 및 고도, 하라다 국장등과 아라다마 특허청장관을 만나 훈령된 경제부문의 요점을 설명 하였음.

5. 명일은 가시와끼 재무관 우에다 국장등과 협의하고 통상성 주최 디나가 있은 후 밤 10시 우시바 차관과 이차를 할 예정임. (투자진흥관)

12. 외무부 공문(착신 전보)- 아세아국장 면담 내용 보고(북한 왕래 및 미곡문제)

외무부
번호 JAW-01148
일시 161856
수신시간 1969.1.16. □□:24
발신 주일대사
수신 장관

사본: 엄민영 주일대사
금 16일 오후 4시부터 약 1시간 강공사는 외무성 수노베 아세아 국장을 방문하고 조련계 북괴왕래 및 미곡문제에 관하여 면담하였는 바 아래 보고함.
1. 북괴왕래:

강공사는 먼저 이에 대한 일본의 태도를 추궁하였던 바 스노베는 이문제는 1.14 오전 및 오후 각의에서도 논의가 되었지만 일본정부로서는 허가하지 않으면 도저히 안될 사정에 있다고 하고 JAW-01139로 보고한바 오사와 법무차관의 서명과 같이 1. 21오사까로부터 청진으로 직행하는 "쇼오도오 마루" 편에 승선할 수 있도록 허가조치를 취할 예정으로 되어있다고 말함

수노베는 또한 동일자에 떠나는 쇼오도오마루 편에는 6명만 가고 나머지 2명은 (박분점 김성린) 1월말 내지 2월초에 가게될 것이라고 말함(어째서 2명은 나중에 가는 것이냐는 질문에 수노베는 한국측에는 강력히 반대하고 있음으로 어느정도 양보한다는 점도 있고 쇼오도오 마루의 승선 가능인원 사정도 있기 때문이라고 설명함) 이에 대하여 강공사는 JAW-01139로 보고한 바 아측의 입장을 강력히 설명하고 일정부의 재고를 촉구하였음(박분점은 이남출신 김성린은 50세 미만이라는데 주의 바람)

조련계 북괴왕래 문제에 관하여는 아측의 강력한 저지 활동에도 불구하고 일정부는 1.21일 오사까를 출항하는 쇼오도오마루 편에 향발할 수 있도록 우선 6명에 대한 허가조치를 내릴 것이 거의 확실시됨 이에 관하여 지금 회시바람
2. 미곡:

강공사는 이 문제가 조속히 아측이 바라는 선에 따라 좋은 결말을 보게될

것을 요망한다고 한데 대하여 수노베는 금 1. 16 오전에 기무라 관방부장관이 주재한 관계 각성관계자 회의에서 이자를 안받고 식관법에 따라 조치한다는 것은 재확인되었는데 수송 조작비 등을 어떻게 할 것인가에 관하여 금명간 관계 각성간 실무자회의에서 결론을 낼 것이며 결론이 나는대로 내일 오후 정오에는 대사관으로 통보하여 줄것이라고 말함

(일병-아북, 아교, 통협)

13. 기안-외무부 장관과 일본 대사 면담 요록 송부

번호 아북700
시행일자 69.1.17.
기안자 동북아주과 김용권
경유수신참조 주일대사
제목 면담 요록 송부

　　　조련계 북괴 왕래문제에 대하여 본직이 주한 일본대사관 "가나야마" 대사를 외무부로 초치하여 면담한 내용과 김 아주국장이 "가미가와" 공사와 통화한 내용을 별첨 송부하오니 참고하시기 바랍니다.
　　첨부: 면담요록 1부
　　　　　김아주국장 통화내용 1부 끝

첨부-최 외무부 장관과 "가나야마" 일본 대사와의 면담요록

일시 1969.1.16. 16:30 - 17:20
장소 외무부 장관실
면담내용

　　최 장관: 공식 보고를 접한 것은 아니나, 전 주일 공사로 있던 안광호 대사의 송별연 석상에서 "스노베" 아세아 국장이 일본정부가 국내정치 사정상 금년

1월 하순의 통상 국회 개최 이전에 북괴 왕래를 신청한 조련계 6명에 대하여 도항 허가를 하지 않을 수 없으므로 1.18. 경 허가할 것이라는 말을 하였다 하며, 또한 엄대사의 일시 귀국 직전에 "아이찌" 외상도 그런 말을 하였다고 들었는데 본국 정부로부터 통보된 바 있는가.

가나야마: 본국 정부로부터 그렇게 하기로 결정을 보았다는 통보를 받았다. 국회 개회 전에 사회당 등 야당의 공격에 대처하려는 국내 정치 사정상 이미 허가하기로 결정한 방침을 변경할 수 없는 입장이라는 것이다. 따라서 일본 정부가 처해있는 어려운 사정을 이해하여 주기를 요망한다.

최 장관: 도저히 이해할 수 없는 유감된 일이다. 더구나 양국간의 제 현안을 타결하기 위하여 파견되는 교섭 사절단이 18일에 가는 것을 알면서, 같은 날에 그러한 허가를 하기로 결정하였다는 것은 일측이 어떠한 설명을 하더라도 납득이 되지 않는 매우 유감스러운 처사이다. 우연히 그렇게 된지는 모르겠으나, 국제 관계로나 도의상으로나 또는 의전 예의상으로 보아 누가 보아도 고의적인 처사라고 밖엔 생각하지 않을 수 있지 않는가. 이 문제도 포함하여 일측과 협의하고저 사절단이 파견되는 것이므로 최소한 사절단이 얘기를 할 기회를 주어야 할 것이며, 또한 일측으로서도 사절단의 얘기를 들어보는 것이 결코 나쁜 일이 아닌데, 사절단이 가는 날에 그러한 허가를 한다는 것은 속된 말로 해서 김을 빼는 (가다스까시) 처사이다. 우리 국민이 이를 어떻게 이해할 수 있을 것이며, 우리 정부로서도 무어라고 설명할 수 있겠는가.

가나야마: 결코 고의가 아니며 우연히 날자가 일치된 것이라고 생각한다. 한국 정부가 대일교섭 사절단의 파견을 통고해 오기 전에 이미 허가를 주기로 결정된 것이 실정이다. 자기로서는 본국 정부에 여러 번 건의하였지만 본국 정부로서는 허가 방침을 도저히 변경하지 못할 난처한 입장에 처하고 있는 것으로 안다.

최 장관: 그러면 결국 어떻게 하자는 것이냐. 과거의 예를 보면 일본 정부가 주기적으로 이러한 문제를 만들어 한국측을 자극하고 있는데, 이렇게 되면 양국간의 우호 증진과 유대 강화 및 협력 증진을 하려는 일측의 성의를 의심하지 않을 수 없지 않은가. 어떻게 일본 정부와 상대해 나갈수 있겠는가. 앞으로도 이러한 허가를 반복하려는 것이 아니냐.

가나야마: 일본 정부 고위 당국, "사또" 수상이나 "모리" 관방장관 및 "기무라" 부관방장관들의 생각은 다시 반복하지 않는다는 것으로 알고 있다. 따라서 본인으로서는 한국측, 특히 금번 사절단으로서도 일측으로부터 이러한 일을 반복하지 않는다는 얘기를 받도록 하는 것이 좋겠다고 생각한다.

최 장관: 아무튼 지극히 유감된 일이다. 아무리 귀국 정부의 처리를 이해하려 해도 금번 건에 있어 일본 정부가 취하고 있는 방법은 도저히 이해할 수 없는 악의적인 방법이라고 아니 할 수 없다. 한문 격언에 "이하에 부정관하고 과전에 불납리"(李下不整冠 瓜田不納履)라는 말이 있지만, 일본 정부로서는 우연의 일치라고 해명에만 급급해할 것이 아니라, 객관적으로 보아 오해를 받는 일이 없도록 해야 할 것이다.

귀관도 알겠지만, 최근의 년도초 공식 기자 회견에서 박 대통령 각하는 일본의 북괴와의 접촉 문제에 대하여 매우 못마땅히 여기고 있다고 언명한 바도 있지 않은가. 만일 비공식 보고된 바와 같이 18일에 이러한 허가를 한다면 우리 국민의 이에 대한 반감은 즉각적으로 격양될 것이 틀림없으며 정부로서도 도저히 설명할 길이 없는 것이니, 일본 정부로서는 그러한 일이 없도록 재고할 것을 강력히 촉구하는 바이다. 지금까지 본인이 표명한 우리 정부의 입장을 즉시 본국 정부에 전달하고 귀하로서도 이의 시정을 위하여 강력히 결의할 것을 요망한다.

가나야먀: 그렇게 하겠다. 끝.

첨부 통화기록-한국 아주국장과 일본 공사

통화기록

1. 일시: 1969.1.16. 12:00
2. 통화자: 김정태 아주국장, "가미가와" 공사
3. 내용:

    가. 김 국장은 금 1.16. 동경으로 출발하며, 장기영 특사는 1.18. 출발 예정임을 알림.

    나. 김 국장은 금번 귀국한 엄 대사의 보고에 의하면 출발전 "아이찌" 외상 및

"스노베" 아세아 국장을 만났던바, 제반 국내 정치 사정으로 바아[3] 통상 국회 개최 이전에 북괴 여행을 신청한 조련계 인원중 6명에 대해서 도항 허가를 하지 않을 수 없어 18일경 이를 허가하게 될 것 같다는 태도를 보이고 있다는데 대하여 최 장관께서 중대한 관심을 갖고 있다고 말하며, 최 장관을 대신하여 통고하는 것이라고 전제하고 특히 대일 교섭 사절단의 공식 활동 직전에 이러한 awkward situation을 □어내는 일이 없도록 할것을 요청하고 이를 즉시 본국 정부에 전달할 것을 요청함. 이에 대하여 동 공사는 즉시 본국 정부에 전달하겠다고 말함. 끝.

14. 외무부 공문(착신전보)–아주국장과 수노베국장 면담 내용 보고

외무부
번호 JAW-01161
일시 171655
수신시간 1969.1.17. PM6:27
발신 주일대사
수신 장관

김아주국장은 17. 11:50부터 1시간20분간 수노베국장을 방문 면담함. 아래와 같이 보고함.

1. 아주국장은 조련계 북한 왕래문제에 관한 아측의 기본적인 반대 입장을 설명함과 아울러 이 문제가 양국간의 우호관계에 극히 좋지 못한 영향을 미치고 있음을 지적하였으며 특히 교섭 사절이 18일에 내일하는 상황 하에서 일측이 재입국허가를 발급하겠다 함은 도저히 이해할 수 없는 일이라 하고 일측의 신중한 처사를 촉구하였음.

2. 수노베는 한국측 입장을 이해하고 있으며 일측으로서는 한국측과의 협력관계를 더욱 긴밀히 하여간다는 기본입장에 변함이 없는 바 금번 문제에 있어서는,

---

3) 보아

(가) 사회당 및 조총련등의 요구를 언제까지나 누를 수 없는 국내 사정이 있었으며,

(나) 그들의 불만을 불가피한 한도 내에서 풀어주는 것이 필요하였으며,

(다) 2천여건의 신청을 불허하여 오다가 가장 해가 적은 8명만을 엄선 허가 하였다 하고 일측의 입장을 이해하여 주기 바란다 하였음.

3. 아주국장은 일측에 어려운 사정이 있다 하더라도 이 문제로 한국 여론은 비등하고 있으며 일본 불신의 소리뿐만 아니라 이적행위라고 규정하는 소리까지 있어 양국 우호관계에 미치는 영향이 지대하며 특히 사절단 파일시기와도 관련되어 있으므로 신중 재고할 것을 다시 요청함.

4. 수노베는 신청자가 원거리에 거주하고 있는 관계도 있어 이미 발급 절차가 시작된 것으로 이해하고 있으며 내내주 초부터 국회가 시작되는 관계도 있어 재고가 곤난할 것이라 하였음.

5. 아주국장은 지난 수년동안 한일관계에 많은 진전이 있었음이 사실이지만 금번의 문제 및 북송문제 등의 북괴문제가 일어날 때마다 많은 장애를 받아왔음을 지적하고 양국의 우호관계를 위하여는 이런 문제가 일어나지 않도록 하는 한편 경제문제 특히 무역 및 경제협력등에서 일측이 적극적인 자세를 취하여 문제를 해결해 나가야함이 필요하다 하였음.

6. 아주국장은 양국 우호관계에 있어서 재일교포의 문제도 많은 관련이 있다하고 이들이 안정된 생활을 하도록 하여야 하며 영주권 허가가 촉진되도록 하여야 한다 하였음. 특히 영주권 문제에 있어서는 한일양국이 공통의 이익을 가지고 있음을 지적하고 일측의 협력이 아쉽다하여 두었음.

(일정, 아북, 아교)

15. 외무부 공문(착신전보)―북향 선박 현황 보고

외무부

번호 JAW-01169

일시 181150

수신시간 1969.1.18. 12:11

발신 주일대사 대리

수신 장관

사본: 엄민영 주일대사

금 1.18 주오사까 총영사관에서 조사보고된 바에 의하면 쇼오도 마루는 20일 밤에 오사까항에 입항하여 21일 낮 청진, 함흥으로 향발하기로 되어 있고 그 배에 오늘 현재로 조련계 6명으로부터 승선요청을 받고 있다고 함 (일정-아북)

16. 외무부 공문(발신전보)―입북 허가에 따른 일 대사 초치 항의 보고

외무부
번호 WJA-01115
일시 181420
발신 외무부 장관
수신 주일대사(사본: 아주국장)

대: JAW-01175

1. 금18일 12시경 진 외무차관은 "가나야마"대사로부터 일본 정부가 오늘 조련계 6명에 대하여 재입국 허가를 발급한다는 전화 연락을 받았으며, 진 차관은 12:40 동 대사를 초치하여 구술서를 수교하고 강력히 항의하였음.
2. 동 구술서 내용은 다음과 같음. (아북)

17. 외무부 공문(착신전보)―우시바 차관을 방문하여 항의 내용 보고

외무부
번호 JAW-01180
일시 181425
수신시간 1969.1.18. 15:□□

발신 주일대사 대리

수신 장관

사본: 엄주일대사

연: JAW-01117

연호에 이어 본직은 대사대리 자격으로 우시바 차관을 금18일 오후 1시10분부터 약15분간 방문하여 항의하였는바 동 내용을 아래 보고 함

1. 본직은 먼저 현재 안전 보장문제에 관하여 한국과 월남은 규모는 다르나 다같이 공산주의에 대항하고 있는 상태에 있다고 하고 특히 한국국민으로서는 한국의 안전보장을 일본의 그것과 즉결되어 있다는 인식을 가지고 있는 마당에서 일본이 6명에 대하여 북괴의 왕래를 허용하는 조치를 취한 것은 적을 유리하게 하는 것으로 한국국민으로서는 무시할 수 없는 것임으로 엄중히 항의한다고 하였음. 본직은 또한 그러한 조치를 취하였다는 보도가 한국에 들어간다면 한국민 전체의 노여움은 끝이 없을것이며 그 단계를 지나 일본에 대하여 크게 실망을 가지게 될 것이라고 지적하고 지적하고 한국은 정문에서 공동의 적과 피비린내 나는 투쟁을 하고 있는데 일본은 뒷문에서 적과 거래를 하고 있다는 인상밖에 주지 않을 것이라고 말하였음. 본직은 이어 이러한 조치가 계속 취하여 진다면 6명의 숫자가 문제가 아니라 질적인 변화를 이르켜 양국관계의 근본 성격이 문제될 것임으로 앞으로 그러한 문제가 이러나지 않도록 일정부가 확실히 보장하여 줄 것을 요구하였음.

2. 이에 대하여 우시바 차관은 일본 국내 사정이 복잡하여 국내 일부 압력에 의하여 때로는 인도적인 고려에서 이러한 조치를 취하지 않으면 안된다는 사정을 한국이 이해하여 달라고 말하였고 앞으로 질적인 변화를 가져올 정도의 것을 하지 않을 것이며 또한 앞으로 한국의 입장을 충분히 고려하여 정책에 반영되도록 노력할 것이라고 말하였음 (일정 아국 아교)

18. 외무부 공문(착신전보)—북향 선박 동향 보고

외무부

번호 JAW-01184
일시 201139
수신시간 1969.1.20. PM1:05
발신 주일대사
수신 장관

조총련계 북괴왕래

금20일 오전11시 45분 주오사카 총영사보고 온 바, 다음과 같음.

1. 1. 18 오전 9시경 조총련본부 외무부장인 윤상철과 조총련 오사카 지부 사업 부부장인 김세길 양인이 6명을 동반 오사카 입관사무소에 출두하여 동일 오전 중에 재입국허가서를 교부받았음.

2. 한편 쇼오도오마루는 1.19일 17:20시경 오사카에 입항했으며 현재 "우메마치"잔교에 정박하여 북괴에서 적재하여 온 아연 1,300톤 하역중에 있음. 20일 오전중에 국내하역이 끝나는대로 "도요오" 부두로 가서 북괴로 갖어갈 화물(탈취제라고 함)을 적재할 것이라 함.

3. 쇼오도오마루는 가능한한 출항을 서둘으는 눈치 같으며, 따라서 화물적재 완료되는 대로 빠르면 금20일 저녁 아니면 명 21일 오전 중으로 출항할 것이라 함. 6명은 동선박에 승선할 것임.

4. 6명의 북괴향발과 관련하여 조총련계의 동향을 보면, 지부를 통한 대중동원 은 지시하지 않은 것으로 보이며, 다만 환송행사는 있을것이라 함.(일정-아북)

19. 외무부 공문(착신전보)-조련계 북괴왕래

외무부
번호 JAW-01190
일시 201643
수신시간 1969.1.20. PM5:46
발신 주일대사
수신 외무부 장관

조련계 북괴왕래:

연: JAW-01184

1. 오사까 총영사관 보고에 의하면 (20일 오후4시 현재) 연호 "쇼오도오마루"는 22일 오후 출발할 예정이라 함. 상기 정보는 동 선박측으로부터 오사가 입관에 통고하여 온 것인데 이유는 기관의 일부 고장과 아직 짐을 전부 풀지 못하였기 때문이라 한다 함. 그러나 입관 관계자가 총영사관 관계자에게 말하고 있는 바에 의하면 상시 "쇼오도오마루"측으로부터 그간에라도 기관수리 완료 등을 말하고 출발준비 완료를 입관에 통고해 오면 입관측은 즉시 출항에 관한 조사를 할 것이고 그후 곧 출발하게 될는지도 모른다고 하고 있다 함.

2. 오사까 민단측으로부터 총영사관에 연락하여 온 바에 의하면 동경의 민단중앙 총본부로부터 "쇼오도오마루" 출발과 관련한 시위 지시가 있었다고 하고 이에 대한 총영사관 의사를 타진하여 왔었다 하는바 총영사관측은 자치적인 활동에 맡긴다고 하였다함.

3. 승선이 예정되고 있는 6명은 18일 이후 오사까에 와 있다 하며 "그랜드 호텔"에 머무르고 있는 것 같다 함. (일정-아북, 아교)

20. 주오사카 총영사관 공문- 조총련계 교포 북괴 일시방문에 관련된 동향 보고

주 오오사카 대한민국 총영사관
번호 오총725-71호
일시 1969.1.20.
발신 주오오사카 총영사
수신 장관
참조 아주국장, 정보문화국장
제목 조총련계 교포 북괴 일시방문에 관련된 동향 보고

    일본 정보당국이 이미 방침을 세운 바 있는 조총련계 교포인 다음 6명에 대한 소위 가족방문 또는 묘참을 목적으로 하는 북괴에의 일시 여행을 위한 일본국 재입국허가의 처리 및 이와 관련된 동 조총련계 교포들의 동태에 관하여 다음과 같이 보고 합니다.

　(가) 전득현(全得鉉) 83세, 무직

　주소: 函館市日の出町 8-14　本籍: 咸南北 [   ]

　(나) 김응룡(金膺龍) 55세, 토건업

　주소: 橫濱市戶塚区平戶町2100　本籍: 黃海道載寧郡地東面地芝里

　(다) 조윤길(趙胤吉) 63세

　주소: 東京都品川区南大井 1-3-9　本籍: 平南江西郡新井面炭峴里

　(라) 김응기(金應箕) 62세

　주소: 神戶市長田区戶崎通 3-188　본적: 黃海道延白郡龍道面安井里

　(마) 문원찬(文元燦) 62세

　주소: 帶広市西一条南 10-13　本籍: 平北寧辺郡小林面

　(바) 김선빈(金善彬) 57세

　주소: 札幌市 南五条西 5-1016　本籍: 平南安州郡竜花面

　　1. 당지 오오사카 입국관리 사무소 당국은 68.1.18. 오전9시 이들 6명을 동 사무소에 본인 출두(조총련 중앙본부 외무부장 윤상철(尹相哲) 및 동 오오사카 본부 간부 김성렬(金成烈)이 안내하여 출두)케하여 이들에게 유효기간 60일간의 재입국 사증을 발급하였음.

　　2. 일본 법무성 당국은 본건 처리를 위하여 본성 입국관리국 자격 심사과장을 오오사카 입관에 출장시켜 비밀리에 이상과 같이 처리하였음.

　　3. 이들 6명은 69.1.22. 18:00에 청진항을 향하여 오오사카항을 출항하는 일본 동해기선회사 소속의 송도환(松濤丸 1,056톤)으로 출발할 예정임.

　　4. 전기 동해기선 회사는 대북무역을 주로 하고 있는 일본 동해상사(東海商事)의 방계 선박회사이며 동 선박회사 소속인 전기 송도환은 동 동해상사가 대북무역에 사용하고 있는 화물선으로 승객 약 8명을 태울수 있는 객실 설비가 되어있어 과거 일본의 혁신계 인물들이 북한을 방문할 시 주로 동 선박편을 이용하였으며 동 선박은 일본과 북한간을 부정기적이나 월1회 왕래하고 있는 바 금차에는 북괴로부터 아연 약1,300톤을 적재하고 69.1.19. 17:20에 오오사카

항에 입항하여 현재 동항에 정박중이며 이번 북괴향 적재화물은 주로 "포리에 치린 필림"이라함

　5. 당관에서는 68.1.20. 14:00 담당영사가 오오사카항에 출장하여 항내 동양 부두에서 동 송도환을 확인, 관찰하였음.

　6. 이들 6명은 69.1.17. 에 오오사카에 집결하여 현재 오오사카 "그랜드 호텔"에 투숙하고 있으며 이들이 출항할시 조총련계의 환송행사가 있을 것으로 예상됨.

　7. 현재 전일본 입관당국에 소위 가족방문 또는 묘참의 목적으로 북괴에 일시 여행하기 위하여 일본국 재입국허가를 신청중인 조총련계 교포의 수는 약 2,000명이라는 바 종래 일본 법무성 당국은 외교관계가 없는 북괴로부터의 재입국은 인정할 수 없다는 이유 등으로 이들에 대한 재입국을 불허가하여 왔든 것이며 한편 과거 법무성 당국이 조총련의 소위 건국 20주년 기념식 참석을 목적으로 하는 재입국 허가신청을 불허한데 대하여 조총련이 재소한 재판(동경 고등재판소, 68.12.18 판결)에서 "재입국 불허가 처분은 위법"이라는 판결이 있었으며 법무성 당국은 동 판결에 불복, 상소하겠다고 한 사실이 있었음을 참고로 보고함. (끝)

21. 조련계 북조선 왕래 문제

1. 朝聯系 北傀往來 問題

　가. 事件의 経緯 및 真相

　　1) 事件의 主要経緯

　　　68.12.17. 日法相은 朝聯系의 省墓, 家族訪問등 人道的 目的에 限定하여 若干명의 北傀旅行을 許可할 方針임을 発表함

　　　12.18. 일法務省은 申請者 2,000名 中 高令者 8名을 厳選하여 許可키로 함.

　　　12.21. 左藤首相은 外務長官 抗議에 対하여 再檢討하겠다고 말함.

　　　69.1.18. 日本政府는 朝聯系 8名中 6名에 対하여 許可를 発給함.

　　　(1.22 上記 6名을 태운 "쇼오도마루" 「松濤丸」는 大阪을 出港)

2) 事件의 背景

65.12 月末 省墓目的으로 申請된 朝聯系 2名(이광훈, 이인순)에 対하
여 人道上의 理由를 들어 再入國을 許可한 적이 있음.

68.10.11. 68.7月 所謂 北傀政権 樹立 20週年 記念式에 参席하기 爲하
여 朝聯系 幹部12名이 申請한 再入國 申請을 法務성이 不許한데
対하여 朝聯系가 東京地裁에 行政訴訟을 提起한 結果 日本政府가
敗訴하여 卽時 控訴함.

68.12.18. 東京 高裁에서 日本政府가 다시 敗訴하여 最高審에 上告함.

나. 政府가 取한 措置

1) 68.12.21日 外務長官이 左藤首相에게 直接 政府立場을 提示하고 是正
措置를 促求하였으며 68.12.19., 69.1.18. 金山大使를 招致하여 抗議
하고 抗議覚書를 手交한 것을 비롯하여, 서울과 東京에서 日側과 接
觸함.

2) 69.1.18日부터 29日까지 張基榮特使를 日本에 派遣하여 左藤首相을
爲始한 日本의 高位書局者들과 是正交渉을 하였음.

다. 日政府의 反応

1) 가) 政治目的을 爲한 朝聯系 北傀往來에 関한 日法院에서의 不利한 判
決, 社会党, 地方議會 陳情団体의 強한 圧力 및 1月末 開會되는 通常國
會에서의 野党政勢에 対処하는 等 國內事情上 不得己 2,000余名의 申
請者中 厳格한 內査를 거처 朝聯系의 熱誠分子, 行動隊員이 아닌 高令
者, 無害者를 厳選하고 人道的理由에 限定하여 許可한 것임.

나) 앞으로 上告審에서 政治目的을 띤 往來를 禁止하려는 日本政府의
立場을 有利하게 하고, 左翼계의 要求를 앞으로 抑制하기 爲한 事
前 布石으로 取한 措置였음.

다) 앞으로는 그러한 許可도 자주 하는 일은 絶対 없을것이며 今般措
置는 不得己한 것이었음.

2) 張特使가 左藤首相을 訪問하여 厳重 抗議하고 北傀往來 禁止를 要請
한데 対하여, 日側은 앞으로는 我側立場을 充分히 考慮하여 今般의
許可를 先例로 삼지 않을것이라는 約束을 함.

라. 日側이 하였다는 約束의 意味는 무엇이며 앞으로 再入國許假를 하지 않겠다는 것을 말하는가?

   1) 我側이 提示한 北傀往來 反対立場을 理解하며 將次 이를 充分히 考慮하여 이것을 先例로 삼지 않을 것이라는 約束을 日本政府가 한 것이며, 앞으로 日本政府를 約束하는 것임.

   2) 그러나 政府는 이러한 日本政府의 態度表明이 끝까지 實效를 거두어 同一한 事件이 되풀이 되는일이 없도록 日本政府의 態度를 注視하면서 效果的으로 対処해 나갈것임.

마. 日側約束의 形式은 어떤 것이었으며 具体的인 形態는?

   左藤首相, 外相, 法相등이 다 같이 口頭로 이야기한 同時에 文書로서도 左藤首相의 大統領閣下앞 回翰親書 및 日本外務省이 作成한 會議內容에 対한 公式記錄의 形式을 取한 것이었음.

바. 同文書를 公開할 用意는 없는가?

   外交慣例上 相対方의 同意없이는 公開할 수 없는것임.

사. 8名 中 미許可된 2名에 対해서는?

   1) 當初에는 8名 全部에 対하여 許可할 方針이었으나 我側의 反対交涉에 따라서 2名을 줄인것이라고 日側이 말하고 있는바, 이들에 対해서 許可치 않을 方針임을 日側이 口頭로 表明하였음.

   2) 先例로 하지 않는다는 約束도 있으니만치 許可하지 않을것으로 암.

아. 日側의 約束에도 不拘하고 앞으로 再入國許可를 되풀이하면 政府는 어떤 措置를 취할것인가?

   先例로 삼지 않겠다는 約束이니 이를 遵守하도록 日側의 態度를 注視하며 対処해 나가겠음.

日本政府의 朝聯系 北傀往來許可 問題

1. 經緯

  가. 過去圣緯

    (1) 1963.1. 朝總联은 所謂 "祖國自由往來運動"을 展開하기 始作함.

(2) 1965.12. 日政府는 朝联系2人에게 省墓目的을 위한 北傀往來 許可함.

(3) 1964年 以末 지금까지 北傀왕뢰를 申請하고 있는 者가 2,117名에 達하고 있는 바, 日本政府는 対韓関係를 考慮하여 不許하여 왔음.

(4) 1968.7.23. 朝總联 幹部는 9月의 所謂 北傀政府樹立 20週年 紀念式에 參席키 위하여 日政府에 再入國許可를 申請함.

(5) 1968.8.20. 上記者는 再入國申請을 日本 当局이 不許放置하였다는 理由로 東京地裁에 訴訟을 提起함.

(6) 1968.10.11. 東京 地裁는 日政府의 不許可措置는 適法이라고 判決함으로써 政府는 敗訴함.

(7) 68.10.11. 日政府는 東京高裁에 対하여 不服控訴를 提起하였으나 12.18 亦是 敗訴함.

(8) 日政府는 곧 12. 18. 最高裁에 上告함.

나. 今般事件의 圣緯

(1) 1968.12.17. "西郷" 日法相은 社会党 議員의 北傀往來 許容申請을 받은 后 年内에 約10名의 朝联系를 人道的인 面에서 (省墓, 家族訪問등) 許可考慮할 것을 発表함.

(2) 1968.12.18. 日法務省은 朝联系 8名에 대하여는 省墓, 親戚訪問이라는 目的에 限定하여 再入國許可 方針을 決定함.

(3) 1968.12.19. 政府에서는 "金山" 日大使에게 抗議覚書를 手交하였음.

(4) 1968.12.21. 崔長官은 "左藤" 首相과 會談하였으며 同首相은 同問題를 再檢討하겠다고 말하였음. (그后, 日政府는 旧正 省墓의 理由로 그들에 対한 許可를 1月로 延期할 움직임을 보였음)

(5) 1969.1.18. 日政府는 朝联系 8名中 6名에 対하여 再入國許可를 하였음.

1.18. 駐日大使代理는 곧 外務省을 訪問하여 厳重 抗議함.

(6) 1969.1.18. 陳次官은 "金山" 大使에게 抗議覚書를 手交함

(7) 1969.1.20. 張基榮 特使는 "左藤" 首相 및 "愛知" 外相에게 抗議함.

(8) 1969.1.22. 張基榮 特使는 "西郷" 法相에게 抗議함.

2, 朝聯系 8名의 人的事項

性名	性別	年令	出生地	職業	住所	目的
全得鉉	男	81	咸南	無	函館	女妹相面 및 省墓
趙胤吉	男	62	平南	古鉄商	東京都	姉妹相面 및 省墓
金應箕	男	62	黃海	고무工業	神戸	父親 " "
文元燦	男	61	平北	음식業	北海道	父親 " "
朴分顚	女	61	慶南	無	橫須賀	妹와 女息, 夫婦相面
金善彬	男	56	平南	음식業	札幌	母親 및 兄弟相面, 省墓
金鷹龍	男	55	黃海道	土健業	橫浜	母親 및 女妹相面, 省墓
金成麟	男	48	慶北	会社員	東京都	母親 및 兄弟相面, 省墓

註: 1. 上記 8名中 朴分顚 과 金成麟을 除外한 6名에 対하여 69. 1. 18. 日本 再入国을 許可(大阪出入國管理所에서) 捺印하였음.

2. 나머지 2名에 대하여는 1月末이나 2月初旬頃 許可 捺印할 予定이라고 함.

3. 日本政府의 立場 및 說明

　가. 基本立場

　　(1) 社会党, 共産党 및 地方議会 그리고 各陳情団体의 圧力을 日本國內政治事情上 無視할 수 없다.

　　(2) 一月末부터 始作되는 予算国会때 野党의 攻擊에 対処하기 爲하여 不得己하다.

　　(3) 政府로서 第1審, 第2審때 敗訴하였으며 最高裁에도 敗訴하면 全面的인 自由往來의 口実을 주게 되며 이는 韓国문제 뿐 만 아니라 日本의 公安問題와도 関联이 된다.

　　(4) 今般 許可者는 去般 所謂 北傀政府 樹立 20週年 記念式参席을 爲한 再入國申請者와 같이 政治目的을 띤 것이 아니며, 純全히 人道目的(省墓 家族訪問)을 爲한 旅行이다.

　　(5) 1964年 以來 北傀訪問을 申請한 2,117名에 対해서는 여러가지 理由, 特히 対韓関係를 考慮하여 이들을 不許하였으나 今般 8名의 許可는 1965年末 2名에 対한 前例도 있고 해서 不得己 許可한 것임.

　나. 日本関係者 発言

　　(1) 金山大使

(가) 一部 国内予論이 省墓, 家族訪問等 人道的인 理由로 北傀를 訪問하는데 그 不許理由等에 对해서 継続的으로 追窮받아왔으며

(나) 申請者 中에서 厳格한 內査를 거쳐 朝联系의 熱誠分子나 行動隊員이 아니고 高令者로서 無害한 사람만을 選定 許可하였음. (68.12.19)

(2) "大澤 法務省 次官"은

(가) 政府側이 第1,2審에서 敗訴하였음으로 上告審에서 政治的 目的을 띄운 往來禁止에 对한 法務省의 立場을 有利케 하기 위하여 그들은 許可한 것이며

(나) 萬一 上告審에서 敗訴한다면 全面的인 自由往來의 口實을 주게 되어 이는 韓日関係 問題뿐만 아니라 日本自体의 公安問題와도 関联이 됨으로 上告審에서 勝訴하여 政治的 및 商去來목적 往來에 对한 制限 根拠㪀 磨鍊하기 爲한 것이며 (68. 12. 19)

(3) "西郷 法相"은

앞으로 朝联系에 对한 그러한 許可를 자주하는 일이 絶対 없을것이며 이번 措置는 不得己함 (68.12.20)

(4) "愛知 外相"은

本件을 慎重히 檢討할것이며 今般의 決定이 窮極的으로 左翼系들의 要求를 앞으로 抑制할 수 있는 발판을 마련하는데 그 目的이 있음 (68.12.20)

(5) 左藤首相도 同問題를 韓国政府의 見解를 考慮하여 再檢討하겠다고 말하고 愛知外相도 再考의 뜻을 表明함 (68.12.21)

(6) 外務省 "스노베" 亜州局長은

(가) 日本政期国会가 1. 27부터 열리는데 野党에서 対政府 攻擊을 하고 있고 이제까지 政府는 이럭 저럭 遅延시키고 왔지만 더 以上의 遅延은 困難함 (69.11.6)

(나) 1.14午前 및 午后 会議에서 論議되어 日政府로서는 大阪에서 떠나는 "소오도 마루"에 乘船할수 있도록 措置할 것이나 8名中 6名만 보내고 其他 2名은 1月末까지 2月初에 가게 될 것이라고 함. (69.1.16)

(7) 日本法務省 "大澤"次官은 同 8名에 対한 許可方針 決定은

    (가) 이미 法務大臣이 公式으로 発表하였고

    (나) 1月末 予算国会를 앞두고 野党攻勢가 予想되며

    (다) 70年度 美日安保條約 改廃間等에 朝联系가 말려들지 않도록 하기 위한 理由임 (69.1.16)

(8) 外務省 "牛場" 次官은

    (가) 8名中 6名만 1. 21船便으로 出国시키는 方針은 不動이며 앞으로 張特使와

    充分히 討議할 用意있음을 表明함 (69. 1. 16)

    (나) "스노베" 局長도 去般 崔外務長官 訪日時 日側의 誠意를 表하기 위하여 一次延企하였으므로 再考는 不可能하다고 함(69. 1. 16)

(9) "스노베" 亜州局長은

    (가) 社会党 및 朝联系等의 要求를 언제까지나 抑制할 수 없는 國內事情이 있고

    (나) 그들의 不満을 不可避한 限度內에서 풀어주는 것이 必要하며

    (다) 2,000余件의 申請은 不許하여오다가 가장 害가 적은 8名만을 厳選하였음 (69.1.17)

4. 政府의 立場 및 取한 措置

  가. 基本 立場

  (1) 政治的이건, 人道的이건 間에 北傀와의 接觸은 不当함.

  (2) 結局 두개의 韓國論을 뒷받침하는 것임.

  (3) 公公然한 "스파이" 루트가 됨.

  (4) 朝联系와 北傀에 도움을 주는것임.

  나. 政府의 措置

  (1) 68.12.19. 陳次官은 "金山" 大使를 招致하고, 警告, 抗議함.

  (2) 68.12.19. 安公使, 日 法務省, "大澤" 次官에게 抗議.

  (3) 68.12.20. 丁總理, "金山" 大使를 官邸로 招致하고 政府 立場 再闡明

  (4) 68.12.20. 車議員, "金山" 大使를 招致, 抗議함.

  (5) 68.12.20. 嚴大使, 日本 "西郷" 法相 및 "愛知" 外相에게 抗議

  (6) 68.12.21. 崔長官 "左藤" 首相 및 "愛知" 外相에게 是正 要求

  (7) 69.1.6. 安公使 "順之部" 日外務省 亞細亞局長에게 抗議

(8) 69.1.14. 金亜州局長 "上川" 公使 招致코 抗議

(9) 69.1.16. 姜公使 "順之部"亜世亜 局長 및 "大澤" 法務省 次官에게 抗議

(10) 69.1.16. 崔長官, "金山" 大使에게 抗議

(11) 69.1.17. 金 亜州局長 "順之部" 局長에게 抗議

(12) 69.1.18. 張基榮 対日交渉 使節団長이 訪日하였으며, 日政府 関係 要路와의 対談時 我俄國 立場을 闡明하는 指針을 주었음.

(13) 69.1.18. 陳次官은 "金山" 大使를 招致하고, 日政府의 6名 許可에 対하여 嚴重 抗議하는 覚書를 手交하였음.

(14) 69.1.18. 崔長官은 장特使에게 "左藤"首相과의 面談時 今般의 許可 措置에 対하여 다음과 같은 內容을 가지고 嚴重 抗議, 交渉토록 訓令함.

　(가) 同 許可 措置로서 韓國國民이 激忿하고 있으므로 同許可 措置의 取消 또는 旅行保留를 要求할 것.

　(나) 三陟, 蔚珍에 浸透한 武將共匪가 使用한 諸物品이 日製인바, 同 物品이 朝联系 往來 및 在日韓人이 北送時 搬出된 것으로서 結果 的으로 北傀의 対南侵透에 利用되고 있다.

　(다) 日本의 今般 許可와 関联, 앞으로 그와 같은 일이 없을 것이 라는 것을 文書로서 保障을 받도록 할 것

　(라) 我側 要求가 모-두 拒否되는 境遇 일측에 対하여 이에 根據하는 某種의 対応措置를 取하지 않을 수 없음.

5. 張基榮 使節団長의 交渉

　가. 交渉活動

　　(1) 69.1.20. 左藤首相, 木村官房副長官과 会談

　　(2) 69.1.20. 愛知外相과 会談

　　(3) 69.1.22. 西郷 法相과 会談

　　(4) 69.1.21. 田中 自民党幹事長과 会談

　나. 我側立場

　　(1) 6名에 対한 許可의 取消 또는 旅行保留要求

　　(2) 今般許可를 前提로 삼지말고, 未許可 2名은 出身地가 慶南이고 年令 이 48才이므로 不許可할 것

　　(3) 最高裁判決이 不利하게 나더라도 行政府権限內에서 北傀往來를 抑制

할 것

    (4) 今后에 対한 保障을 文書로 하여줄 것 (左藤回翰 또는 愛知書翰 形式
으로)

다. 日側反応

    (1) 6名에 対한 許可는 不得己하므로 理解하여주기 바란다.

    (2) 未許可 2名에 대하여는 6名에 対한 北傀의 処事(歡迎等)를 보아가면
서 許可를 내지 않도록 하고 있다. (左藤,. 木村)

    (3) 最高裁判재에서는 敗訴하지 않을 것이다 (木村)

    (4) 今般의 許可를 先例로 하지 않겠으나, 앞으로 絶対 그런 일이 없다고
까지 約束하기는 힘들며(愛知)

    (5) 文書로 約束할 時는 対外的으로 알려질 때 困難이 많을 것을 憂慮(愛
知)

    (6) 今番 許可는 있을 수 없는 遺憾된 일이며, 今后 그러한 일이 없을
것이다 (田中幹事長)

라. 使節団의 判斷

    (1) 日側 反応은 誠意있는 것으로 보이며, 未許可 2名에 対한 許可는 없
을 것으로 보며, 相当程度의 事后保障이 可能하리라 봄

    (2) 文書約束에 関해 対外 公表없도록 하되, 앞으로 이런 일이 없도록
할 수 있다고 言明하여도 可

마. 其他 北傀関係問題에 対한 日側反応

    (1) 프란트 輸出

       輸出入銀行 資金使用을 不許, 政経分離政策의 不適用 方針에 不変
임(左藤)

    (2) 北送

       北傀가 일측의 콜롬보会談結果를 받느냐, 안받느냐의 段階이며 会
談 再開하는 일 없다 (左藤)

    (3) "朝鮮大學校" 問題

       外國人学校法案을 今番 國会에서 言明함(坂田)

1. 李大使는 아래와 같이 日本 政府의 北傀 往來許可방침 決定에 抗議하고 곧
그러한 決定을 撤回할 것을 要求함.

    가. "사또" 首相 自身도 最近 面談時 朝联系 北傀往來 問題를 中共의 境遇와

는 달리 取扱한다고 確言한 바 있음

나. 特히 "사또-닉슨" 共同声明 以來 더욱 緊急한 段階에 들어선 韓日兩國関係가 北傀往來問題로 因하여 크게 後退한 感이 있음.

다. 日本政府가 이미 이 問題에 対하여 眞重한 考慮를 行할 것이라고 한 約束에도 違背됨.

라. 今番의 許可 対象者가 6名이라 하나 韓國政府는 그 数子의 大小를 問題로 삼는 것이 아니고 單 1名이라도 北傀往來가 許可되면
우리의 永住権 申請촉진 運動에도 큰 支障을 招来할 것임.

마. 日本政府가 이러한 重大 問題에 있어서 韓國大使가 意見을 事前에 말할 수 있는 充分한 時間的 餘維를 주지 않았음은 遺感

바. 万博 開館후 一時 帰國하여 本國 政府와도 協議할 생각이니 帰任時까지 이 問題를 保留해 주기 바람.

2. 이에 対하여 "아이찌" 外相은 아래와 같이 日本立場을 開展함.

가. 日本의 北傀往來를 中共 旅行과는 달리 앞으로도 継続 抑制하는 方針을 취할 것이며, 이곳을 國会 審議 過程에서도 明白히 할것임. 但 眞重히 處理한다는 것은 往來를 完全히 禁하는 것이 아니고 處理 方法을 眞重히 한다는 것일 뿐임.

나. 今番의 決定은 朝總联系를 두둔하는 社会党 및 共産党 議員들의 끈질긴 圧力과 最高심에 繫留된 이와 類似한 問題에 対한 日本 政府의 立場을 有利하게 하기 爲한 不可避한 事由로 그 旅行 目的이 純粋한 人道的인 境遇에 最小限으로 局限한 것이며 決定을 撤回할 수 없음.

다. 日本 政府는 6名 以外에 年內로 더 許可할 생각이 없으며, 日本人 自身의 北傀 旅行도 厳格히 制限할 생각임.

3. "아이찌" 外相의 國会 出席 関係로 面談을 于先 中断하고 継続 論議하기로 하였음.

22. 외무부 공문(발신전보) −향후 허가 문제에 관해 일정부에게 서면으로 보장받도록 요구

외무부

번호 WJA-1134

일시 211145

발신 장관

수신 장기영 사절 단장(사본: 주일대사, 아주국장)

　　대: JAW-01192

　　연: WJA-01119

　　1. 대호 보고 중 조련계의 북괴왕래 허가문제에 있어, 금후의 보장문제에 관하여는, 연호로도 알린 바와 같이 일측으로부터 서면에 의한 보장을 꼭 받도록 계속 최선을 다하시기 바람.

　　2. 동문서와 관련하여 일측이 대외공표를 꺼리는 입장이면, 아측으로서는 이를 대외 발표치 않을 것이며 기밀을 유지하겠다는 약속을 하여도 가함. (아북)

23. 외무부 공문(착신전보)−출선 시각 보고

외무부

번호 JAW-01226

일시 222240

수신시간 1969.1.22. 23:53

수신 장관

발신 주일대사

　　조련계 북괴 방문

　　금22일 오후 6:30 오사까 총영사관 보고에 의하면 "쇼도마루"는 문제의 6명을 태우고 예정대로 6:30시 출항하였음을 확인하였다 함. 부두에서는 조련계 150명 정도의 환송집회가 있었으며, 유성철 (조련중앙 외무부장 인듯 하다함.) 이 환송사를 하고 6명중에서 답사를 하였다함. 6명은 출발 전 기자회견을 하였으며, 일본 기자들이 참석하였고, 민단계의 동양경제 신문 기자 3명도 참석하였다 함. 한편, 민단계에서의 시위 등은 없었다함 (일정 아북 아교)

24. 외무부 공문(착신전보)—출항 및 출항자 소지품 특이사항 보고

외무부

번호 OSW-0115

일시 230900

수신시간 1969.1.23. 13:29

수신 장관

발신 주오사카 총영사

연: 오총 725-71 (69.1.20)

1. 연호로 보고한 북괴 일시여행 조총련계 6명은 금 22일 18시에 "송도환"편으로 당지 오사카 항을 출발하였음을 보고함. (당관 직원 현지 출장, 확인)

2. 이들의 출발에 앞서 동부두에서 조총련에 의한 간략한 기자회견 (조총련 중앙의장 한덕수 담화문 발표) 과 소위 환송 행사가 있었음. (참집 인원 150명 정도)

3. 동 송도환은 북괴 청진행을 향하여 출항하였는바 주요 적재 화물은 "포리에치린" 원료 약400톤이라 하며 전기 6명의 휴대물품중 특기할 물품은 녹음기1대 (시가 일화 약20만엔 정도) 손시계7개 트랜지스타 래디오 6개라 함

(아북, 정공)

25. 외무부 공문(착신전보)—조총련 북한행 관련 신문보고

외무부

번호 JAW-01236

일시 231510

수신시간 1969.1.23. 15:50

발신 주일대사

수신 장관

조련계 북괴행 신문보고

　　금23일자 아사히 조간은 사회면에 2단 기사로 조련계 6명의 북괴행에 관하여 다음과 같이 보도함. (다른 주요 일간지에는 관련기사 보이지 않음) "50년간의 즐거움, 이라는 제목하에) 일시 북조선에의 귀향이 연기되던 하꼬다데시 하노데쪼, 무직 전득현(83세) 등 6명은 22일 오후6시를 지나 동해 선박의 화물선 "쇼도마루"(1,019총톤)로 오오사까 항을 출항하였다. 작년 12.18일 법무성이 8명의 재일조선인의 북조선에의 귀향과 일본에의 재입국을 허가하였는데 한국 정부로부터의 반대가 있어 실현이 연기되어 결국 6명만의 출국 허가가 나왔다. 부두에서 재일 조선인, 조총련등 약 100명의 환송을 받은 일행은 모두 30-50년 만의 귀향이다. 친족 등의 자기의 얼굴을 기억하고 있을가고 기뻐하면서도 조금 불안한 것 같았다."

　　(아북, 아교)

26. 주코오베 영사관 공문—신문기사 송부

주코오베 대한민국 영사관

코영 770-42

일시 1969.1.14.

발신 주코오베 영사

수신 장관

참조 아주국장

제목 신문기사 송부

1. 당지 "코오베" 신문에 보도된 1969.1.8. 자 한국관계 기사를 별첨하오니 참고하시기 바랍니다.

2. 본지는 관서지방의 유력 지방지로서 발행부수 42만부임:

끝

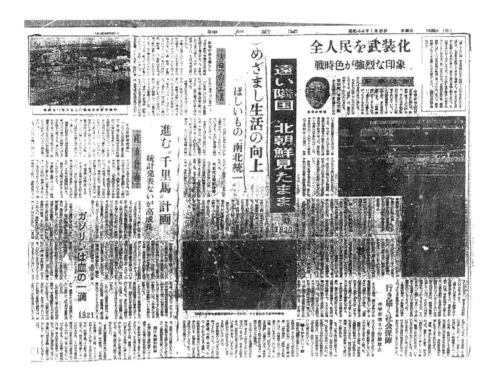

27. 일본 수상 서한

근계.

　　혹한 지절에 귀 대통령께서는 더욱 청안하시다 하와 경하스럽게 생각하는 바입니다.

　　1월 20일 귀 대통령으로부터 파견된 전 부총리 김 경제기획원 장관 장기영 각하의 내방을 받고, 동 각하로부터 1월7일자 귀한을 수령하였습니다.

　　일반 국교 정상화 이래 3년 유여 동안에 양국의 우호 협력 관계는 정치, 경제, 기타 제반의 분야에서 주목 할만한 발전을 이룩하여 온 것은 실로 동경하지 않을 수 없습니다. 금반 장 사절로부터 양국간의 현존하는 제 현안의 조기 해결에 관하여 광범하게, 친히 귀 대통령의 의향 및 귀국 정부의 방침을 듣고, 또한 본인으로서도 일본측의 생각을 말하여, 쌍방의 입장을 한층 분명히 할 기회를 얻게 된 것은 실로 의의 깊었다고 생각합니다. 또한 장 사절과 관계 각료간에 있어서도 무역불균형의 시정, 민간 경제 협력의 촉진을 비롯하여 약국간의 협력을 금후 일층 발전시키기 위한 구체적 문제에 대하여 유익한 의견 교환이 있었으며 상호 이해를 깊이 할수 있었다는 보고를 받고 만족스럽게 여기는 바입니다.

　　최근 귀향을 위한 방문을 목적으로 하는 북조선 향발 재입국 허가를 발급하기에 이른 일본 정부의 생각에 대하여는, 장 사절에게 상세히 설명하였으므로 귀 대통령의 이해를 얻고저 하는 바입니다. 이러한 문제 때문에 양국간의 긴밀한 협력 관계가 조금이라도 저해되는 것은 일본 정부의 본의가 아닌 것입니다. 본인은 장 사절을 통하여 지득한 귀국의 사정을 금후로 이를 십분 고려하여 나가고저 하는 바입니다.

　　대통령 각하께 경의를 표함과 동시에 각하의 건강과 귀국의 번영을 비는 바입니다.

　　　　　　　　　　　　　　　　1969년 1월 22일
　　　　　　　　　　　　　　　　일본국 내각 총리 대신
　　　　　　　　　　　　　　　　서명

대한민국 대통령
박정희 각하

28. 재입국 문제에 관한 회담록

재입국 문제에 관한 회담록

북괴 왕래 재입국 문제에 관하여, 장기영 사절은 "사또" 총리 대신, "사이고" 법무 대신 및 "아이찌" 외무 대신과의 회담에서, 한국측의 입장을 설명하고, 1월 18일 제출된 6명의 재 입국 허가에 대하여 심심한 유감의 뜻을 표명함과 동시에, 금후 이와 같은 조치가 되풀이하여 취해지는 일이 없도록 강하게 요망하는 바 있었다.

이에 대하여, 총리 대신 및 관계 각 대신은, 일본측의 입장을 설명하고, 6명의 재 입국 허가는 친족과의 재회, 성묘를 목적으로 하는 것과 같은 방문으로서 인도적 고려에서 불가피하다고 인정되는 것에 대하여 부여한 것이다. 일본 정부는, 종래부터 재 입국 문제에 대하여는, 구체적 안건마다 제반 관련 사항을 고려하여 극히 신중하게 대처하는 것으로 하고 있으며, 금번의 6명의 재 입국이 허가되었다고 해서, 이를 선례로서 이 방침을 변경하는 것은 전혀 아니라는 뜻을 표명하였다.

1969년 1월 28일

29. 외무부 공문(착신전보)

외무부
번호 JAW-02123
일시 081415
수신시간 1969.2.8. PM4:21
발신 주일대사
수신 외무부 장관

조련계의 북괴 왕래
대: 아북 700-104
2.6. 오전 11시 김 정무장관은 외무성 다테 북동아과장을 방문하고 표기에

관하여 대호로 송부하여 주신 북괴방문 중인 조련계 6명의 움직임에 대한 북괴방송 및 통신관계자료를 수교하면서 동 자료를 보면 (1) 조련계 6명은 북괴에 도착하자마자 북괴의 지시에 따라 환영대회에 끌려다니는 등 북괴의 정치적인 선전의 대상이 되고있다는 것 (2) 동6명은 가족방문 또는 성묘 등 소위 인도적인 목적으로 북괴를 방문하였다고 하나 자신들의 조상에 대한 성묘보다도 김일성의 조부모 및 부모의 묘부터 먼저 성묘하고 있다는 것 등을 지적하고 조련계 6명이 그들이 말하고 있는 소위 인도적인 목적과 거리가 먼 행동을 취하고 있다는 점을 일본 정부가 충분히 인식하여 이 문제에 대하여 신중한 대처가 있기 바란다고 말하였음.

이에 대하여 다테는 아측이 제공하여준 자료는 충분히 검토하겠으며 주관성인 법무성에 동 자료와 함께 아측의 요청내용을 전달하겠다고 말하였음.

김 과장은 이어 나머지 2명에 대한 움직임을 타진한 데 대하여 다테는 동2명에 대한 조치는 이미 실무적인 선에서는 떠나있어서 상부의 정치적인 판단에 따를수 밖에 없을 것으로 본다고 하고 자신이 알기로는 동 2명에 대하여는 상부의 정치적인 선에서 현재 아측의 요망에 따라 허가발급 조치를 취하지 않는 방향으로 여러가지로 애쓰고 있는 것으로 알고 있다고 말하였음.

(일정-아북, 아교)

30. 외무부 공문(착신전보)–재입국자 전원 귀일 통보

외무부

번호 OSW-0301

일시 031500

수신시간 1969.3.3. 16:33

발신 주오오사까 총영사

수신 장관

참조: 아주국장, 정보문화국장

여: 오총 752-71(69.1.20) 및 GSW-0115(69.1.23)

1. 연호로 보고한 바와 같이 북괴 일시여행 조총련계 6명은 금3.3일 13:25에 송도환편으로 당지 오오사카항에 도착, 귀일하였음을 보고함 (당관직원 현지 출장, 확인)

2. 동 부두에서 조총련에 의한 소위 환영행사가 있었음 (참집인원 약 100명)

31. 외무부 공문(착신전보)−법무성 사무차관과 면담내용 보고

외무부

번호 JAW-03130

일시 101517

수신시간 1969.3.10. PM3:14

발신 주일대사

수신 외무부 장관 (사본: 엄 대사)

강공사는 8일 오전 10시반부터 45분간 오오사와 법무성 사무차관의 이임에 제하여 동씨를 예방 (금번 최고검 차장검사로 전보됨) 현안문제에 관해 답변을 받았기 보고함.

　　1. 강공사는 소위 북괴건국 20주년 행사참가차 재입국신청했다가 불허한 데 대한 행정소송의 최고재판소 판결 전망에 관해 질문한 데 대해 동 차관은 법정의 구성에 관하여는 이미 결정되었음을 밝히고 재판은 불원 개시될 것이며 약2개월 정도 걸릴것으로 본다고 함 (그러나 정부는 필요에 따라서는 무기한 지연도 가능하다고 봄)

　　2. 강공사는 동 재판결과의 추이에 관해 정부의 지대한 관심을 표시한 바 동 차관은 최고재판소에서 정부가 절대로 패소하지 않을 것이라고 단정은 할 수 없으나 승소의 전망이 크다고 할수 있으며 설사 정부에 불리한 판결이 나오는 경우라 할지라도 최고재의 판결은 법률위반 여부에 대한 법률 해석을 내리는데 그치지 원고에 대해 정부가 입국허가를 부여하라고는 못할 것이며 정부의 불허가 방침을 번복하여야 될 경우는 상상할 수 없다고 하면서 정부의 확고한 방침을 재확인했음. 그 경우 손해배상 청구소송의 가능성은 있으나 그렇게 되면 오히려 정부 입장이 유리하여 질 것이라고 말함.

3. 강공사는 소위 조련계 북괴왕래건 중 나머지 2명에 대해 타진한 바 최근 일본 사회당의원 등이 사이고 법상을 방문하여 동 2명도 조속 허가할 것을 요청한데 대하여 6명에게 인도주의 원칙하에 허가한 데 대하여 그들이 감사하게 생각해야 마땅할 것을 그들이 북괴방문 중 군중대회에서 "반동 사또 정권" 운운하여 정치적 비방행위에 시종한 데 대하여 유감을 표시하고 2명에 대해 불허가할 방침임을 강경히 표시한 바 있다하고 2명은 끝내 불허될 것이 확실시된다고 밝힘. (일정-아북)

32. 외무부 공문(착신전보)–법무성 국장의 재판 결과 예상 보고

외무부
번호 JAW-06077
일시 070900
수신시간 1969.6.7. AM3:12
발신 주일대사
수신 외무부 장관

조총련계의 북괴왕래에 관한 소송 문제:
6.4. 오전 강공사는 법무성 나까가와 국장을 방문한 기회에 이미 1, 2심에서 정부측이 패소하여 최고재판소에 계속중인 표기 소송에 관하여 판결의 시행 및 전망에 관하여 타진하였던 바 나까가와는 다소 시간이 걸릴 것 같다고 하면서 최고심은 재판관들이 1심보다 보수적이므로 정부측이 지면 되겠느냐고 하고 판결 전망에 대하여 다소 낙관적인 태도를 표시하였음.

33 협조전– 재입국자 입북 당시 환영식 사진 송부

번호 정보 770-1890
일시 1969.8.13.

발신 정보문화국장

수신 아주국장

제목 업부자료 송부

    7월 31일 평양에 도착한 조련계 인권 수호 위원회 대표단을 위한 환영식 관계 사진을 송부하오니 참고하시기 바랍니다.

첨부: 사진 1매 끝.

(사진설명)

평양 7.31. 발 조선중앙통신

재일조선인 인권수호위원회 대표단이 7.31. 평양에 도착하였다。

34. 외무부 공문(착신전보)- 조청련계 일본 재입국 신청: 신문보고

외무부

번호 JAW-09076

일시 081358

수신시간 1969.9.8. 15:14

발신 주일대사

수신 장관

　　　조청련[4]계 일본 재입국 신청: 신문보고

　　(아사히신문 9.7 조간 14면 1단)

　　　　소위 "재일본 조선인 체육연합회" (조청련의 가맹단체)는 9.6 동경 입국관리 사무소를 통하여 법무대신에게 동연합회 대표단이 북괴를 방문한 후 재입국 허가신청을 하였음. 신청인에 의하면 금년이 북괴 체육절 제정 20주년이 되므로 이를 기념하기 위하여 10월 상순에 전국적으로 열리는 체육행사에 동연합회로서 축하대표단을 보내는 것이라고 함. 대표단은 5인으로 구성되어 있는 바 단장은 박맹사라고 함 9.21에 일본을 출국하여 11.20에 일본에 재입국하기를 희망한다고 함.

　　　　일정부는 일본에서 "조선"적으로 가진자가 북괴로 일시 귀국하여 다시 일본에 입국하는 것을 원칙적으로 인정하고 있지 않음. 작년7월 조청련의 "북괴 창건 20주년 축하단"이 평양의 기념식에 참석하기 위하여 재입국 신청을 하였으나 불허됨에 따라 현재 최고 재판소에서 소송중에 있음. 따라서 법무성의 조치 여하에 따라서 재일 조선인의 재입국 문제가 재연될 위험석이 있음 (아북)

35. 외무부 공문(발신전보)– 재일 조선인 체육 연합회 대표단 귀북 강력 항의 요청

외무부

번호　WJA-09156

일시　091200

발신　외무부 장관

수신　주일대사

_____

4) 조총련

대: JAW-09076

소위 "재일 조선인 체육 연합회" 대표단의 북괴 체육 행사에 참석하기 위한 일본 재입국 허가 신청에 관하여는, 재일 한국인의 북괴 왕래를 전적으로 반대하는 정부의 입장에 따라, 재입국 허가가 발급되는 일이 없도록 일본 정부에게 강력히 요청하시기 바람. (아북)

36. 외무부 공문(착신전보)−외무성 참사관 면담 결과 보고

외무부
번호 JAW-09088
일시: 091205
수신시간 1969.9.9. PM3:24
발신 주일대사
수신 외무부 장관

연: JAW-09076
8일 오후 강공사는 외무성 가나자와 아세아국 참사관 (수노베 국장은 동남아제국 출장중)과 접촉한 기회에 조총련계 소위 체육 대표의 재입국 신청문제에 언급하면서 아측으로서는 일본 정부가 절대로 허가하지 않는 것으로 기대하지만 일단 관심을 표명한다고 한바 가나자와는 동 소위 체육대표의 재입국신청은 허가하지 않게 될 것이라고 하였음을 보고함. (일정-아북)

37. 외무부 공문(착신전보)− 조청련계의 "체육 대표단" 재입국 신청(신문보고)

외무부
번호 JAW-09240
일시: 191000
수신시간 1969.9.19. 10:25

발신 주일대사

수신 장관

조청련계의 소위 "체육 대표단" 재입국 신청(신문보고)

일본 법무성 입국관리국은 18일 조청련계의 "재일 조선인 체육연합회"가 신청한 10.6. 7일간의 북괴체육절 제정 20주년 기념 체육절에 참가할 대표단 5인(박맹사 단장)의 일시 귀국에 관하여 "인도상의 이유에 해당되지 않는다"라고 불허가를 통지하였음. 일방 일본 정부는 동경 화교총회가 10.1일의 중공 국경일에 참가할 경축단의 일시 귀국을 신청한 문제에 관하여 18일 "국경절 참가라는 정치적 목적으로는 허가할 수 없다"라고 동 총회에 통지하였다. (아북)

38. 외무부 공문(착신전보)– 북한 방문에 대한 조총련계 동향 파악

외무부

번호 JAW-12324

일시: 211638

수신시간 1969.12.22. AM9:55

발신 주일대사 대리

수신 외무부 장관

금 12.2. 오전 김 정무과장이 다떼 북동아과장을 방문한 기회에 최근에 조총련계들이 소위 북괴 래왕의 허가를 신청해오면서 어떠한 움직임을 보이고 있는 것은 없는지를 타진한데 대하여 다떼는 자신이 듣기로는 조총련계에서는 하부에 그러한 CAMPAIGN을 벌리라는 지시를 하였다는 소문을 듣고 있는데 그러나 혹시 그러한 움직임이 표면화하여 문제가 된다고 하더라도 연말연시에는 그러한 일이 없을 것으로 본다고 하였음.

아측은 그러한 것은 연말연시가 아니더라도 언제나 일어나지 않기를 강력히 원하는 것임을 밝혔음. (일정-아북, 아교)

제4부
사할린 교포 귀환 문제

해방이후 재일한인 외교문서 해제집
▮제1권▮ (1945~1969)

본 문서들은 1957년에서 1971년까지의 사할린 교포 귀환 문제와 관련하여 우리 정부의 대응과 관련 국가들과의 협의 사항, 사할린 교포 귀환을 위한 수많은 진정서와 사할린 교민 손치규의 귀환 과정 등의 내용을 담고 있는 외교문서들이다. 이처럼 각 문서에는 시기와 내용을 조금씩 달리하고는 있지만 주로 사할린 교포 귀환 문제를 둘러싼 비교적 초기 단계의 다양한 해결 방안 등이 모색되고 있음을 알 수 있다.

먼저 사할린 교포 귀환 문제와 관련하여 결론부터 설명하자면 사할린 교포 귀환 문제는 현재(2022년 기준) 시점에서 충분히 만족할만한 수준은 아니지만 각계각층의 부단한 노력 끝에 상당한 소득을 얻게 되었고, 제도적, 법률적 효력을 갖추게 되어 '사할린 교포 지원에 관한 특별법'이 제정(2020년 4월 29일), 공포(2020년 5월 26일)되어 '사할린 동포 지원에 관한 특별법(사할린 동포법)' 및 그 시행령과 시행규칙이 시행(2021년 1월 1일)되었다.[1] 이것은 사할린 교포들이 일제강점기 사할린으로 강제 동원되고 해방 이후에도 강제 억류된 지 약 82년 만에 이루어진 일이다. 일찍이 1948년 '화태・천도 재류 동포 환국 운동에 관한 청원'부터 시작해서 1968년 '사할린 억류 교포 송환 촉진에 관한 건의안', 1973년, 1989년, 2011년까지 국회를 통과한 각종 결의안과 17대 국회부터 20대 국회에 이르기까지, 지난한 과정과 노력을 거쳐 비로소 대한민국에서 법률로 제정된 최초의 특별법이란 측면에서 큰 의미도 담고 있다.

이처럼 사할린 교포 귀환 문제는 현 시점에서는 제도적, 법률적으로 상당 부분 정리가 되었고, 남아 있는 문제는 아직 귀환하지 못한 사할린 동포들이 하루빨리 고국의 품으로 돌아올 수 있도록 신속한 실행에 옮기는 것이다. 하지만 사할린 교포

---

1) 「사할린동포 지원에 관한 특별법」 및 하위법령 시행에 관한 구체적 내용은 다음과 같다.

 * 2020.5.26. 공포된 「사할린동포 지원에 관한 특별법("사할린동포법")」 및 그 시행령과 시행규칙이 2021.1.1.(금)부터 시행된다.

 * 사할린동포법 및 하위법령 주요 내용은 아래와 같다.

  ○ (사할린동포법) △사할린동포 지원 정책의 수립・시행 등에 관한 국가의 책무 규정, △기존 시행되어온 사할린동포 영주귀국 및 정착 지원 사업의 법제화 및 대상 범위 확대* 등의 법적 근거 마련

 * (기존) 사할린동포 1세, 배우자 및 장애자녀 → (확대) 사할린동포 1세, 배우자 및 직계비속 1인과 그 배우자

  ○ (사할린동포법 시행령) △사할린동포의 명예회복을 위한 기념사업의 추진, △법률에서 위임한 영주귀국 및 정착 지원의 신청 절차와 지원 여부의 결정 기준 등에 대해 구체적으로 규정

   ※ 동법 시행규칙에서는 영주귀국 및 정착 지원 신청서식을 규정

 * 이번 법령 제정으로 사할린동포 및 그 동반가족의 영주귀국과 정착을 보다 체계적으로 지원하게 됨에 따라 사할린동포의 지원 및 피해구제가 강화될 것으로 기대된다.

귀환 문제와 약 80년이 지나서야 비로소 빛을 보게 된 그와 관련한 특별법의 제정, 공포, 시행은 그 지난한 과정 속에서 우리에게 많은 시사점을 남겨주고 있다. 이와 같이 사할린 교포 귀환문제가 해결되기까지 해방 이후 오랜 시간이 흐를 수밖에 없었던 이유에는 국내외적으로 다양한 문제점이 내포되어 있었고, 그 문제점을 극복하는데 복잡한 이해관계가 자리 잡고 있었음이 분명하다.

따라서 먼저 사할린 교포 귀환 문제의 문제점과 이해관계의 역사적인 흐름과 과정을 이해하고자 한다.[2] 그리고 본 문서철에 해당하는 기간인 1957년에서 1971년까지로 한정하여 사할린 교포 귀환 문제의 처리 과정을 중점적으로 살펴보고자 한다.

먼저 사할린은 어디를 말하며 사할린 교포란 누구를 지칭하는지 살펴보기로 한다. 사할린은 러시아 연해주 동쪽과 일본 홋카이도 북쪽 오호츠크해에 위치한 섬으로 겨울이 매우 추운 곳으로 유배지로 여겨질 만큼 사람이 살기에 척박한 환경이다. 현재는 러시아 영토이지만 역사적으로 일본과 러시아 양국의 이해관계 속에서 공동 관할구역이었던 곳이기도 하다.[3]

사할린 교포는 일제하에서 사할린에 강제로 끌려갔다가 제2차세계대전에서 패망한 일본이 사할린에 버려둔 우리 동포들과 그 자손들을 말한다. 1897년 당시 사할린에는 불과 60여명(당시 사할린 인구 약 28,000명)의 한인이 거주하였으나 일제시대부터 석탄 광산의 광부나 단순 육체노동자로 이주하면서 사할린 거주 한인들의 수가 증가하여 1934년에는 5,813명에 달했다고 한다. 한인들의 사할린 이주는 일본이 중일전쟁, 태평양전쟁을 수행하면서 모집 동원(1939) 관주 조직동원(1942) 국민징용, 징병령 동원(1944)으로 일본에 의하여 강제 동원되면서 본격화되었다. 사할린에 강제 동원된 한인들은 주로 탄광, 토목 공사장, 군수공장 등에서 고된 노동에 시달려야 했는데 그 생활은 비참했다. 1945년 해방되던 당시 사할린에 대략 43,000명의 한인이 있었던 것으로 추정하고 있다.

전쟁기간 중 일본영토였던 사할린에 소련군이 진주하면서 사할린 거주 한인들은

---

2) 이 흐름과 과정은 사할린 한인의 이주 시점부터 사할린 동포 귀환문제가 대두되는 초기 단계인 1965년 한일기본협정 체결 전후 시기까지로 한정하기로 한다.

3) 사할린은 1855년 맺어진 러일화친조약 이후 사할린은 양국의 공동 관할구역이 되었다. 이후 상트페테르부르크 조약으로 인해 쿠릴 열도 전도를 일본이 영유하는 대신 사할린은 러시아 영토가 된다. 하지만 러일전쟁 이후 체결된 포츠머스 강화조약에 의해 북위 50도 이남의 사할린 남부는 일본령으로 편입되었다. 한편 1905년 이후에도 북사할린은 러시아의 영토로 남았으나, 혁명으로 러시아 제국이 붕괴한 뒤 시베리아 출병으로 간섭한 일본군에게 1925년까지 지배되면서 일시적으로 사할린 전체가 일본령이 되게 된다. 하지만 1945년 일본 패망 후, 소련 영토로 반환되었고 따라서 현재는 러시아의 영토가 되었다.

새로운 어려움을 겪게 되었다. 소련은 사할린의 한인들을 귀국시키지 않았고 일본 정부는 한국인을 송환할 책임을 회피하였다.[4] 1946년 11월 27일 사할린 억류자 인양에 관한 '미소 잠정협정'이 체결되었으나 그 귀환 대상은 일본인에 국한되었고 일본인 귀환은 1949년 7월 23일 종료되었다. 하지만 1948년 대한민국이 탄생했을 때 사할린 한인들은 조국이 그들을 귀환시켜줄 것이라고 기대가 컸다. 하지만 대한민국 정부는 계속되는 내부 혼란과 6·25전쟁 등으로 정작 사할린 한인들에 관심을 돌릴 여유를 갖지 못했다.

한편 1952년 4월 샌프란시스코 평화조약의 발표를 기점으로 사할린 한인들은 일본 국적을 상실하게 되었고 남한 출신의 대부분 사할린 거주자들은 소련과 국교가 없는 상태에서 무국적자로 분류되었다.[5] 이후 진행된 일본과 소련간의 귀환 협상에서도 귀환 대상은 일본인 처를 가진 한국인뿐이었고 한인의 귀환길은 막히게 되었다. 이 시기인 1956년 일본에 하토야마 이치로 내각이 들어서면서 일본과 소련의 국교가 정상화되고 소련에 억류된 일본인들이 본국으로 송환되었다. 이때 한인 남편을 둔 사할린 일본여성들이 가족과 함께 일본으로 돌아오게 되었다. 1957년 8월부터 1959년 8월까지 약 2년 동안 본토로 돌아온 일본인 처는 766명, 그리고 그 조선인 남편과 자식 들은 1,541명으로 도합 2,307명에 달했다.

이 당시 일본인 처와 함께 일본에 돌아온 박노학은 잔류 한인의 귀환 촉진을 목표로 1958년 2월 '화태억류귀환한국인회'[6]를 결성했다. 일본 국회에 귀환 문제 진정서

---

4) 사할린 한인과 일본인의 노동생산성을 높이 평가하고 있었던 소련은 후에 일본인의 귀환으로 인한 노동력 손실을 염려해, 일본인 숙련 노동을 대체할 수 있는 한인 노동자를 최대한 정주시키기로 했다.

5) 사할린에 거주하던 한인들은 대부분 국적을 가지고 있지 않았다. 국적이 없을 경우 공산당에 가입할 수 없을 뿐만 아니라 대학은 물론 직업학교, 소년훈련소에도 입학할 수 없고 연금법, 장애자 혜택, 생명보험들의 혜택도 받을 수 없는 등 여러 측면에서 불리했었다. 이에 따라 소련국적을 취득하는 사람들이 매년 200~300명씩 증가했다. 1958년 7월 국적 취득 희망을 조사한 결과에 따르면 무국적으로 있기를 원하는 한인은 대부분 남한 출신으로 언젠가는 한국으로 귀국하기를 희망했기 때문이다.

6) 1958년에 사할린 한인의 귀환 운동을 펴나가려고 박노학을 중심으로 일본 도쿄에서 결성된 단체로, 사할린 한인과 한국 가족의 서신 교환을 비롯하여 귀국 희망자 명단 작성, 재판 추진, 가족 상봉 추진 등 다양한 활동을 통하여 사할린 한인의 귀환을 공론화시켰다. '화태(樺太)'는 일본어로 사할린(Sakhalin)을 일컫는다. 일제강점기에 한인들은 남사할린으로 강제동원되었다. 1945년 8월 이후에 소련이 사할린을 영토로 편입시킨 뒤에도 대부분 조국으로 송환되지 못하고 억류되었다. 다만 1956년에 소련과 일본의 국교가 정상화되면서 억류되었던 일본인이 송환되자, 일본인을 부인으로 둔 일부 한인들은 귀환하였다. 이 단체는 사할린에 억류되었다가 송환된 한인들에 의해서 조직되었다. 1958년 1월에 일본으로 귀환하는 배에서 한인들은 사할린 한인 귀환운동을 추진하기로 계획하였고, 이어서 2월 6일에 박노학(朴魯学)·이희팔(李羲八)·심계섭(沈桂燮) 등 5

를 제출하였고 대표자들이 중의원 의장과 참의원 의장을 만나 귀환 협력을 호소했다. 일본적십자사, 국제적십자사, 외무성, 법무성, 후생성 등과 한국의 대한적십자사, 한국 외무부, 법무부 장관에게도 진정서를 제출하였다.

박노학 등은 한일협정 체결이 가시화된 1965년으로 접어들자 사할린 한인과 한국의 가족들 사이에서 서신 왕래를 매개하며 귀환희망자 명부를 작성하기 시작했다. 한국의 동아일보에 이들이 작성한 명단이 나흘간 게재되어 반향이 일어났다. 한국과 소련의 국교가 없었기 때문에 사할린의 한국인과 한국의 가족은 편지를 주고받을 수도 없고 생사를 알 수도 없는 상태가 계속되었기 때문이다. KBS 방송을 통해서 사할린 사람들에게도 박노학의 운동이 알려지게 되었고 사할린 한국인들 편지도 급증하였다.

귀환운동 회원들의 노력으로 1967년 무국적, 소련국적 합해 약 7,000명의 귀환희망자 명단을 작성하였다(한국 영주 희망자 1,410 세대 5,348명, 일본 영주희망자 334세대 1,576명). 사할린 한인동포 문제에 대한 한국 내 여론이 비등하게 되자 한국 정부가 일본 정부에게 사할린 잔류 한국인 귀환에 협력해주도록 요청하게 되었다. 협회는 한국 정부에 귀환 희망자 명단을 제출하였고 이 명단이 일본 정부에 전달되었다. 이러한 가운데 귀환을 둘러싼 움직임에 소련은 불쾌한 반응을 보였다. 소련은 사할린 한인들을 소련이 억류하고 있다는 비난을 악질적 반공 캠페인으로 받아들였다. 소련이 한반도에서 인정하는 유일한 정부는 북한 하나이므로 이들이 고향인 남한에 돌아가는 것을 정치적으로 인정할 수 없다는 태도로 나왔다.

한편 일본 사회 내부 동인과 더불어 외부에서는 일본 정부를 외교적으로 자극·추동할 수 있는 또 다른 행위 주체가 형성되고 있었다. 줄곧 사할린 한인 문제에 대해 소극적 자세를 보여온 한국 정부가 한일 국교정상화 과정을 통해 비로소 교섭 대상국으로 등장하였고, 국제적십자사 또한 각국의 적십자사를 매개로 일정한 영향력을 행사하게 되었다. 박정희 정부가 들어서면서 그동안 난항을 겪어오던 한일 국교정상화 협상이 활발하게 진행되었고 1965년 6월 22일 협상이 타결되어 한일기본조약과 함께 부속 협정으로 "재산과 청구권에 관한 문제의 해결 및 경제협력에 관한 일본국과 대한민국간의 협정"이 체결되었다.

0여 명의 한인들이 모임을 만들어 한국과 일본 정부에 탄원서를 제출하면서 활동을 시작하였다. 특히 박노학은 사할린 코르사코프(Korsakov)에서 한인 조직인 향우회를 결성하여 활동한 경험이 있었으므로, 30년 동안 회장으로 이 단체를 이끌었다. 처음에는 '화태억류귀환자 동맹본부'라고 불렸지만, 이어서 '제2차대전시 한국인 희생자연합회', '화태억류귀환한국인회', '화태귀환재일한국인회' 등으로도 불렸다.

일본은 한국에 무상으로 3억 달러, 유상 장기저리 차관 2억 달러를 10년간에 걸쳐 공여할 것을 결정하였고 그와 함께 한국은 모든 대일청구권을 포기했다. 그러나 이 협상에서도 사할린 한인 귀환 문제는 다루어지지 않았다. 한국 정부는 1968년 국회의원 3명을 일본에 파견하여 일본외상과 일본 적십자사 총재 등에 협조를 요청하였다. 이와 동시에 한국대표단은 제네바 국제적십자단에 협조를 요구하는 등 다각적 노력이 이루어졌지만 문제의 해결에는 별다른 진전이 없었다. 일본 정부는 사할린 한인 문제에 대해 인도적 측면에서 귀환의 실현을 위해 가능한 일을 하겠다는 의사를 표현하였다. 먼저 귀환희망자의 실태를 파악하고 불행한 사람들을 위해 한국 정부를 대신해서 소련과 교섭해준다는 태도를 취하였다.

그러나 모든 귀환자는 전원 한국으로 귀환시키고 일체의 비용은 한국 측이 부담해야 한다고 조건을 내세웠다. 여기에는 일본에 의해 연행된 사람들이라는 것과 일본인 귀환 때 일본 국적을 가지고 있었음에도 불구하고 방치되었다는 것도 일본의 어떤 책임도 가지고 있다는 인식이 없었다. 한국정부는 이에 대해 강하게 반발하였으며 일본이 사할린의 한국인을 받아들이고 그 후 어디서 살지는 각자의 자유의사에 맡겨야 한다고 주장했다. 사할린 연행에 일본이 책임이 있으므로 귀환 및 정착 비용을 모두 일본이 부담하여야 한다는 것이다.

이처럼 일본 사회 안팎에서 사할린 한인 문제를 제기하는 행위 주체가 형성되자 일본 정부도 이에 대응하는 방식으로 관련 정책을 다듬어갔다. 그러한 점에서 1965년은 전후 일본 정부의 사할린 한인 정책이 일정한 내용을 담아내기 시작한 해라고 볼 수 있다. 그로부터 일소 관계의 냉각으로 외교교섭이 정체 국면으로 들어가는 1976년까지의 약 10여 년의 기간은 이 문제에 대한 일본정부의 기본방침이 형성된 시기였다고 볼 수 있다.

여기서부터는 사할린 교포 귀환 문제와 관련하여 1957년부터 1971년까지 각 문서철에 담겨있는 내용을 중심으로 앞서 확인한 전체적인 흐름과 과정에 대한 세부적 이해를 더하고자 한다.

먼저 〈사할린 동포 귀환 문제, 1957-65〉 문서철은 재일본대한민국거류민에 의하여 1959년 2월 25일에 발표된 문서로 시작된다. '재일동포를 사지로 몰지마라'라는 호소문은 교포 북한송환은 정치적 음모이고, 북한 괴뢰집단은 왜 교포의 집단송환을 요구하고 있으며, 우리가 왜 반대를 하고 있는지를 설명하며 이러한 상황을 일본 국민의 양심에 호소한다는 내용으로 이루어져 있다. 당시 1959년 1월에 일본외상이 기자회견에서 재일조선인의 북조선송환이 곧 시작될 것이라고 발표한 이후 재일교포 북한송환은 첨예한 이슈가 되었다.[7]

이처럼 1965년 한일협정 체결 이전에 한인 송환의 최대 이슈는 재일동포의 북송문제였기 때문에, 비슷한 시기인 1958년 2월 박노학 등은 '화태 억류자귀환동맹'을 결성하고 귀환운동을 개시했지만 별다른 주목을 받지 못하였다. 이처럼 한일협정 이전까지의 사할린 교포 귀환문제는 국내외적으로 중심문제로 대두될 수 없는 정치적 환경에 놓여 있었다.

이어지는 문서는 1965년 한일협정 이후인 1965년 8월의 '가라후도'[8]거류 교포 실태 보고로 구성되어 있다. 8월 1일 소련 선박편으로 가라후도로부터 일본에 입국한 동포 '권이건'을 통하여 수집한 거주 교포들의 실태에 대한 보고서이다. 내용을 살펴보면 가라후도 거류 교포수는 약 4만명 가량이며, 이중 반은 한국인 부녀자와 가정을 이루고 있으나 나머지는 소련 또는 일본인 여성과 가정을 이루고 있다고 한다. 대부분 한국과 일본 귀환을 희망하나 소련이 허가하지 않아 체념하고 있다는 사실과 대다수가 토목공사 노동자로 일하며 겨우 먹고 사는 정도 등의 정보를 제공하고 있다.

다음 문서는 1965년 10월 오스트리아에서 열린 국제적십자위원회와의 회의 개관이다. 회의 전망은 북괴의 정치적 책동을 우려하고 특히 특히 납북인사 송환문제, 남북한 서신교환, 거주지 선택 자유문제 등이 제기될 가능성이 있음을 암시하고 있다. 그리고 화태에 잔류하고 있는 이들 교포 중 약 1000여명의 연고자로부터 귀환조치 신청이 있어서 국제적십자위원회로부터 귀환희망자명단의 작성 제출의 요청이 있었으나 이후 잔류 교포 연고자로부터의 신청이 없어서 이를 적극적으로 추진하지 못하고 있음을 적시하고 있다.

다음 문서는 1965년 12월 '화태억류 귀환한국인회'의 회장 박노학 등에 의한 진정서이다. 내용은 다음과 같이 ①일본에 의하여 화태에 징발된 한인의 귀환을 고대하고 있음. ②소련 정부는 일본 정부가 일본입국을 허가하면 언제든지 재화 한인의

---

7) 재일조선인북송사업(在日朝鮮人北送事業)은 1950년대 중후반부터 1984년사이에 조선민주주의인민공화국, 재일본조선인총련합회 그리고 일본정부 간에 의해 진행된 총련계 재일동포의 북송사건이다. 이 문제는 한일회담을 결렬시킴으로써 자신의 존재와 지위를 국제적으로 인정시키고 노동력의 부족을 메우려는 북측의 정책과 재일 60만 동포에 대한 정책적 차별대우 및 해외추방을 바라던 일본정부의 이해가 일치한 데서 생겨났다. 1959년부터 1984년까지 북으로 송환된 9만 3천 명 가운데 7만여 명 이상이 1959~1962년 사이에 송환된 것을 보면 당시의 북송 열기를 미루어 짐작할 수 있다.
8) 가라후도(樺太, 가라후토)는 사할린의 일본명이다.

출국을 허가하고 있음. ③일본법부성, 적십자사에 진정하였지만 한국과 소련과는 국교관계가 없음으로 재화한인이 제3국행을 위하여 일본을 경유 함은 허가하겠으나 일본으로 귀환하여 거주함은 절대 불허할 방침이라는 답변. ④주일대표부를 방문하고 일본 정부의 태도를 진술하였는데, 주일대표부는 귀환 수속을 마친 재화 한인의 명단을 요청함으로 화태로 그 명단 송부를 요청하였음. ⑤이번 일본외상의 방한을 이용하여 재화한인의 귀환을 촉진하여 줄 것을 요청함 등으로 구성되어 있다.

이와 같이 〈사할린 교포 귀환문제, 1957-65〉 문서철은 1965년 6월 한일협정 전후의 한국, 일본, 소련, 북한과의 복잡한 국제정세 속에서 사할린 교포 귀환 문제가 조금씩 대두되는 시기의 상황을 설명하고 있다. 하지만 결국 한일협정에서 사할린 교포 귀환 문제는 다루어지지 않았지만 본 문서철의 협정 이후의 보고서 내용을 통하여 사할린 교포 귀환 문제에 대한 논의가 조금씩 국내외적으로 주목을 받고 해결을 위한 움직임이 있었음을 보여주고 있다. 하지만 실질적인 의미에서 큰 진전이 있었던 것은 아니었다.

〈사할린 교포 귀환 문제, 1966〉 문서철은 한일협정 이후 1966년 1년간의 사할린 동포 귀환 문제와 관련한 주로 한국과 일본 소련의 논의에 초점이 맞춰지고 있다. 한일교섭이 재개된 후에도 이승만 정권 때와 같이 박정희 정권도 사할린 한인 귀환 문제에 관련해서는 한일교섭단상에는 올리지 않았다. 그 대신 1960년 12월 사할린 한인 귀환 추진을 국제적십자사에 협조를 구하기로 했다. 이러한 방법은 사할린 한인 귀환 문제가 일제에 의한 폭력적 식민지지배, 전쟁피해로 인한 범죄적 행위라는 엄중한 사실을 희석시키는 '인도적 차원'이라는 슬로건 하에서 문제를 해결해 가게 되는 계기가 되었다.

이렇게 유연화된 사할린 한인 귀환 문제가 한국 정부 차원에서 본격적으로 다루어지게 된 것은 한일협정이 체결된 직후인 1966년부터이다. 이것도 한국정부 스스로 문제 의식을 가졌다기보다는 일본에 귀환한 한인들의 모임인 '화태 억류 한국인회'의 적극적인 구명운동에 대한 일종의 면피성 대응과 일본의 재일동포 북송에 대한 대응적 카드로 활용했다. 또한 1964년부터 시작된 한일협정 반대운동으로 약화된 정권의 정당성을 사할린 한인 문제를 소련과 일본의 문제로 부각시키면서 반공과 반일감정을 일으키는 기제로 사용했다.

1966년 6월 17일 이동원 외무부 장관은 시이나(椎名) 일본외상과의 회담에서 "한일 양국의 해운협정 체결 문제와 대북 민간교역 문제, 북한 기술자 일본입국 허용

문제, 재일동포 북송중지 문제와 더불어 화태교포 귀환문제" 등에 대해 논의하기로 하고 대외적으로는 사할린 한인 귀환문제를 중심으로 회담의 흐름을 정했다. 당시 한국 정부는 사할린 한인 귀환에 대하여 다음과 같은 입장을 견지했다.

〈사할린 교포 귀환 문제, 1966〉 문서철에서는 다음과 같은 내용이 계속 논의되고 있었음을 확인할 수 있었다. 사할린 한인 귀환 문제는 "①일제에 의한 강제동원에 의한 것이었기 때문에 전후처리의 일부이므로 일본 정부가 복원계획에 따라 자국민을 귀환시킨 것과 동일한 방법으로 노력해야 한다. ②종전과 함께 사할린이 소련영토로 귀속되지 않고 일본영토로 남아 있었으므로 현재의 재일한국인의 경우와 같기 때문에 대일강화조약의 법적지위 협정에 합치된다고 보고 ③소련이 한국으로 귀환할 경우에는 출국을 불허한다는 입장을 취하고 있기 때문에 우선 일본으로 송환하여 일본정착을 희망하는 자는 일본에, 한국귀환을 원하는 자들은 한국이 받아들이는 것으로 해야 한다"는 것이었다.

이에 대한 일본의 입장은 "①당초에는 사할린 한인들이 전부 한국에 귀환하여야 하며 귀환경비도 한국 측이 부담해야 할 것, ②1966년 10월 이래 한국이 출경 희망자 전부를 인수한다면 일본이 소요경비를 부담하는 것을 조건으로 대소 접촉을 하고 있다"고 정리했다. 즉, 일본은 사할린 한인은 일본이 아닌, 한국에 정착해야 한다는 것이 기본적인 전제이고 그것이 성립된다면 비용은 일본이 부담할 수도 있다는 입장을 견지했다고 보인다.

소련측의 입장은 공식적으로 소련의 다른 지역의 한인과 사할린 한인을 별도로 취급할 수 없다는 것을 전제로 하면서, 사할린에는 귀환을 희망하는 한인이 없다는 태도를 취했다. 그러나 비공식적으로는 일본 정부의 사할린 한인 귀환 문제 제기가 일본 정부의 의지인가, 한국 정부의 요청에 의한 의견전달인가를 명확하게 해줄 것을 일본 정부에 요구했다. 그리고 사할린 한인의 최종 행선지가 일본이어야만 '출경 허가'를 하겠다는 입장을 표명했다.

한국 정부는 공식적으로는 사할린 한인 귀환 문제가 교착상태에 빠져있는 이유를 소련과 일본의 탓으로 돌렸다. 즉, 한국 정부의 노력에도 불구하고 귀환 한인들의 정착지에 대한 일본의 강고한 태도와 소련의 비협조 때문에 사할린 한인의 귀환 문제가 해결되지 않는다는 것이었다. 그러나 실제로는 한국정부는 사할린 한인이 한국에 귀환할 경우 생기는 한국 내의 문제를 더욱 현실적으로 고려했다. 즉 사할린 한인들에 대한 정확한 실태 파악이 불가능하다는 점, 장기간 공산 치하에 거주했다는 점, 귀환을 원하는 수가 너무 많아 인도상의 문제를 넘어 난민 문제로 발전할 수 있다는 점을 더욱 큰문제로 인식하고 있었다.

다음으로 〈사할린 교포 귀환 문제, 1967-68〉 문서철은 1968년 1월 사할린 교포 귀환교섭단의 일본 및 제네바(국제적십자사)방문 문서로 시작된다. 그리고 다음 문서는 1967년 재일본 대한민국거류민단 중앙본부 단장 이유천의 화태 억류동포 귀환 희망자 구출운동에 관한 진정이 이어진다. 또한 '화태억류 귀환한국인회'의 박노학 등에 의한 화태거류 한국인에 관한 진정서와 탄원서가 이어진다. 진정서와 탄원서는 하루빨리 귀환을 촉구하는 내용과 화태동포의 억류 경위와 현황, 일본의 비인도적 행위의 규탄 등의 내용이었다. 이어지는 문서들은 1968년 1월 16일 제네바에서 열린 화태교포 구출 및 북송문제 교섭대표단의 협의 내용으로 구성되어 있다.

다음으로 〈사할린 교포 귀환 문제, 1969〉 문서철은 '화태억류 귀환한국인회'의 회장 박노학과 외무부 동북아주과 김용권 서기관과의 면담 내용 기술로 시작된다. 그 내용을 살펴보면 박노학의 이번 방한 목적이 화태교포 귀환 촉진을 위한 탄원서 제출과 관계 기관에 호소하기 위한 것이고, 화태교포의 서신 2-30통을 접수하였다는 사실, 화태교포 귀환을 위한 진정서를 1968. 8월 일본 수상과 외상에 전달했다는 사실, 그리고 화태로부터 귀환을 희망하는 교포는 약 7,000명(명단은 비치하고 있음)이라는 것, 그들 중 소련적이나 북괴적을 갖지 않고 순수히 무국적자로 되어 있는 자는 362세대로서 1,450명이 되며, 그들은 출국이 각 국적 소유자에 비해 용이하다는 점. 그리고 귀환인 운영을 위한 제반 경비문제와 재정 원조 등에 관한 내용이었다. 이어지는 문서는 화태로부터 귀환한 한국인 '신승덕'에 관하여 심문한 결과 내용이다. 귀국 동기와 화태에서의 실정 및 환경, 정치 행정 관계 등에 심문 내용이 주로 기술되어 있다. 그리고 계속되는 화태 거류 한국인에 관한 박노학의 진정서와 탄원서가 기술되어 있다.

다음 문서철인 〈재사할린 동포 귀환관계 진정서, 1965-70〉는 1965년부터 70년까지의 사할린 동포 귀환 문제와 관련한 진정서와 탄원서가 시기별로 차례대로 정리되어 있다. 남화태 거류민 진정서, 화태억류교포 귀환 알선에 관한 진정서, 남사카린[9] 거류민 진정서, 그리고 진정서에 대한 회신, 화태교포 실태조사 자료 수집 협조 의뢰와 답신, 재화태 억류 동포 송환 진정서, 화태교포 가족의 청원서 등의 내용으로 구성되어 있다.

---

9) 남사카린은 '남화태' 또는 '남사할린'을 가리킨다.

그리고 마지막으로 〈재사할린 교민 손치규 귀환, 1965-71〉 문서철이다. 사할린 한인들의 귀환 요구가 날로 높아지자 1970년대에는 소련 정부도 이에 대해 반응하기 시작한다. 앞서 일본인 아내와 일본으로 입국한 손정운씨의 아버지 손치규씨가 1971년 일본을 경유, 한국으로 최초로 귀국하게 된다. 이 문서철은 손치규 귀환과 관련한 다양한 활동에 대한 기록들로 구성되어 있다.

▌관련 문서▐

① 사할린 교포 귀환문제, 1957-65
② 사할린 교포 귀환문제, 1966
③ 사할린 교포 귀환문제, 1967-68
④ 사할린 교포 귀환문제, 1969
⑤ 재사할린 동포 귀환관계 진정서, 1965-70
⑥ 재사할린 교민 손치규 귀환, 1965-71

① 사할린 교포 귀환문제, 1957-65

○ ● ○

기능명칭: 사할린 교포 귀환문제, 1957~65

분류번호: 791.44, 1957-65

등록번호: 1689

생산과: 동북아주과

생산년도: 1965

필름번호: P-0003

파일번호: 05

프레임번호: 0001~0035

1. 주일본대표부 공문-"가라후도" 거류 동포 실태 보고

주일본 대한민국 대표부
번호 주일영(2)725-1279
일시 1965.8.20.
발신 주일대사 김동조
수신 외무부 장관
참조 아주국장
제목 "가라후도" 거류 동포 실태 보고

　　　지난 8월 1일 쏘련 선박편으로 가라후도로부터 일본에 입국한 교포 "권이건"을 통하여 수집한 가라후도 거주 동포들의 실태에 관하여 다음과 같이 보고합니다.

　　　　다음

1. "가라후도"에 현재 거류중인 동포수는 약 4만명 가량이라 함.
2. 이중 약 반수는 한국인 부녀자와 가정을 이루고 있으나 잔여는 독신자, 혹은 쏘련 여성과 결혼하여 생활하고 있다는 바 일본여성과 가정을 이루고 있는 자의 수는 약 200명 가량 된다 함.
3. 일본 여성과 가정을 이루고 있는 자들은 일본인으로서의 일본입국 수속을 취하고 있다 하는 바 쏘련 측으로부터의 허가가 있는 대로 일본에 도라올 것이라 함.
4. 전기 일본인과의 결혼자 이외의 동포들도 대부분이 한국이나 일본으로 도라올 것을 희망하고 있으나 쏘련이 허가치 않기 때문에 체념하고 있는 실정이라 함.
5. 동포들의 직업은 대다수가 토목공사의 노동자로서 일하고 있으며 기타는 농업(감자농사) 및 잡역에 종사하고 있다하는 바 생활형편은 겨우 먹고 사는 정도라고 함. (개인 기업은 허용치 않는다 함)
6. 동포들의 출신지는 전부가 남한 출신이라 하며 북한 출신자는 극소수라고 함.
7. 지난 8월1일 귀환한 자의 인적사항
　　1) 본적: 경남 함양군 함양면 궤산리[1]

2) 일본 내 연락처: 일본 북해도 찌도세군(

3) 성명: 권이중[2] (　　　　　　　　　)

4) 생년월일: 1920.8.7.

5) 가족사항: 남아 3명, 녀아 5명, 부인은 일본인

6) 본적지의 가족상항 (본적지에 생존자)

　　　　모 74세

　　　　형 권봉남 (54세)

　　　　누이 2명 (출가)

2. 회의개관

1. 일시: 1965.10.2-9

2. 장소: 오스트리아, 비엔나

3. 구성: 정부대표 126

　　　　적십자사 대표 106

　　　　국제적십자위원회, 국제적십자사 연맹 대표

4. 전망: 가. 최종적으로 채택될 협정, 규칙 안건은 없음.

　　　　나. 그러나 2, 3개 안건에 관하여는 실질적으로 중요한 토의가 있을 것임.

　　　　다. 적십자운동의 순 인도주의적인 성격에도 불구하고 각종의 정치적 성격을 지닌 발언이 있을 가능성이 있음.

　　　　라. 북괴의 정치적 책동이 우려됨. 특히 남북인사송환문제, 남북한 서신교환, 거주지선택자유문제 등이 제기될 가능성이 있음.

우리나라에서의 국제적십자 활동과 관련된 제반현안 문제

　　화태(樺太)에 있는 우리나라 동포의 행방조사 및 귀환조치

　　2차대전 중 일본이 화태로 징용해갔던 우리나라 국민이 종전 후 일부는 쏘련 또는 일본으로 귀화하여 현재 약 4만명의 우리나라 국민이 그대로 잔류

---

1) 괴산리의 오기로 보임.
2) 귀환자의 이름이 권이건, 권이중으로 각기 다르게 표기되어 있음.

하고 있는 바 이들 중 약 1000명의 연고자로부터 귀환조치 신청이 있었음. 국제적십자위원회도 적극적으로 이 문제에 개입하여 귀환희망자명단을 전반적으로 작성하여 제출한 것을 요청하여 왔으나 그 후 연고자들로부터 신청이 없었을 뿐만 아니라 그들 교포들의 소재도 불확실하여 우리나라 적십자사나 정부도 아직 이 문제를 적극적으로 추진하지 못하고 있음.

3. 대한적십자사 공문-화태억류동포귀환 알선에 관한 진정서

대한적십자사
번호 한적섭-1902
일시 1965.12.23.
발신 대한적십자사 총재 최두선
수신 외무부 장관
제목 화태억류동포귀환 알선에 관한 진정서

　　　금반 재일 화태 억류 귀환 한국인 회장으로부터 재화태 억류 동포 귀환 알선에 관한 별지 진정서를 접수하였는 바, 동 진정서의 사본을 귀부에 보내오니 적의 선처하여 주시기 바랍니다.
　　유첨: 진정서 사본 1통 끝.

유첨-진정서

　　樺太抑当僑胞에関한 陳情書
　　발신 東京部足立区六月町六二九ノ一四 樺太抑留帰還韓國人會 會長 朴魯學 外
　　　　二名
　　수신 大韓赤十字社 總裁

　　陳情事項
　　一 樺太抑留韓國人의 帰還 陳情에 対한 日本政府의 態度와 陳情文

陳情書

우리들이 樺太에 渡航한 것은 日本의 戰爭政策에 依해서 一九四三年으로부터 同四五年 上半期에 亘하야 徵用又는 募集(強制)者로써 産業戰士의 名目下에 濟航한 것이고, 戰爭中은 日本人에게 酷使되고 戰後에는 또다시 쏘連人에게 酷使되었습니다. 우리들은 日本女性과 結婚한 関係로 日本人의 同伴遺族으로써 十五, 六年만에 帰還하였읍니다만은 其他의 韓國人은 抑留되고 있는 것입니다. 戰後二十年 異域他郷에서 父母, 妻子, 兄弟의 安否로 가삼을 태워가며 郷愁와 不幸에 허덕이는 人生, 이와 같은 悲惨한 國民이 世上에 또 잇겟읍니가.

当時二十才의 사람은 이미 四十才, 四十才의 사람은 六十才가 되는대 生命은 限度가 잇는 것입니다. 昨年度 日本서는 구암島에 남은 日本兵□ 一, 二 名을 為해 国家的으로 努力하엿읍니다. 이에 比해서 数万人이 되는 樺太 同胞는 엇더함닛가,

寒心하기 짝이 없읍니다.

然이나 八月以後樺太서 帰還한 僑胞의 말과 在樺僑胞의 書信에 依하온즉 在樺僑胞가 所持하고 잇는 身分証明書(但書)에 最終国籍이 日本으로 된 者는 日本国으로 帰還이 可能케 되야 골사고브 (大□)만 해도 一〇三名(內四三名 北韓証明書所持)의 者가 今年五月에 帰還手續을 햇다고 합니다. 日本政府가 入國許可를 한다면 쏘連政府는 何時든지 出國許可를 한다고 해서 在樺同胞는 帰還을 苦待하고 잇다는 것입니다.

以上과 같은 狀態를 日本政府에 陳情 햇든 것입니다.

日本 外務省은 十一月十七 東改課小林氏(引揚担當官)와 厚生省은 十一月二十四日 引揚援護局 庶務課橋詰氏 (厚生労動省)를 面会하고 陳情한대 対한 答弁은 上司에게 連絡한다고 하고 確答을 回避하얏읍니다.

十二月一日은 法務省入國審査課長補佐酒井氏와 同日, 日本赤十字社本社, 外事部 調査課長, 太田氏를 各々 面会하고 陳情書를 提出하고 陳情을 하니, 이 두곳에는 滿足한 回答은 못될 망정, 우리들이 企待하는 答弁이엿읍니다.

其答弁의 趣旨는 如左함니다.

韓国과 쏘連은 国交과 없다 보니 韓国人이 쏘連 地域에 서 日本国을 経由하고, 또는 港口에서 数日間 船便関係로 滯留하는 것은 許容겟으나, 日本居住를 目的으로 帰還하는 것은 絶対 不許한다고 합니다.

今後韓國政府와도 打合할 것도 말하얏읍니다.

特히 太田氏의 声明은 日本政府各省과 이미 合意를 본 結論이라고 確言하얏든 것입니다. (同行한 金周奉 牧師도 同席함) 同日, 代表部 政務課長을 面会하고 以上의 事実를 陳述하오니 많은 関心을 가지시고 在樺僑胞가 帰還手續을 한 者의 名單을 速히 보내 달나고 해서 樺太로 即時 名單을 付送할 것을 連絡한 바이올시다.

十二月二十一 椎名 日本外相이 本国을 訪問한다오니 此 機会에 在樺僑胞의 帰還을 促進식혀 주시기를 懇切히 바라나이다.

本会가 創設以來 八年만에 效果가 나오는 것입니다. 十数次의 陳情과 努力이 虛実없이 조흔 結実이 멧기를 바라나이다.

一九六五年 十二月 十二日

東京部足立区六月町六二九ノ一四

樺太抑留帰還韓國人会

会　　長　　朴魯學

企画部長　　沈桂爕

渉外部長　　李義八

② 사할린 교포 귀환문제, 1966

○ ● ○

기능명칭: 사할린 교포 귀환문제, 1966

분류번호: 791.44, 1966

등록번호: 2044

생산과: 동북아주과

생산년도: 1966

필름번호: P-0004

파일번호: 05

프레임번호: 0001~0078

1. 면담내용

면담내용(교민과)

일시 1966.9.10. 15:00-16:30

장소 외무차관실

참석자 한국측: 김영주 차관, 최광수 동북아과장

일측: "우시바" 외무성 심의관, "미가나기" 경협국 정책과장, "야나이" 경제 국 아세아과장

   1. 재화태 교포 귀환문제

차관은 본건도 유골문제와 같이 전후처리 문제이며 또한 인도적인 문제임을 지적하고 우리의 입장을 재차 설명하면서 일본정부의 조속하고 성의 있는 조치를 촉구하였음. "우시바"는 재화태 교포중 일본거주 희망자를 받아 드린다는 것은 일본 국내에서 반발이 강하다고 하면서, 만일 송환되는 경우 선편제공 등 경비는 일측이 부담할것이니 한국에서 전부 인수하여 주시기 바란다는 입장을 취하였음. 이에 대하여 차관은 이들이 화태에 가게된 역사적 배경이나 한일 양국간의 우호관계에 기한 대국적 견지에서 본인들이 일본정착을 희망한다면 이는 받아드려야 할것이라하고, 우선 쏘련정부와 조속히 이들의 송환을 위한 교섭을 개시할것을 요구한바, "우시바"는 그렇게 하겠다고 하였음.

   2. 영주권 신청시의 절차문제

차관은 재일 한인의 법적지위 협정에 따른 영주권 신청사무가 너무 번잡하고 또 이제까지 허가된 비율이 적어 동 신청상황이 전반적으로 부진함을 지적한바, "우시바"는 가능한 한의 협조를 하였다고 하면서 구체적으로 complaint가 있으면 이를 곧 일본정부에 지적하여 달라고 하였음. 끝.

2. 외무부공문(발신전보)

대한민국 외무부

번호 WTA-106 [   ]

일시 06164□

발신 장관
수신 주일대사

　　연: 외아북 772-734
　　연호 회담 기록을 참조하시고 재화태 교포 귀환 문제에 관하여 인수 조건은
추후 논의키로 하고, 우선 "우시바"심의관이 동의한대로 송환조건 타결전이라
도 일측이 대쏘 송환 교섭을 개시하도록 일본 정부와 적극 교섭을 추진하시기
바람. (외아교)

3. 정세보고처리전-화태교포송환지원

외무부
일시 1966.10.17.
발신 주일대사
요약및비고 樺太僑胞送還支援(吳政務課長—日北東亜課長)

　　我側: 于先 對蘇支援해줄것을 要請(金次官—우시바 面談依據)
　　日側: 1) 金次官—우시바 面談에서 同問題를 論議한것은 事実이나 于先 對蘇支
　　　　　　 援에 對한 同意与否는 알지못하고있음. 그러나 上部에 報告, 檢討하겠
　　　　　　 음.
　　　　　2) 對蘇支援에있어서 送還希望者에 對 한 韓国内縁故者가 나서서 받어드
　　　　　　 리겠다고 할 境遇에 日本国内事情으로 보아 容易할것임
　　　　　3) 現在韓国内縁故者들이 나서고 있는지?
　　我側: 1) 現在縁故者가 있는지 또는 나서고 있는지 알지 못하고 있음.
　　　　　2) 万若 이들의 縁故者가 在日韓国人中에 있을 時、日本으로 받어드릴
　　　　　　 用意가 있는 前提下에서 如斯한 質問을 한것인지?
　　日側: 1) 現在 말할 立場이 되지 못함
　　　　　2) 帰還希望者中 特히 韓国으로 帰還하겠다는 数字等의 情報 提供바람.
　　我側: 1) 具体的으로 어떻게 希望하고 있는지 알지 못하고 있음.
　　　　　2) 樺太僑胞의 抑留된 歴史的背景을 説明하고 그들이 日本居住希望하면

받어드리도록 積極努力할것을 促求하였음

参考 :
    1. 歸還希望者数 : 1,457世帶 5,758名
    2. 日本停着希望数 : 約 12.5%
    3. 浮動(韓日)数 : 約 16%

4. 외무부 공문(착신전보)

대한민국 외무부
번호 JAW-1030□
일시 141735
수신시간 1966.10.15.
발신 주일대사
수신 외무부 장관

대: WJA -10066
1. 재화태 교포 귀화문제에 관하여 금14일 하오2시 오정무과장은 외무성 북동
아과장을 방문 대호지시에 따라 일본정부가 우선 쏘련정부와 교섭해 줄 것을
요청하였음. "노다" 과장은 상부에 보고하고 검토하겠다고 말하였음.
2. 상기 면담에서 "노다" 과장은 지난9월 10일 김차관과 "우시바" 심의관 간에
이 문제에 관하여 논의한것은 사실인데 쏘련 정부와 우선 교섭하기로 우시바
심의관이 동의한 것으로는 알지 않고 있다고 말하면서 그러나 아무튼 한국정부
의 제안을 검토하겠다는 의사를 표시하였음. 또한 노다 과장은 화태로부터 귀
환하겠다는 한국인에 대하여 한국내에서 연고자가 나서서 받아들이겠다고 할
때에 일본정부로서 한국정부에 대신하여 쏘련정부에 이야기하는것이 일본 국
내 사정으로 보아 용이하다고 말하면서 그러한 연고자가 나선 일이 있는지를
아측에 문의하여 왔음. 이에 대하여 아측은 연고자가 있는지 또는 나섯는지 알
지 못하고 있다고 답변하고, 일본측의 질문은 만약 재일 한국인중 연고자가 있
을때 일본으로 받아드리겠다는 전제에서 행한 것인지를 물은 바, 일측은 말할

입장이 되지 못한다고 하였음.

　일측은 재화태교포 중 귀환시 행선지를 여하히 희망하고 있는지 특히 한국으로 가겠다는 인원이 얼마나 되는지 등에 관한 정보를 알고자 하는 의사를 여러번 표시하였음. 이에 대하여 아측은 행선지에 관하여 구체적으로 어떻게 희망하고있는지 알지 못하고 있으나 그들이 원래 일본본토에 일단 왔다가 화태로 갔던 경위로 보든지 또는 재일교포 중 연고자가 많을 것으로 추측됨에 비추어 일본 거주 희망자가 많을 것이라고 말하였음. 이어 아측은 일본정부가 그들의 귀환을 위하여 적극 노력하고 일본에서의 거주를 허용할 것이라는 아국정부의 종래의 입장을 설명하면서 특히 다음의 문제점을 강조하였음. (가) 그들이 화태로 가게된 배경. (나) 화태가 일본영토와 분리되어 버렸기 때문에 오늘과 같은 문제가 있은 것이지 그렇지 않았더라면 그들 모두가 법적지위협정 대상자라는 점에 대한 정치적 및 도의적 고려, (다) 화태가 쏘련 관할에 놓이게 됨으로써, 남방지역의 경우와 달리 전후 복원의 기회가 없었는 바 그 기회만 있었드라면 그들은 역시 법적지위협정 대상자이라는 점.

3. 당대사관은 외무성측에 대하여 지금까지 귀환희망자수가 약 5,6 천명 정도임을 알려 주었음. (아교, 아북)

5. 처리전-재화태 교포 송환 대쏘교섭 촉구

외무부
일시 1966.11.11.

　1. 제목 재화태 교포 송환 대쏘교섭 촉구
　2. 의견
　　　1. 지난 11.9. 주일대사가 "우시바" 심의관에게 우선 일본측이 재화태 교포 송환에 관하여 대쏘 교섭을 추진토록 거듭 촉구한데 대하여,
　　　2. "우시바" 심의관은 대쏘교섭보다 화태 한국 교포의 실정파악이 급선무임을 강조하며 한국측의 희망대로 대쏘교섭을 추진키 곤란하다고 말하였음.
　　　3. 연이나 일본측은 대쏘 "실정 파악"에 나설 용의가 있음을 표명하고

있음.

4. 비고

6. 재화태억류교포에 대한 송환 문제

"재화태 억류 교포에 대한 송환 문제"

1. 재화태 교포의 억류경위와 현황:

가. 일정하 강제징용으로 현쏘련지구로 된 화태로 끌려갔던 한국인은 약 43000명으로 추산되였는데 종전과 더불어 이들은 동지구를 점령한 쏘련의 지배하에 놓이게 된것임.

나. 이들의 출신은 대부분이 남한이며, 직업은 거의 노무자로서 생활을 유지하고 있는 형편이고 이들 중 약 과반수가 한국 부녀자와 가정을 이루고 있음 (65.8.20. 주일영(2)725-1279호)

다. 1955년이래, 쏘련정부는 이들 중 약 25%에게 쏘련 공민증을 교부하였고, 1958년에는 쏘련주재 북괴총영사가 화태에 출장 선전하여 65%의 교포에게 북괴공민증을 교부하였음.(65. 11. 25. 진정서)

라. 한편 쏘련정부는 일본정부에 대하여 일본인들은 일본으로 송환하는 동시에 1957년 한국인으로서 일본인처를 가진 자들도 송환자범주에 포함, 4차에 걸쳐 270세대 1354명의 한국인을 송환하였음. (외무행정 10년 438면)

마. 정부(자유당집권때)는 이들 송환자의 대부분이 일정하 강제징용으로 현 쏘련지구가 된 화태에서 본의아닌 노무자들이 된 점을 참작하여 일정당국에 적극 교섭, 이들 송환교포에 대한 적절한 대우와 생활보장을 해줄 것을 요구하였으며, 이들 대부분이 일인처의 연고지에 정착하였음(외무행정 10년 438면)

2. 송환범주에서 제외된 억류교포에 대한 정부의 조치 경과:

가. 억류동포들은 일본인처와 일본으로 송환되는 교포를 통하여 누차 송환을 요망하는 진정서를 제출하여 왔으며 또한 대한적십자사로부터 이들의 국내 연고자에 대한 조사요청이 있어서 연고자신청을 공표하였던바 약 1000명의 연고자로부터 귀환조치를 요망하는 신청이 있었는데, 당시 정부는 이들이 장기간

쏘련정부하에서 세뇌를 받은 자라 하여 당시의 국내사정에 감하여 적극적인 귀환조치를 취하지 않았으며 이들에 대하여 1년에 6-7회 위로방송을 하였을 뿐임(주일대사앞 진정서). 따라서 이들 교포의 송환에 관하여 아무러한 방침도 수립되어있지 않던 것임.

　　나. 억류교포 중에는 일본으로 송환을 희망하는자가 있으나 일본 정부는 이들의 입국거주를 허가하지 않은 것이므로 일본 송환은 불가능하며 본국으로 귀환을 희망하는 자에 대하여는 쏘련정부의 송환에 대한 태도와 이들의 수 및 인적사항(가족을 포함) 파악이 필요하며 이를 위하여는 국제적십자사의 중계역활[1]을 요청하기에 앞서 우선 정부의 이들에 대한 인수여부 방침이 결정되어야 할 것이며 만일 정부의 인수방안이 확립된 후 국제적십자사의 거주지 선택 자유의 원칙에 따라 이들의 본국 귀환을 인도적으로 주선토록 요청함이 요망됨.

1. 재화태교포의 억류 경위와 현황:

　　가. 제2차 대전중 일본의 "전시노동법"에 의하여 당시 일본 영토인 남화태로 강제 징용당해 갔던 한국인은 (종전당시 약 5만 내지 7만에 달하였음) 현재 약 1 - 2만명으로 추산됨. (주1) (JAW-02169보고)

　　나. 남화태 (the Southern part of Sakhalin(Saghalien) Island)는 현재 쏘련 영토로 되어있으며 이들 재화태 교포의 대부분이 직업은 노무에 종사하고(개인 기업 불인정) 생활은 겨우 식생활을 할 수 있는 정도임. 과반수가 한국 여자와 결혼하고 기타 쏘련여자와 사는 자, 독신자로 되어있음. (주2)

　　다. 국적관계는 쏘련 공민증 소지자가 25%, 북괴 공민증 소지자가 65%, 무국적자 (국적 불인정)가 10%이며 이중 무국적자는 심한 차별대우를 받고 있다 함. (주3, 주 4)

　　라. 재화태 교포중 일본 여자와 결혼한 교포들은 쏘련 정부에서 "일본인의 동반가족"이라는 자격으로 1957년 8월 1일부터 1958년 2월7일까지 6차에 걸쳐 394세대, 1794명을 일본에 송환하였으며 정부는 이들에 대한 생활대책 등을 요구하여 현재 이들은 일본인처의 연고지에 정착하고 있음. (주5, 주6)

　　　　　　외아교 725.6-129(66.3.9)호 참조

2. 정부의 그간의 조치 :

---

1) 역활

가. 재화태 교포에 관한 누차의 진정서에 의하여 정부에서도 국제적십자 기구 등을 통하여 (주7) 많은 노력을 하였으나 (1) 그 당시의 국내 사정과, (2) 재화태 교포들이 장기간 쏘련 지배하에 공산주의 세뇌를 많이 받아 이들의 사상이 문제된다는 점등 여러가지 애로가 있었으나, 이들에 대하여 1년에 6-7회 위로방송을 한일이 있음. (주8) 한편 당시 재일교포에 대한 일본 정부의 북송문제와 관련하여 일본측에서는 국제 적십자 위원회의 "인도주의"와 "거주지 선택 자유의 원칙"을 내세웠음으로 우리가 재화태 교포에 관하여 동일한 주의, 원칙을 제시하여 교섭하는 경우에는 (1) 일본측의 동교 강제 북송주장을 합리화시켜주는 결과가 되고 (주9) (2) 재화태 교포들이 귀환하여 일본에 거주하겠다는 경우에 일본에서 이를 묵인치 않을 것이 예측되어 송환 교섭에 많은 애로가 있었음.

나. 그러던 중 일본인처의 동반가족 자격으로 이미 귀환한 교포들이 중심이 되어 일본에서 "화태 억류 귀환 한국인회"를 조직하여 관계 요로에 여러번 진정서를 제출하는 한편 재화태 교포들과의 개별적 서신 연락이나 화태에서 돌아온 일본인 등의 말을 들어본 결과 재화태 교포중 신분 (무국적)증명서에 최종국적이 일본으로 되어 있는 자에 대하여는 일본 정부에서 받아들이기만 하면 쏘련 정부에서 귀환 허가를 한다는 사실을 확인하여 66년 1월 11일부터 누차 주일 한국 대사관에 귀환희망자 명단을 진정서와 함께 제출하여 왔는데 66년 2월 23일 현재 그 수는 106세대 455명임. (주10) (4.25현재 672세대, 2728명) 12월 10일 현재 1,799세대 7,197명임

3. 정부의 조치

가. 재화태 교포의 국내 인수

과거 정부에서 재화태 교포의 인수에 난점이 되어 있던 것이 현재는 (1) 국내사정이 많이 변화하여 그 당시와 다르며 (2) 이들의 공산주의 사상 세뇌문제는 일편으로 선도하고 일편으로 공산측의 간접 침략에 역이용하는 등 방책을 구체적으로 고려한다면 이들을 국내 인수하여도 무방하고 한편 중공지역에서 귀환한 교포들이 지금까지 별 탈없이 순조로왔다는 점과 65년 12월 16일자 대통령 각하의 조련계 가담 교포 등의 본국 귀환을 받겠다는 담화문 (주11)을 참작할 때 재화태 교포들의 본국인수해도 무방하다고 할수있음 방침이 더욱 뚜렷하다고 할수 있음.

나. 재화태 교포들의 귀환 교섭

　(1) 일본 정부를 통하여

　　　ㄱ. 최종국적이 일본으로 되어있는 자에 대하여 일본정부가 받아들이기만 하면 쏘련 정부에서 귀환 허가를 한다는 것이 사실이라면(주12) 우선 일본 정부에 적극 교섭하여야 할것이나 그 경우에 (ㄱ) 교포의 북송문제와 관련하여 원래 일본 정부의 주장을 합리화할 염려가 있고(적십자사를 통한 교섭과 관련하여 (ㄴ) 귀환 희망자 중 일본에 거주를 희망하는 자에 대하여 일본에서는 환영하지 않으며 한국이나 제3국에서의 거주 목적으로 가는 경우에 일본은 "경유지" 역활[2]을 하는 정도이며 (ㄷ) 당시 일본의 강제 징용으로 화태에 갔었다는 사실의 증명이 필요하는 등 제애로점이 있음. (주 13)

　　　ㄴ. 일본과의 교섭은 "인도적 문제"라는 입장을 떠나 "정치적 문제"라는 차원에서 일본의 과거 책임을 묻는 형식으로 교섭함이 가하며 "교포의 법적 지위협정" (토의기록)과의 관계를 감안하여 (주14) 우선 제1차적으로는 귀환자의 일본 국내 거주교섭을 적극화하고(주15) 그 타결이 도저히 어려울 때에는 귀환자들을 전부 한국에서 인수한다는 조건하에 송환 교섭을 종용함.

　(2) 국제 적십자 기구를 통하여

　　　ㄱ. 현재 국제 적십자 기구의 "인도주의적 입장"과 "거주지 선택 자유의 원칙"에 호소하는 경우에 (ㄱ)국제 적십자 운동의 인도주의적 성격에도 불구하고 각종의 정치적 흥정을 할 가능성이 많고 (ㄴ)거주지 선택 자유의 원칙에 대하여 북괴측의 정치적 책동이 염려되고 (ㄷ)국제적십자 기구가 쏘련측에 교섭하는 경우에 결국 쏘련 당국의 정치적 결정에 의존할 수밖에 없으며 (ㄹ)인도적 입장과 거주지 선택 자유의 원칙을 주장하는 경우에 일본의 과거 재일교포에 대한 강제 북송문제를 합리화시킬 염려가 있음. (주16)

　　　ㄴ. 따라서 우선 현재 공산 지역에 있는 우리 교포의 수나 생활상 귀환 희망 등 제반 실태를 조사하는 범위, 정도에서만 국제적십자 기구를 통하여 교섭을 전개함이 가함.

　(3) 제3국을 통하여

　　　중공 거주 교포의 귀환에 영국 정부를 통하여 시행하고 있는 형편을 참작하여 재차 영국 정부와 (가능하다면 서독등 제3국) 교섭하여 중계 역활[3]을

---

2) 역할

해 주도록 요청함이 타당함.

주1:

JAW -02169호 주일대사 보고:

일본 외무성이 제시한 바로는,

(1) 1941년 말………19,768명

　　 1943년 - 1945년까지의 입주자…5만 - 7만명

　　 1948년………5만명

　　 1966년 현재…..1만 - 2만명(사망, 북한행, 일본귀국 등으로 감소된 것으로 추정됨)

(2) 1941년 말 거주지역

　　 ㄱ) "에스토리" 지구……10,774명

　　 ㄴ) "시이가"　 지구……1932명

　　 동지방에 탄광이 있으므로 현재도 동지구에 다수 거주 할것으로 추정됨.

주2:

주일영(2)725 - 1279

주3:

65.11.5.자 주일대사앞 진정서

주4:

북괴 공민증 소지자중 약 7000명(모두 독신자)이 1959년 7-8월경에 북괴로 강송되었음… 1959. 10. 22. 자 한국일보

주5: 1957년 8월 1일 33세대 157명

　　 1957년10월27일　 55세대 303명

　　 1958년 1월14일　 91세대 438명

　　 "　　 1월27일　 91세대 456명 (이상: 외무행정 10년 438면)

---

3) 역할

"   2월 7일 (5,6차) 124세대711명 (1959.3.25자 화태 인양 한국인 원호 등에 관한 청원서) JAW -02169호 주일대사 보고…1,794명 (일본인처 제외)

주6:

정부는 이들 송환자의 대부분이 일정하 강제 징용으로 현 쏘련지구인 화태에서 본의 아닌 노동을 하던 자들임에 감하여 일정 당국에 적극 교섭하여 이들 송환 교포에 대한 적절한 대우와 직업 알선 등 생활 보장을 해줄 것을 요구하여 현재 이들의 대부분은 일인처의 연고자를 찾아 정착하였음 (외무 행정 10년 438면)

주7:

정부는 주미대사관, 주"유엔" 대표부, 주 제네바 대표부를 통하여 쏘련의 재화태 한인을 하루 속히 귀환시킬것을 촉구하였는데 당시 양유찬 주미대사는 미국의 "유엔" 대표인 인권전문가 "메리. 피. 로드"여사와 이 문제를 협의하고 미국이 재화태 교포 송환 문제를 "유엔" 총회에 제출할 것을 촉구한 바 있으며, 또한 "주노" 국제 적십자 위원회 부위원장에게도 재화태 교포 송환의 알선을 요청한 정부는 당시 김용식 주"제네바"공사를 통하여 국제 적십자 위원회와 이 문제에 관하여 계속 교섭을 진행시킨 바 있음
(1959. 10. 22. 자 한국일보 석간)

주8:

1965. 11. 5. 자 주일대사 앞 진정서

주9:

당시 일본의 재일교포 강제 북송 문제가 대두하여 재화태 교포의 송환을 더욱 곤난하게 하였으니 즉, 일본은 재일 한인의 북한 송환 문제는 정치와 분리하여 인도적인 견지에서 1957년의 "뉴데리" 국제 적십자 회의의 결의 (소위 거주지 선택의 자유)에 비추어 조속한 시일내에 실천하여야 한다는 종래의 입장을 재확인하고 이뜻을 북괴적십자사에 통지한후 1959.1.29 일본 후지야마(藤山)외상의 재일 한인의 북한송환은 인도적인 견지에서 신속히 실

천하겠다는 성명으로 북한 송환에 대한 일본 정부의 태도는 완전히 표면화하게 되었는데 이에 대하여 정부는 북송문제가 완전히 "정치적 문제"임을 천명하여 국제 적십자 위원회의 개입을 허용치 않는 방향으로 나아가는 반면 일본 정부는 여전히 "인도적 문제"임을 내세워 국제 적십자 위원회의 개입을 적극 종용하게 되어 (후에 결국 일본과 북괴는 소위 "칼카타" 협정(1959.8.13)에 의하여 북송을 실현하였음) 한일 양국은 북송문제를 둘러싸고 심각하게 대립하는 입장에 서 있었는데 만일 당시 정부가 재화태 동포의 송환에 관하여 인도적 입장을 주장하여 교섭을 전개하면 일본의 재일교포 강제 북송을 합리화 시켜주는 곤란한 결과에 빠지게 되었으므로 정부는 이들의 송환 교섭에 적지 아니한 애로를 겪은바 있음.

주10:

주일정 772‑17(66.1.20) ···········37세대 153

주일정 772‑32(66.1.27) ············63세대 239

주일정 772‑60(66.2.11) ············76세대 304

주일정 772‑76(66.2.23) ···········106세대 455

　　　‑03140(66.3.8) ············227세대 1053

(주일정 772‑93(66.3.9) ············227세대 1053)

JAW-03459(66.3.22) ···············353세대 1543

JAW-04060(66.4.4) ············435세대 1853

JAW-04078(66.4.6) ············546세대 2270

JAW-04479(66.4.25) ············672세대 2728

*** 귀국 희망지 별 통계

한국　　　　　　　　　　　　　　명

일본　　　　　　　　　　　　　　명

한국 또는 일본　　　　　　　　　명

특별히 희망 없는 자　　　　　　명

*** 국적관계

무국적　　　　　　　　　　　　　명

쏘련　　　　　　　　　　　　　　명

북괴   명

주11:

1965.12.19. 자 한국일보 "만일 일시적인 과오로 조련계에 가담한 동포들이 본국 정부의 보호하에 돌아본다면 정부는 최대한으로 따뜻이 이들을 맞아 잘못을 따지지 않을 것이며 이번에 밀입국하려다 억류되어 조국의 떳떳한 국민이 되지 못한 동포들에게도 전비를 묻지 않고 밝은 생활을 할 수 있도록 보장하겠다"

주12:

66.1.11자 진정서

주13:

JAW-03129, (66.3.7.), JAW-03676 (66.3.31)에 의하면 일본정부의 공식 입장을 다음과 같이 제시하였음.

The Japanese Government is ready to enter into talkes with Soviet Government about the return to Korea of the Korean Residentes in Saghalien desiring to return to the ROK, provided the Korean Government accepts the following two conditions.

(1) The Korean Government shall accept all such Korean.

(2) The Japanese Government shall not be obliged to shoulder any of the expenses that may be incurred in the course of the Return.

주14:

(1) 한일 협정중 교포의 법적 지위 협정과의 관계

1) 한일 협정 "토의기록" (a)와 "대한민국과 일본국간의 일본국에 거주하는 대한민국 국민의 지위와 대우에 관한 협정" 제1조1(a)를 참작하여 보면 "징병, 징용 등으로 1945년 8월 16일 이후에 일본에 귀환한 자도 1945년 8월 15일 이전부터 일본국에 계속하여 거주한 자로 간주하여 협정 영주권을 부여하도록 되어 있다." (정부발행 한일협정 해설)

(주)1. 토의 기록

일본국 정부는 협정 제1조 (a)의 적용에 있어서는 병역 또는 징용에 의하여 일본국에서 떠난 때부터 복원계획에 따라 귀환할 때까지의 기간을 일본국에서 계속하여 거주하고 있었던 것으로 취급할 방침이다.

2. 재일동포에 관한 한·일 간의 법적지위와 대우에 관한 협정

제1조 (a)

제1조. 일본국 정부는 다음의 어느 하나에 해당하는 대한민국 국민이 본 협정의 실시를 위하여 일본국 정부가 정하는 절차에 따라 본 협정의 효력 발생일로부터 5년 이내에 영주허가의 신청을 하였을 때에는 일본국에서의 영주를 허가한다.

(a). 1945년 8월 15일 이전부터 신청시까지 계속하여 일본국에 거주하고 있는 자.

(2) "동포의 법적 지위 협정"과의 관계를 감안할 때 주 12(JAW -03676)의 일본측 제의 조건은 너무나 일방적인 결론이라고 아니할 수 없음.

주15:

WJA -04296으로 주일대사에게 다음과 같이 지시함.

대: JAW -03676

"대호의 일본측 제의 조건은 현재로서는 수락할 수 없으며 재화태 억류 동포의 송환문제는 동포의 법적지위 협정중 토의기록 (a)와 관련하여 귀환 화태 동포에게 그들이 신청한다면 당연히 협정상의 영주권을 부여하도록 일본측과 계속 교섭을 추진하시기 바람."

주16:

일본의 재일 동포 강제 북송과 관련하여 1956. 7. 16. 국제 적십자 위원회의 대한 적십자사, 일본적십자사 및 북괴적십자사에 대하여 "The problem presented by certain Koreans living at present either in Japan or Korea itself who wished to find a home of their choice on Korean soil ··"에 관한

제의를 한 일이 있는데 이는 일본과 한국에 거주하는 한국인의 자유로운 의사에 의하여 그들이 선택하는 한국내 지역에 갈수 있도록 전기 3개 적십자사가 합의한다면 국제적십자 위원회도 이에 협조하겠다는 요지인데 이 건은 (1)북한 억류 납치 인사의 귀환 (2) 남한에 있는 공산분자의 월북 (3) 재일교포의 북송 (4) 재일교포의 대한민국 귀환의 4가지 의도가 내포된 것으로 추측되는데 일본은 이를 "Master Formular"라고 하여 재일교포 북송문제에 적용한 것이므로 한국측이 국제 적십자 위원회의 상기 원칙을 수락하여 인도적 입장에서 문제를 해결하려고 하는 경우에는 결국 일본의 재일교포 강제 북송을 합리화 시켜주는 결과밖에 되지 않을 뿐 아니라 잘못하면 남한에 있는 공산분자들도 북한으로 귀환시켜야 하는 해괴한 사태를 초래할 염려까지 있는 것이므로 정부로서는 국제 적십자 위원회의 소위 인도주의나 거주지 선택 자유의 원칙을 그대로 수락하여 교섭의 기초로 하기에는 너무나 큰 애로가 있음.

③ 사할린 교포 귀환문제, 1967-68

○ ○ ○

기능명칭: 사할린 교포 귀환문제, 1967-68

분류번호: 791.44, 1967~68

등록번호: 2878

생산과: 동북아주과

생산년도: 1968

필름번호: P-0006

파일번호: 10

프레임번호: 0001-0245

1. 박노학 진정서

樺太抑留韓国人에 関한 陳情書

樺太抑留帰還韓国人会
会長 朴魯学 外 二名

大韓民国外務部長官
崔圭夏 貴下

陳情書

　　日本의 戰爭政策에 依하야 一九四二年부터 一九四五年 上半期까지 樺太에 徵発된 僑胞는 四万餘名이 抑留되여 있읍니다.

　　其中, 四六二世帶는 日本女性과 結婚한 関係로 一九五七年八月一日부터 一九六七年四月三日까지 日本人家族의 一員으로써 日本에 帰還하얐읍니다.

　　抑留四万余名中 六五%는 北韓의 国籍이고 二五%는 쏘련의 国籍을 取得케 되고 一〇%는 韓国籍者입니다.

　　抑留僑胞들은 一九六五年一月에 쏘連政府에 対해 帰還을 請願하얐든바 日本政府가 入国을 許可한다면 쏘連政府는 無国籍者에는 自由의 權限의 範囲內에서 出國을 許諾하겠다는 確答을 밧고 其後 本会에 帰還을 申請한者가 六月二〇日 現在 一,七四四世帶(人数六,九二四)에 達하고 있읍니다.

　　이 僑胞들이 二十余年間 父母, 妻子, 兄弟를 生離別하고 帰還의 日을 一刻이 如三秋之格으로 苦待하고 있읍니다.

　　帰還이 可能한 者를 帰還식히지 않은다며는 北韓人들이 었지 生覺하겠읍닛가. 韓国民으로 憂慮되는 바임니다

　　愛族的 立場에서 僑胞들이 一日이라도 速히 帰還되도록 努力하야주시기를 懇切히 바라나이다.

　　敬具

　　一九六七年 七月 十四日

東京都足立区六月一丁目三二~一五

樺太抑留歸還韓國人會

在樺同胞歸還促進委員會

會長 朴魯學

企劃部長 沈桂燮

涉外部長 李羲八

2. 탄원서-화태억류 귀환 촉진 호소

貴下

嘆願書

(樺太抑留歸還促進呼訴)

在日大韓民國居留民團中央本部

民生局所屬

樺太抑留歸還韓國人會

會長 朴魯學

顧問 張在述(母國派遣次呼訴)

1. 抑留經緯

在樺太 韓國人 四萬餘名은 韓國이 日本帝國主義에 掠奪當하고 第二次 世界 大戰初期인 1937年으로부터 解放直前 日本帝國의 勞動力 不足을 韓國同胞로써 充當하자는 野心下에 우리 疆土의 折半以北은 滿州移民政策에 注力하는 한편 折半以南은 所謂移住勞動者 또는 産業報國隊 및 徵用令 摘要 挺身隊等 허울좋 은 名目下에 强制徵發된 사람들이 八九割입니다.

其他 少數人들은 糊口之策으로 流離分散하여 北滿州를 經由 沿海州地方에

서 生計를 維持하여 오다가 日本이 시베리아 派遣軍을 撤收하자 樺太로 彈制移住 當하고 殘餘一群은 日本本土를 漂流하다가 北緯50度線까지 가서 漁業 其他 森林採伐에 從事하던 사람들인 것입니다.

2. 抑留現況

在樺太 韓國人中 中學程度라도 나오고 말마디나 하는 사람은 日本帝國主義의 戰時體制를 破壞하는 不純分子로 指目嫉視되어 왔으며 各種犯罪者로 壓迫奴隸狀態로 있었다는 것은 새삼스럽게 되씹지 않아도 너무나 잘 아는 事實이 아닙니까?

在樺太抑留民族의 서러움은 그에 그치지 않고 世界第二次大戰의 勝利를 橫取한 蘇聯에 依하여 戰後 樺太復興이라는 美名下에 酷使되고 있는 것입니다. 그들의 醒使는 北韓에 있는 同胞들이 傀儡들에 依하여 희생되고 있는 것의 몇十倍에 該當하는 것입니다.

在樺太僑胞 歸還希望者 世帶及 人口累計를 보면

	無國籍者	北韓籍	蘇聯籍	國籍無記入者	計世帶	人口
日本	69	54	17	51	191	848
韓國	271	586	140	292	1,289	4,982
合計	340	640	157	343	343	5,830

1966年 7月 現在

上記와 같이 1966年에 約6,000名이 1967年10月現在7,500餘名으로 增加되었으며 앞으로도 繼續的으로 增加할 것입니다.

3, 日本의 非人道的行爲를 糾彈한다.

戰後 日本政府에서는 現在까지 在樺太 日本引揚者 約三十萬名은 歸還을 거의 完了하고 1965年 및 66年 日蘇友好外交交涉에 依하여 日本人墓參國이 樺太는 勿論 蒙古에까지 가서 遺骨까지 故國에 安葬하고 었는 形便입니다.

그러면서도 在樺太韓國人四萬餘名은 日本人 引揚者와 差別되며 지금까지 抑留되어 있읍니다.

이러한 在樺太韓國人에 對하여 누가 責任을 져야 하겠읍니까? 居留民들은 繼續되는 日本人 歸還者를 바라보며 흘름스크港 埠頭에서 恨맺힌 눈물을 限없이 흘려야 했던 것입니다.

이처럼 피눈물나는 歲月은 봄가을뿐 아닙니다. 去今三十年을 肉迫하고 있는 것입니다.

粗食과 癈衣와 汚寒과 더불어 肉體는 파리해졌습니다. 그들은 "우리의 靑春을 返還하라"고 絶叫하고 있읍니다.

去年 韓國政府가 定式 外交上의 問題로서 日本政府에 歸還促進을 要請하였으나, 日本政府의 態度는 "在樺太韓國人이 韓國을 定着目的地로 歸還올 希望한다면 그 사람에 限하여 蘇聯과 交涉할 用意가 있다"고 하며 附帶條件으로서 「送還經費一切를 韓國政府가 負擔하며 歸還者들의 最終居住地를 韓國에 局限하면 蘇聯과 交涉 歸還實現에 勞力하겠다」는 至極히 非人道的이며 利己的 態度로 나온 것입니다.

이것은 世界二次大戰 後 世紀의 巨大한 橫暴이요 蠻勇인 것이다. 이것은 帝國時代의 그네들의 韓國觀을 지금까지도 淸算하고 있지 않다는 證據가 아니고 무엇이겠읍니까?

한편 大韓民國을 認定하지 않는 國際깡패 蘇聯의 態度는 過去 日本人의 國籍을 갖인 者 (즉 在樺太韓國人)를 日本政府에서 引導를 要請할 時는 應할 用意가 있다고 하는 것입니다.

그런데 韓國政府의 基本的態度를 살펴보면 첫째 送還對象者들은 終戰前까지 各種 日本人으로서 强制懲用되어 끌려간 그들이으로 戰爭의 終息과 더불어 그들에 對하여 窮極的으로 日本政府의 責任이며 다만 送還을 引受한다는 形式으로 되지 않으면 안 된다.

둘째 送還者가 日本에 居住하기를 希望하는 境遇에는 韓日會談中 法的也位協定에 基하여 在日韓國人과 同等한 處遇를 하지 않으면 안 된다.

셋째 韓國에 歸還을 希望하는 者는 韓國政府가 引受한다는 것입니다.

이에 對하여 우리들 樺太抑留歸還韓國人會에서는 보다 徹底한 人權保障을 中心으로 韓日會談 當時 韓日兩國에 다음과 같은 趣旨의 陳情書를 數十次 提出한 바 있으나 一言半句도 回答이 없었다는 것은 甚히 遺憾스런 일이 아닐 수 없읍니다.

우리들은 첫째 그들에게 國籍地의 自由選擇權을 賦與하지 않으면 안 되며 在日韓國人의 法的地位協定에 따라 滯日希望歸還者를 待遇하지 않으면 안 된다.

둘째 20餘年間 樺太에 放置하여 그들의 生存權을 故意로 剝奪한 데 對한

徹底한 保障을 各者에 주지 않으연 안된다.

셋째 在樺太韓國人 歸還者 全部를 一段 日本에 上陸시킬 것이며 引揚同胞의 自由意思 確認을 爲하여 제네바 國際赤十字社에 委任하여야 한다는 것입니다. 在日僑胞 北送當時 黑幕 있는 自由意思를 僞裝하고 참된 自由意思인 것처럼 내세우던 日本이 過去總督府令에 依하여 徵發된 在樺太韓國人이 참된 意思를 外面하고 있는 日本이 眞正 自由意思를 尊重하는 國家란 말인가?

日本政府의 非人道的 態度를 糾彈하는 바입니다.

韓國民이면서 韓國民 아니고,

外國人이면서 外國人 아니고,

韓國民이면서 韓半島에 살지 않고,

사하린(樺太)에 몸을 두고,

韓半島에 마음을 둔 外國人 아닌 韓國人 그들의 울부짖는 呼訴를 들으십시요.

서울의 겨울과 濟州道의 겨울이 다를진데 서울의 겨울과 사하린(樺太)의 겨울이 같을 수 있겠옵니까?

祖國喪失의 서러움과, 異邦人의 서러움과, 홀애비의 서러움과, 시베리아 暴風과 殺伐한 社會主義政策과 □爭하며 그래도 祖國하늘을 生覺하고 있는 것입니다.

世界史上 그렇게 많은 인구가 그토록 오랫동안 억류된 것은 類例 없는 일인 것입니다.

그런데 그들의 兄弟가 數千萬이면서 그들을 救出하려고 애써주는 사람과 영접해줄 사람(조직)이 없다는 것은 遺感된 일 아닐수 없읍니다.

韓國人에 關한 問題는 韓國 아닌 다른 나라 사람이 해줄 때를 기다리는 思考方式으로는 안 될 것입니다. 韓國人에 關한 問題는 韓國人의 問題로 삼아야 할 것입니다. 비록 이 課題가 어렵다 하드라도 이 問題는 解決 되어져야 할 것이기 때문입니다. 그것도 내일 아닌 지금에 尊敬하는 大統領閣下 政府機關諸位 言論人 文化人 知性人 여러분! 本人은 在樺太韓國人의 早速한 歸還은 여러분들의 精進에 있다고 生覺하며 이에 嘆願書를 提呈하는 바입니다.

1967年11月

3. 외무부공문(착신전보)—국회대표단이 지참한 명부

대한민국 외무부
번호 JAW-01269
일시 220900
수신시간 68.1.22. 10:02
발신 주일대사
수신 장관

대: WJA-01148

1 국회 대표단이 당지 체재중, 화태동포 귀환 한국인회 박로학 회장으로부터 화태억류 동포 귀환 희망자 명부(1967. 6) 1부와 화태동포로부터 박회장 앞으로 온 전보 2통 및 서한 5,6통을 받아 갔을 것으로 사료됨. 당지에서 특별히 명부 만든 것이 없음에 비추어 제네바에서 제시되었다고 하는 명부 기타는 전출한 문서 등일 것으로 추측됨.

2. 상기 명부는 박씨 등이 지난 여름 작성한 것인데, A, B 두권으로 나누어져 있으며, 합계 268명에 달하고 있음. 동 명부는 그간 화태로부터 박회장 앞으로 온 서한에서 밝혀진 귀환 희망자 내역(이미 당 대사관이 수사본부에 보고해온 것으로서 명단, 가족사항, 주소등임)을 종합정리 한것임. 박회장은 동 명부를 작년 7월 중순경, 당지 주재 국제적십자 대표에게 7부를 전달하고 한편, 한국으로도 송부하였다고 하는바 동 송부처는 다음과 같음.(외무부장관, 보사부장관, 한국적십자사 사장, 중앙방송국, 김준원 전 대한변호사협회 회장) 이상. 각1부 씩 그후 보사부측으로부터 몇 부 더 요청을 받고, 박씨는 작년 10월 하순, 한국인회 고문 장재술씨의 일시 귀국 기회에 동씨에게 명부 4부를 보사부 앞으로 탁송한바 있다 함.

3. 상기 명부는 크기와 부피가 방대하고 사진 사본으로 되어 있어 재작성에 시일을 요하는 바, 본부에서 더 필요하시면 소요 부수를 회시 바람.

4. 한편, 국회 대표단이 제네바로 가져간 서한, 전보는 내용에 특별한 것이 없고, 빨리 귀환시켜달라, 그간 교섭이 여하히 되고 있는지 알려달라 등등의 것이라 함.

사본은 이곳에 없음. (주일정-외아북, 외아교)

4. 외무부 보고사항–화태교포 구출 및 북송저지 교섭 대표단의 제네바에 있어서의 활동 결과보고

外務部 報告事項

번호 1968.1.22.

발신 외무부 장관

수신 大統領 閣下, 國務總理 閣下

제목 화태교포 구출 및 북송저지 교섭 대표단의 제네바에 있어서의 활동결과보고

다음과 같이 보고합니다.

연: 외아북 700-702, 68.1.13일자

동 대표단의 제일[1]중 활동에 관하여 연호 공문으로 보고 드린데 이어, 제네바에 있어서의 활동 결과에 관하여 아래와 같이 보고 드리며, 동 대표단 교섭 결과에 대하여는 주제네바 대사로 하여금 금후도 계속 국적측과 교섭케 하므로서 최대의 성과를 거두도록 노력하고 있음을 첨언합니다. (동 대표단은 1.12일 제네바에 도착, 활동을 개시한후 1.17 파리로 향발하였읍니다)

아래

1. 동 대표단은 주제네바 대사관의 협조를 얻어 1.15 및 1.16일 2차에 걸쳐 화태 교포 및 북송 문제에 관하여 국적총재, 사무총장, 극동책임자등의 관계자들과 접촉하여 국적의 적극적인 협조를 요청 하였는바 문제별로 본 접촉 결과는 다음과 같음.

가. 화태 교포 귀환 문제

교포의 확실한 실태 파악을 위하여 특히 국적 대표단의 화태 파견을 요청한데 대하여 국적측은 수일내로 소집되는 국적 전체회의에 정식으로 상정하는 동시에 동결과를 알려 주겠으며, 또한 이문제의 해결을 위하여

---

1) 재일

일본 적십자가, 쏘련 적십자사 및 북괴 적십자사로 하여금 협조하도록 할 용의가 있음을 밝혔음.

국적측은 이 관계되는 여러 질문 사항을 제시한데 대하여 동대표단은 아측 입장을 설명해주었는바, 특히 귀환 희망자의 정착지에 관한 질문에 대해서는 귀환 희망 교포들을 우선 일단 자유 세계(일본)로 데려와 그들로 하여금 자유의사에 따라 거주지를 선택하도록 할것과 그들이 일본에서 거주하기를 희망하는 경우 그들을 한일간의 법적 지위 협정에 따라서 당연히 일본에 영주할 자격이 있음을 강조하였음.

나. 북송문제

인도주의의 명분으로 북송된자들이 북한 정착 후 비참한 생활을 하고 있는 것을 입증하는 많은 증거와 함께 그러한 사건들이 발생하고 있음을 들어, 국적이 그들의 실정을 파악하기 위하여 조사단을 북한에 파견하여 줄것을 강력히 요청한데 대하여, 국적측은 성의 있는 태도로 문제 해결을 위한 노력을 할것이라는 인상을 보였음.

다. 납북 인사 문제

국적이 그들의 구출을 위하여 계속 관심을 갖도록 요청하였음.

2. 동 대표단은 또한 주제네바 대사관과의 협조하에 1.15일 현지에 있는 외신 기자들(AP, UPI, AFP, Reuter 및 일본의 공동 통신사등)을 오찬에 초청하여 아측 입장을 충분히 설명 하므로서 아측 입장에 대한 호의적인 인상을 갖게 하였으며, 1.16일 저녁에는 국적 관계자 및 우방국 대사등 유력 인사 약 100명을 칵텔 파티에 초청하여 아측 입장 소개에 전력하였음.

첨부: 동 대표단 및 주제네바 대사 보고서 사본 3통. 끝.

5. 외무부공문(발신전보)—국적의 적극적 주선 촉구 지시

대한민국 외무부

번호 WGV-026□

일시 09152□

수신 주제네바 대사

대: GVW-0135

1. 재사하린 한인은 일제시 일본 정부에 의하여 강제로 징용되어간 사람들임으로 그들의 구출은 일본에 일차적 책임이 있을뿐이며, 그들을 일단 일본으로 데려와서, 본인들의 희망에 따라 그들을 일본에 정착케 해야할 책임이 있는 것임. 사하린이 전후 쏘련령으로 귀속되기는 하였으나 그들이 사하린으로 가게 된 연유 등 역사적 배경에서 보면 현재 일, 한인과 구별될 이유가 없으며 만약 사하린이 계속 일본 영토로 남아 있다면 그들은 재일 한인의 법적 지위 협정에 따라 마땅이 일본에 영주할 권리가 부여될 자들인 것임.

   그들을 일단 일본으로 데려온 후의 정착지에 관하여는 원칙적으로 본인의 희망에 따라야 할것이며 그에 관련된 제반 문제는 일본으로 온 후 관계국 정부(한. 일) 간에 직접 교섭 논의하게 될 것이니, ICRC는 조속 조사단을 사하린에 파견하여 그들의 실태를 파악하고 그들을 일단 일본에 데려다 놓는데까지 주선을 맡아주면 좋겠다고 말하면서 국적의 적극적인 주선을 거듭 촉구하시기 바람.

   그러나, 여한한 경우에도 우리나라로 오겠다는 사람은 받지 않으려고 하는 것 같은 인상을 주거나, 그러한 implication이 있는 말은 하지 않토록 유의하시기 바람.

2. 화태 동포 구출을 위한 대한인권 옹호 연맹의 유엔 사무총장에 대한 요청은 동 연맹이 민간 단체이며 유엔 인권선언 기본정신과 인도주의면을 국내외 여론에 호소하는데 불과하며 사하린 동포의 실제 구출문제는 어디까지나 국적에서 주선하여야할 문제임을 강조하시기 바람. (아북)

6. 화태교포구출교섭 사절단 보고자료

樺太僑胞救出交涉使節團

報告資料

1968. 2. 16

外務委員會

目次

A. 樺太僑胞救出交涉使節團

B. 歐. 亞地域在外公館視察團

　活動日程(1月4日 出発~2月 12日 歸國)

1. 團員名單

　　(1) 使節團名單(가나다順)

　　　共和: 金貞烈 議員·車智徹 議員

　　　新民: 鄭一亨 議員

　　　專門委員: 金寶煥

　　　外務部書記官: 金龍権

　　(2) 視察團名單

　　　共和: 車智徹 議員·金貞烈 議員

　　　新民: 鄭一亨 議員

　　　專門委員: 金寶煥

2. 日程

　　(1) 樺太僑胞関係 日程

　　〈東京〉

1月4日	서울出發~東京倒着
〃 5日	樺太歸還僑胞 6名(最近歸日)으로부터 実態聽取 및 質疑
〃 7日	民團團長 및 民團幹部와 面談
〃 8日	① 三木外相과 會談
	② 大平自民党 政調會會長과 會談(亀岡官房長官外 自民党 幹部 3名 同席)
	③ 河西[2] 日赤社長과 會談
	④ 在東京 各韓國新聞·通信社記者 Interview
1月9日	① APU所属 日両院議員 11名(外 日 APU 実務幹部 数名)과 懇談會
	② 木村俊夫 官房長官과 会談
〃 10日	重宗 参議院議長과 会談(福永運営委員長과 同席)
〃 11日	石井参議院議長과 會談(小平運営委員長과 同席)

〈제네바〉

12日~14日	ICRC提示用 資料作成(AIDE-MEMOIRE)
	① ICRC 總裁 Mr. S.A.Gonard 와 第1次会談
15日	극東責任者 Mr.S.P.Maunoir 同席 事務局長 Mr.J.Pietet
	② 제네바 駐在 各外信記者 招待午餐 (7個 通信社) (AP, Reuter, ATS, AFP, NYT, Kyoto, UPI)
	③ 駐 제네바 各國使節團長 招待 Reception
1月 16日	ICRC에서 第2次会談

(2) 在外公舘 視察日程 (14個 公舘)

1月 5日	駐日大使舘 現況聽取
〃 13日	駐제네바代表部訪問
〃 17日	駐佛大使舘 現況聽取
〃 19日	駐英大使舘 現況聽取
〃 22日	駐벨기에大使舘 現況聽取
〃 23日	駐獨大使舘 現況聽取
1月 25日	駐Hamburg 總領事舘 訪問
〃 28日	駐瑞典大使舘 現況聽取

---

2) 당시 일본 적십자사 사장은 川西実三인데 이의 오기로 보임.

〃 30日　　駐墺地利大使舘 現況聽取
〃 31日　　駐伊太利大使舘 現況聽取
2월 4日　　駐Cairo 總領事舘 現況聽取
〃 6日　　駐泰國大使舘 現況聽取
〃 7日　　駐Djakarta 總領事舘 現況聽取
〃 9日　　駐Hong Kong 總領事舘 現況聽取
〃 12日　　歸國

A. 樺太僑胞救出交涉經過

　　日本에서의 交涉內容

(1) 三木外相과의 會談(10:50 ‐ 11:15)

　　鄭一亨議員이 代表団의 訪問経緯와 目的에 関하여 說明한 后 北送에 関하여는 이를 一旦 中断할 것과 樺太僑胞에 関하여는 그들의 歷史的 背景과 我國의 쏘聯과의 對立関係에 비추어 日本이 쏘聯과 交涉하여 時急한 救出이 実現되도록 하여줄 것을 要請함.

　　三木는 昨年 11月 12日에 終結된 칼캇타 協定을 延長하지 않는다는 既定方針에 変動이 없는 바 다만 協定終結前의 申請者를 協定이 終結되었다는 前提下에서 殘務處理의 一環으로 送出하고 그 后에는 一般外國人에게 適用되는 節次을 適用하기 위한 會議를 코롬보에서 하고 있으나 北傀와의 立場 差異가 있어 아즉 結論을 보지 못하고 있다고 함

　　北傀에의 귀환 希望者에 대하여는 積極的임으로 이러한 狀況下에서 日本이 쏘聯과 外交交涉을 行하면 難点이 있 는바 人道的인 問題도 있음으로 日本으로서는 可能한 努力을 하겠다고 한 后 이 問題가 國際的인 것인 만큼 韓國側에서도 國赤에 相議토록 하면 좋겠다고 함.

　　車智澈議員이 両問題에 関한 我側立場을 좀더 仔細히 說明한后 특히 國交正常化가 이미 이루어진 現時点에서 北送을 계속함은 승복할수 없는 일이며 國民與論이 비등하고 있음을 強調함

　　三木는 日本으로서는 한국과의 友好関係를 重視하고 더욱 돈독한 関係가 맺어져야 한다고 生覚한다 한 后 両國間에서 重要한 것은 原理面에서 相互対立함이 없이 緊密한 協力을 하는 것이며 重要問題에 関하여 決定할 때는 駐日大使와 協議할것이라고 하고 다만 서로의 事情 때문에 相対方의

要請을 100% 滿足시킬수 없을 때가 發生할 것인바 이런 경우에는 서로의 立場을 理解하도록 함이 必要하다고 하였음.

(2) 太平政調會長과의 會談(11:30~11:50)

鄭議員이 訪問経緯와 目的 그리고 北送 및 樺太僑胞에 関한 我側要請을 表明하고 車議員이 詳細한 內容을 補充하였으며 自民党 定策 樹立 責任者로서 韓國側의 要望이 実現되도록 하여 주기 바란다고 説明하였으며 이어 金議員이 樺太僑胞問題에 연류를 詳細히 説明 日本에게 一次的 責任이 있음을 指摘하고 早速한 解決있기를 당부하였음.

太平는 樺太僑胞에 関한 것은 이번 처음으로 알게 되었다고 말하고 政府와 連絡하여 한국측의 意向이 反映되도록 努力하여 보겠다고 하였음.

(3) 日赤社長과의 面談(14:30~16:00)

鄭議員이 與·野國會議員団이 訪問하게 된 経緯를 説明한 后 訪問目的을 樺太僑胞 및 北送問題에 있다고 하고 両問題에 関한 개괄적인 説明을 함. 同説明內容은 (가) 第二次大戰中 徴用으로 樺太에 간 사람중 約2万名이 남아 있는 바 그중 3분의1인 7,000名이 自由를 찾아 自由陳営으로 돌아올것을 希望하고 있으며 (나) 日本은 人道主義 赤十字 精神 및 韓日諸協定精神에 立脚하여 一次的인 責任을 지고 쏘聯과 交渉하여 救出토록 하고 (다) 칼캇타 協定이 終了된 只今에 있어서도 北送을 계속하기 위하여 코롬보에서 會談하고 있는데 韓國民은 분격하고 있음으로 北送이 없도록 하여줄 것을 要請함.

車議員은 더 詳細한 説明을 하였는바 (가) 人道主義에 立脚한 北送이라고 日本은 말해왔으나, 北送者는 共産治下에서 신음하고 있어 当初 目的과 위배되는 結果로 되었으며, (나) 칼캇타 協定 終了后에도 残務處理의 口実하에 北送을 계속함은 人道主義 자세가 아님으로 中断토록 하여 주기 바라며, (다) 樺太僑胞問題는 日本의 歴史的 過誤의 未解決卖임으로 道義的 및 政治的 責任을 日本이 一次的으로 지고 解決하여야 하며 (라) 樺太僑胞의 自由陳営으로의 脱出을 願하는 自由意思를 反映시킴이 진지한 人道主義인 만큼, 또한 한국은 쏘련과 國交가 없는 만큼, 日本이 直接 쏘련과 交渉해 주기 바라며, (마) 日赤이 于先 北送者의 北한에서의 惨事 및 樺太僑胞의 現況을 把握하기 위하여 調査団을 派遣하여 줄것을 要求함.

河西社長은 (가) 여러가지의 感想을 갖이면서 말을 들었는바 여·야 國會議員団이 國民의 소리를 伝達하기 위하여 訪日한데 対하여 敬意를 表한다. (나)

赤十字社는 博愛人道에 立脚하여 行動하고 政治에는 関與하지 않으며 政治問題가 內包되었을 時에는 赤十字의 行動에 限界가 있는 바 北送問題에 있어서는 日赤은 独立的인 判断에 의하여 行動하여 왔다. (다) 日赤으로서는 北送者를 現在와 같은 特別한 方法으로 送出할 必要가 없다고 生覚하였으며, 政府도 同一한 意見을 가지고 있음으로 칼캇타 協定을 終結시켰다. (라) 残務處理의 名目으로 北送을 継続하려 한다지만 協定이 效力을 갖었을 時에 申請한 者는 되도록 短時日內에 보내려할 뿐이며, 無限定의 期間에 걸쳐 続行할 생각은 없다. (마) 그 以后의 일은 赤十字의 責任을 떠나는 것임으로 日赤이 関與할바 아니라 日本政府方針과 要請에 依하여 說明해주고 있을뿐이다. (바) 다만 協定措置期間에는 니이가다 日赤쎈타가 廃鎖됨으로 그때에는 北送者에 對한 乗船前의 宿所問題등이 있게 되며 이에 関한 주선은 赤十字立場에서 할 生覚으로 있음을 밝혔음.

이에 對하여 車議員이 人道主義에 立脚한 北送이라면 日本은 北送者가 共産北韓에서 人道的인 대우를 받고 있는가를 確認이라도 하여본 일이 있는가라고 質問하였음.

河西는 北送者의 北韓에서의 生活에 관하여 걱정되는 바가 없지는 않으나 赤十字의 業務가 原則的으로 피동적인 만큼 國籍으로부터의 要請도 없는 状態에서 日赤이 스스로 調査團을 派遣한다는 것은 있을수 없다고 말하며 이는 樺太僑胞問題에 있어서도 同一한것이라고 말하였음

이에 對하여 金議員은 樺太僑胞問題에 對하여 詳細히 說明하고 日赤의 協力을 強力히 要請하였는바, 河西는 韓國側의 意向은 充分히 理解하겠다고 하고 이 問題는 貴代表団이 交渉次 Geneva에 向하므로 그곳에서 直接交渉하는 것이 좋을것이라고 말하였음

代表団은 時間上의 制約도 있음으로 我側立場을 다시 要約說明하고 日赤의 協力을 要請하면서 會談을 終了하였음

(4) 亞細亞議員同盟所属自民党関係議員과의 懇談會 內容(14:00~15:50)

  (1) Hilton Hotel에서 開催에 懇談會에 온 我國代表団全員과 大使舘関係官員 그리고 自民党議員 11名이 参席하였음.

  (2) 同懇談은 "千葉" 議員司会로 始作되었으며 "千葉"는 現在 予算関係로 今, 明日이 가장 바쁜 時期임으로 元來 予定하였던 議員이 많이 参席하지 못하였다고 말하고 今日의 出席者는 韓國에 깊은 関係를 갖인 者임으로 기

탄없는 意見交換이 있기를 바란다고 말한 後 "船田" 및 "田中"의원에게 人事말을 시켰음.

(3) "船田" 의원은 (가) 國会代表團의 來日을 歡迎하며 (나) 各方面人士와 充分히 意見交換은 하고 日本의 實情을 視察하여 앞으로 韓,日 親善関係가 더욱 增進되기 바란다. (다) 韓, 日 親善으로 亞細亞 나아가서는 世界의 安定과 平和가 確立되어 서로 繁栄하는 일이 마련되기 바란다. (라) 이旁에 関한 三議員의 配慮를 바란다는 것이였으며 "田中"의원은 (가) 自民党 外交調査会副会長兼 韓國問題 위원장직에 있을 때 國交正常化 및 親善 관계 增進에 努力하여 왔다. (나) 國交正常化以后 両國関係가 緊密히 되였음은 기버하는바 只今의 段階은 門戶가 開放된 初期段階로서 아즉도 問題가 많다 같은 議員立場에서 意見을 交換하여 問題解決에 努力하고, (다) 当面問題는 北送問題, 法的地位問題, 経済問題등인 바 経済問題에 있어서는 釜山, 下関間에 韓, 日合辨에 依한 連絡船을 運航하는 것이 合辨形態에 依한 相互協力의 突破口의 하나라고 생각한다. (라) 相互의 立場이 同一한만큼 모든 問題를 相互協助精神으로 解決하여 韓日関係의 緊密化가 있기 바란다고 하였음.

(4) 日側人事가 끝난後 金議員이 我側을 紹介한 後, 鄭議員의 (가) 여러분의 韓國에 對한 理解 및 関心이 깊음을 듣고 마음 든든히 生覚한다 (나) 今般의 訪日은 與野党을 超越하여 北送 및 樺太僑胞問題를 이야기하기 위한 것이다. (다) 나는 野党出身이나 韓日友好增進에 反對하는 것은 아니며 過去에 韓日関係를 反對한 것은 原則에는 賛成한 것이나 그 條件 및 內容이 不当하였음으로 反對하였던 것이다. 外務長官職에 있으면서 会談을 推進한일도 있음을 보면 잘 알 것이다. 여러분의 協力을 얻어 両國関係가 더욱 緊密하여지고 亞細亞平和가 이룩되기 바란다. (라) 우리는 國会代表資格으로 樺太僑胞 및 北送問題를 이야기하기 위하여 來日하였든바, 樺太僑胞問題에 関하여는 金議員이 말할것이며, 北送問題는 여러분이 잘 알고 있으므로 詳細한 說明을 省略한다고 하였음. 이어 차議員은 (가) 予算관계로 多望하신데도 이와 같이 懇談会를 開催하여 준데 對하여 感謝하며 (마) 우리들은 國內事情이 어려움에도 不拘하고 北送 및 樺太僑胞問題에 関한 國民의 要望을 傳達하기 위하여 來하였으며, (다) 이 두가지 問題에 对하여 여러분의 協助를 바란다고 하고 (라) 元來 左藤首

相을 만나려고 하였는데 그쪽 事情으로 만나지 못한 것을 매우 遺憾으로 生覚한다. (마) 現在 韓國國民은 北送協定이 이미 終結하였음에도 不拘하고 日本이 残務處理라는 口実下에 北送事業을 위하여 코롬보에서 会談하고 있는데 対하여 奮激하고 있으며 또한 共産治下에서 呻吟하는 樺太僑胞의 救出을 熱望하고 있음으로 両國이 相互協助하여 北送이 阻止되고 樺太僑胞가 早速救出되기 바란다고 하였음.

金議員은 樺太僑胞가 樺太로 가게 된 経由, 그 当時의 日本의 政策 特히 朝鮮總督府의 徴用令에 依한 20代의 青年이 強制로 끌려간 內容 등을 詳細히 說明하고 日本이 蘇聯(韓國은 蘇聯과 外交関係가 없음으로)과 交渉을 할 것과 僑胞의 確実한 実態파악을 위하여 日赤이 調査団을 派遣하도록 要求하는 뜻을 表明하였음.

"千葉" 議員은 北送問題에 있어서는 韓國側과 同一한 生覚이라고 말하고 北送이 이미 終結된것으로 알고 있는데 現状은 어떠냐고 問議하였음. 이에 対하여 嚴大使는 지난 12月 22日 니이가다에서의 北送현황(北送者에 依한 物資 및 自動車 搬出, 保安上의 危險性, 朝總聯에 의한 洗腦工作 등)등을 詳細히 說明하고 특히 物資의 船積関係로 北送船의 出航이 遅延되였다는 등 結局 北送継續이 日本의 利益에도 害가 됨을 指摘하고, 北送問題에 관한 日本政府의 立場에 対한 韓國의 強한 反対立場을 說明하였음

"千葉" 議員은 北送現況의 深刻性을 미처 몰랐다고 말하면서 來週에 自民党 治安対策委員会에서 関保官을 呼出하여 仔細한 事情을 調査하겠다고 말하였으며 "田中" 議員은 北送問題는 自己所管이 아님으로 仔細히는 모르나 現在의 未送出者申請数가 7月까지 칼캇타 協定에 準하여 送出되고 그 后에는 協定이나 合議를 하지 않기로 되어 있는 것으로 알고 있다고 말하였음, 樺太僑胞問題에 관하여 "田中"의원은 總理府가 南方 및 北方의 未收復領土問題를 管掌하고 있음으로 自己所管이며 總理府関保職員에게 指示하여 大使館과의 連絡下에 問題를 檢討 着手하겠다고 말하였음.

自民党 議員中 植木光敎는 自身이 1967.9~10日까지 시베리아를 旅行하였는데 特히 "니하도까"3)에서 "하바로스쿠"로 列車로 가는 途中 偶然히 車中에서 韓國人을 相逢하여 面談할 機会가 있었다고 함.

同韓國人은 日本의 水産学校를 卒業한 技術者로서 日人과 結婚하여 居住

---

3) '나호트카'로 추정

中, 家族은 먼저 帰國시키고 自身도 쏘련당국이 언제든지 願하면 帰國시켜 준다는 말을 믿고 継續 滯留하였고 其后 帰國申請을 하였으나 出國許可가 않나오며 꼭 出國을 願하는 경우 日貨 280万원에 該当하는 쏘련 貨幣를 予置하여야 된다고하며 이 金額은 平生일하여도 벌 수 없는 金額이라고 하며 이러한 條件으로 韓國人의 出國은 거이 않는다는 것을 말한 事實이 있음을 樺太僑胞問題와 関聯시켜 말하였음. 懇談会는 極히 友好的인 雰囲氣속에서 進行되였음

(5) 木村官房長官과의 會談(16:30~16:50)

鄭議員이 代表団의 來日目的과 経緯를 說明한后, 北送 및 樺太僑胞問題에 関한 我國立場을 說明하였음. 鄭議員은 特히 協定終了后에도 北送이 継續되고 있는데 対한 國民의 憤激을 說明하고 日側으로 하여금 北傀 및 樺太에 調査団派遣을 要請하였음.

金議員은 樺太僑胞에 関한 詳細한 說明을 하고 特히 樺太僑胞가 徵用으로 樺太에 가게된 点, 日人妻를 가진 자 約 1,300名이 帰還하였으나 其他 僑胞는 日本이 忘却하고 있다는 点등을 指摘하고, 이러한 結果를 갖어오게 한 日本이 一次的인 責任을 지고 解決하여 줄 것을 促求하였음

車議員도 当初 計劃으로는 首相에게 우리 代表団의 訪問目的을 直接 말하려 하였으나 木村長官과 더욱 깊은 이야기를 하게 된 것을 多幸으로 生覺한다고 말한 後 首相에게 韓國側의 要望事項을 伝達하여 줄 것을 要請 하였다.

木村長官은 左藤首相과 面談하지 못한데 對하여 遺憾의 뜻을 表明한 後 韓國側의 要請을 首相에게 伝達할 것이며 関係大臣과도 相議하겠다고 말하였음

(6) 重宗雄三 參議員 議長과의 面談(11:00~11:30)

鄭議員은 議長訪問의 目的이 礼訪이라고 말 한 後 今般의 訪日의 目的을 說明하면서 在日僑胞北送이 칼캇타協定 終了後에도 継続되고 있는 事実에 対하여 我側立場을 闡明하고 參議院의 協助를 要請하였음. 또한 金議員도 樺太僑胞問題에 対하여 詳細한 說明을 하고 國会의 協助를 要請하였음

議長은 北送이 継続되고 있는 事実에 対하여 自身도 異常하게 생각하고 있는 問題였다고 말하고 樺太僑胞問題는 只今까지 알지 못하였던 일이므로 이를 眞重히 考慮하여 보겠다고 말하였음

(7) 石井光次郎衆議院議長과의 面談(15:00~15:40)

鄭議員은 訪日経緯와 目的 그리고 訪日後의 活動 및 反應에 対하여 說明한

後 樺太僑胞 및 北送問題에 関한 我側要請을 說明하고 金議員이 樺太僑胞問題를 詳細히 說明할 것이라고 말하고 北送에 関한 我側의 立場 特히 國交가 正常化 된 後에도 日本은 北送을 殘務處理라는 名目으로 이를 継続할려는 日本 態度에 韓國々民이 놀라움과 憤激을 禁치 못하고 있음을 強調하고 國会의 協助를 要請하였음

金議員이 樺太에 同胞가 가게된 縁由 그들이 希望 또 이 問題에 対한 日本의 責任問題 또 앞으로 제네바에 가서 國赤과 交渉할 計劃을 說明한 後 日本이 一次的인 責任을 지고 쏘聯과 交渉하여 早速한 時日內에 救出이 実現되도록 日赤으로 하여금 樺太僑胞의 実態를 調査하여 줄것을 要請하였음

議長은 이 問題의 主管部인 外務省이 韓國要請을 考慮할 것임으로 國会側으로 서도 이 問題를 相議하여 韓國의 要請이 反映되도록 努力하겠다고 말하였음

"在日樺太帰還人會"幹部와의 面談內容

(1) 朴魯学会長(1958.1.14 帰還)

　　가. 1943.12.30 樺太人造石油会社의 募集에 應하여 大邱에서 韓國人 65名과 같이 出発 樺太 나이부찌 炭鑛에서 終戦時까지 労動에 從事하였음. 1945.8에 쏘聯軍이 樺太에 進駐하였고 同年 １０月 樺太 "大泊"에 갔었는 바 当時 그곳에는 韓國으로부터 이미 徴用된 僑胞가 約 45,000名이 있었다고 함. 終戦後에는 主로 漁業 消防関係業務에 從事하여 生計를 維持하여 왔으며 그때 일자리를 가진 사람들은 日常生活을 할 수 있었다고 함.

　　나. 그는 1947.9.7 日本人 女子와 結婚하여 居住中 日本政府 귀환船으로 日本에 귀환하였으며 日人의 귀환은 1953年 1月 14日에 始作하여 그때 500名(日人과 婚姻한 韓國人도 包含)이 귀환선으로 日本에 귀환하였다고 함

(2) 徐夏錫 (1967.4.3 帰還)

　　가. 慶南咸陽出生으로서 1944年 日本 青森 海軍施設部로 徴用(6個月間 근무條件)되었으며 咸陽에서만 47名이 徴用되었다고 함

　　나. 上記한 徴用者는 他地方으로부터 釜山으로 集結한 徴用者 1,100名과 合流하여 九州의 "博多"에 倒着하였다고 하며 同年 5月 30日 樺太 "大泊"에 倒着한 韓國人은 約 800名으로서 其他人員은 "千島列島"로 갔다고 함

　　다. 徴用者는 其後 樺太 "가미싀즈가"의 海軍飛行場에서 労動하였으며 그곳

에는 이미 徵用되어 온 韓國人과 合流하였으며 그 人員數는 約 1,000名에 達하였다고 함.

라. 当時 日本은 그들의 徵用期間을 当初 6個月條件附로 하였으나 이 條件을 無視코 一年으로 任意延長하고 强制로 就役케 함으로써 그들은 이에 反抗하여 一週間의 斷食鬪爭을 하였다고 하며 其後 日本関係当局은 이들을 다시 "大泊"로 强制移送 그곳 海軍飛行場에서 労働케 하였으며 그곳에서 終戰되었다고 함.

마. 日人과 婚姻한 関係로 日本귀환선으로 日本에 定着하게 되었으며 日本 移住後 妻의 縁故地에서 労動에 從事 生活을 하고 있다고 함.

3) 李義八 涉外部長(1958.1.14 帰還)

1943年 6月 英陽에서 農業指導員으로 從事中(当時 26才) 樺太人造石油 株式会社에 徵用 當하여 1943.6.9 樺太 "大泊"에서 就役하였으며 日人과 婚姻한 関係로 日本귀환선으로 日本으로 定着하였다고 함.

(4) 沈桂燮 副会長 兼 企劃部長(1957.10.20 帰還)

가. 1943.1 募集에 應하여 同年 2月 6日 樺太에 到着 "나이부찌" 炭鑛에서 就役하였으며 当時 日貨 2원50전을 받고 2個年 期限附로 労動에 從事하였으나 同期間이 超過하였음에도 不拘하고 强制로 就役케 하였다고 함.

나. 日本으로 귀환하기 前에 6.25動乱以後 故郷에 있는 父母로부터 書信連絡이 단 한번 있었다고 함.

다. 現在 樺太에 있는 僑胞는 約 3万名 程度이며 이들은 樺太 "大泊"에서 駐樺太 朝鮮人人口調査가 있었을 때 判明된 数字라고 함.
其中 約 6,000名이 北韓으로 移住하였으며 이들은 特히 1950年 北傀가 쏘聯 "나하토까"[4]에 領事舘을 設置한 後 그들의 工作員의 甘言利說과 脅迫等으로 北韓으로 移住하였다고 하며 其後 工作員들은 継続 僑胞들에 対하여 北韓籍 및 쏘聯籍 取得을 强要 하였다고 함.

라. 僑胞中 日人과 婚姻하여 日本에 귀환한 世帶는 約 467世帶이며 僑胞中에는 쏘聯女子와 婚姻한자도 若干 있다고함. 現在 抑留僑胞는 主로 樺太 "豊原"과 "大泊"에 가장 많이 거주하고 있다고 함.

마. 樺太僑胞 3万名中 25%가 쏘聯籍 65% 北韓 10%가 無國籍으로(쏘聯語로 "비스카리탄스키"라고 함) 되어 있으며 특히 無国籍者에 対하여는 每日

---

4) 나호트카

生活에 直接間接으로 많은 圧制를 받고 있으며 특히 그들의 子女教育問題에 있어서는 甚한 差別待遇를 받아 被教育의 機会를 얻을수 없다고 하며 또한 그들은 居住地域이 制限되여있어 自由로운 移住를 할 수 없다고 함. 長期的인 雇傭契約에 依한 労働에는 從事할 수 없고 日日労働에 從事하면 最低生活은 할수있다고 함.

바. 僑胞가 쏘聯国籍을 取得한 理由는 主로 共産側의 宣伝에 현혹된 것이며 强制的인 권유도 있음. 또한 쏘련 국적을 取得함으로써 或是 故鄉에 갈 수 있는 機会가 오지 않을까 하는 一縷의 希望도 그들의 쏘련적 取得을 갖게한 理由도 되였다고 함.

사. 無国籍者가 모든 苦難을 무릅쓰고라도 쏘聯이나 北韓籍을 取得하지 않은 理由는 南韓에 居住하는 父母兄弟와 相逢하는 것과 自由를 얻기 위한 것이며 이들은 거이 大部分이 南韓出身者라고 함

아. 또한 北韓籍을 取得한 大部分의 僑胞는 未婚者로서, 韓國女性과의 婚姻을 渴望하는등 心理的要素도 컸다고 하며 現在 樺太 敷香에 居住하는 동포는 全部가 北韓籍이라 함

차. 僑胞中 비록 쏘聯國籍을 取得한 韓國人이라도 日人과 婚姻하면 日本에의 귀환이 可能하다 함 그러나 동 귀환 手續이 約 2年을 所要하며 이는 日本 藤山外相이 쏘聯政府와 交涉한 結果 實現된 것이라고 함

파. 現在 運營하고있는 "樺太歸還韓國人會"는 1958.2.28부터 発足하였으며 1966年부터 樺太居住僑胞로부터 接受한 書信은 約1,000通으로서 귀환희망자명단(1744世帶-約6,900名)은 그들의 書信에 依하여 作成된것이며 其他書信도 接受하지는 못하였으나 아즉 相當数 있을 것으로 豫想하면 귀환희망자는 더 많을 것으로 보고 있으며 비록 이미 쏘聯籍이나 北韓籍을 取得한 者중에서도 故國에의 귀환을 希望하고 있는 實情이라고 함

　結論으로 現在 樺太抑留僑胞들은 共産主義者의 甘言利說과 脅迫에도 屈服하지 않고 또한 甚한 庄制를 忍耐하면서 故國에의 早速한 귀환을 希望하고 있으며, 이러한 그들의 哀切한 要望이 早速히 実現되도록 政府의 積極的인 介入을 바라고 있으며 그들 大部分은 日本定着보다는 故國에의 귀환을 바란다고 하며 그들중 約 400~500名程度가 日本定着을 希望하고 있다고 함

제네바에서의 交涉內容

(1) 國赤當局과의 第一次회담(11:00~12:00)

　韓國代表団全員과 ICRC側에서는 Samuel A. Gonard 總裁, Jean Pictet 總務국장, Jean Piere Manunair 極東責任者 Raynold 儀典長이 參席하였음. 代表団은 訪問目的을 밝히고 特히 樺太僑胞 및 北送에 関한 代表団의 立場을 천명한 aide-memoire를 手交하고 詳細한 說明을 하였음. 이에 대하여 ICRC 總裁는 代表団이 手交한 aide-memoire를 充分히 檢討하여 數日內로 召集되는 赤十字委員會全体會議에 定式으로 上程하여 討議하도록 하는 한편, 國赤은 또한 이 問題推進을 應하여 日本赤十字社 쏘련赤十字社 및 北傀赤十字社와 協助할 用意가 있음을 밝혔음.

　代表団은 會議時 樺太僑胞 귀환希望者 名單과 귀환 意思를 表明한 樺太로부터 온 書信 等을 証據物로 手交하였음.

(2) 外信記者를 위한 午餐 (12:30-14:00)

　代表団은 Geneva 駐在 外信記者 (Ap, Reuter, ATS, AFP, NYT, Kyoto, UPI 等)을 午餐에 招請하고 代表団의 訪問目的을 詳細히 說明하고 同時에 油印物로 된 동 內容을 各各 주었음.

　同席上에서 多角度의 質疑가 行하여졌으며 이에 대한 代表団의 充分한 說明으로써 그들에게 好意的인 認識을 갖게 하였음.

(3) 제네바駐在各國公舘長 招待 Reception

　代表団을 위한 駐제네바 代表部 主催 Reception에는 제네바 駐在 各國大使 各使節団長 및 國赤関係人士등 約 100名이 參席하였음.

(4) 國赤当局과의 第二次會談(10:00~12:20)

　代表団全員과 國赤側에서는 Roger Galoppin 事務總長 및 Maunoir極東責任者가 參席하였으며 主로 Maunoir氏가 代表団이 手交한 aide-memoire에 関聯된 여러가지 質問이 있었으며 代表団은 同質問에 対하여 我國立場을 充分히 說明하였음.

　ICRC側의 質問內容은 다음과 같음.

　1) 樺太에 있는 韓國人이 韓國籍을 가지고 있다고 主張하는 法的根據는?

　2) 귀환을 希望하는 樺太동포 7,000名이 非人道的 待遇를 받고 있다는데 그 具体的인 事実은?

3) 7,000名中 얼마나 韓國에 오고저 하는가?

4) ICRC 調査団 派遣目的은?

5) 그들의 귀환이 実現되는 경우에 具体的인 計劃이 있는가?

6) 代表団이 滯日時 関係当局과 交涉할 때 万一 귀환 희망자中 日本定着을 願하는 경우 日本이 받아주겠다고 言約을 받은 일이 있는가?

7) 代表団이 日本赤十字社에 協助를 要請하는 理由?

8) 國赤이 이 問題를 어떻게 다루어야 하며, 日赤과 어떤 協助를 하여야 될 것인지 의견이 있는가?

9) 歸還希望者 全部가 韓國으로 오고져할 때 全部 받아 드릴것인가?

10) 歸還者中 不純分子가 있을 때 이들을 어떻게 處理하겠는가?

11) 歸還希望者中 韓國에 緣故者가 있는가? 있다면 그 数는?

　　在日僑胞北送을 위하여 東京에 派遣하고 있는 関係官은 3月末까지 継続 延長滯留토록 措置하였다는 Maunoir氏 말에 對하여 代表団은 칼캇타協定이 終結하였음에도 不拘하고 東京駐在員을 계속 滯留하도록 措置한데 對하여 遺憾의 뜻을 表明하였음.

④ 사할린 교포 귀환문제, 1969

○ ● ○

기능명칭: 사할린 교포 귀환문제, 1969

분류번호: 791.44, 1969

등록번호: 3362

생산과: 동북아주과

생산년도: 1969

필름번호: P-0007

파일번호: 11

프레임번호: 0001-0091

1. 박노학 회장과의 면담 내용

박노학 화태억류귀환한국인회 회장과의 면담내용

1. 일시: 1969.1.29. 14:00-15:30
1. 장소: 외무부 동북아주과
1. 면담자: 김용권 서기관
1. 면담 내용
    1. 금번의 방한 목적은 화태교포 귀환 촉진을 위한 탄원서 제출과 관계 요로에 호소하기 위한 것임
    2. 화태억류 교포 귀환을 위한 국회의원으로 구성된 민간 대표단과 60.1.5. 주일 대사관에서 면담한 이래, 금일까지 화태로부터 약 2-30통에 달하는 서신을 접수하였음.
    3. 동 귀환인회에서는 화태동포 귀환을 위한 진정서를 1968.8.월에 "사또" 수상 및 "미끼" 외상에게 제출하였다고 함.
    4. 화태로부터 귀환을 희망하는 동포는 약 7,000명(동 명단은 비치하고 있음) 이뢰는 바, 그들 중 쏘련적이나 북괴적을 갖지 않고 순수히 무국적자로 되어 있는 자는 362세대로서 1,450명이 되며, 그들은 출국이 각 국적 소유자에 비해 용이하다고 함. (상기한 7,000명의 명단을 보면 한 세대 중 쏘련적과 북괴적 및 무국적으로 등록되어 있는데, 비록 가족 중 무국자가 있다 하도라도 실제로 그들은 가족 이산이 않됨으로 그와 같은 세대는 상기한 362세대에 포함시키지 않음)
    5. 상기한 1,450명의 반수 이상이 귀환이 실현되는 경우 일본 정착을 희망하고 있다고 함.
    6. □□ 화태로부터 일본으로 귀환한 동포들의 체일 자격은 1959.9.28. 이전에 귀환한 자에 대하여는 126 자격을 부여하고, 매 3년에 갱신 수속을 하도록 되어 있으며, 59.9.28. 이후에 귀환한 자에 대해서는 4-1-6 자격을 부여하고 있어 그들은 매년 갱신 수속을 하여야 된다고 함. 이들은 매년 갱신 수속을 하므로써 경제적 곤난도 적지 않음으로, 이들에 대하여도 매 3년에 동 수속을 하도록 교섭하여 줄 것.
    7. 또한 화태에서 귀환한 동포는 영주권을 받을 자격이 있음으로 일본 정부가 조속히 그들에게 영주권을 주도록 교섭하여 줄 것 (현재 거이가 영주

권을 신청하였으나 상금 단 1명도 동 허가가 나지 않았다고 함.)

8. 상기 귀환인의 운영을 위한 제반 경비가 없어, 일본에서의 제반 활동에 제약을 받고 있음으로 본국 정부에서 적절한 재정원조를 하여 줄 것이며, 심지어는 화태동포로부터 많은 서신을 받았으나 그들에게 회답을 보낼 우표 대금조차도 없는 실정이라고 함.

9. 해인은 고향을 방문한 후 2월 20일경 귀일하겠다고 함.

10. 해인 연락처는 시내 동대문구 답십리동2구 19-30이며 전화연락은 93-7912임.

11. 상기한 박회장의 진정에 대하여 김용권 서기관은 화태동포 귀환을 위하여 국회 대표단이 일정부 및 국적 당국과 교섭한 사실을 상기시키고, 한편 정부에서도 꾸준히 그들의 귀환을 위하여 관계국 및 기관과 교섭 중에 있음을 재인식시키고, 박회장도 일본관계당국과 민간단체 및* 기타 유력 인사들과 빈번한 접촉을 하여 귀환인회의 활동사항을 반영시킴으로써, 그들이 호의적인 반응을 보이고 한편 협조할 수 있도록 적극적인 노력을 경주하여 줄 것을당부 하였음.

유첨: 탄원서….1부

2. 서울시 공문- 사할린 억류 동포 귀환 촉진 탄원

서울특별시

번호 총무125.1-092(75-7821)

일시 1969.2.14.

발신 서울특별시장

수신 수신처 참조

제목 사할린 억류 동포 귀환 촉진 탄원

1. 재일본 화태억류 귀환 한국인 회장 박로학으로부터 광복 후 23년이 지난 오늘까지 아직도 사할린에 억류되어 가혹한 노역을 강요당하고 있는 동포의 조속한 귀환과 이미 일본에 귀환한 동포의 법적 지위 문제의 타결을 위해 노력하여 달라는 탄원서를 보내 왔는 바

2. 별첨과 같이 회시하였기 알려 드리오니 사할린 억류동포 대책에 참고하시기 바랍니다.
첨부: 탄원서 회시문 1통. 끝.

수신처: 보건사회부, 외무부

별첨-서울특별시 공문(회시문)

서울특별시

번호 총무 125.1- (75-7821)

일시 1969.2.14.

발신 서울특별시장

수신 일본국 도꾜도 아시까가구[1] 1정목 32-15

　　　화태억류 귀환 한국인회 전화 883-8908

　　　회장 박로학 귀하

제목 탄원서에 대한 회시

　　1. 사할린 억류 동포의 조속한 귀환과 이미 일본에 귀환한 동포의 법적 지위 문제의 해결을 위하여 노력하시는 귀하와 귀회 여러분의 노고에 경의를 표합니다.
　　2. 당시로서도 관계요로와 협조하여 조속한 현안의 타결을 위해 가능한 모든 노력을 다할 것이오며 아직도 싸늘한 사할린 땅에서 강제노동을 하며 고국의 하늘을 그리며 한숨 짓는 모든 동포의 조속한 귀환과 귀회원 여러분의 법적 지위 문제가 한시라도 빨리 해결되기를 빌어 마지 않습니다. 끝.

3 화태 억류 귀환 한국인회 탄원서

　　冠省
　　今般、韓日閣僚会議에 際하야 日本政府関係当局에 別綴의 陳情書를 提出하얏

---

1) 박노학의 주소는 아다치구(足立区)이므로 오기로 보임.

읍니다.

就一九六六年度2)에 締結된 韓日会談은 樺太에 抑留된 四万 同胞나, 이미 帰還한 우리들에게는 아모런 恵沢이 없음은 遺憾千萬이오이나, 樺太同胞 帰還促進과, 우리들의 永住權이 付与되도록 現政府 閣僚의 責任으로써 努力하야 주시기를 바람니다.

　　　一九六九年八月十三日
　　　　樺太抑留帰還韓國人會

樺太抑留韓國人に関する
陳情書

　　　　　東京都足立区六月一丁目三二ノ一五
　　　　　　韓太抑留帰還韓国人会
　　　　　　　会長　朴魯学
　　　　　　　外　三名

日本政府
愛知外務大臣　閣下

陳情書

　　私達は太平洋戦争当時日本の戦争政策によりまして一九四二年度より同四五年上半期に亘って募集、或は徴用で樺太へ渡り炭鉱、飛行機建設、製紙会社等各事業場に従事しました。

　　一年又は二年の契約期限が切れても帰して下されなく強制的に再契約をさせて全員が現地徴用にされたのであります。

　　終戦後、私達は懐かしい故郷の父母、兄弟、妻子に会える喜びの望みを持っていましたが、それもつかの間、一場の夢と帰してしまい、極一部の者だ

---

2) 1965년의 착오인 것으로 보임.

けが日本女性と夫婦関係になっていた故に一九五七年八月一日から今日迄四七〇余世帯の者が日本人家族の一員としてやっと帰って来ました。

然し渡樺して二四、五年になる今日も尚も四万に余る我が同胞が余儀なく抑留され肉親の情を抱いて帰郷の日を待ち続けているのであります。

顧みますれば私達は戦時中どんな苦労をも甘んじて戦争遂行の為に協力した戦争犠牲者であります。日本人は戦後、殆ど、樺太から引揚げを終り、軍人や軍属には年金や一時金を支給されましたが、私達同胞には戦後二十四年にもなるのに引揚げに対する誠意すらないのは人道的な立場、或は亜細亜の指導的な日本の立場からも日本の為に犠牲になっている樺太の我が同胞を一日も早く引揚げ出来る様万般の対策を講じて頂きたく切にお願い致します。

　　一九六九年八月二十日
　　　　在日本大韓民国居留民団
　　　　中央本部民生局所属
　　　　東京都足立区六月一丁目三二-一五
　　　　電話(883)八九〇八番
　　　　樺太抑留歸還韓國人会
　　　　會長　朴魯學

計劃部長　沈佳爕
涉外部長　李羲八
顧問　張在述
顧問　金相圭

⑤ 재사할린 동포 귀환관계 진정서, 1965-70

○ ○ ○

기능명칭: 재사할린 동포 귀환관계 진정서, 1965-70

분류번호: 791.51, 1965-70

등록번호: 7741

생산과: 동북아1과

생산년도: 1970

필름번호: P-0013

파일번호: 11

프레임번호: 0001-0159

1. 화태억류자 및 귀환자에 관한 성명서

樺太抑留者及歸還者에 關한 聲明書

> 東京都足立区六月一丁目三二～一五
> 樺太抑留帰還韓国人華会 朴魯學
> 外 四名

大韓民國政府外務部長官
崔圭夏 閣下

聲明書

　呼訴와 嘆願, 陳情과 聲明文을 몇百번 몇千번 써내여 불상한 在樺同胞들을 救出하려 하여도 우리 政府나 本國 및 在日同胞들의 愛族的인 誠心誠意없이는 到底히 우리들의 움지김이 옳바른 일을 이루지 못할 것이고, 더불어 樺太 同胞들의 晝夜로 애태우는 歸還渴望에 奉答할 수 없습니다.

　취워서 떨고 있는 絶望의 겨래라면 더구나 太陽의 땃뜻한 惠光에 感謝함이 特別할 것이다. 民族의 쓰라린 苦惱를 體驗한 者일수록 서러운 極限生活이 무었인가를 알 수 있고 生命의 嚴肅한 尊性도 알 수 있을 것이다. (호이트맨)

　右言辭는 美國의 著名한 詩人의 말씀입니다. 이 名言으로 例를 들지 않트라도 敗亡된 日帝의 뒤달아 占領한 쏘連은 解放韓民族에게 世界弱小民族들을 爲해 싸운 偉大한 쏘連의 恩惠에 奉答하라는 命令 및, 허울좋은 公産思想과 敎育을 浸透시켜 解放에서 얻은 自由는 간대 없고, 또다시 朔北 바람에 뼈앞은 奴隸的重勞働을 밧고 있읍니다. 그러타 하드라도 在樺同胞들의 腦 속에는 아름다운 望鄕의 꿈이 있었고 휩쓸린 瞳孔엔 그리운 父母, 兄弟의 모습이 있읍니다.

　呼訴의 聲名은 단지 在日 우리들의 외침이 않이고 全民族萬代의 精神史로 될 것입니다. 民族正義는 太陽의 光線과 같은 채 如何한 外界와 接觸하드라도 그로써 在樺同胞들이 毒害받을 理가 없을 것입니다. 動物은 사람으로써 養育받는 法이다. 그러나 人間은 食事를 한다. 精神 잇는 人間은 自由選擇에서 食事를 한담니다. 在樺同胞들은 自己에 負荷된 自由權을 직키고 自己故國을 바라보며 人間다은 人事를 要求하고 잇읍니다.

回顧하면 第二次世界大戰時에 日本의 戰爭政策에 依하여 우리의 同胞가 樺太에 徵發된지 이미 二十五年이라는 長久한 世月이 흘넛고 抑鬱하게 抑留된 그들을 救出코자 韓日兩國政府, 國際赤十字, 國際連合人權擁護局, 韓日兩國言論界를 通하야 가진 方法으로 呼訴한 지도 於焉間十年이라는 歲月이 흘넛든 것임니다.

數萬의 樺太同胞는 日本이 敗戰直後붙어 桎梏에서 버서나 祖國을 찾은 깁뿜과 아울너 自己의 사랑하는 父母와 妻子를 相逢한다는 希望을 가지고 깁뻐 날뛰엿든 것임니다.

그러나 그들의 歸國希望은 水泡로 돌아가고 恨天叩地하며 政府를 怨望하고 歸還한 本會員에게도 怨聲이 있었든 것임니다.

本會가 十年間에 걸쳐서 政府의 態度를 살펴볼 때 以下의 点을 指摘함니다.

一. 쏘連과 國交가 없어서 交涉이 困難하다.

二. 在樺同胞는 共産地域에서 共産主義思想이 培養되였다는 恐怖心과 疑心

三. 우리들은 日本政府에서 個人的으로 補償金을 받을 수 있게된 것도 不得키 抛棄케 되였다.

四. 十年前에 歸還한者, 外國人登錄證의 日本在留資格欄에는 法, 一二六~二~六이라고 記載되여 있고, 반드시 永住權許可를 받을 資格이 있음에도 不拘하고 우리 會員에게는 于今 許可치 않는 点等

五. 一九六〇年以後로 歸還한 者는 在留資格이 現行一年인대 此를 三年으로 日本政府에 交涉해줄 것

上述의 建을 參酌해볼 때 數萬의 在樺同胞와 本會員들에게는 韓日間의 重大한 法的地位合議事項에서 完全히 度外視되여 一切의 權益과 惠澤이 全無케 되였으니 遺憾千萬으로 生覺치 않을 수 없는 바임니다.

第 三項을 除하고는 第一, 第四, 五項은 日本政府에 交涉하면 可能性이 있으리라고 思料함니다. 第二項에 對해서는 이미 四百餘會員中 思想的으로나 不穩分子가 一名도 없다는 点과 萬一不穩分子가 歸還希望을 할지라도 本會員 및 樺太同胞들에게 緊密한 連絡을 取해 그 者의 行動을 監視하고 不穩한 行動을 未然에 防止할 수 있는 것이니 政府는 불상한 在樺同胞의 歸還希望者들의 思想擧動애 너무 過敏할 必要가 없읍니다.

今般 서울서 開催豫定인 韓日閣僚會議의 題目에는 在日同胞法的地位問題와 在樺同胞歸還에 關한 案件이 넣어있다 보니 이 두 案件만은 絶對的으로 强調하야 □議를 보도록 本會는 懇切히 要求합니다.

去年十月에 本會顧問인 張在述先生을 本國에 派遣하야 政府要路와 各政堂, 各種團體, 各言論界를 網羅하야 嘆願書를 提出한 결과, 國內에 多大한 與論이 喚起되야 今年一月四日에는 在樺抑留同胞 歸還希望者 七千名을 救出코자 民間代表로 構成된 國會議員 三氏를 日本政府와 제네바 國際赤十字에 陳情次로 派遣되였든 것입니다.

一月五日에는 本會幹部들과 會合이 있은 後, 鄭一亨議員께서는 本國에다 樺太同胞歸 還促進會를 組織하시겠다고 반가운 말쌈을 하시였습니다. 비록 늦은 感은 있으나 五月十六日付 新聞에 依한즉 鄭議員은 丁一權 國務總理를 訪問하고 在樺同胞 歸還을 促求했는대 對하야 政府로써도 積極的으로 支援하겠다는 깁쁜 報道에 接하게 되였고 不遠하야 民間人으로 組織될 財團法人樺太同胞歸 還促進會가 成立될 것이라고 傳하니 在樺同胞와 在日本會는 雙手를 들어 歡迎하는 바임니다.

願컨대 政府는 國會內에 樺太同胞歸還促進會를 設置하고 本國民間의 促進會의 努力을 講究하는 同時에 이미 歸還한 者의 法的地位와 永住權도 賦與되도록 日本政府에 促求하여 주시기를 仰願하는 바임니다.

一九六八年七月十日
東京都足立区六月一丁目三二〜一五
樺太抑留帰還韓国人華会
會長 朴魯學
企劃部長 沈桂石
涉外部長 李羲八
顧問 張在述
　〃 金相奎

2. 귀환 재일동포의 서한-사할린 동포 건

시하일기 고르지 못한 동안에[1]

각하께옵서는 옥체도 일향만강하옵시며 복잡다난 사무에 얼마나 수고를 하시나닛까. 원지에서 다만 건투를 축복하나니다. 취복백은 비타올시다 1월25일자, 서울 신물에 기제[2]를 보고 늦긴 점에 대하여서 몇마디, 상신하는 바이올시다, 사할린 동포 구출을 위하여서, 조국을 차저온 朴魯學 외에 고로와 그 정신에 대하여서 감사와 성사를 축원드리면서 변변치 못한 말쌈 몇 마디를 각하께 올이나니다.

소생에 내력을 좇금 소개드림니다. 日本에 수10연을 거주하여 왔읍니다, 다행이도 우리나라가 해방이 되여서 반갑고 즐겁기 짝이 없엇습니다, 즉 넘치는 마음으로 나, 5인으로서, 제류동포를 위하여서, 거루민단[3]을 名古屋市南區內에서 결성하여 60만에 빨강이를 상대로 생사를 가리지 안코 수십연을 총칼을 품에다 품고 조국통일에 이바지될까하여 밤에도 잠도 못자고 익어보자고 맹서를하고 투쟁하여오든 어느날 사할린서 왓는대 조국을 보내돌나고 애결[4]하면서 온 사람이 나이 한 50이 되고 즉 당달봉사라 뜨고도 잘못보는 사람으로서 日本여인과 내위[5]가 되엿기에 日本을 건너와서 조국을 갈남니다마는 지금 그곧에는 우리 동포가 4, 5만이 소련 정치하에서 무수한 고통을 밧고 있으니 하로라도속々히 내 고향을 보내돌나고 애결하였읍니다. 그때가 아마 1959년이였읍니다.

그 씨에는 소생이 名古屋南支部團長으로서 있을 때이올시다. 그래서 여러가지로 수속을 발바서 大阪駐日代表部까지 가서 영구귀국 허가를 받어서 서울자기 고향을 보내주고 그 후 또 한 사람 보내주고 난 후에 代表部公使에게 여러차로 사할린 동포 구출을 하여줍시사 하였으나 금일까지 종 무소식으로 지내왔읍니다. 소생도 사정에 의하여서 62연에 노모를 모시고 조국에 도라와서 깊흔산촌에서 근々히 살아가고 있읍니다. 즉서 이러한 사실을 애원하고저웠으나마 조고마한 버러지가 그런 말을 애연한들 무슨 효력이 발생할까 하여서 다만 가

---

1) 귀국한 일본 동포의 서신이다. 예전 맞춤법, 표현 등은 원문대로 두고, 각 단어 사이에 삽입한 쉼표는 가독성을 위해 적절하게 처리하였다.
2) 서울신문 기사
3) 거류민단
4) 애걸
5) 내외, 부부

습타는 마음을 가삼깊히 々々々々 감진하고 오늘까지 긴아긴 새월을 보내오든 차 금반 朴魯學씨에 마음에 감격하여서 서면으로서 두서업고 주지너분 말삼을 올이오니 아무쪼록 혈포형제를 구출하여 주시물 천만복망하나니다.

급々한 마음으로는 달여가고저우나마 애돌키도 수연동안 신병으로서 신음 중, 다만 마음만 편지와 갖이 갑니다.

여불상서

1969년 1월 28일

경상부도[6] 군위군 고로면 학성도 2구

李春根 拜上

外務長官 崔圭夏 閣下

3. 화태억류동포 성명서

樺太抑留同胞에 關한 聲明書

大韓民國政府

崔圭夏 外務部長官 貴下

東京都足立区六月一丁目三二ノ一五

韓太抑留帰還韓国人会

〒121. 電話(八八三)八九〇八番

会長 朴魯学

外 三名

聲明文

때는 흘너 只今으로 붙어 27, 8年前 日帝의 强壓에 몰 이겨 樺太로 끌려간 同胞는 오날도 肉親의 情을 잊이 못해 呼天痛哭하며 발버등치고 歸鄉의 希望을

---

6) 경상북도

품고 幸여나 좋은 消息이나 들닐까 하고 라듸오에 귀를 기우리며 本會의 消息만을 唯一한 樂을 삼고 사는 것입니다.

生覺만 하여도 아득한 27年間 그들의 父母, 妻子, 兄弟之間의 그리운 情懷는 一筆難記이며 悲痛한 狀態입니다.

더구나 六·二五 動亂 때나 吉凶之事에는 一家의 主動力인 主人이나 子息이 樺太에 抑留되어 있으니 얼마나 그 家庭은 쓸々하고 안탁까웠겠읍닛가.

主人이나 子息 있었은들 큰 困境은 容易하게 격겄을 것을 想像할 수 있는 것입니다.

1958年 本人들이 日本에 歸還하자 卽時 日本外務省 某國長을 面會하고 樺太同胞의 實情을 말하며 歸還의 促進을 要請한 즉 某官의 말은 韓國政府가 아모런 要請이 없는대 日本政府가 自進하야 歸還의 促進을 할 道理가 없다고 하며 韓國政府가 要請을 한다면 日本政府로서는 船舶이라도 準備할 用意가 있음을 말하고, 또한 樺太同胞에 對한 資料가 있느냐는 質問이 있었으나 그에 對한 答은 本會나 當時 代表部에서도 없다는 것이였읍니다.

그 後, 日本政府의 要請에 依하야 1967年에 約7,000名의 名單이 作成되여서 日本政府에 提出하얏으나 只今에 와서는 말하기를 소連政府서 樺太에 居住하는 韓國人은 一名도 歸國을 希望하는 者가 없다는 것입니다.

日本은 自國의 利益이 않되는 일이라면 過去의 自國의 責任이나 人道的問題일지라도 人頭겁을 쓰고 이를 極力回避하는 것이 常套手段임을 잘 알 것입니다.

이 핑게 저 핑게하여 가며 歸還의 勞를 努力치 않는다는 事實이 뚜렷한 것은 1965年에 歸還한 孫種運氏一家의 件을 보아도 잘 알 것입니다.

孫氏는 樺太野田市에서 父親이신 孫致奎(69才)와 一家庭內에서 同居하였었고 日本으로 歸還할 때 致奎氏도 소連政府의 出國許可證을 所持하얏음에도 不拘하고 日本外務當局서는 致奎氏의 入國을 拒否하야 오늘날까지 歸還을 못하고 父子之間의 情을 隔離식힘은 非人間的이며 또는 非文明的의 行爲인 것입니다.

또 한가지 件은 1968年 樺太農原市에서 歸還하는 金正龍氏(47才) 一家의 事情인대, 金氏一家가 日本橫濱에 入港하얏으나 金氏와 그 子女의 비사가 不備하다는 理由로 上陸을 拒否 當하고 金氏夫人(日本女性, 周作淸子)만 上陸을 許하얏지만은 20餘年 同居하든 自己主人이 樺太로 回送된다면 自己도 主人과 같이 樺太로 가겠다고 말하니 日本政府는 하는 수 없이 그 船舶(소連船바이카루

號)이 出港時刻 一分前에 겨우 金氏一家를 上陸식혔든 것을 보드라도 우리 民族을 그 얼마 蔑視하고 忌避한다는 것은 明若觀火하게 알 것이며 日本政府 까닭에 數萬名의 樺太同胞는 抑留되여 잇으며 악까운 靑春을 虛送하고 잇는 것을 잊어서느 않이 될 것임니다. 그 當時 우리나라 新聞을 보거나 在日同胞의 感情은 不快하기 짝이 없엇든 것임니다.

우리 民族이 如此한 狀態에 立脚되여 잇는 此点에서 政府로서는 크게 우리 民族을 擁護하여야 한다는 것을 力說하는 바임니다.

7月1日 新聞報道에 依한 즉 日本政府는 第二次大戰時 韓國南海方面, 德積島와 蘇爺島에 埋葬되여잇는 日本人 遺骨를 日本厚生省에서 收集하러 가는 것을 우리 政府는 6月24日付로 許可하엿다고 하엿읍니다.

本會는 去年에 이 遺骨問題가 暗暗裡에 日本 民間人側에서 進行되고 있다는 것을 探知하얏는대, 이것은 樺太同胞들이 歸還後의 問題이니, 우리 政府의 立場이나 우리 國民의 感情으로써도 容納치 몯할 것이라고 政府要路에 陳情한 바임니다.

그럼에도 不拘하고 樺太에서 오고자 날뛰는 산사람 우리 民族은 放置하고 日本人의 죽은 遺骨은 그다지 大端하고 貴重하얏든 것임닛가.

이것을 許諾함에 對하야 樺太同胞는 重言을 할 必要도 없거니와 本會及本國 留守家族들의 心情은 悲痛하고 遺憾千萬之事이오며, 國民無視의 政策을 痛憤히 思料하는 바임니다.

樺太同胞들의 書信에는 「엇지하야 韓日會談時에 樺太同胞歸還問題에 對하야 一言半句도 없이 條約을 締結하얏느냐」고 怨聲이 非一非再임니다.

某日本人外交官이 말하기를 條約文中에 樺太同胞歸還의 問題가 一行이라도 記錄되여 잇엇다며는 只今 와서의 交涉이 좀더 容易할 것이라고 말한 바 잇엇지마는, 如何間 이 問題는 人道的立場에서 韓日會談 以前의 問題이고 戰後 25年을 마지하는 오늘날 政府는 只今까지의 消極的인 交涉에서 積極的인 交涉으로 躍進하며 人道的 問題와 經濟的 問題를 分離하야 樺太同胞의 歸還의 促進을 要望하야 마지않는 바임니다.

1970年7月3日
樺太抑留歸還韓國人會
　　會長 朴魯學

計劃部長 沈佳燮

涉外部長 李義八

顧問 張在述

요약

1. 7,000名의 歸還希望者中 無國籍가 1,450名인데 蘇聯政府는 無國籍者에 限해
   서 日本政府가 許可한다면 日本으로 出國시키겠다고 함.
   人命이 有限한데 早速히 이들이 歸還할 수 있도록 努力 바람.
2. 今般 陳情書는 朴魯學(樺太抑留歸還會々長) 外 駐東景 韓國牧師金周奉氏가
   連名으로 提出함

⑥ 재사할린 교민 손치규 귀환, 1965-71

○ ○ ○

기능명칭: 재사할린 교민 손치규 귀환, 1965-71

분류번호: 791.51, 1965-71

등록번호: 7739

생산과: 동북아1과

생산년도: 1971

필름번호: P-0013

파일번호: 09

프레임번호: 0001~0120

1. 기안(3급비밀)-재사하린 동포 손치규 귀환 문제

분류기호 문서번호 아북700

시행일자 68.5.28.

기안자 동북아주과 김용권

경유수신참조 주일대사

협조 교민과장

제목 재사하린 동포 손치규 귀환 문제

    대: JAW-05089

    연: 아북 700-206

      1. 대호 손치규의 귀환 문제를 재사하린 동포 전반의 문제와 분리하여 특수한 케이스로 처리하는 경우라 하더라도, 결국 연호의 정부 방침에 따른 금후 교섭에 사실상 하나의 선례로서 영향을 줄 우려가 있으므로 하기 각점을 고려, 신중 대처해야 할 것임.

      2. 연호의 정부 방침과 저촉되는 주요 문제점으로서

        (1) 해인의 정착지에 관한 의사 표시는 사하린에서가 아니라, 그가 일단 일본으로 온후 일정한 절차를 거쳐 확인되어야 한다는 점임.

        (2) 귀국 방식에 관하여도, 대호 전보로 보고된 일측 견해에 의하면 해인이 일본을 단순한 경유지로만 할것을 미리 결정하여 두고 사하린을 떠나는 형식이 되겠으나, 아측으로서는 해인이 일단 일본으로 귀환한 후 해인의 결정적인 의사 표시 및 이의 확인에 따라 만약 그가 본국으로의 귀환을 희망함이 최종적으로 확인되면 한국으로 귀환케 하도록 한다는 입장인 바, 이점에도 문제점이 있음.

        (3) 해인의 귀환에 소요되는 경비를 본인 또는 해인 가족이 부담하느냐 또는 일본이 부담하느냐는 문제점이 있음.

      3. 따라서 동 문제를 인도적 견지에서 특수한 개별적인 케이스로서 해인의 귀환을 추진하여 보는 경우라 하더라도, 최소한 일본 정부로부터 하기 사항에 대하여 문서 형식에 의한 명시적인 사전 보장을 받아두어야 할 것임.

        (1) 해인의 문제는 정부방침에 따른 전반 문제의 해결과 전연 관련이

없이 분리되는 특수 케이스로서, 금후 교섭에 있어 선례가 되거나 또는 영향을 주지 않는다는데 대한 일본 정부의 확실한 양해가 있어야 함.

(2) 현재 사하린에 있는 해인이나 일본에 있는 그의 가족이 일본을 경유지로만 하여 한국에의 귀환을 희망한다는 의사표시를 했다함을 근거로 하여 처음부터 일본을 단순 경유지로 결정하여 동 문제를 추진하는 방식이 되어서는 아니되며, 비록 어떠한 환경하에서 표시된 일이 있다하드라도 그러한 의사는 어디까지나 pro tempore한 것이라는 양해하에, 일본 귀환후 본인 의사의 재확인을 할것이며, 만약 그가 일본에서 정착하겠다는 최종적인 의사 표명을 할 경우에는 일본 정부가 이를 허용할 것을 보장하거나 또는 최소한 한국 정부와의 협의하에 이에 대하여 호의적인 배려를 한다는 보장이 있어야 함.

4. 한편, 경비 문제에 있어서도 시초부터 가급적 일측이 부담하도록 교섭할 것이나, 부득이한 경우에는 연호 정부방침과 무관하다는 입장에서, 이것은 어디까지나 일측이 부담할 책임이 있는 것임을 명백히 하여 두고 다만 해인의 가족이 편의상 우선 부담하는 것으로 함.

5. 이상과 관련하여, 해인의 일본 귀환후 그의 의사가 귀국을 희망하는 것으로 최종적으로 확인되는 경우, 귀국수속 절차, 즉 국적관계 조사 및 처리, 신원조사, 여권수속 등을 거쳐 한국으로 귀환케 해야할 것이므로 이를 위한 상당기간의 일본체재가 필요한 것임을 참고로 첨언함. 끝.

2. 손치규 귀환문제 처리 경과

孫致奎 帰還還問題

1969.3.4.

Ⅰ. 人的事項

姓名 孫致奎(1902.12.8日生)

本籍 全北 高敞郡 高敞面 校村里 156

住所 樺太 野田町 北通り 73

該 孫致奎는 1938.7月에 被徵用 勞動者로 樺太로 끌려 간 以來 계속 抑留되고 있음.

Ⅱ. 陳情內容

1. 該人은 1965年 家族 6名과 함께 쏘련 政府로부터 出国許可를 得했으나 日本入国 許可가 되지 않아 家族 6名만 日本에 入国하고 該人은 現在 樺太에 在留하고 있는 바

2. 該人의 子 孫鍾運이 該人의 帰還에 所要되는 一切의 経費를 負担할것이니 人道主義的인 見地에서 該人을 樺太로부터 救出해 달라는 陳情임.

Ⅲ. 處理経緯

1. 駐日大使舘

該人의 子로부터 陳情을 接受하고 日本側과 交渉하는 한편 다음과 같이 建議하였음.

가. 該人이 ①이미 쏘련으로부터 出国許可를 득했고 ②同人의 妻子가 韓国에 居住하며 ③該人이 韓国에의 帰国을 希望하며 帰国에 所要되는 経費는 該人의 子가 負担할것이라는 陳述과 ④該人이 高齢者이며 樺太에 연고자가 없는 点을 考慮하여 人道主義的인 見地에서 在樺太僑胞 全般의 帰還問題와 分離하여 特殊 case로 処理할 것을 建議

나. 該人을 ①日本 경유 韓国으로 帰還시키도록 하고 ②帰還에 所要되는 期間을 包含하여 当分間 日本에 滯留할수 있도록 하며 ③所要経費는 孫鍾運이 負担하는 것으로 함.

2. 政府処理方針

該人의 帰還問題를 在樺太僑胞 全般의 問題와 分離, 特殊 case로 하는 경우, 先例가 되어 今後 交渉에 影響을 미칠 우려가 있을 것이므로 다음 것을 愼重히 処理함.

가. 定着地選定

孫致奎의 定着地에 関한 意思表示는 樺太에서 할 것이 아니고 일단 日本에 온 후 一定한 節次를 거쳐 確認돼야 함.

나. 帰国方式

일단 日本으로 帰還한 후 該人의 決定的인 意思表示 및 이의 確認에 따라 該人이 本国으로 希望하는 것이 最終的으로 確認되면 韓国으로 帰還케 한다.

다. 帰還所要経費

本人 또는 家族이 負担하느냐 또는 日本이 負担하느냐는 未決로 함.

3. 対日本交渉指針

人道主義的인 見地에서 帰還을 推進하는 경우라도 文書形式에 의한 明示的인 事前保障을 받아야 할 것임.

　가. 該人의 帰還問題가 特殊 case로 하드라도 先例로 삼지 않는다는 確實한 諒解를 받을 것.

　나. 該人이 日本을 経由地로 한다는 것은 어디까지나 pro tempore한 것이며 日本에 最終的으로 定着하겠다는 경우 日本政府가 이를 許容하는 것을 保障하거나 또는 最小限 韓国政府와 協議下에 할것을 諒解 받을 것.

　다. 経費問題에 対해서는 어디까지나 日本政府가 負担할 責任이 있음을 明白히 함. 便宜上 家族이 우선 負担하는 것으로 함.

3. 기안(대외비)-사할린 재류 손치규의 귀국문제

번호 아북700

시행일자 1970.2.27.

기안자 동북아주과 김윤택

경유수신참조 중앙정보부장

제목 사할린 재류 손치규의 귀국 문제

　　1. 당부에서는, 현재 쏘련 영 사할린에 재류하고 있는 하기 손치규(孫致奎)가 오래전부터 영주차 귀국할 것을 희망하고 있으나, 사할린 출경 허가를 받고서도 실제 출경에 필요한 일본 정부측의 입국 사증을 발급받지 못하여 귀국의 뜻을 이루지 못하고 있으니 귀국할 수 있도록 하여달라는 진정에 접하고 있습니다.

(1) 본적: 전북 고창군 고창읍 교촌리 156

(2) 현주소: 사할린 노다쬬오 기다도오리 73

(3) 처자의 현주소: 부산직할시 동구 초량동 4동 산의 10

　　　　　　손종영(관계: 아들)

(4) 생년월일: 1902.12.8. (67세)

(5) 사할린 재류 경위: 1930년7월 사할린 소재 탄광에 광부로 취업하기 위하여 도항함. 그후 줄곧 노역에 종사하였으나, 현재 노쇠하여 취업도 못하고 귀국할 수 있게 되기만 고대하고 있다 함.

2. 상기 진정은 사할린에서 광부로 같이 살던 그의 아들 손종운(孫鍾運)이 서면(별첨) 및 구두로 제기하고 있는바, 그는 일본 여인과의 혼인 관계로 1965년 말에 처자와 함께 일본에 돌아와 살고 있으며, 동행 귀국하려던 그의 친부는 쏘련 지방 당국으로부터 출경 허가를 받았으나 일본측이 입국허가를 거부하므로 말미암아 홀로 사할린에 떠러져 있게 되었다 합니다. 손종운은 현재 귀국하여 당부에 출두, 처자와 함께 여생을 보낼 수 있도록 그 부친의 귀국허가를 진정하고 있는 바, 귀국에 소요되는 경비는 자기가 부담하겠다 합니다.

3. 이 문제에 관하여 일본측과 접촉한 주일 대사관의 보고에 의하면, 일본 정부측은 한국측이 그에게 입국 허가를 발급하면 일본 입국을 허가하여 사할린 출경, 귀국을 가능하게 할 것이라는 바, 귀국하겠다는 동 손치규 노인의 의사가 명백하다고 믿어지는 이상, 그가 일본을 경유 귀국하도록 허가하여야 한다고 생각됩니다.

4. 손씨의 귀국허가 문제와 관련하여 귀부의 의견을 지급 회시하여 주시기 바랍니다.

첨부: 동 진정서 사본   끝.

4. 중앙정보부 공문－"사할린" 재류 손치규 귀국문제 회신

중앙정보부

번호 중국행450

일시 1970.3.12.

발신 중앙정보부장

수신 외무부 장관

제목 "사할린" 재류 손치규 귀국문제 회신

귀부에서 아북 700-2974(70.2.17)로 문의하신 "사할린" 재류 손치규 귀국 문제에 대한 당부의 의견을 별첨과 같이 회신하오니 참고하시기 바랍니다.

유첨: "사할린" 재류 손치규 귀국문제에 대한 의견서 1부. 끝.

유첨-의견서

의견서
70.3.9
중앙정보부

"사할린" 재류 동포 손치규의 귀국문제

1. 의견: 일본 경유 귀국 허가함이 가하다고 사료됨.
2. 이유:
    가. "사하린" 재류 동포 4만명중 약7,000명이 귀환 가능한 자이며 현재 한일 간의 견해 차이로 이들의 구출을 못하고 있음. 즉 한국측은 그들이 재일 동포와 동등한 대우 즉 일본에서 영주할 수 있도록 해야 한다고 주장하고 있는데 반해 일본측은 한국에서 전원 인수한다는 약속이 이루어져야 소련과 교섭하겠다는 태도를 견지하고 있음.
    나. 그러나 상기 손치규의 경우 한국으로 영주 귀국을 희망하고 있으며 또한 소련 정부로부터 출국 허가를 받고 있어 인도적인 면에서 볼 때 귀국을 허가해야 할것임.
    다. 손치규의 아들이 부산에 거주하고 있으며 또한 이들은 일본에 일본인 처와 거주하고 있고 그들이 직접 진정하고 있어 만약 불허할 경우 그들은 이 사실을 언론기관이나 야당에게 공개할 우려가 있으며 그렇게 될 경우 야당의 비난을 받게 될 것임.
    라. 손치규의 귀환은 "사하린" 동포의 참상을 국민에게 알리고 여타 체류자에 대한 귀국의 길을 열게 되는 단서가 될 수 있음. 끝.

5. 기안–사할린 재류 손치규의 귀국문제

번호 아북700

시행일자 1970.3.19.

기안자 동북아주과 김윤택

경유수신참조 품의

제목 사할린 재류 "손치규"의 귀국 문제

      1. 현재 쏘련 영 사할린에 재류하고 있는 손치규(孫致奎 당67세)가 오래전부터 영주차 귀국할 것을 희망하고 있으나, 사할린 출경 허가를 받고서도 실제 출경에 필요한 일본 정부측의 입국 사증을 발급받지 못하여 귀국의 뜻을 이루지 못하고 있으니 조속 귀국할 수 있도록 하여 줄 것을 누차에 걸쳐 동인의 아들 손종운은 진정한 바 있읍니다.

      2. 본 건에 관하여 그간 주일대사관을 통하여 일본 정부측과 접촉한 결과, 일본측은 일본을 경유 귀국하는 것이라면 귀환 희망 사할린 동포의 전반적인 문제와 분리하여 협조할 수 있다는 뜻을 시사한 바 있으며, 또한 중앙정보부측은 인도상의 이유를 들어 그의 귀국을 허가함이 가하다는 의견을 당부에 알려왔읍니다.

      3. 상기의 사실과 다음의 이유에 비추어 동 노인의 귀국을 허가함과 동시에 별첨과 같이 실시할 것을 건의합니다.

        가. 동 손 노인은 70에 가까운 고령자이며, 사할린에는 현재 아무 친척, 연고자도 없으며, 부산에 처자가 있음.

        나. 그의 귀국 희망은 사할린에서 같이 노역에 종사하다 1965년 이래 일본에 돌아와 살고 있는 아들 손종운(孫鍾運)의 누차에 걸친 서면 및 구두에 의한 진정에서 볼 때 그 의사 표시의 정확성에 의문의 여지가 없다고 생각되는 바, 이는 자유로운 환경하에서의 정착지에 대한 공정한 의사 확인을 위하여서는 귀환희망자 전원을 일단 일본에 입국케 한다는 종래의 정부 방침에 배치됨이 없다고 생각됨.

        다. 그의 귀국 여비 일절은 아들 손종운이가 부담한다 함.   끝.

6. 면담요록

면담요록

1. 일시 1970년 3월 20일(금요일) 14:20시~14:40시
2. 장소 동북아주과
3. 면담자 공노명 동북아주과장
　　　　　 "노다" 일본대사관 참사관
　　　　　 "가리다" 일본대사관 1등 서기관
4. 내용:
　　공과장: 현재 "사할린"에 재류하고 있는 한국인 "손치규" 노인이 오래전부터
　　　　 귀국할 것을 희망하고 있으나, 사할린 출경 허가를 받고서도 실제 출경에
　　　　 필요한 일본 정부측의 입국 사증을 발급받지 못하여 귀국의 뜻을 이루지
　　　　 못하고 있으니 조속 귀국할 수 있도록 하여 줄 것을 동 노인의 아들 "손종
　　　　 운"이 누차에 걸쳐 진정하고 있다. (진정 내용, 인적 사항, 일본 정부에
　　　　 대한 협조 요구등을 백지에 기재 문서를 수교함)
　　　　　 동 노인의 귀국 의사는 그 아들의 진정에서 볼 때 명확하므로, 사할린
　　　　 귀환 희망 한국인 전반에 대한 문제와는 별도로 취급하여야 할 것이고,
　　　　 그에 관한 한 일본에서의 의사 확인 절차를 거침이 없이 귀국시킬 방침
　　　　 이다. 일본 정부측의 협조 바란다.
　　노다: 본성에 보고하고 하회가 있는대로 회답하겠다. 최종 행선지가 한국일
　　　　 경우에는 쏘련 당국이 출경을 저지하므로 쏘련에 대하여는 일본을 최종
　　　　 행선지로 해야할 것이라 생각하는데…
　　공과장: 그렇다.
　　노다: 내가 알기로는 "손종운"이가 일본 정부의 생활 보호를 받고 있기 때문
　　　　 에 그의 부친의 일본 입국이 실현 안된 것이 아닌가 생각한다.
　　공과장: 손노인의 최종 행선지가 한국이므로 무관한 일이라 생각한다.

7. 기안-사할린 재류 "손치규"의 귀국 문제

번호 아북700
시행일자 1970.3.23.
기안자 동북아주과 김윤택
경유수신참조 주일대사

제목 사할린 재류 "손치규"의 귀국문제

1. 표기 손치규(孫致奎)의 귀국 문제에 관하여는 그의 아들 손종운(孫鍾運)의 누차에 걸친 진정으로 보아, 현재 한국 부산에서 살고 있는 그의 처자에게 돌아오겠다는 의사를 가지고 있다고 생각되고, 이는 또 자유로운 환경 하에서의 정착지에 대한 공정한 의사 확인을 위하여는 귀환 희망자 전원을 일단 일본에 입국케 한다는 종래의 정부 방침에 배치됨이 없다고 생각되어 일본 경유 귀국할 수 있도록 주선하여 줄 것을 3.20. 일본 대사관에 요청하였음. (동 요청 시에 별첨의 설명서를 수교하였음.)

2. 귀 공관에서도 손씨의 조속 귀국이 이루어지도록 상기 선에 따라 일본 정부의 협조를 촉구하시기 바람. (JAW-050891, 1968 참조)

3. 이 문제에 관하여 각별한 관심을 가지고 정부에 진정한 바도 있는 "사할린 억류 귀환 한국인회" 회장 박노학과 직접 관련자인 손종운에 위의 조치 사실을 알리기 바람.

8. 외무부 담당자 서신

손종운씨 귀하
1970.5.11.

귀하의 서신 오늘 잘 받아 보았습니다.

부친 손치규(   )씨의 귀국 문제에 관하여는 지난 봄 귀하가 귀국하셨을 때 말씀드린 것 처럼 그동안 한국의 가족품으로 돌아오실 수 있도록 필요한 일본 입국 허가를 내 주도록 일본 당국에 요구했으나 아직 일본 정부로부터 답변을 받지 못하고 있습니다. 머지 않아 하회가 있으리라 기다리고 있습니다.

이 문제에 관하여는 귀하가 다녀가신 다음에 곧 해결을 위한 노력이 시작되었으며, 주일 대사관에도 일본 외무성과 교섭을 하도록 훈령한 바 있으며, 또한 귀하와 박노학(   )씨에게도 연락해 드리도록 지시했었습니다. 아마도 분망한 업무 관계상 또는 하회가 날 때까지 기다리느라 귀하에게 연락이 안된 것 같으나, 널리 양해하시기 바랍니다. 차차 주일 대사관에서도 귀하에게 연락이 가리라 믿읍니다.

　　부친의 귀국 문제는 한국에 귀국하는 것으로 하고 있으며 일본측으로도 문제삼을 것이 없을 것이므로 곧 해결이 날 것으로 생각되오니 과히 염려마시고 좀 더 기다려 주시기 바랍니다.

　　이 서신은 귀하의 궁금증을 풀어 드리기 위한 소직의 개인적 서신이니, 대외적으로 한국 정부의 공문으로 취급하시면 안되겠습니다.

내내 건승을 기원합니다.

　　김윤택

9. 외무부공문(3급비밀/착신전보 원본)–일본정부의 의향 보고

외무부

번호 JAW-02438

일시 271055

수신시간 1971.2.28. AM10:56

발신 주일대사

수신 외무부 장관

　　나까히라 북동아과장은 금 2.25. 당관 김 정무1과장을 외무성으로 불러 현안중이던 화태동포 손치규의 본국 귀환문제에 관하여 요지 다음과 같은 일본 정부의 의향을 전달하여 왔기에 보고함.

1. 서울에서 1970.3.20. 자로 동 동북아과장이 주한일본대사관 노다 참사관에게 수교한 손치규 귀환 요청 메모에 따라 외무성은 그간 법무성과 협의하여 화태동포 손치규의 본국 귀환을 주선하여왔는 바 금번 법무성은 한국 정부가 일본 정부에 대하여 다음 두가지 사항을 문서로 약속할 것을 조건으로 손치규의 일본 입국을 허가할 것이다.

　　가. 가능한한 조속히 손을 한국에 들여보낸다.

　　나. 본건을 단독 케이스로 취급한다.

2. 한국정부가 상기 조건을 받아들린다면[1] 일본정부는 손에게 30일간의 일본

입국 사증을 발급할 것이다.

　　이상에 관하여 지시바람. (일정-아북)

10. 외무부공문(발신전보)–일본정부의 의향 보고

외무부

번호 WJA-03174

일시 161520

발신 장관

수신 주일대사대리

　　연: 아북 3323/70. 3.23. 자 공문

　　대: JAW-02438

　　　1. 손치규의 한국을 최종 목적지로 하는 귀환은 사할린 동포 귀환문제에 관한 종래의 정부 방침에 배치됨이 없고, 또한 일본 정부는 인도적 견지에서 동인이 조속히 본국의 처자에게 돌아올 수 있도록 주선하여야 한다는 연호의 정부 입장에 변함이 없음.

　　　2. 따라서 대호 일측 요청에 대하여서는 귀 공관에게 Aide-Memoire를 작성. 일측에 전달하고, 결과를 보고 바람. (아북)

11. 외무부공문(발신전보)

외무부

발신 동북아과장

수신 주일대사관 김영섭 정무과장

　　　1. 손치규 귀국 건에 관하여는 이미 70.3.12. 중국행 450호 공문으로 동의를

---

1) 들인다면

득한 바 있으니 조속 추진 바람.

    2. 귀지 파견관에게는 동 본부로 하여금 연락토록 조치 위계임.

12. 주일대사관공문−거류민단 단장 및 화태억류 귀환 한국인 회장 보증서 일측에 전달 보고

주일대사관

번호 일정700-8120

일시 1971.6.10.

발신 주일대사

수신 장관

참조 아주국장

제목 사할린 재류 "손치규"의 귀국문제

    대: WJA-03174

    연: JAW-02348

    1. 손치규의 귀국문제에 관한 일측 태도는 연호 "(1) (나)항의 단독케이스 취급"에서 시사되는 바와 같이 장래에 발생할 수 있는 동종 케이스의 재발시에 대비하려는 것으로서 당관은 일측이 요청하는 연호 내용의 문서로서의 약속을 하지 않도록 교섭한 바,

    2. 일측은 외무, 법무 양성의 협의에 따라 아측의 희망을 충족시키는 방법으로서,

        가. 거류민단 중앙본부단장.

        나. 화태억류 귀환 한국인 회장이

손치규의 조속한 시일내의 귀국을 전제로 한 일본 입국을 보증한다는 문서를 제출하면 일측으로서는 손치규의 일본 입국을 추진할 수 있다 함에 관계기관과의 협의하에 본 건을 적극 추진하여 상기 단장 및 회장의 보증서 (별첨)를 6.3. 일측에 전달하였음을 보고합니다.

첨부: 상동 보증서 2부. 끝.

13. 외무부공문(착신전보)—손치규 일본입국 일정 보고

외무부

번호 JAW-07073

일시 061040

수신시간 71.7.8. 12:14

발신 주일대사

수신 장관

대: WJA-03174

연: 일정 700-8120

1. 금 7.7. 11:00 화태 억류 귀환 한국인회의 박노학 회장이 당관에 알려온 바에 의하면 사하린에 억류되었던 손치규 씨는 71.7.10. 16:00 요꼬하마 입항 예정인 하바로후스크호 편으로 일본에 입국할 예정이라 함.

2. 손치규씨의 일본 입국후 처리에 관하여는 객년 본부 관계관이 일본 외무성측에 수교한 메모 및 대호 내용에 따라 동인의 건강 상태 등을 알아본 후 소요 절차를 취한 다음 곧 귀국할 수 있도록 조치를 취할 것임.

(일정 아북, 외민)

14. 외무부공문(착신전보)—손치규 요꼬하마항 도착 보고

외무부

번호 YOW-□732

일시 101300

수신시간 71.7.10. 11:16

발신 주요꼬하마영사

수신 장관

1. 화태 거주교포 "손치규"는 7.10일 하오 4시 정각 쏘련객선 하바로스크호 편으로 요꼬하마항에 도착하였으며 항구에는 소직과 정부영사를 비롯하여 대사관 관계관 주일특파원 및 민단 가나가와현 단원 등 다수가 출영하였음. 특히 항구에는 5년전 화태에서 귀환하여 현재 일본 아오모리에 거주하는 손씨의 장남도 출영하였음.

2. 손씨는 항구에 찾아온 한국특파원 및 일본 기자단과 간단한 회견을 한 후 가족 및 친지들과 동경에 거주하는 박노학(화태억류귀환 한국인회 회장)씨 댁으로 향하였는데 명 일요일 하루는 그곳에서 쉬고 7.12일 대사관에 출두하여 추후 거취에 관한 자세한 타합을 하도록 하였음.

3. 손씨는 70 노령이기도 하지만 외양 초라한 옷차림에다 얼굴은 검게 타서 그가 화태 탄광에서 고생하며 노동하는 모습을 역력히 보여주었으나 죽은 사람이 살아왔으니 기쁘기 한량없다는 말만을 되풀이하였음.

(요영 의민)

15. 외무부공문(착신전보)—손치규 요꼬하마항 도착 보고

외무부

번호 JAW-07131

일시 110920

수신시간 71.7.12. 10:52

발신 주일대사

수신 장관

1. 기보한 화태기환[2] 교포 손치규는 예정대로 작7.10 16:00시 요꼬하마항에 도착하였으며 부두에는 요꼬하마 영사관, 현지민단, 그리고 "화태억류한국인 귀환회" 및 해인의 친족 등이 마중 환영하였음.

2. 일법무성에서 손씨에 대한 일본 체류 기간을 1개월 허용하고 있으므로 손씨는 명7.12 하오 당지를 떠나 아오모리현에 있는 장남(손종운) 댁에서 체류후

---

2) 귀환

한국으로 귀환할 예정임.

(일정-아북)

16. 대통령비서실 공문—청원서 처리

대통령비서실

번호 대비민125.1-5512

일시 1971.7.15.

발신 대통령비서실장

수신 외무부 장관

　　　1. 별첨 청원서를 이첩하오니 적의 처리하고 그 결과를 청원인에게 회신바랍니다.

　　　첨부: 청원서(17-326) 1부.　　끝.

첨부 청원서

대통령민원비서실

접수번호 17-326

일자 71.7.4.

　　　대통령 각하

　　　조국의 무궁한 발전을 위하여 각하께서는 옥체도 돌보시지 않으시고 국가와 민족을 위하여 또다시 조국의 영도자로서 무거운 십자가의 멍에를 메신 각하와 각하의 가족들께 하느님의 무한한 축복이 임하기를 진심으로 기도합니다.

　　　저는 금반 제2차 대전중 1942년 조선총독부령 제2호 외지노동자에 노동력 충촉3) 강제 징용되어 쏘련령인 사하린에 끌려가신 남편이 환국의 한을 안고서

---

3) 충족

칠십고령의 몸으로서 1971년7월10일 일본 요꼬하마항에 도착하여 가까운날 고국산천을 밟으리라는 기쁜소식을 신문지상과 라듸오, 티부이방송을 들으며 한많은 인생의 역사를 생각하는 노령의 장소아 할머니올시다

이 기쁨을 하나님께 감사드리며 한마리의 양을 위하여 적극적인 외교로서 남편을 조국 강산에서 죽기 전에 만날수 있도록 해주신 각하와 정부기관에 진심으로 감사드리는 바임니다. 정말 각하! 감사함니다.

각하! 사하린 교포들은 대부분이 오십대 이상의 노년들이 남어있다 합니다.

이 육천명의 우리동포가 조국으로 돌아오기 위하여 무국적자라는 이름아래서 지긋지긋한 하루하루를 보내기를 삼십년이 흘러갔읍니다.

이 가족들에게 하루속히 기쁜소식을 들을 수 있도록 각하께 부탁드립니다.

각하! 오늘 오년전에 쏘련에서 일본인 안애와 일본에 건너와 살고 있는 장남(손종운)에 편지를 받았읍니다.

이 아들도 쏘련에 있을 당시 강제수용소에서 일하다 윈손이 완전히 절단된 불구자임니다. 생지옥 사하린에 생생한 생활을 잘 알고 있는 아들은 아버지를 조국으로 모셔오려고 일본정부에 온갖 진정을 다했담니다. 막상 아버지가 오시게 되니 모든 경비를 본인이나 한국정부가 부담해야 한다는 뜻을 일본정부가 말을 한담니다.

각하! 한국의 자식들도 월급쟁이로 살아가고 있읍니다. 모든 비용 문제로 난관에 처한 일본 큰아들의 문제를 해결할 방법은 없을까요? 쏘련에서 일본으로 일본에서 조국으로 오기까지는 막대한 비용이 필요한 줄 암니다. 마침 앉은뱅이가 웃고 싶고 뛰고 싶어도 부축 없이는 힘이 드는 것처럼 이 노파의 심정입니다. 죄송하오나 각하의 따뜻한 손길과 조국 동포의 따뜻한 손길이 천추의 한을 안고서 돌아오는 내 남편에게 베풀어 주시기를 바랍니다.

조국을 위한 개선장군인 내 남편이 아닐지라도 사하린 동포들은 일본정부의 비참한 술책의 재물이 되어 조국과 청춘과 인생의 기쁨을 무참히 짖밟힌[4] 내동포임은 틀림없으며 강제노동으로 징용된 것이므로 이들의 문제를 일본측이 책임을 져야할 성질이며 인도주의 입장에서 대우를 해야 하는데도 불구하고 외면하는 일본정부의 태도를 어떻게 보와야 하겠읍니까? 앞으로 사하린교포가 귀국한다면 이들의 생활문제도 대한민국과 일본정부의 회합을 가져서 인도주의에 입장에서 인권을 옹호해 주어야 할 줄 암니다.

---

4) 짖밟힌

각하! 아래 문제를 꼭 기억하여 주십시요. 일본정부에 건의하여 남편(손치규 70세)이 큰아들이 있는 아오모리에 약2개월 이상 채류[5]하여 휴양과 안정감을 갖은 다음에 고국에 귀국하도록 해주시기를 바랍니다. 일본정부에서는 30일이라는 못을 박아서[6] 이 이상을 채류 못하게 하는 행위가 너무도 비열하기만 합니다. 재일동포와 똑같은 대우는 물론이며 놈들의 희생물이 되었으니 마땅히 정신보상과 생활보상 대책이 일본정부가 마련해야 할 줄 암니다.

각하! 속 없는 노파의 심정은 당장이라도 일본으로 건너 가고 싶읍니다. 경제적인 문제로 기쁨과 괴로움의 순간을 보내고 있는 이 노파와 가족의 걱정을 정부의 힘으로 해결해 주실 수 있기를 바랍니다. 일본정부에 잘 부탁하여 내 남편이 무사히 귀국하도록 해 주십시요. 끝으로 각하의 옥체 평안과 조국의 힘찬 전진의 대열이 보다 알차게 행진하기를 주님께 기도합니다.

부산 초량 장소아 노파 올림

17. 외무부 공문-진정서에 대한 회신

외무부
번호 외민725-
일시 1971.7.26.
발신 외무부 장관
수신 부산시 초량6동 산1번지 손종영 방 장소아
제목 진정서에 대한 회신

　　1. 귀하가 대통령 각하에게 제출하신 진정서는 당부가 접수하였읍니다.
　　2. 귀하가 진정하신 경비 문제와 일본 체류 연장 문제는 현지 아국 공관을 통해 조사한 후, 그 처리 결과를 귀하에게 통보해 드리겠읍니다. 끝.

---

5) 체류
6) 박아서

18. 외무부공문(발신전보)—손치규 지원에 대한 대사관측의 의견 요청

외무부

번호 WJA-07262

일시 301450

발신 장관

수신 주일대사

7.10 사하린으로부터 일본에 귀환된 손치규의 처는 동인이 앞으로 1개월 더 일본에 체류할 수 있도록 하여 줄 것과 경제적인 형편상 일본으로부터의 귀국 여비를 보조하여 줄 것을 진정하여 왔으니 이에 대한 귀견을 보고바람.

(아북)

19. 외무부공문(착신전보 원본)—손치규 지원에 대한 주일대사 의견

외무부

번호 JAW-08065

일시 051435

수신시간 71.8.5. 17:17

발신 주일대사대리

수신 장관

참조(사본) 이호 주일대사

대: WJA-07262

연: JAW-07131

1. 화태귀환 동포 손치규는 아오모리에 거주하는 장남 손종운을 동반코 명 8.6. 동경발 열차편으로 시모노세끼를 경유하여 부관 훼리편을 이용하여 귀국예정 임.

2. 부관훼리의 승선일정은 시모노세끼에서 승선표를 구입하여야 확정되겠으나 늦어도 8.9. (1개월 체류기간 만료일자)까지는 승선할 것이라 함.

3. 동인들은 빈곤하므로 본부관계 예산항목에서 가능하면 귀국여비를 보조함이 적절한 것으로 사료됨.

(일정-아북)

20. 외무부공문(발신전보)—손치규 여비 지출 승인

외무부

번호 WJA-0854

일시 061400

발신 장관

수신 주일대사

연: WJA-07267

대: JAW-08065

대호의 "손치규" 한사람 분의 다음의 여비를 우선 귀관 경비에서 입체하여 지불하고 그 명세와 결과를 보고 바람.

다음

1. 아오모리-시모노세끼간 2등 열차운임
2. 시모노세끼에서 일박요금
3. 시모노세끼-부산간 "훼리": 2등운임.

(아북)

21. 외무부공문(착신전보 원본)—손치규 여비보조 시모노세키 영사관 지시 요청

외무부

번호 JAW-08088

일시 061530

수신시간 71.8.7. 7:50

발신 주일대사 대리

수신 장관

참조(사본) 이호 주일대사

　　　　대: WJA-0854

손치규에 대한 여비 보조는 동인이 이미 동경을 출발하고 난 후에 본부 지시를 수령하였음으로 시모노세끼 영사에게 아래와 같이 여비 보조를 지불할 것을 지시하였으므로 동 경비는 시모노세끼 영사관에 송부 바람.

　　1. 아오모리-시모노세끼간 2등열차 운임 4,850엔

　　2. 시모노세끼에서 1박 요금 3,000엔

　　3. 시모노세끼-부산간 훼리2등 운임 5,040엔

　계 12,890엔(일정 아북)

22. 외무부공문(착신전보 원본)-여비지급 및 일정 보고

외무부

번호 SIW-0801

일시 091130

수신시간 71.8.9. 14:55

발신: 주 시모노세끼 영사

수신: 외무부장관

　　1. 지난7.10일 화태에서 귀환한 포로 손치규는 아오모리에 거주하는 그의 장남 손종운을 동반하고 부관 훼리편으로 귀국하기 위하여 7일 2051시 특별 "하토" 2호편으로 시모노세끼에 도착하여 시모노세끼시 다게자끼쬬 소재 다쯔미 여관에 투숙 일박후 8일 12시반 당관에 도착 보고를 하여 왔음.

2. 동인들에게 연호 지시대로 열차운임 숙박료 훼리2등 운임등 계: 일화 12,890엥을 8일13시에 지불완료하고,
3. 8.9일 17:00 시모노세끼발 훼리편으로 귀국키 위하여 동훼리 승선권을 구입하였으므로 동인들은 8.10일 아침에 부산에 도착 예정임. (영사)

손치규, 손종은[7] 부자, 8.10훼리편으로 부산 도착 확인(부산훼리 총무부차장 박동근)
申情表課長에게 電話連絡畢(表課長)

23. 외무부공문(착신전보 사본)—손치규 지원금을 영사관 수입금에서 사용 허가 요청

외무부공문
번호 SIW-0809
일시 301510
수신시간 71.8.30. 23:33
발신 주시모노세끼 영사
수신 장관

　　대: WSI-0807
　　화태동포 손치규의 송환 여비로 지불한 일화 12,890엔(38.80불)을 당관 수입금에서 직접 사용코저 하니 승인바람.
　　(총외)

---

7) 손종운

제5부

북송교포 김귀하 망명 기도 사건, 1966-1967

해방이후 재일한인 외교문서 해제집
┃제1권┃ (1945~1969)

본 문서 모음은 1966년 12월, 재일 2세 권투선수 김귀하(金貴河)의 망명 기도 사건에 관한 내용 전반을 다루고 있다. 사건 자체에 관한 전문이나 보고서 등을 포함해 200여 페이지가 넘는 분량이다. 기간은 김귀하가 주 프놈펜 일본대사관에 망명을 요청한 1966년 12월 7일 저녁부터 북한으로 강제 인도된 날짜로 여겨지는 12월 13일까지가 대부분을 차지하고 있고, 그 이후 생산 기록과 언론 보도, 사후 보고서 등도 포함되어 있다. 문서의 내용은 본 사건 및 사건 후 반공단체의 궐기대회 계획서, '한국부인회 총본부'의 항의문, 캄보디아 국가원수 노로돔 시아누크가 김선수의 아내에게 보낸 전문, 사건 1년 후 김선수 가족의 소식 등으로 구성되어 있다.

각 문서에는 사건 발생부터 전개 과정, 다각적으로 취한 외교 행보 등이 촘촘하게 기록되어 있는데 촌각을 다투는 사안이었던 만큼 '긴급' 종 문서의 비중이 높고, 오타도 유달리 많다. 그만큼 관련 실무자들의 심경이 문서에 반영되었음을 알 수 있다. 사건의 추이는 마치 한편의 잘 구성된 첩보 영화를 방불케 하는데 결말을 미리 말하자면 이 사건은 대한민국 외교부의 실패 사례로 끝나고 말았다.

사건이 전개되는 약 1주일간 대한민국 정부는 자국에 유리한 방향으로 이끌기 위한 외교활동을 펼쳤다. 하지만 관련 국가들의 복잡하게 얽힌 외교적·정치적 속내와 셈법, '인도주의'를 표방하지만 사실은 정치적 결정에 휘둘리는 국제적십자 위원회의 방관적 태도 등 국제 질서의 파워게임 속에서 한국의 노력은 무위로 돌아갔다.

문서철의 주인공인 김귀하는 1939년 1월 30일 효고현 니시노미야시(兵庫県西宮) 출신으로 일본명은 가네다 모리오(金田森男)이다. 청소년 시절에는 대다수의 재일조선인들처럼 빈궁한 형편 속에서 성장했다. 니시고베 조선고급학교 출신으로 1963년에 전일본 미들급 챔피언 자리에 올랐다. 하지만 1965년 5월 가이즈 후미오(海津文雄)에게 그 자리를 내어주었다. 가이즈는 미들급 동양 챔피언인 한국의 김기수에게 연패하였고, 김기수는 방어전 상대로 가네다를 지명했다. 1966년 3월 26일 두 선수의 경기가 개최될 예정이었지만 열흘 전에 돌연 시합 취소 보도가 나왔다. 우여곡절 끝에 김기수는 다카다 히데아키(高田英昭)를 상대로 대전을 치뤘고, 승리를 거두었다.[1] 연승 행진을 이어가던 김기수는 같은 해인 1966년 6월 25일 마침내 한국 최초로 미들급 세계 챔피언 자리에 올라서게 되었다.

그런데 경기 취소와 김기수의 세계 챔피언 획득 시기 사이에 눈여겨봐야 할 기사가 있다. 1966년 5월 9일자 국내 신문의 "金田 선수가 북괴의 권투코치로 최근 북한

[1] (1966. 4.26, 5.2.) 『경향신문』

에 들어갔다"는 기사이다.[2] 후에 알려진 그의 북한행은 4월이었다고 하니, 눈 부상은 표면적 이유이고 경기 취소를 내걸 즈음에 이미 북으로 가기로 마음을 굳혔던 것으로 보인다.

그의 이름은 1966년 11월에 다시 한국 언론에 등장[3]하는데 본 문서철은 이 기사 소개로 시작한다. 내용은 '재일 한국인 金田森男이 11월 26일부터 시작되는 제 1회 아시아 신생국 경기대회(가네포, GANEFO: Games of the New Emerging Forces)[4]의 일원으로 나타나 특히 일본 선수들을 놀라게 했다'는 것이다. 가네포는 자유 진영 국가들이 참여한 제 5회 태국 아시안 게임[5]에 대한 '맞불 작전'이었다.

이어지는 문서는 주프놈펜[6] 총영사인 한기봉이 장관에게 지급으로 보낸 착신 암호 전보로 1차 보고이다. 이후의 문서들은 이 첫 번째 전보에서 알려진 사실에 내용이 추가되거나 수정된 것이다. 1차 보고는 프놈펜 일본대사관의 구리노 참사관이 12월 7일 오후 한 총영사를 방문해, 김귀하 '북괴'[7] 복싱선수가 일본대사관으로 와서 일본으로의 귀환을 요청했다고 통보했다. 구리노 참사관은 김귀하가 재일교포 직업 권투선수로, 북송사업에 의해 이북에 간 자로 추정되고, 대한민국 국민등록증[8]도 소유하고 있어 주프놈펜 총영사관에 연락한 것이라고 하였다.

김귀하는 일본으로 귀환이 불가능하다면 한국에라도 귀환하겠다는 의사 표시를 하였다고 한다. 그에 대한 조치는 일본대사관에서 검토 중에 있으며 한국 측은 일본 대사관과 연락하면서 향후 행동할 것이지만 주재국인 캄보디아와의 상의하에 검토 되어야 할 것이라는 내용이다. 구리노는 김귀하가 일본대사관원 사택에서 보호 중이

---

2) (1966. 5.9.) 『경향신문』
3) (1966.11.25.) 『동아일보』
4) 1962년 자카르타에서 열린 제4회 아시안 게임에서 인도네시아는 중화인민공화국과 이스라엘 선수들에게 대회용 비자를 발급해 주지 않았다. 국제 올림픽 위원회(IOC)는 이를 정치적이라고 비난하며 인도네시아를 제명하였다. 이러한 방침에 대해 인도네시아, 중화인민공화국, 아랍 연합공화국의 비롯해 유럽, 아시아, 아프리카 12개국이 신흥국 경기 연맹을 창설하고, 1963년 11월 10일 인도네시아 자카르타에서 제1회 가네포 경기를 개최하였다. 주로 사회주의 신흥국가들이 많이 참여하였는데 IOC는 이를 인정하지 않았고, 가네포 참여 선수들은 올림픽 참여를 금지하였다.
5) 1966. 12.9~20 개최.
6) 문서에는 푸놈펜으로 표기.
7) 이 시기 외교 문서에는 북한을 '북괴'라는 표현으로 부르고 있다. 북한을 '괴뢰집단'으로 낮추어 부르는 정부의 태도가 반영된 것이다. 북한도 남한의 정권을 지칭할 때 '괴뢰' '남조선 괴뢰도당'이라는 표현을 사용했다. 한국의 반공주의가 반영된 호칭으로 베트남 북부의 월남독립연맹군은 월맹, 중국은 중공이라고 불렸다. 본 글에서는 가능하면 원문의 표현 그대로 인용한다.
8) 김귀하는 총련계 조선학교 출신이지만 1965년 한일수교를 전후해 한국 국적을 취득했던 것으로 보인다.

라고 하였다.

　외무부는 이에 대해 대한민국 국민등록증을 가지고 있으므로 김은 당연히 한국으로 귀환해야 하지만 캄보디아와의 관계상 이러한 시도가 어렵다면 표면적으로는 일본으로 가게 하고, 실제적으로는 한국으로 오도록 하는 방식을 사용하라고 답하였다. 이어지는 보고에서는 이미 이런 상황을 캄보디아 정부에서도 알고 있고, 국가원수 시아누크의 지시를 이유로 캄보디아 당국에 김선수 인도를 요구하고 있는 내용이 나타난다. 본격적인 외교전쟁이 벌어지게 된 것이다.

　사건 종료 직후인 작성된 1966년 12월 15일자 「김귀하 사건경위와 활동상황」이라는 50여쪽의 보고서와 기타 보고 내용을 참조하면 사건은 다음처럼 전개되었다.

날짜	내용
12월 7일	- 김귀하가 집무 시간 이후[9] 일본대사관 방문, 소노야마 1등 서기관 집으로 안내됨, - 소노야마는 나까가와 1등 서기관에게 그의 보호를 부탁하고 구리노 참사관에게 보고, 한기봉 총영사를 방문해 사건을 알림. - 한 총영사는 관계자들과 대책회의, 회의 결과 김귀하와의 면담을 요청했으나 파티 참석 중인 일본 대사의 부재로 면담 불발 - 일측에서는 캄보디아측이 김의 인도를 요청한다는 사실을 전함.
12월 8일	- 한 총영사 일본대사 관저 방문. - 같은 시각 김귀하가 한국 총영사 관저를 방문하면서 행적이 엇갈림, 김귀하는 관저에서 잠시 머물다 일본 대사관을 거쳐 한국 총영사관으로 향하던 중 경찰 검문을 받고 연행되어 감. - 한 총영사는 호주대사 및 캄보디아의 리친리를 만나 김귀하의 자유의사 존중할 것을 요청함.
12월 9일	- 구리노 참사관 총영사관 관저 방문, 한국 측의 캄보디아 외무성 접촉 내용을 알고자 함. - 김선수의 일본인 아내와 자녀가 12월 20일 북송 예정인데 한국 측도 북송 저지에 협력 요청.
12월 10일	- 한 총영사와 이성률 영사 손산[10] 방문. 손산은 관여할 입장이 아니라고 하면서도 시아누크공이 경기와 관련해 북한에 불만을 가지고 있다고 전함. - 한 총영사, 영국대사 사무실 방문. 영국대사는 우방국 중심의 여론을 조성하자는 조언은 주었으나 캄보디아 당국 상대의 직접적 활동을 언급하지는 않음.
12/11	- 김귀하의 아내 안도 요시에로부터 구출 호소 전문 접수.

---

9) 열대 국가의 특성상 이른 아침에 업무를 시작하고 가장 더운 한낮에 업무를 종료한다고 한다.
10) 손산은 시아누크의 신임이 두터운 인물로 전 부수상을 지냈고, 시아누크의 경제 고문이었다.
11) '김선수 문제에 대한 주재국 태도'라는 문서(172쪽)에서 북한이 김 선수의 실종을 통고하고 수색을 의뢰하여 캄보디아 정부는 이를 실시했다고 한다. 이어서 '주재국 정부가 김 선수의 의사를

12/12	- 한 총영사, 손산 재차 면담하였으나 불발. - 리친리 방문, 리친리는 한국이 간섭하거나 김을 만나지 말라고 함. - 한 총영사는 구리노 방문, 구리노는 일본의 신문기사에 "김이 망명을 희망했다" 고 보도되었지만 망명으로 간주되지 않는다고 함.[11] - 두명의 부영사가 보안성 특별경찰국장 방문, 국장은 김을 잘 대접하고 있으며 건강 하다고 전함. - 북한도 김을 면회하고자 하였지만 불허하였고, 상부에 객관적 보고를 하였다고 함. - 최경윤 부영사, 론놀 수상 비서실장을 방문해 총영사의 수상 면회를 요청, 이성률 부영사 캄보디아 관영통신 편집인을 만남. - 최·이 부영사는 캄보디아 적십자사 부총재와 요담. 부총재는 인도적인 면을 언급 하면서 정치성이 있으므로 모든 것은 시아누크의 결정에 달려있다고 말함. - 한 총영사 론놀 수상 및 손산 면담 요청하였으나 부재를 이유로 면담 불발 - 한 총영사 필리핀 대사 및 캄보디아 적십자사 총재 라스미 공주[12]의 관저 방문 해 김의 건 요담.
12/13	- 총영사 프랑스 대사 사무실, 대사는 가네포 대회 후 캄보디아 정부가 김을 북한에 넘길 가능성 피력. - 총영사는 일본 대사 주최 신임 영국대사 환영 만찬에 참석, 구리노 참사관으로부터 캄보디아 외무성이 김을 북으로 보내지 않고, 각의에서도 그런 의견이 나왔다는 내용을 전함.[13] - 한국 외무부 차관이 주한 일본 대사에게 강력히 항의하고, 서울의 일본어 방송에서 외교관 이름과 내용이 자세히 보도된 것에 유감의 뜻을 표함.
12/14	- 최 부영사 보안성 특별경찰국장 방문, 경찰국장은 김이 13일 오전 외무성에 인계된 사실을 전함. - 한 총영사 론놀 수상 방문.

사건의 흐름을 보면 일이 틀어져 버린 것은 12월 8일 오전의 상황들이었다. 한국 총영사 관저를 찾아온 김귀하가 일본대사관으로 향하면서 사건의 방향은 결정되었 다. 초기 보고에는 그가 총영사 관저를 방문했을 때는 총영사의 중국인 부인과 가정 부만 있었기 때문에 의사소통이 되지 않았고 배가 고파 식사를 청했지만 대접해 주 지 않아 떠나게 된 것으로 알려졌다.

하지만 이는 잘못 알려진 것으로 이 시간대에 총영사는 사건 해결을 위해 일본대

존중하여 정치 망명자로 취급할 경우에만 인도적 입장에서 이 문제를 다룰 수 있음'이라고 하였 는데 캄보디아 정부는 김의 의사 여하에도 불구하고 그를 단순히 북괴선수단의 이탈자로 취급하 면서 인도적, 법적 고려에 앞서 이를 정치적 입장에서 해결하고자 한 것이라고 하였다. 즉, 인도 적 입장의 '정치적 망명'이라는 성격을 부여하지 않겠다는 것이다.

12) 시아누크의 숙모. 하지만 고령으로 인해 실질적 권력은 부총재가 가지고 있었다.

13) 보고서에서는 구리노의 전언과는 정반대의 내용인 (이 사실은 캄보디아 정부가 김을 북괴에 넘 기기 위한 결정을 한 것으로 보임)이라고 괄호를 쳐서 보고하였다. 일본 외교관들은 여러 번에 걸친 거짓말을 하면서 혼선을 야기했다.

사관을 방문 중이었고, 총영사 부인은 김귀하임을 알아채고 급하게 남편에게 연락했지만 전화가 되지 않아[14] 시클로를 타고 총영사관으로 갔다고 한다. 또한 가정부는 그에게 홍차와 빵을 대접했지만 그는 이를 거절하고 물을 요청했다. 불안하고 초조한 기색이던 그는 결국 몇 분만에 관저를 떠나 일본대사관으로 향했고, 캄보디아인의 안내를 받아 한국 영사관으로 가는 도중 경찰에게 체포된 것이다.

그런데 총영사의 부인과 가정부가 중국인이라는 사실은 훗날 한국 국회 본회의에서 논란거리가 되었다. 결혼이라는 개인적 결정에 국적이 장애가 되는 것은 아니지만 외교관이라는 특수 직업군에서 적어도 배우자의 어학 실력은 중요한 일이고, 특히 김귀하 사건에서는 언어 불통이 문제가 되었음을 알 수 있다.

한국 정부는 캄보디아 정부와 일본, 우방국 대사 등을 통한 외교 활동 외에도 국제적십자 위원회(이하 국적, ICRC: International Committee of the Red Cross)를 통한 해결 노력도 함께 추진하였다. 김귀하 사건은 1959년부터 시작된 이른바 '귀국사업(북송사업)'과 직접 관련이 있고, '인도주의' 명분으로 사업을 주도적으로 추진했던 국적 측의 영향과 역할을 기대했기 때문이었을 것이다. 하지만 국적은 캄보디아 적십자의 부총재의 '인도적 문제지만 정치적이기도 하다'는 입장과 같은 태도를 보였다.[15]

주제네바 대사는 12월 16일 국적 상임이사(Executive Director) 갤로핀을 방문하였지만 갤로핀은 선약을 이유로 만남을 미루었다. 긴급한 면담 요청에 의전상 문제가 있었는지 알 수 없지만 국적이 이 문제에 우선순위를 두지 않았다는 일면은 엿볼 수 있다. 후에 성사된 만남에서도 국적 측은 김귀하의 강제송환은 유감이라는 표현에만 그쳤다. 국적 총회의 결의에 따르면 국적은 각 회원에게 duty(의무)를 이행토록 요구하는 것으로 그 활동 범위가 제한되어 있으며 "<u>정치적 성격이 개재된 사건이 발생하면 더욱 활동이 제한된다</u>"[16]고 하면서 사건 개입의 의사가 없음을 밝혔다.

국적이 정치적 사안에 거리를 둔다는 것은 사실이지만 정치적 성격이 분명한데도 사안에 따라 '인도주의'를 표방한 활동은 적지 않았다. 그들이 적극 나선 '재일동포 북송' 사업 역시 그러한 것임에도 불구하고 이에서 파생된 김귀하 사건에 대해서는

---

14) 캄보디아의 통신 인프라가 열악해 전화가 불통되는 일이 잦았다고 한다. 공교롭게도 이날 이 시간이 그러했다.
15) 사건 발생 이후 캄보디아 적십자와 국적 사이 상의가 없었다고 보기 어렵다. 하지만 국적 담당자는 일정과 교통 사정을 이유로 업무를 미루었고, 사건 종결 이후에는 출장의 이유가 없어졌다면서 캄보디아를 방문하지 않았다.
16) 밑줄은 원문 그대로 인용.

오불관언의 태도를 보인 것은 국적의 한계 내지는 책임회피라고 하겠다. 이 보고서는 주제네바 대사의 "금일 본직이 요청한 ICRC의 사후 조치에 대해서도 조심성 있는 대답으로 대하였다는 점으로 보아 이후 ICRC에 보다 강경한 조치는 요청할 수 없을 듯함"이라고 마무리되었다.

본 보고서에는 이 사건이 성공하지 못한 원인을 (1) 시아누크의 기본외교정책 (2) 북괴와의 관계 (3) 일본대사관의 졸속과 미온적 태도 등으로 분석하였다. 김이 송환당한 이후인 12월 14일 한국 외교관들을 만난 론놀 수상은 김귀하가 '중국에는 북으로 돌아갈 것을 결심했다, 우리 정부는 그의 의사를 존중했다'고 확인하기 어려운 내용을 전달했다. 그는 이 사건을 '조그마한 일'로 치부하면서 이 일로 양국간의 우의에 지장을 초래하지 않기를 원한다는 모순된 의견을 피력했다.

사건이 종료된 이후 홍종철 당시 공보부 장관은 이 사건에 대해 "일본 정부가 당초 망명(요청) 처리에 즉각적인 행동을 기피하였음은 매우 유감스러운 일"이며 "정치적 이해관계 때문에 존엄한 자유인의 권리를 희생시킨 캄보디아 정부의 처사는 인도주의적 입장으로 보아서도 도덕적 최악"이라고 이 사건에 관한 일본과 캄보디아 정부의 대처를 비난하였다.

시아누크가 사건 종료 후 김의 아내 요시에에게 보낸 전문도 본 문서에 첨부되어 있다. 시아누크는 도움을 요청한 그녀에게 '비통한 가족 문제에 대하여 깊이 동정하는 바'라면서 '애석하지만 본인의 힘으로는 어쩔 수 없는 것'이었다고 하였다. 또한 자신은 '귀하의 가혹한 사정을 충분히 이해'하고 있으며 '심심한 유감과 동정의 뜻을 전할 수 있고 신이 귀하의 기도에 무심히 않으며 귀하의 정당한 소원이 조속히 성취되기를 바라는' 자신의 '열렬하고 진지한 희망이 전달'되기를 원하고 있다고 마무리하였다. 사건 당시 각국 외교관들과 캄보디아의 관련 인사 모두가 최종 결정자는 시아누크라는 일치된 의견을 피력했음에도 이 전문은 시아누크의 책임회피적 표현으로만 점철되어 있다.

문서철의 가장 말미에는 사건 발생 반년 정도가 지난 1967년 7월 15일자의 보고이다 국적 동경주재 대표인 테츠 박사는 김귀하의 아내 안도 요시에와 자녀 2명은 5월에 니이가타에서 수송선 편으로 북한으로 떠났다고 전했으며 일시 여행이 아닌 북한에서 살기 위하여 간 것 같다는 의견을 밝혔다.

한편 본 문서철에 등장하지는 않지만 한기봉 총영사는 사건 직후에 사표를 제출하였다.[17] 정부는 국가공무원법 제73조 2의 1항 2호(직무수행능력이 부족하거나 직무성적이 극히 불량한 자)에 의거, 2월 1일자로 그를 면직 발령했다.[18] 또한 1967년 1월 캄보디아 총영사관은 폐쇄되었으니 김귀하 사건이 가져온 후폭풍은 한국 외교사에 있어 결코 무시할 수 없는 일이었다고 하겠다.[19]

▌관련 문서 ▌

북송교포 김귀하 망명기도 사건, 1966-67

---

17) (1966.12.19.) 『중앙일보』
18) (1967.01.25.) 『중앙일보』
19) 캄보디아와는 1970년에 다시 공식 외교관계가 수립되었으나 1975년 크메르루즈 집권 이후 공관이 철수되었고, 1997년에 외교 관계가 재개되었다.

북송교포 김귀하 망명 기도 사건, 1966-67

○ ○ ○

기능명칭: 북송교포 김귀하 망명 기도 사건, 1966-67

분류번호: 743.73CA/JA 1966-67

등록번호: 1996

생산과: 동북아주과

생산연도: 1967

필름번호: K-0004

파일번호: 01

프레임번호: 0001~0258

1. 외무부 공문(착신전보)

대한민국 외무부
번호 HS589(PTL006/2222-7)
일시 70050
수신시간 1966.12.8. AM11:49
발신 주푸놈펜[1]총영사
수신 장관

1. 당지 일본 대사관 KURINO 참사관이 금 12월 7일 16:00시경 본관을 방문하여 "김귀하" 북괴 복싱선수가 14:30시경 동대사관에 일본 귀환을 요청하여 왔음을 통보하여 왔음.
2. 동 참사관에 의하면 동 선수는 재일교포직업 권투선수 출신으로 북송개입에 의하여 이북으로 갔던 자로 추정되고 대한민국 국민등록증도 소유하고 있어 당관에 연락한 것이라고 함.
3. 또한 동 참사관에 의하면 동 선수는 일본으로 귀환이 불가능하다면 아국에라도 귀환하겠다는 의사표시를 하였다고 함.
4. 동인에 대한 조치 문제는 당지 일본대사관에서 검토 중에 있어 당관은 동대사관과 연락 하에 금후 행동할 것이나 동인에 대한 조치는 주재국과 상의 하에 검토되어야 할 것으로 사료됨.
5. 김귀하는 12월 7일자로 현재 일본 대사관원 사택에 보호되고 있음.

2. 외무부 공문(발신전보)

대한민국 외무부
번호 WPP-1203
일시 081630
발신 외무부 장관

---

1) 프놈펜

수신 주푸놈펜총영사

대: PPW-1202

1. 귀하의 "가네포"경기에 있어서의 활동을 치하함.

2. 망명을 요청하여 온 "김귀하"는 대한민국 국민등록증을 소지하고 있는 자로서 당연히 한국으로 귀환하여야 하는 바 귀하는 최선을 다하여 한국 귀환을 실천토록 조치하시기 바라며,

3. 만일 주재국 정부와의 관계상 여의치 못할 경우에는 기술적인 귀환 방법으로 현지 일본 대사관과 접촉하여 표면적으로는 일본에 귀환케, 실제적으로는 한국으로 귀환하도록 조치하시기 바람. (외정보)

3. 총영사 보고

번호 PPW-1203
일시 1966.12.7.
발신 총영사

1. 북괴선수단의 김귀하 권투선수는 일본대사관으로 망명 요청함. 일본으로 귀환하던가 한국으로 귀국을 요청했다 함. 김은 재일교포 국민등록증을 소지하고 있다 함.

2. 현재 일본 대사관 소노야마 서기관 집에 피신 중임.

3. 일본 대사관 구리노 참사관이 18:30시 한총영사에게 이 사실을 통보하여 왔음.

4. 19:30시 218 및 이종업 영사가 김에게 망명 결심을 굳게 하기 위해 접촉코자 노력하고 있음.

5. 20시 현재 일본 대사관은 주재국 정부에 동 사실을 통보하지 않고 있음.

4. 외무부 공문(발신전보)

대한민국 외무부

번호 WJA-12113
일시 081830
발신 외무부 장관
수신 주일대사

　　1. 주푸놈펜 총영사로부터의 보고에 의하면, 12.7. 16시경 일본 대사관 "구리노" 참사관은, 동 총영사를 방문하고 가네포 대회 북괴선수로 참가한 "김귀하"(재일교포 직업권투선수 출신)가 12.7. 14:30분경 일본대사관에 일본 귀환을 요청하여 왔으며 일본으로의 귀환이 불가할 시에는 한국으로 귀환하고 싶다는 의사를 표명하여 왔으므로 현재 동인을 동 대사관원 사택에 보호하고 금후의 동인의 조치문제를 검토 중에 있어 주푸놈펜 총영사관도 일측과 긴밀히 연락하여 행동 중이나, 동인에 대한 조치는 궁극적으로 주재국과 상의하여 검토되어야 할 것이라는 의견이라 함. 그 후 보고에 의하면, "캄"국[2) 국가원수의 지시라 하여 동국 정부 당국에서 동인을 즉시 캄국 정부에 인도하여 줄 것을 일본 대사관에 요구하고 있다 하는 바, 만약 동 요구에 응하여 인도하여 주는 경우에는 동인을 북괴 측에 넘겨주게 될 것으로 추측됨에 따라, 아측으로서는 동 인도를 만류하고 있으며 만 부득이한 경우에는 본인의 의사에 따라 본건을 처리하겠다는 확인을 "캄"국 정부로부터 받도록 일측에 요청하고 있다고 함.
　　2. 귀하는 상기사실에 감하여, 일본정부 당국과 긴밀히 접촉하여, 이 사건은 원칙적으로 정치적 망명이며, 망명처를 "캄"국 정부에 구하지 않고 일본 대사관에 구하였다는 사실을 중시하여 첫째 동인을 여하한 경우에도 "캄"국 정부에 인도하지 않토록 하고, 동인의 원하는 망명처로 가기 위하여, 캄국을 출국할 때까지 일본대사관에서 동인의 신병을 계속 보호할 책임이 있음을 강조하고 이에 대한 일본 정부의 협조를 요청하시고 그 진전 상황을 계속 보고하시기 바람.

5. 외무부 공문(착신전보)

대한민국 외무부
번호 PPW-1204(PTL 142/2222-7)

---

2) 캄보디아

일시 080300
수신시간 1966.12.8. PM4:25
발신 주푸놈펜총영사
수신 장관

1. 하기 내용을 중앙정보부장에게로 긴급 연락바람.

2. 23:40시에 일본 대사관 구리노 참사관이 당관을 방문하여 외무성 차관대리 및 치안국장이 일본 마루타 대사에게 시공[3]의 명령 이하에서 김귀하 신변을 즉시 인도 해줄 것을 정식으로 요청했다 함.

3. 김의 신변은 원래 피신처에서 모처로 옮겼다고 하며 일본 대사관 입장으로서는 시공의 정식 요청에 부득이 응하여 김을 주재국 당국으로 인도할 수밖에 없다 하였음.

4. 당관으로서는 우선 8일 아침까지 신변인도를 하지 말 것을 요청하였음.

5. 당관은 8일 일본대사를 방문 만일 신변을 인도하는 경우 주재국이 본인에 대한 금후 취급에 있어 본인의 의사를 존중하는 조치를 하였다는 확인을 일본대사관이 받을 것을 요구하였음.

6. 현재까지의 정세를 판단해볼 때 주재국 당국은 김을 인수받은 후 본인의 의사 여하를 막론하고 북괴 가네포 대표단의 최후 철수일자인 12월 13일전에 북괴 측에 인계할 공산이 다분함.

7. 당시 씨론[4] 대사관이 당관과 적극 협조하였음. 일본 정부에 대한 교섭 취소당함.

6. 외무부 공문(착신전보)

대한민국 외무부
번호 JAW-12151
일시 082148

---

3) 시아누크공
4) 실론, 스리랑카의 옛 이름.

수신시간 1966.12.9.
발신 주일대사
수신 장관

　　대: WJA-12113

　　대호지시에 따라 우선 오정무 과장이 외무성 노다 북동아과장과 금 8일 하오 10시경 접촉하고 아측 입장을 전달하였음. 노다과장은 아직 전혀 모르고 있다고 말하면서 우선 사실관계를 내부에서 조사해보겠다고 말하였음. (아북)

7. 외무부 대통령 보고사항

발송일시 1966.12.9.
발신 외무부장관
수신 대통령
제목 가네포 대회 참가 북괴선수의 정치적 망명에 관한 보고

　　다음과 같이 報告 합니다
　　1. 사건의 전말
　　　　(가) 12.8. 주프놈펜 총영사로부터의 보고에 의하면 12.7. 16:00경 일본대사관 "구리노" 참사관이 동 총영사를 방문하고, 가네포 대회 참가 북괴권투선수 "김귀하"(재일교포 직업권투선수 출신)가 12. 7. 14:30경 일본대사관을 찾아 일본으로의 귀환을 요청하고, 일본으로의 귀환이 불가할 시에는 한국으로 귀환하고 싶다는 의사 표명이 있어 동인의 신병을 일본 대사관 관원 사택에 보호 중으로, 동인의 금후처리를 검토 중이라고 말하였으며, 이에 따라 주프놈펜 총영사 관측도 일측과 긴밀한 연락으로 행동 중이나, 동인에 대한 조치는 궁극적으로 주재국과 상의하여 검토될 것이라 함.("김귀하"는 일본명 가네다, 모리오(金田森男)로서 지난 4월 북송된 바, 그에 앞서 본국에서 권투시합을 가질 예정이었음.)
　　　　(나) 12.7. 23:40경 "구리노" 참사관은 재차 우리 공관을 방문하고 주재국 외무성 차관대리 및 치안국장이 일본 "다무라" 대사에게 "시하누크" 원수의 명

령이니 조속히 동인의 신병을 인도해 줄 것을 요청해 왔으므로, 일본 대사관은 당초의 피신처에서 모처로 옮겼는 바, 주재국 원수의 정식 요청에 부득이 응하여 동인 신병을 인도할 수밖에 없는 입장이라 함. (제1회 가네포 대회는 11.25.12.6에 개최됨)

(다) 현지 공관의 판단으로는, 일본 대사관이 동인의 신병을 주재국에 인수하면 본인의 의사 여하에 불구하고 북괴 가네포 대표단의 최후 철수일자인 12.13 이전에 북괴 측에 인게[5]할 공산이 다분이 있다 함.

2. 우리 정부가 취한 조치

(가) 주프놈펜 총영사는 사태의 중요성에 감하여 본국 정부에 즉시 보고함과 동시에 12.8. 일본대사를 방문하고 만일 동인의 신병을 인도하는 경우에는 주재국이 동인에 대한 금후 취급에 있어 본인의 의사를 존중하는 조치를 하였다는 확인을 일본 대사관이 받아들일 것을 요구함.

(나) 현지 보고에 접하고, 우리 정부는 즉시 주프놈펜 총영사에게 동인은 대한민국 국민이며 본국으로 귀환할 의사를 명백히 한 이상 최종적으로는 우리나라로 귀환하도록 하되 캄국 출국 등 송환 편의상 일본 대사관 책임하에 우선 일차적으로 일본으로 데리고 오도록 일본 대사관에게 말할 것을 지시하는 일방 주일대사에게는 이는 정치적 망명으로, 동인의 희망하는 망명처가 "캄"국이 아니고 일본 대사관에 구한 것을 중시하여 동인이 원하는 망명처로 가기 위하여 "캄"국을 출국할 때까지 일본 대사관에서 동인의 신병을 계속 보호할 책임이 있음을 강조하고 이에 대한 일본 정부의 협조를 요청토록 지시하였음.

8. 외무부 공문(착신전보)

대한민국 외무부
번호 PPW-1205(PTL 217/2222-6)
일시 81421
수신시간 1966.12.9. AM9:14
발신 주프놈펜총영사

---

5) 인계

수신 장관

하기 사항을 중앙정보부장에게도 즉시 통보바람.

1. 이영사를 대동 8일 8:00시 일본 대사관으로 다무라 대사 및 구리노 참사관을 방문 김 신변에 관하여 협의함. 동 협의중 당관 직원이 출두 김이 본인 관저에 8:15시경 와 있다는 연락을 받았음을 보고 받았음.

2. 일본 대사관측과 협의를 통해 일본 대사관에서는 시공의 인도 요청도 있어 김을 그 이상 보호할 형편이 못 되어 김에게 주재국 당국 또는 당관에 갈 것을 권유한 인상을 받았음.

3. 김을 면접코저 당관 직원을 관저에 파견하였으나 김은 도착 몇 분 후에 자의로 관저를 떠났음을 알게 되었음.

4. 현재 김의 행방은 자유진영 대사관 또는 기타 장소에 피신 13일 북괴 대표단 출발을 대기하고 있는 것으로 추측되나 확실한 정보는 일체 없음.

9. 외무부 공문(착신전보)

대한민국 외무부
번호 PPW-1207(PTL 48/2222-11)
일시 82218
수신시간 1966.12.9.
발신 주푸놈펜총영사
수신 장관

하기를 중앙정보부장에게도 긴급 통보 바람.

1. 본인은 8일 12:00시 호주 대사를 방문 김귀하 사건처리에 있어 구원을 요청함. 동 대사는 본건 처리는 주재국 의향 여하에 전적으로 의존되며 시공이 북괴를 돕겠다는 방침이 확고하면 누구도 어찌할 도리가 없다고 하였음.

2. 일본 대사관 "소노야마" 서기관이 13:00시 당관을 방문, 김이 ○○○○[6]과

---

6) 원문 그대로 인용

같이 동 대사관을 떠난 후 10:30시경 주재국 경찰에 체포되었음을 통보하여 왔음.

3. 당관에서는 이영사 및 최부영사를 외무성에 파견, 외무차관 대리를 맞나[7] 본건 처리에 있어 주재국이 동인의 의사를 충분히 존중하는 조치를 취하여 줄 것을 요청하였던 바 차관대리는 김의 체포에 관해 아는 바 없으나 조사 후 연락하겠다 하였음. 차관대리 태도에서 김은 이미 북괴 측에 인도된 것으로 추측됨.

4. 당관은 본건 처리에 있어 주재국과의 우호관계 유지를 염두에 두고 김의 한국으로의 망명의사가 확인되면 이를 성취토록 노력하였음.

5. 동인이 이미 주재국 관헌에 체포되어 당관으로서는 3.항의 조치를 취하게 된 것인 바. 김이 북괴와 긴밀한 관계에 있는 캄보디아에서 가네포 망명을 시도한 것이 성공을 어렵게 한 것임.

10. 외무부 공문(착신전보)

대한민국 외무부
번호 PPW-1208(PTL 36/2222-11 HS806)
일시 082217
발신 주푸놈펜총영사
수신 외무부 장관
참조: 중앙정보부장

　　연 PPW-120□로 보고한 바와 같이 시공의 강경책 및 일본 대사관의 소극적인 협조로 김의 망명은 불가하게 되어 북괴로 돌아갈 것이 거이 확실시됨. 황청 및 이재학은 12월 9일 방콕으로 향발하겠음.

11. 외무부 공문(발신전보)

대한민국 외무부

---

7) 만나, 이후에도 '맞나' 혹은 '맛나'로 표기되고 있음.

번호 WPP-1205
일시 091315
발신 장관
수신 주푸놈펜총영사

    대: PPW-1205, 1208

    1. 대호, "김"이 8일 08:15경 귀공관 관저에 나타났다가 다시 본인 자의로 밖에 나가기까지의 상세한 경위를 조속히 보고 바람.

    2. 본국 정부로서는 주일대사를 통하여 "김"의 귀국을 실현하고저 최선의 노력을 경주하는 중에, "김"의 망명이 불가하게 되었다는 보고에 접하고 경악을 금할 수 없음.

    3. "김"의 현재 소재 위치를 정확히 재확인 보고하고, "김"의 신변에 불의의 변화가 발생하는 것을 방지키 위하여 귀공관 직원이 언제나 "김"의 소재 위치에 함께 있도록 하고, 귀지 주재의 가능한 제3국 대사관에 지급 사전 교섭하여 "김"이 원하는 망명처로 가기 위하여 "캄"국을 출발할 때까지 동 대사관이 신변 보호를 해줄 수 있도록 조치할 것.(아북)

12. 외무부 공문(발신전보)

대한민국 외무부
번호 WJA-12123
일시 091355
발신 장관
수신 주일대사

    1. 주프놈펜 총영사로부터의 추가 보고에 의하면, 8일 08:15시 "김"이 일본 대사관 보호에서 벗어난 사실이 밝혀졌으며, 동일 8:00시 우리 총영사가 일본 대사를 방문 면담 시 일측은 "캄"국 원수의 요청도 있어 "김"을 더 이상 보호할 형편이 못되어 "김"에게 주재국 당국 또는 아국 공관에 가도록 권유한 인상을 받았다 함.

2. 상기 사실에 감하여, 귀하는 일본 정부에 대하여 동사실에 대한 해명을 구하고, 그것이 사실이라면, "김"이 본인 자유의사에 의한 망명처로 갈수 있을 때까지 일본 대사관은 계속 보호하였어야 함에도 불구하고, "김"이 일본 대사관 밖으로 나가게 하는 것은 비인도적인 처사일뿐더러, 심히 유감스러운 처사라 하지 않을 수 없음을 지적하고 그 시정책을 강구토록 강력히 요청하시고 그 결과를 보고하시기 바람(아북)

13. 외무부 공문(발신전보)

대한민국 외무부
번호 WPP-1206(PTL-19)
일시 091830
발신 장관
수신 주푸놈펜총영사

대: PPW-1207
1. 주일대사의 보고에 의하면, 본 사건에 대하여 일측은 12.7. 18:00경 "김"이 미안한 생각에서 자의로 일본 대사관에서 나갔으며, 12.8. 10:00경 재차 일본 대사관에 나타나 한국 총영사관에 갔으나 배가 고파서 나왔다가, 길을 잃어 다시 찾아 왔으나, 한국으로 돌아가기를 원한다 함으로 동대사관 고용원인 캄보디아 여인에게 딸려 한국 총영사관으로 가는 도중 "캄'국 경찰의 신문을 받고 연행되었다는 바, 시간상으로나, 일본 대사관 보호에서 벗어나게 된 동기, 귀하 관저에서 나오게 된 이유 등에 있어 귀하의 보고와는 차이가 있으니 상기 일측이 말하는 부분의 사실여부를 확인보고 바람.
2. 현재 "김"의 신병이 "캄'국 경찰의 장악 하에 있음에 비추어, 귀하는 공식 경로를 통하여 "캄'국 정부, 가능하면 "시'공과 직접 접촉하여 "김"이 희망하는 망명처로 보내야 하며 인도적인 견지에서 여하한 경우에도 "김"의 신병을 북괴에 인도해서는 안되며, "김"의 북괴 인도는 "김"에 대한 죽임을 의미하는 것임을 강조하여 본인의 자유 의사에 의한 희망 망명처로 보내주도록 설득함에 귀하의 전 역량을 발휘하여 교섭할 것. "캄'국 정부, 가능하면, "시'공을 전기 방향으로

설득하여 "김"을 여하한 경우에도 북괴로 인도하지 않토록 해야 할 것이나 우선 "캄"국 정부에서 계속 보호토록 하여 전략상 시간을 엄도록[8] 함도 필요할 것이며 본건 해결을 위해 "캄"국 원수에 영향을 미칠 만한 "캄"국 주재 외교사절의 긴급 측면 협조를 받도록 하는 동시에 지체없이 본부에 보고하면 동 대사 본국 정부에도 거듭 협조를 요청할 수 있을 것임.(아북)

14. 외무부 공문(착신전보)

외무부
번호 JAW-12160
일시 091357
수신시간 1966.12.9.
발신 주일대사
수신 장관

김귀하 선수 망명 기도 건: 대: WJA-12114
1. 금조 10:30 안광호 공사는 외무성에 "오가와" 아주국장을 방문하고 위 건에 관하여 아측 정보를 말하고, 일측의 정보와 이에 대한 일측의 태도를 문의하였음. 동 회담에는 아측에서 한창식 서기관이 일측에서 "노다" 북동아과장이 동석함.
2. "오가와" 국장의 사건 경위에 대한 설명은 다음과 같음.
가. 7일 오후 2:30분경 김선수가 일본 대사관에 와 자기는 일본에 가고 싶다, 북한에는 가기 싫다. 한국측에도 연락 바란다고 요청했다 함. 일측은 우선 이를 한국 총영사께 연락함.
나. 동일 오후 6시경, 김선수는 자기 때문에 일본 대사관에 폐를 끼치는 것이 미안하다 하여 일본 대사관을 나갔다 함.
다. 8일 아침에 한국 총영사가 일본 대사관을 방문하여 김귀하 건의 협력을 요청했음
라. 동 8일 10시경 김선수가 재차 일본 대사관에 나타나 한국 총영사관에 갔었

---

8) 없도록

으나 배가 고파서 나왔다가 길을 잃어 일본 대사관에 다시 왔다고 하고 그러나 자기는 한,국 총영사관에 가고 싶다고 했다 함. 일측은 이에 대하여 동대사관에 고용되어 있는 "캄보디아"인을 딸려 한국 총영사관으로 보냈다 함. 김선수와 캄보디아인이 아국 총영사관으로 오는 도중, 캄보디아 국가 경찰에게 심문을 당하여 결국 동국 국경 본부로 연행되었다 함. 김선수는 그 자리에서도 자기는 한국에 가고 싶다고 주장하여 캄보디아 인은 이를 통역해 주었다 한다. 그러나 한편 전날인 7일 저녁때 캄보디아 외무성 차관으로부터 일본대사께 김선수가 일본 대사관에 있으면 자국 정부로 넘겨 달라는 요청을 해왔다고 한다 하며, 그러나 이때는 김선수가, 동 대사관은 나가고 없었다 함.(이 부분에 대하여는 오가와 국장은 회담이 거의 끝날 무렵에 간단히 부언하였음.)

마. 오가와 국장은 이상이 8일 아침 10시까지의 일측 보고 내용이라 하면서, 김선수는 현재 캄보디아 국가 경찰 장악 하에 있을 것으로 안다고 함. 캄보디아 일본 대사관측은 이 사실을 아국 총영사께 연락하였다 함.

3. 안공사는 7일 캄보디아 측이 일본 대사에게 김선수의 인도를 요청한 것은 북괴 측의 공작이 있었것이[9] 아니겠는가고 한데 대하여 동국장은 그럴 수도 있으나 잘 모르겠다고 함. 또한 안공사는 8일 아침에 김선수가 일본 대사관을 재차 찾아왔을 때 캄보디아 여인을 딸려 한국 총영사관으로 보낸데 대하여 일본 측은 이미, 캄보디아 측의 요청도 있어 사건의 중요성을 인식하고 있었을 것인데, 캄보디아 여인을 딸버 들려 본낸[10] 것은 좀 잘못된 것으로 지적해 둠

아가와[11] 국장은 일측도 할 수 있으면 한국 측에 협조할 수 있었을 것이나, 김선수가 캄보디아 정부 장악 하에 있는 현재로서는 어떻게 할 수 없는 것 같다고 하고 캄보디아는 지역적으로 멀고, 일본도 캄보디아에서는 일반 전신 케이불을 요청하여 방콕을 통하여 보고를 하고 있는 형편임으로 보고가 지연되고 있다고 함.

4. 이상에 대하여 당관으로서는 일본 대사관측이 김선수를 한국 총영사관에 돌려보내게 된 계기가 방법에 대하여 좀 더 사실 파악이 필요한 것을 보며, 아측 총영사관에 대하여도 일측 설명이 사실인자를 확인할 실요[12]가 있을 것으로 사

---

9) 있었던 것이
10) 딸려 보낸
11) 오가와
12) 사실인지를 확인할 필요

료 함.

당대사관으로서는 계속 동 건에 대하여 일측과 접촉할 것인바, 의견에 대한 지시 사항 있으면 회시바람.

(주일정-외아남, 외아북)

15. 외무부 대통령 보고사항

번호 外　　號

일시 1966.12.9.

발신 외무부 장관

수신 대통령

제목 가네포 대회 참가 북괴선수의 정치적 망명에 관한 보고

다음과 같이 報告합니다

1. 외850호에 관련한 공문입니다.

2. 사건의 그 후 진전

　　가. 주푸놈펜 총영사로부터의 추가 보고에 의하면, 12.8. 08:00시 동 총영사가 "김"의 신변에 관하여 협의 차 일본 대사를 방문 중에 "김"이 동일 08:15시경 우리 총영사관 관저에 왔다는 연락에 접하여 "김"을 면접코저 직원을 급파한 바, "김"은 도착 몇분 후에 자의로 동 관저를 떠났다 하며, 상기 일측과의 면담시에 일측은 "캄"국 원수의 인도 요청도 있어 "김"을 더 이상 보호할 형편이 못되어 "김"에게 주재국 당국 또는 한국 총영사관에 갈 것을 권유한 것으로 보였으며 "김"이 일본 대사관을 나와 우리 총영사관 관저에 들렸다 행방을 감춘 것으로 "김"은 자유진영 대사관 또는 기타 장소에 피신하여 12.13 북괴대표단 출발을 대기하고 있는 것으로 추측된다 함.

　　나. 그 후 "캄"국 원수의 강경책 및 일본 대사관의 소극적인 협조로 '김'의 망명은 불가능하게 되었다는 보고에 접하고 있음.

3. 우리 정부의 외교적 노력

　　가. 현지 보고에 접하고, 우리 정부는 즉시 주푸놈펜 총 ▢▢▢건의 상세한

경위를 보고케 하는 일방, "김"의 현재 소재위치를 정확히 파악하여 "김"의 신변에 불의의 변화가 발생하는 것을 방지하기 위하여 우리 공관 직원이 항상 "김"의 소재 위치에 함께 있도록 하고, "캄"국 주재의 가능한 제3국 대사관에 긴급히 사전 교섭하여 "김"이 원하는 망명처로 가기 위하여 "캄"국을 출발할 때까지 동 대사관이 신변을 보호해 주도록 조치할 것을 지시하였음.

　　　나. 또한 주일대사로 하여금 일본 정부에 대하여 "김"이 일본 대사관 보호를 벗어나게 된 사실에 대한 해명을 요구하고 "김"이 본인 자유의사에 의한 망명처로 갈 수 있을 때까지 일본 대사관이 계속 보호하여야 함에도 불구하고 "김"이 일본 대사관 밖으로 나가게 했다는 것은 비인도적인 처사일 뿐만 아니라 심히 유감스러운 처사라 하지 않을 수 없음을 지적하고 그 시정책을 강구토록 강력히 요청토록 할 것을 지시하였음.

16. 김귀하 사건 경위

	일시 및 장소		사건내용	비고
12.7	14:30경	일본 대사관	망명을 요청함	
〃	16:00경	우리 총영사관	"구리노 참사관이 "김"의 망명 기도 건을 알려옴	"김"은 "나까가와" 1등 서기관 집에서 머뭄
〃	18:00경	우리 총영사관 및 관저주위	주재국 경찰이 감시	
〃	18:30경	일본대사관	"김"이 미안하게 생각한다고 자의로 나갔다 함.(일측 진술)	
〃	23:30경	우리총영사관	"구리노"참사관이 재차 찾아와서 주재국 외무차관대리 및 치안국장이 가네포 관계 리셉숀에서 "김"의 인도를 요청하였다 함. (리셉숀 후 동 차관대리는 나까가와 서기관 집에 들려 "김"이 없음을 확인함.)	? 아측이 "김"의 소재 위치를 확인한바, 일측은 "나까가와"집에는 없으나 연락할 수 있으며 이튿날 아침까지 안전하다고 하면서, 아측의 면접 요구를 거절함.
12.8.	08:00경	일본대사관	한총영사는 일본 대사를 방문 "김" 선수건 협의함.	
〃	08:15경	총영사관저	"김"이 나타났음.	? "김"은 총영사 식모방에서 필담을 나누고 물을 마신 후 자의로 나감.

〃	08:40	〃	?전화 불통으로 총영사부인이 공관에 알리고, 최, 이부영사가 일대사관에 있는 총영사에게 연락함.
〃	09:30 이전	우리총영사관	한총영사가 돌아와 직원회를 열음.
12.9.	09:30경	우리 총영사관	"김"이 떠난 것이 확인됨.
〃	10:00경	일본대사관	두번째 나타나서 한국 총영사관에의 안내를 요청함.(일측 진술)
〃	10:30경	일본대사관으로부터 200미터	일본 대사관 현지 고용원("캄"국 여인) 안내로 우리 총영사관에 향하다가 주재국 경찰에 체포됨.

17. 외무부 공문(착신전보)

대한민국 외무부

번호 PPW-1210(PTL 283/2222-14)

일시 91617

수신시간 1966.12.10. AM9:31

발신 주푸놈펜총영사

수신 장관

참조 중앙정보부장

　　김귀하는 12월 9일 오전 현재 주재국 경찰에 있다고 함. 한총영사 및 이영사는 김의 망명을 돕기 위해 계속 노력하고 있음.

18. 외무부 공문(착신전보)

대한민국 외무부

번호 PPW-1209(PTL 229/2222-23/H3962)

일시 091406

수신시간 1966.12.10. AM9:35

발신 주푸놈펜총영사
수신 외무부 장관
참조 중앙정보부장

1. WPP-1203 접수함.　　PPW-1204, 1205, 1207 참조 바람.
2. 12월 9일 구리노 참사관이 당관을 방문 김이 현재 동경에 살고 있는 동인 처자가 12월 20일 북송 출발 예정이므로 출발 중지하기를 희망하고 있었다 하였음. 본인은 이에 대해 일본측에서도 연락하는 것이 실효적일 것이라고 하였음. 일본복싱 협회 발행 신분증에 김의 영문 일본 명인 "가네다 모리오" 라고 함. 필요한 조치를 곧 취하여 주시기 바람. 김은 동경에서 권투 폐업 후 상업에 종사하였음. 부모도 있다고 함.
3. 김에 관하여 상급 주재국으로부터 하등 연락도 없음.

19. 외무부 공문(착신전보)

번호 PPW-1211(12.8.)
참조 중정부장

대: WPP-1204
S-100 및 207은 9일 13:30시 방콕으로 향발 함. 본부에서 방콕으로 지시 바람.

20. 외무부 공문(착신전보)

대한민국 외무부
번호 WP PPW-1212(PTL 71/2222-18)
일시 91334
수신시간 1966.12.10. AM11:□□
발신 주푸놈펜총영사

수신 외무부 장관

대: WPP-1206

1. 일본 측 기본방침이 김을 망명자로서가 아니라 단순한 입국 신청자로만 취급코자 하여 당초부터 도울 생각이 없었음. 따라서 일측은 발뺌하기에 편리한 보고를 동경에 한 것 같음. 김이 처자가 있는 동경으로 귀환할 것을 원하였다는 사실을 구리노가 시인하였음에도 대통경[13] 보고에는 단순히 당관을 찾기 위해 김을 몰기 위해 일 대사관을 찾았다고 외곡[14] 보고한 것임.

2. 10일은 공휴일이나 시공, 수상, 외상 중 가능한 인사를 자택에서 면회토록 최선을 할 것 임. 동시에 당지 불란서, 영국, 비율빈 대사를 각각 자택으로 방문 본건 협조를 기할 것인 바 본부에서도 조치바람.

21. 외무부 공문(발신전보)

대한민국 외무부
번호 WJA-12143
일시 101045
발신 외무부 장관
수신 주일대사

주푸놈펜 총영사 보고에 의하면 12.9. "구리노" 일본대사관 참사관이 동 총영사를 방문하고, "김귀하"가 현재 동경에 살고 있는 동인 처자가 12.20. 북송 출발 예정인 바 동 북송을 중지해줄 것을 희망하였다고 하오니, "김"의 가족에게 이 뜻을 전하여 북송을 중지토록 하여, 일본정부에 대하여도 "김"의 가족을 북송하는 일이 절대로 없도록 교섭하시고 그 결과를 보고하시기 바람(아북)

---

13) 대통령
14) 왜곡

22. 외무부 공문(발신전보)

대한민국 외무부
번호 WJA-12145
일시 101150
발신 외무부 장관
수신 주일대사

    대: JAW-12174
    1. 대호전문은 접하였음.
    2. "김귀하"가 당초에 일본 대사관을 찾어가서 망명을 희망하고 협조를 요청하였다가 자의든 아니든 동대사관 보호에서 벗어나 현재 "캄"국 경찰에 체포된 경위에 비추어, 인도적 견지에서는 물론, 일본의 도의적 책임에 비추어 귀하는 일본 정부에 대하여 여하한 경우에도 "김"을 절대로 북괴로 인도하는 일이 없이 "김"이 희망하는 망명처로 갈 수 있도록 한국정부와 교섭함에 있어 최대한의 측면적 협조를 다 하도록 강력히 요청하시기 바람(아북)

23. 외무부 공문(발신전보)

대한민국 외무부
번호 JAW-12174
일시 100838
수신시간 1966.12.10. 10:20
발신 주일대사
수신 외무부 장관

    대: WJA-12123
    연: JAW-12160
    1. 오정무 과장은 9일 하오 4시 40분 외무성 노다 북동아과장을 방문 대호 지시에 따라 정부 입장을 전달하고 일본 정부의 적극적 협력과 성의를 촉구하였음.

2. 노다 과장은 일본 대사관측에서 김선수에게 주재국 당국이나 한국 영사관에 가도록 권유한 것은 없다고 말하고 김선수가 구리노 참사관에게 한국 영사관에 알려 달라는 요청이 있어 동 참사관이 영사관을 방문하고 연락한 것이라고 말하였음.

3. 정무과장은 김선수가 북한을 탈출하기로 결심한 이상 그가 여하한 경우에도 북한으로 송환되는 일이 없도록 한국 정부가 노력하고 있음을 강조하고 여사한 목적 달성을 위하여 일본 정부가 최대한으로 협력해 주기를 바란다고 말하였음. 노다 과장은 즉시 상부에 아측 요청 내용을 보고하고 상의해 보겠다고 말하였음. 아측 타진에 대하여 일측은 본건에 대하여 일본 정부로서 캄보디아 정부에 요구한 것이 없다고 말하였음.

4. 본건 사건 경위에 관하여는 상기 면담에서 노다 과장으로서 다시 설명 받았는 바 지금까지 외무성이 설명한 바를 종합, 요약하면 다음과 같음.

　(가) 7일 하오 2시경 김선수가 일본 대사관 사무실을 방문, 마침 점심시간으로 직원이 없어 그간 그 길로 직원 주택인 제1 관사로 갔음.(2:30경)

　(나) 그곳에서 대사관 1등 서기관 "나까가와"를 맞나 처자가 일본에 있기 때문에 일본 가고 싶다고 말함. 또한 그곳에서 구리노 참사관을 맞났을 때 한국 영사관에도 알려 달라는 요청을 하였음. 동 참사관은 영사관을 방문, 연락함. 김선수는 나까가와 집에서 약 4일간[15] 머물고 있다가 너무 폐가 많았다는 말을 남기고 밖으로 나갔음.(구리노 참사관이 김을 맞났을 때 김선수는 주일 한국 대표부에서 발행한 "국적 증명서"를 소지하고 있었다 함.)

　(다) 7일 저녁("가네포"관계 리셉숀에서 캄보디아 외무차관 대리는 일본 대사 "다무라"에게 김의 인도를 요청해 왔음.(하오 10시 조금 전) 그걸로 일본 대사와 외무차관 대리는 함께 구리노 참사관 집을 방문하였으며 그곳에 함께 있던 "나까가와" 일등서기관은 외무차관 대리에게 김선수가 자기 집에 약 4시간 정도 있다가 나갔다고 설명하였음.

　(라) 8일 오전 8시 한국 총영사가 일본 대사관을 방문, 면담하고 있을 때 한국 영사관으로부터 김선수가 총영사 댁에 8시 지나서 왔다는 연락이 있었음.

　(마) 8일 오전 10시경 김선수가 일본 대사관(사무실) PREMISE 앞에 나타났으며 대사관 직원이 나가서 사정을 들었는 바 김은 한국 영사관에 갔다가 밖으

---

15) 원문에 4시간으로 지적되어 있다.

로 나와서 길을 잃었는데 한국 영사관으로 가겠다고 말하였으며 영사관으로 가 겠다는 말을 몇 번이고 되풀리[16]하였음. 김이 길을 모른다고 하기에 동 대사관 에 와 있던 일본인 학교 조수 "리"라는 사람이 김을 안내 영사관으로 가는 도중 "왓 로 푸 논"(지명?)에 이르러 캄보디아 경찰의 심문을 받았으며 김은 경찰에 대하여 한국 영사관으로 보내 달라고 몇 번이고 말했으나 언어가 통하지 않아 "리"가 통역을 하였던 바 그걸로 김은 경찰에 연행 되어 갔으며 "리"는 대사관에 도라와서 이상 사정을 보고 하였음. (주일정-외아북)

24. 외무부 공문(발신전보)

대한민국 외무부
번호 UNW-1267
일시 101535
발신 차관
수신 주국련[17] 대표부 외무부 장관

　　푸놈펜에서 일어난 북괴선수 망명기도 사건에 대하여 다음과 같이 보고합니다.
　　1. 12.7. 16:00시 "구리노" 일본대사관 참사관이 주푸놈펜 총영사를 방문하고 가네포 대회에 참가한 북괴권투선수 "김귀하"(일본 프로권투선수로 지난 4월에 북송됨)가 동일 14:30경 일본대사관을 찾어 망명을 희망하고 협조를 요청하였 다고 하였으므로 우리 총영사는 일본 대사관과 긴밀히 연락을 취하는 중 8. 08:00 우리 총영사가 "김"의 취급을 협의코저 일본 대사를 방문 중에, 8. 08:15 "김"이 우리 공관 관저에 나타났다는 연락을 받고 면접 차 직원을 급파한 바, 이미 "김"은 우리 공관에서 나간 후였었음.
　　2. 한편 주일대사 보고에 의하면, 일외무성 아세아국장은 본건 사실에 관해 말하기를, "김"이 7. 14:30에 일본 대사관에 나타났다가 4시간 후에 일측에 대해 미안하게 생각되여 나간다고 하였으며 8. 10:00에 재차 일본 대사관에 나타나 한국 총영사관에 갔으나 배가 고파서 나왔다가 한국총영사관에의 길을 잃었다

---

16) 되풀이
17) 국제연합, UN.

함으로 일본 대사관의 현지 고용원이 인도하여 한국 총영사관에 향하는 도중 "캄"국 경찰에 연행된 바, 당시에도 "김"은 한국으로 가고 싶다는 의사를 명백히 하였다 함.

3. 8. 08:00시 일본 대사관 우리 총영사가 면담시, 일측은 "시"공의 요청도 있어 "김"을 더 이상 일본 대사관에서 보호할 수 없어 주재국 정부 또는 한국 총영사관에 갈 것을 권유한 것으로 보이며, 동 면담 시 주재국이 "김"의 신병을 인도해 줄 것을 요청한다는데 대하여 아측은 만약 "김"의 신병을 인도시에는 주재국이 "김에" 대한 금후 취급에 있어 본인의 의사를 존중하는 조치를 하였다는 확인을 일본 대사관이 받도록 할 것을 요구함.

4. 현지 보고에 접하고, 본부는 즉시 주푸놈펜 총영사에게 "김"의 현재 위치를 확인하고, "김"이 희망하는 망명처로 갈 수 있도록 하되, 제1차적으로는, "캄"국을 떠날 때까지 일본 대사관의 책임 하에 "김"의 신병을 보호해 주도록 교섭할 것을 지시하고, 주일대사에게는 "김"이 희망하는 망명처로 가도록 하기 위해서 "김"이 "캄"국을 떠날 때까지 일본 정부가 "김"의 신병을 보호해 주도록 할 것을 지시하였음.

5. 그러나 "김"의 신병이 곧 북괴 측에 인도되려는 현재 정부는 주푸놈펜 총영사로 하여금 외교경로를 통한 교섭으로 최종적으로는 "김"이 희망하는 망명처로 가도록 해 줄 것을 요청하되, 우선 전략상 "김"을 "캄"국에 계속 있도록 하기 위하여 "캄"국 정부 당국에 교섭하는 일방. "캄"국 주재 외교사절을 통한 측면적 협조를 받도록 지시하고 있음. 동시에 주일대사에게는 일본 정부에 대하여 "김"이 당초 일본 대사관을 찾어 망명코저 협조를 요청한 사실에 비추어 인도적 견지에서뿐 아니라, 일본의 도의적 책임이 있음으로 여하한 경우에도 "김"이 북괴로 가는 일이 없이 "김"이 희망하는 망명처로 가도록 "캄"국 정부와 교섭함에 있어 일본 정부가 최대한의 측면적 교섭을 해줄 것도 지시 하였음.

6. 본건 추후 계속 보고 하겠음.(아북)

25. 외무부 공문(발신전보)

대한민국 외무부
번호 WJA-12154

일시 101600
발신 장관
수신 주일대사

      대: JAW-12192, 12194
      1. 대호 전문 접하였음.
      2. "김"선수 부인에게 알려서 국제 적십자 대표를 맞나도록 하시기 바람.(아북)

26. 외무부 공문(발신전보)

대한민국 외무부
번호 WJA-12157
일시 101930
발신 장관
수신 주일대사

      연: WJA-12154,
    다음에 의하여 일본 정부에 긴급 협조를 계속 요청하시기 바람.
    1. 이미 지시한 바와 같이 김귀하 망명 지연에 관하여는 일측에 도의적 책임이 있음을 누누히 강조하고 여하한 경우에도 동인이 북한으로 되돌아가게 되는 일이 절대로 없도록 일본 정부는 가능한 모든 경로와 방도를 총동원하여 캄보디아 정부에 강력하고 효과적인 영향력을 행사해야 할 것임.
    2. 일측은 "김"의 처가 북행의사 없음을 캄보디아 정부에 알리는데 끌칠 것[18]이 아니라 동녀가 의사를 변경하게 된 것은 자기 남편이 북한으로 돌아가기를 거부하고 자유를 찾아 망명을 결심함에 따라 부부가 재회하기 위한 인간 기본적인 권리에 의한 의사 변경임을 캄보디아 정부에 납득케 하여 "김"을 그의 자유의사에 의한 망명처로 보내도록(주일 캄국대사 및 주캄국 일본 대사를 통하여) 캄보디아 정부에 공식으로 요구케 할 것.

---

18) 그칠 것

3. 일본 정부는 일본 접십자사[19]가 국제적십자사(주일 국제접섭자사 및 동사 본부) 및 캄보디아 적십자사에 대하여 "김"의 망명이 성공되도록 본건 문제에 게입[20]하여 가능한 모든 조치를 취하도록 호소케 해야 할 것임.

4. "김"의 의처가 일본인이며, "김"이 일본 대사관으로 망명을 요청하였다는 사실 특히 "김"이 북송 되었다가 북한에서 견딜 수 없어 자유를 찾아 망명한 사실에 비추어 일본 정부는 물론 북송에 책임이 있는 일본 적십자사도 본건 망명 성공을 위하여 널리 국제 여론을 환기시킴에 전적으로 동원되어야 할 것임.

5. 우리나라 적십자사는 금일 국제 적십자사와 캄보디아 적십자사에 대하여 전기한 호소를(제3항) 전보로 행하였음을 참고로 알림.

27. 외무부 공문(발신전보)

대한민국 외무부
번호 WGV-1210(PTL-23)
일시 102330
발신 외무장관
수신 주제네바대사

귀하는 아래 사실(경위 및 현황)을 참고로 하여 즉시 귀지에 있는 국제 적십자사 본부를 방문코[21] 김귀하 망명 사건진상을 알리는 동시에 다음 각 항을 지적하면서 국제 적십자사가 본 사건에 개입하여 동인이 북한으로 돌아갈 것을 거부하고 정치적 망명을 결심한 이상 캄보디아 정부가 여하한 경우에도 그를 북한으로 되돌리 보내지 못하도록 하고 그가 자유의사에 의한 망명처로 갈 수 있도록 국제 적십자사가 강력하고 효ㄱ.ㅏ적인[22] 영향력을 행사하며 가능한 모든 조치를 긴급히 취하여 주도록 정식으로 요청하시고 그 결과 및 국적 측의 반응을 보고 바람.

---

19) 적십자사
20) 개입
21) 방문하고
22) 효과적인

1. 김귀하는 북한으로 돌아갈 것을 거부하고 그의 순수한 자유의사로 정치적 망명을 결심코 이를 일본 대사관에 요청하였다는 사실

2. "김"은 캄보디아 관헌에 의하여 체포 억류 중임. 현재도 계속하여 북행을 거부하고 그가 선택한 망명처로 보내줄 것을 강력히 요구하고 있음.

3. 자유의사에 의한 정치적 망명은 세계인원선언[23)]에서도 그 근거를 찾아볼 수 있듯이 인간의 기본 권리로서 캄보디아 정부가 이를 임의로 다르게 강제할 수 없는 것이며 이는 여하한 경우에도 존중되어야 할 것임.

4. "김"은 대한민국 재일국민으로서 금 4월 북송되어 갔다가 북한에서 견디지 못하여 정치적 망명을 하기에 이른 사람으로서 재일한국인 북송에 있어 일력을 담당하여 나온 국제 적십자사도 "김"의 북송에 대한 책임이 있는 만큼 이번 "김"이 자유의사에 의하여 선택한 망명처로 안전하게 갈 수 있도록 협조하여 줄 도의적 책임이 있음.

5. "김"의 처자(처와 2명의 자녀. 부모 및 많은 친척이) 현재 일본에 거주하고 있는 바 평소에도 북행의사가 없었든 "김"의 처는 남편의 망명 사실을 알고 금일 일본정부 주일 한국대사관. 주일 국제 적십자사 등을 찾아가 자기는 북한으로 갈 생각이 아애[24)] 없다는 사실을 통보하는 한편 그의 남편을 절대로 북한으로 되돌려 보내면 않되며 그가 희망하는 망명처로 보내주도록 호소하였음.

6. 금 10일 우리나라 적십자사는 국제 적십자사 및 캄보디아 적십자사에 대하여 "김"을 북한으로 되돌려 보내는 일이 없도록 하고 그가 희망하는 망명처로 갈 수 있도록 모든 조치를 강구해줄 것을 요청한 바 있음.

경위 및 현황

지난4월 일본으로부터 북송되어 간 재일교포 권투선수 "김귀하"는 현재 캄보디아 푸놈펜에서 개최중인 "GANEPO GAMES"에 북괴 일원으로 참가 중 12월 7일 주푸놈펜 일본대사관에 정치적 망명을 요청하여 "동 대사관 관헌저택에 보호 되어 있다가 일본 대사관 보호에서 벗어나 현지 주재 아국 총영사관으로 가는 도중 캄보디아 경찰에 심문을 받고 동 경찰본부로 연행되여", 현재 캄국 정부와[25)] 억류 하에 있음

---

23) 세계인권선언
24) 아예

(코테이숀 부분은 일본 측 설명인 바 일본 대사관 보호에서 벗어나 캄국 경찰에 체포되기 까지의 경위에 있어 석연치 않는 점이 많으나 이는 현재 알아보고 있는 중임)

이에 앞서 7일 저녁 캄국 정부는 시아누크 국가원수 지시라 하여 캄국 정부에 "김"을 인도하도록 일본 대사관에 대하여 집요하게 요구한 바 있다고 하며 그 저의는 "김"을 북괴로 인도 하려는데 있는 것으로 추측되고 있었음

정부는 현재 주푸놈펜 총영사관으로 하여금 캄국 정부에 대하여 김을 절대로 북한으로 되돌려 보내서는 않되 그의 자유의사에 의한 망명처로 보내도록 강력히 교섭케 하고 있는 한편 일본 대사관으로 망명을 요청하고 온 사람이 어떠한 이유에서든 일본 대사관 보호에서 벗어나 캄국 경찰에 체포되는 결과가 된데 대하여 일본 정부는 도의적 책임이 있다는 것과 인도적인 고려에서 일본 정부의 적극적인 측면협조를 요청하고 있음.   (아북)

28. 외무부 공문(착신전보)

대한민국 외무부
번호 JAW-12192
일시 10141□
수신시간 1966.12.10. 15:22
발신 주일대사
수신 외무부 장관

김귀하 사건
1. 김선수 처(내처) 확인됨. 일본인, "안도오 요시에"임.
2. "안도오"는 금 10일 상오 일본 외무성을 방문, 자기가 북한에 갈 생각이 없음을 표명하였음.
3. 동녀는, 그 후 당 대사관을 방문, 자기 남편이 북한에 송환되는 일이 없도록

25) 정부의

해줄 것을 호소해 왔음. 당 대사관은, 동녀가 남편의 북한송환 저지를 일본 정부와 적십자사 등 국제기관에 호소할 의사를 가지고 있음을 확인하였음. 오정무과장은 금일 하오 14:30 노다 북동아과장에게 여사한 의사를 알리고 여사한 호소에 대하여 일본 정부로서도 적극 협력해주기를 요청하였음. 아측은, 또한 여사한 호소가 국제적으로 널리 보도됨이 유익하리라는 견해를 일측에 표명하였음. 노다 과장은 아측 의견에 동감을 표명하고 즉시 내부 협의하겠다고 말 하였음. 구체적 방법은 현재 검토 중임.

4. 한편, 금일 하오 1시 오정무 과장은 노다 북동아과장과 면담, 일본 정부의 도의적 책임을 강조하고, 일본 정부의 적극적 협력을 요청하였으며, 또한 전기 처 "안도오"가 북한에 갈 의사가 없다는 것을 캄보디아 정부에 알려줄 것을 요청하였음.(북괴 내지 조총련에서 가족 동향을 김선수에게 모략적으로 허위로 연락할 가능성이 있음) 노다 과장은 그 후, 정무과장에게, 내부협의 결과, 처가 북행 의사 없음을 캄보디아 정부에 알리도록 주푸놈펜 대사관에 훈령하였다고 알려 왔음. 기타, 일본 정부가 구체적으로 여하히 협력할 것인지에 관하여는 아직 외무성측 시사 없음.

5. 이상에 관하여 시급 회시바람(외아북)

29. 외무부 공문(착신전보)

대한민국 외무부
번호 JAW-12194
일시 101501
수신시간 1966.12.10. 15:54
발신 주일대사
수신 외무부 장관

연: JAW-12192
김귀하 선수
1. 당 대사관은 우선 당지 주재 국제적십자사와 접촉을 유지하고 있으며, 동 대표는 김선수 부인의 호소가 있으면 즉각 필요조치를 취할 의향임을 표명하

였음.

2. 부인은 우선 동 대표와 하오 3.30 면담할 예정임.

3. 상기에 관하여 그 가부, 기타 사항을 긴급 회시바람(외아북)

30. 외무부 공문(착신전보)

대한민국 외무부
번호 JAW-12198
일시 101846
수신시간 1966.12.10. 20:51
발신 주일대사
수신 외무부 장관

김선수 연: JAW-12194 대: WJA-12154

1. 금 10일 하오 3시 30분부터 약 1시간 김선수 부인은 국제 적십자사 주일대표부 "미셀 에슨/스튜" 박사를 당지 "아자브 프린스" 호텔에서 만나 남편이 북송되는 일이 없도록 해줄 것을 호소하였음.(오정무 과장이 동석하였음.) 적십자 대표는 즉시 제네바 본부에 연락 취하겠다고 말하면서 호소에 대한 최종 결정은 제네바 본부가 행하겠지만 한시라도 빨리 주캄보디아 국제적십자 대표에게 지시가 가기를 바란다고 말하였음.

2. 금일 하오 6시경 전기 국제 대표는 오정무 과장에게 제네바 본부에 긴급 연락 취하였음을 알려 왔음.

3. 한편 국적 대표는 오정무 과장과의 면담에서 부인의 호소에 따라서도 국적이 활동할 수 있지만 한국 정부측에서 본건에 관하여 국적의 활동을 지원해주고 이를 위하여 한국정부로부터 직접 제네바 본부에 요청하면 국적의 활동상 효과적일 것이라는 견해를 표명하였음.(주일정-외아북)

31. 외무부 공문(착신전보)

대한민국 외무부

번호 JAW-12201
일시 101922
수신시간 1966.12.10. 22:11
발신 주일대사
수신 외무부 장관

김선수:

1. 김선수 부인 진순[26)]에 의하면 가족 사항은 다음과 같음.

가. 김선수와의 결혼은 1962. 5. 1에 행함. 혼인신고(일본관청)는 1963년 8월에 행함. (JAW-12192 전문으로 내처로 보고했으나 혼인 신고를 필한 것으로 보아 내처는 아닌 것으로 판단됨.)

나. 애기는 남자 2명(3세, 1세) 이며 현재 부인이 부양함.

다. 부인은 김선수 북송 후에는 친정부모와 함께 거주하고 있음(사이따마현 가와구찌시)

라. 김선수의 친모는 현재 동경시내에 거주, 친부는 벌서[27)] 사망, 의부는 "효고"현 "니시노미야"시에서 거주 사실상 별거하고 있으며 따라서 김선수는 의부와 별로 접촉 없었음. 의부는 조총련계임.

마. 김선수의 누님은 출가(한국인과 결혼), 오사카에서 거주(제화직공), 김의 누이동생은 폐질환으로 입원중(3년간 가료중), 누이동생의 부양은 현재는 모친이 맡고 있음.

2. 부인 진술에 의하면, 김선수는 금년 4월 북송 되기 앞서 20일전에 신청한 것 같으며 가족들과 아무런 상의 없었다 함. 북송에 대하여는 "전 가족이 반대" 하였다 함. 조총련 계인 의부와도 북송에 대하여 상의한 바 없었다 함.

3. 부인에 의하면 김의 북송 후 매월 한번 이상 편지 왕래가 있었으며 부인이 자식들 데리고 북한으로 오라는 편지도 있었으나 편지에서 너무 까다로운 조건을 많이 부쳐 왔기 때문에 한때는 금년 10월경에 북한으로 갈려는 마음을 먹었으나 포기하였다 함. 김과의 최종 서한은 8월에 보낸 것이 마지막이었으며 동 서한에서 북행생각 백지화 의사를 전했다 함.

---

26) 진술
27) 벌써

4. 부인에 의하면 지난 11.25일경 조총계[28] 사람이 찾아왔서[29] 푸놈펜에 있는 남편에게 부인 명의로 전보를 내었다고 알려왔으며 이에 대하여 부인은 자기와 상의 없이 전보를 친 것에 대하여 분격을 표시하있다[30] 함. 전보 내용은 가족 잘 있고 부인이 불원 북한으로 갈 것이라는 내용에었던[31] 것으로 기억한다 함. 한편, 부인은 지난 12.1일자로 전보를 푸논펜의 김선수로부터 접수(실제접수는 2일 아침) 하였는데, 그 내용은 북한정부에서 새로운 주택을 얻었으므로 그 집에서 만날 날을 기다린다는 것이었다 함.(동 정보가 조총련 측에서 보낸 전보의 회답인지 여부는 불확실함)

5. 부인은 금조 신문에서 남편 사건을 알고, 낮에 외무성 북동아과를 방문, 남편의 행방을 문의하는 한편, 남편이 북한으로 송환되지 않도록 해달라고 호소하고 처인 자기로서 남편 구출을 위하여 할 수 있는 일을 가르쳐 달라고 말한 것으로 진술하였음. 그에 의하면, 여사한 요청에 대하여 외무성 측은 아직 상황을 좀 더 두고 보자고 말하였다 함. 동 부인은 외무성에서 시원한 말을 듣지 못하고 한국 정부에 호소하기 위하여 당 대사관을 찾아왔다고 진술함.

그는 자기가 북한에 갈 의사는 가지고 있지 않다고 말하였음.(외무성 측에 의하면 동 부인은 금일 낮 외무성에서 장래에 어떠게 생각할지는 모르나 현재로서는 남편 따라 북한에 갈 생각은 없다고 진술 하였다 함. 외무성측은 부인이 북송을 신청한 것이 없는 것으로 안다고 말하고 있음.(아북)

32. 외무부 공문(착신전보)

대한민국 외무부
번호 JAW-12202
일시 101959
수신시간 1966.12.10. 22:13
발신 주일대사

---

28) 조총련계
29) 찾아와서
30) 표시하였다
31) 내용에 있던

수신 외무부 장관

김귀하 사건: 연: JAW-12192

1. 김선수 부인은 남편 북송 제지를 위하여 관계국 정부 기관 등에 호소할 의사를 가지고 있는 바 여사한 부인의 활동과 당 대사관의 지원 여부에 관하여 시급 회시바라며 기타 필요사항 지시바람.

2. 부인은 일본 외무성과 주일 캄보디아 대사관에 서면으로 호소문을 낼 예정이며 캄보디아 외무성. 주푸논펜 한국 총영사관 및 일본 대사관에 전문으로 호소할 의사임. 김선수 본인에게도 타전 준비중임.

3. 이상에 관하여 시급 회시 바람.(아북)

33. 외무부 공문(착신전보)

대한민국 외무부
번호 JAW-12197
일시 102135
수신시간 1966.12.11. 10:27
발신 주일대사
수신 외무부 장관

대: WJA-12157

1. 대호지시에 따라, 우선 오정무 과장이 외무성 노다 북동아과장과 금 10일 하오 9:30 접촉, 아측 입장을 전달하고 일본 정부의 협력을 거듭 촉구하였음. 노다 과장은 상부에 보고 협의해보겠다고 말하였음.

2. 노다 과장은 주 캄보디아 대사에게 훈령하여 캄보디아 정부에 대하여 잉본[32] 정부의 입장을 표명할 기회가 있으면(저편에서 물어오든지 하는 경우)본건 문제를 인도주의적 입장에서 처리해야 할 것이라는 입장을 표명하도록 지시해두고 있다고 말하였음. 이에 대하여 오정무 과장은 대호 아측 입장을 거듭

---

32) 일본

강조하고 적극적 협력을 촉구하였음.

3. 노다 과장은 주한 일본 대사관으로부터 보고를 받지 못하고 있다고 말하면서 당 대사관에서 안는[33] 바 있는지를 문의 해왔음.

4. 한편 김선수의 행방에 관하여는 외무성을로서는[34] 지난 8일 오후 현재 캄보디아 경찰 수중에 있다는 정보 외에는 아직 아무런 정보가 없다고 함(주일정-외아북)

34. 외무부 공문(착신전보)

대한민국 외무부
번호 PPW-1213(PTL36/2222-22)
일시 100015
수신시간 1966.12.11. PM6:01
발신 주푸놈펜총영사
수신 외무부 장관

대: WPP-1206

하기를 중앙정보부장에게도 통보바람.

1. 시공을 위시한 캄국 고위층 면접은 전력을 다했으나 공휴일 및 주말도 지난 했던 중 시공 경제 고문이며 시공 신임이 두터운 전 부수상 손산 씨 면접을 성공함.

2. 이영사를 대동 본인은 12.10 18:55부터 9:40까지 동 씨를 방문 김귀하 건 경유를 설명 아국 정부는 김이 북괴의[35] 인도되지 않고 희망하는 곳으로 갈 수 있도록 주재국 정부가 조치해줄 것을 강력히 희망하며 이에 동인의 조력을 요청하였던 바,

3. 동 씨는 김이 탈출 일본 대사관에 보호 요청 사실을 알고 있었으며 공적으로

---

33) 아는
34) 으로서는
35) 북괴에

관여할 입장은 아니나 김의 의사가 치중[36)되어야 할 것이라고 조심스러운 반응을 보인 후 캄국 북괴간 공적 관계 및 가네포 주최국으로서의 입장이 시공 결정에 영향을 줄 것이나 반면 캄국 정부는 중립 및 불교국으로서 비인도적인 결정은 취해지지 않을 것으로 확신한다고 의미 신중하게 답변했음.

4. 동 씨는 최근 북괴 측이 가네포에서 보인 대 캄국 비우호적 태도(월맹을 돕기 위한 북괴 선수 및 신판원[37)의 불공정한 사실이 있었음)를 시공이 불쾌히[38) 느끼고 있음으로 아측에 유리한 결정이 나려질 수 있으며 시공은 동 씨 의견을 참고하는 경우가 많으니 문의가 있으면 자기 견해를 피력한 용의가 있다 하였음. 또한 동 씨는 아측이 표면에 나서서 캄국 고위층을 접촉하여 신중치 못하게 행동하게 된다면 성사가 어려울 뿐만 아니라 캄국 입장을 곤란하게 할 뿐이라고 하였음.

5. 동 씨는 김이 일본 대사관에 보호를 구한 사실에 비추어 일본 대사관이 사실대로 캄국 정부에 통고, 김을 받어드리겠다는 의사표시를 하는 것이 한국 측이 표면에 나서서 움직이는 것보다 효과적일 것이라 하였음.

6. 동 씨는 금일 회담 내용을 밝히지 않을 것을 재삼 요청하여 만일 질문을 받으면 소관 외 사항이므로 외무성과 교섭을 종용했다는 정도로 해줄 것을 희망하였으므로(캄국 내 좌익계 비난을 두려워하는 것 같음). 협조적으로 나오고 있는 동인 입장을 곤란하게 만들지 않도록 아측 대 캄국 교섭이 신문 등에 공표되는 일이 없도록 각별 배려되어야 할 것임.

7. 손산 씨가 신중한 가운데도 협조적으로 나온데 본관은 시기 상조이나 고무적인 인상을 받았음. 동 씨가 말한데로 일본 측이 김의 인수 용의를 표시함이 효과적일 것이나 이미 보고한 바와 같이 동경 지시 없이는 일본 대사관이 전혀 움직이지 않을 것이므로 본부의 긴급 조치 요망함.

35. 외무부 공문(착신전보)

대한민국 외무부

---

36) 존중으로 추정
37) 심판원
38) 불쾌히

번호 PPW-1214(PTL34/2222/23)
일시 102400
수신시간 1966.12.11. PM6:31
발신 주푸놈펜총영사
수신 외무부 장관

1. 10일 9:50시 부라운 영사를 방문 김귀하 경위를 설명 캄국이 속히 인도적 조치를 촉구하기 위한 협조를 요청한 바 손산 씨를 맞날수 있었던 것은 극히 적절한 일이었다는 점. 미 대사관의 태도는 결정 지시일지 모른다는 의견. 디.오.비.를 우방국 대사와도 계속 접촉함이 좋겠으다 하였음. 현재로는 아측을 위하여 직접 캄국에 대한 알선 용의는 없었음.

2. 이에 관련, 작일 일대사 방문 시 탐문한 바 있는 영 1등 서기관이 가네포 건으로 구리노를 긴급 방문 희망 사실, 금일 본인 영대사 면담 신청시 동 서기관이 동 건을 질답할 수 있다한 사실 및 현재 항간에 돌고 있는 (현지 고영원[39])에 의하여 확인됨) 김이 일대사관에 도망했다는 풍문 등에 비추어볼 때 본 건은 상당한 범위로 일반에게도 알려지고 있는 것 같음.

3. 불, 비 대사 면회를 위하여 계속 노력중임.

36. 외무부 공문(발신전보)

대한민국 외무부
번호 WPP-1207
일시 111310
발신 장관
수신 주푸놈펜 총영사

1. 정부는 본건 문제에 있어서 일본 정부가 도의적 책임이 있음에 비추어, 일본 정부가 "김"선수의 구출을 위하여 가능한 모든 경로 및 방도를 총동원하여

---

39) 고용원

협조하여 줄 것을 요청하고 있음. 현지 여러 우방 대사관의 협조를 받을 것은 물론이지만, 현지에서도 특히 이점을 강조하고 일본 대사관의 적극적인 협조를 계속 받도록 할 것.

2. 귀하는, 주재국 정부에 대하여 "김"선수 부인이 아예 북송될 의사가 없음을 정식으로 알리고, "김"선수가 구출되여 가족이 재회하도록 해줄 것을 강력히 요청하시기 바람. 일본 정부는 주푸놈펜 동국대사관을 통하여, "김"선수 부인이 북송될 의사가 없음을 이미 통고한 바 있다고 함.

3. 작 10일 우리나라 적십자는 ICRC 및 캄보디아 적십자사에 대하여 "김"선수의 구출을 위하여 가능한 모든 조치를 취하여 주도록 전문으로 요청하였으며, 정부에도 주제네바 대사에게 ICRC가 본건 해결에 나서 줄 것을 정식으로 요청하도록 지시하였음.

4. 일본에 거주하고 있는 "김"선수 부인은 작10일 일외무성, 주일대사관, 국제적십자사 일본 대표부를 방문하고 여하한 경우에도 자기 남편을 절대로 북괴로 되돌려 보내는 일이 없도록 해야 한다면서 자기 남편의 구출을 호소하고, 자기는 아예 북송 될 의사가 없음을 표명한 바 있음.

5. "김"선수의 현재 소재 위치를 정확히 파악하고, 상기 4항의 사실을 여하한 방법으로라도, 억류중인 "김"선수에게 직접 전달하도록 하고, 여하한 강제적 수단에 의해서도 절대로 변의 하지 않도록 "김"선수를 격려하고 그 결과를 보고하시기 바람.

6. 귀하는, 주재국 정부에 대하여, "김"선수의 영사보호를 요청하시고, "김"선수에 대한 면회, 급식 등 가능한 모든 보호에 대한 책임을 다하도록 하시며, 캄보디아 주재 국제적십자사(ICRC)대표 및 캄보디아 적십자 대표를 맞나, "김"선수 구출을 위하여 모든 협조를 다해주도록 요청하시기 바람.(아북)

37. 외무부 공문(발신전보)

대한민국 외무부
번호 WUN-1271
일시 111310
발신 차관

수신 주국련대표부 외무부장관

연: UNW-1267

1. 연호로 보고 드린, "김"선수 망명사건에 관하여 널리 국제여론을 환기시킴이 본건 해결에 크게 유효할 것으로 생각되오니, 국제여론에 영향을 줄 수 있는 좋은 여건하에 있는 귀지에서 가능한 모든 MASS MEDIA 를 통하여 "김"선수가 구출되도록 국제여론에 호소케 하여 주실 것을 건의합니다.

2. 작10일 우리나라 적십자사는 ICRC및 캄보디아 적십자사에 대하여 "김" 선수의 구출을 위하여 가능한 모든 조치를 취하여 줄 것을 요청하는 전문을 발송하였으며, 정부로서도 주제네바 대사로 하여금 ICRC에 대하여 본건 해결을 위하여 ICRC가 개입하도록 정식으로 요청케 하였읍니다.

3. "김"선수가 일본에 거주하고 있는 그의 처자가 12.20. 북송 될 예정으로 되어 있음을 알고, 동 북송을 중지하도록 전달하여 줄 것을 요청함에 따라(일본 대사관에 보호되였을 당시 요청한것임) 주일대사를 통하여 그렇게 조치하였읍니다. 주일대사 보고에 의하면 이와 동시에 "김"선수 부인이 나타나, 일외무성, 주일대사관, 국제적십자사 일본 대표부를 방문하고 자기 남편의 구출을 호소하고 자기는 북송할 의사가 아예 없음을 표명한 바 있으며, 관계국정부, 적십자사 등에 자기 남편의 구출을 정식으로 호소하고저 준비 중에 있다고 합니다. (아북)

38. 외무부 공문(발신전보)

대한민국 외무부
번호 WJA-12159
일시 112010
발신 장관
수신 주일대사

연: WJA -12158

"김"선수를 구출하기 위하여는, 일본이 "김"을 받아드리겠다는 의사를 "캄"국 정부에 통고함이 가장 효과적일 것이라는 "캄"국 관변측의 비공식 의견이 있으니, 귀하는, 직접 외무성을 지체없이 방문 Representation 하시고 첫째로 "김"이 일본 대사관에 망명을 요청하였다는 사실, 둘째 "김"이 일본으로 가겠다는 의사가 뚜렷이 밝혀졌다는 사실, 셋째, "김"의 처자가 현재 일본에 거주하고 있다는 사실. 넷째 "김"이 재일 한국인으로서 북송 되었다는 사실 등을 들어 일본에 도의적 책임이 있으며, 본건 문제 해결의 관건은 일본 정부라는 것을 강조하고 본 사건의 해결을 위하여 일본이 "김"을 즉시 일본으로 받아드릴 용의가 있음을 "캄"국 정부에 긴급 통고하도록 요청하고 이것이 이루어지도록 최선을 다하시기 바람.

39. 외무부 공문(발신전보)

대한민국 외무부
번호 WGV-1212
일시 112010
발신 장관
수신 주제네바대사

　　연: WGV‒1210, 1211
　　연호 지시에 따라, 귀하(가) 국제적십자 측과 접촉한 결과를 즉시 보고 바람. 이 일은 매우 긴급조치를 요하는 일임 (아북)

40. 외무부 공문(착신전보)

대한민국 외무부
번호 PPW-1215(PTL46/2222-25)
일시 111336
수신시간 1966.12.11. 20:00
발신 GONGKWAN PHNOMPENH
수신 외무부 장관, 중앙정보부장

가네포에 관련 다음과 같이 보고하며 중정 부장에게도 통보 바람.

1. 당지에서 8, 9 양일 가네포 연맹의장 MALADI(인니) 사회로 캄, 세론, 중공, 기니아, 인니, 이락, 파키스탄, 쏘련, 월맹, 유고, 큐바, UAR 위원 및 북괴, 일본, 라오스, 마레시아, 몽고, 싱가폴, 예멘 OBSERVER 등이 참석리 소집된 가네포 연맹 집행위원회 제3차 년예회의에서 63.11.25 자칼타 회의 결정에 의한 카이로에서의 제2차 세계 가네포 대회 거행이 불능하게 되어 동 대회를 67년 9월 북경에서 거행할 것을 중공에 위탁할 것을 결정하였음.

2. 가네포 대회시 북괴 선수들의 불미스러운 태도가 다음과 같이 지적 비난 받었음.

(1) 도로자전거 경기" 동 경기에서 북괴선수는 캄국 선수를 때렸으나 잘못되여 동료 선수를 쳐서 너머트리게 하였음. 캄국 신문은 이 덕분에 캄국이 금메달을 획득하게 되었다고 비꼬았음.

(2) 복싱시합: 이락과 대전한 북괴선수가 패배를 선언밪자 상대선수의 악수 신청에 손을 뿌리치고 퇴장함. 스포츠멘쉽의 결피[40]이라고 캄국 신문이 개탄함.

(3) 축구시합: 패막식[41] 직전에 거행된 북괴 월맹 축구시합에서 북괴팀은 고의로 월맹팀에게 득점 기회를 허용함. 캄국 팀과 대전 시의 열의를 갖고 싸웠다면 북괴는 10:0으로 월맹을 이길 수 있었으며 캄보디아를 물리치고 월맹에게 3위를 차지하게 하는 고의적인 북괴팀의 태도를 비난 이념적 유대가 운동 정신에 우선하였다는 사실을 지적함. 이 경기를 참관한 시공도 불쾌히 역여[42] 패막식순에 있던 북괴축구팀에 대한 금메달 수여를 거부. 딴 사람으로 하여금 그를 대리케 함.

(4) 북괴심판의 편파성: 3위를 다툰 캄-월맹 배구시합 시 시공 면전에서 북괴 심판은 월맹을 두번 편파적인 신판[43]을 함. 시공은 심판관을 신문에 게재 중립주의자가 공산주의자와 대전할 때 공산주의자 심판은 공산주의가 비공산주의보다 우수함을 모든 수단으로 입증하고저 정치적 핌판[44]이 된다고 이를 비난하였

---

40) 결핍
41) 폐막식
42) 불쾌히 여겨
43) 심판
44) 심판

음. 이상 사건으로 캄국 국민은 물론 시공까지도 북괴 선수들의 운동정신의 결
핍을 불쾌히 여기고 있음.
끝

41. 외무부 공문(발신전보)

대한민국 외무부
번호 WGV-1213
일시 121000
발신 장관
수신 주제네바대사

　연: WGV-1210, 1211, 1212
국제적십자측과 접촉한 결과를 긴급히 보고 바람.(아북)

42. 대한적십자사 공문

대한적십자사
번호 한적 섭-1399
일시 1966.12.12
발신 총재 최두선
수신 외무부 장관
제목 카니포[45] 참가 선수 김귀하에 관한 적십자 개입

　　표기 건에 관하여 적십자국제위원회와 캄보디아적십자사에 대하여 12월10
일에 별첨 전문(사본)과 같이 즉각 조처토록 요청하였아오니 조량하시기 바랍
니다.

---

45) 가네포

유첨: 전문 사본 각 1 통 끝.

The National Red Cross Cosiety of the Republic of Korea

A national of the Republic of Korea, Mr. Kim Kyui Ha, one of The athletes from the northern part of Korea participating in the "GANEFO Games" currently held in Cambodia, sought political asylum on Dec 7 at the Japanese Embassy in Phnom Penh with his expressed will that he is not going back to the northern part of Korea. For unknown reason, however, he is now detained by the Camobdian authorities.

It is the position of the national Red Cross Society of the Republic of Korea that Mr. Kim should be in no way sent back to the communist occupied northern part of Korea under any circumstances but should be arranged at all cost to go to the country for asylum determined at his free will.

The National Red Cross Society of the Republic of Korea urgently requests the ICRC to intervene immediately and take all possible measures to the effect that Mr. Kim's unequivocable desire for freedom will be respected and the passage to the country for his asylum determined at his free will will be fully and promptly facilitated from the humanitarian points of view.

The National Red Cross Society
Of Cambodia

The National Red Cross Society of the Republic of Korea

A national of the Republic of Korea, Mr. Kim Kyui Ha, one of the athletes from the northern part of Korea participating in the "GANEFO Games" currently held in Cambodia, sought political asylum at the Japanese Embassy in Phnom Penh December 7 with his clearly expressed will that he refused to go back to the northern part of Korea. For unknown reason, however, he is now detained by the Cambodian authorities.

The National Red Cross Society of the Republic of Korea upholds That once he is determined not to return to the northern part of Korea an immediate arrangement should be made for him to go to the country for asylum by his free choice of residence.

The National Red Cross Society of the Republic of Korea urgently requests the ICRC to intervene immediately and take all possible measures in effect that Mr. Kim's unequivocal desire for freedom of residence will be respected and the passage to the country for his asylum determined at his free will be fully and promptly facilitated from the humanitarian points of view.

The ICRC, Geneva, Switzerland

43. 외무부 공문(발신전보)

대한민국 외무부
번호 WPP-1209
일시 121800
발신 장관
수신 주푸놈펜 총영사

연: WPP-1208
1. 주일대사 보고에 의하면, 12.12. "시모다" 일외무성 사무차관은 동대사와의 면담에서 일본정부는 "김"선수가 일본에 망명하여 처자와 동거함이 그의 자유의사라면, 그러한 조치가 공정하고 인도적 조치임을 "캄"국 정부에 알리고 처분을 기다림이 일본 정부의 방침임으로, 내정 간섭과 같은 적극적인 말은 할 수 없으나, "김"이 당초에 일본대사관에 망명을 요청하였으며, 그의 처자가 일본에 거주하고 있음에 비추어, "캄"국 정부가 일본대사에 대하여 "김"의 망명을

허용하여 신병을 일본에 넘겨주겠다는 의사표시를 해온다면, 일본정부는 이를 받아들릴 의사를 표명할 것을 "캄"국 주재 일본대사에게 지시하였다 함.

2. 귀하는, 이상 일본정부의 훈령 내용에 관하여, 귀지 주재 일본 대사와 긴밀히 접촉하여 일본대사가 "캄"국 정부에 대하여 "김"의 신병을 인수할 용의가 있음을 캄국 정부에 표명하도록 적극적 교섭하는 한편 동 훈령 사항이 무위이행 되었는지 여부를 정확히 확인하시고 그 결과를 보고하시기 바람.(아북)

44. 외무부 공문(발신전보)

대한민국 외무부
번호 WJA-12178
일시 121800
발신 장관
수신 주일대사

대: JAW-12219

대호에 관련하여. "김"선수를 구출하기 위하여 "캄"국 정부의 요청이 있으면 일본정부가 "김"의 신병을 인수할 의사가 있음을 "캄"국정부에 표명하도록 일본정부가 현지 주재 일본대사에게 지시하였음을 주푸놈펜 총영사에게 알리고 동 총영사로 하여금 본건 해결을 위하여 "캄"국 주재일본대사와 긴밀히 접촉하도록 지시하였음. 한편 대호 일본정부의 훈령이 김 대사와 "시모다"차관의 면담 후 다시 하달되였는지 적절한 방법으로 확인하여 조속히 보고하시기 바람.(아북)

45. 외무부 공문(발신전보)

대한민국 외무부
번호 PPW-1215
일시 121338
수신시간 1966.12.12.

발신 장관
수신 주푸놈펜대사

1. 지시에 의하여 캄보디아 정부 외 적십자사에게 김선수의 의사가 존중되어 가족과 재회할 수 있도록 강력히 요청하였음.

2. 일본 대사관은 협조의사는 있으나 극히 소극적이며 김선수 가족 의사를 캄 정부에 전달한 바 없음.

3. 캄국 특별경찰국장으로부터 김선수가 건강하게 특별한 보호 중에 있음을 확인함. 면회 기타는 일체 금지되고 있음.

4. 김선수 가족이 자의로 당지에 와서 직접 호소함이 가장 효과적일 것임. 긴급 조치바람. 끝.

46. 외무부 공문(착신전보)

번호 JAW-12219
일시 121347
수신시간 1966.12.12.
발신 장관
수신 주일대사

대: WJA-12159

1. 대호 훈령에 따라 본직은 금 12일 상오 11시부터 30분간 "시모다" 외무차관을 방문, 김귀하 선수문제에 관하여 정부 입장을 REPRESENT 하였음.

2. "시모다" 차관은, 작일 "기무라" 주한대사가 김 외무차관으로부터 본건에 관하여 한국정부 입장을 통고받았으며 금일 김대사로부터 일본 정부 협력을 요청받았으므로, 일본정부로서는 빠른 시간내에 주 캄보디아 일본 대사관에게 훈령하여 협력할 것을 약속하였는 바, "시모다" 차관이 말한 요치는 다음과 같음. 즉, 외무성이 지난 금요일(12월 9일) 주 캄보디아 일본 대사에게 훈령한 바와 같은 내용을 다시 훈령하고 동 훈령이 정당히 REPRESENT 하였는지를 확인

하는 일면 일본대사의 활동을 촉구할 의사임. 일본 정부의 훈령내용은 다음과 같음.

즉, 캄보디아 정부에 대한 내정간섭을 피하기 위하여 적극적인 표현을 회피하되, 김선수가 일본 망명을 요청하기 위하여 일본 대사관에 일단 들렸다가 한국 총영사관에 가기 위하여 일본대사관직원(현지 고용원)과 동행하는 길에서 캄보디아 경찰 수중에 넘어 간 사실을 상기하고 일본 정부로서는 캄보디아 정부가 어디까지나 공정하고 인도적인 처리를 해주고 어디까지나 김선수의 자유로운 의사가 달성되도록 대주기 바란다는 것을 캄보디아 정부에 요청할 것임.

캄보디아 정부의 INFORMATION으로서 김선수의 처자가 일본에 거주하고 있음을 캄보디아 정부에 통고함으로써, 만일 김선수가 일본에 망명하여 처자와 동거하는 것이 그의 자유의사이라면 그러한 조치가 공정하고 인도적 조치임을 알리고, 캄보디아 정부의 처분을 기달린다는 것이 일본 정부의 방침이며, 일본 정부로서 캄보디아 정부에 대하여 김선수를 인도하라든지 김선수가 일본으로 망명하는 것이 옳다든지 하는 내정간섭 같은 적극적인 말은 하지 않는다는 것임.

3. 본직은 이상에 대하여 만일 캄보디아 당국이 일본 대사에 대하여, 일본정부가 김선수의 망명을 허용한다면 김선수를 일본으로 넘겨주겠다는 의사표시를 해왔을 때 일본정부는 이를 허용할 용의 있는지를 다짐한 바, "시모다" 차관은 ACCEPTABLE하다는 것을 명백히 하였음.

4. 본직은 아국 정부가 국제적십자사의 협력을 요구하는 한편 한국 적십자사가 국적 및 캄보디아 적십자사에 대하여 협력을 요청을 한 사실을 설명하고 또한 김선수의 처가 한국대사관을 방문, 호소하였음을 상기하면서 일본정부의 움직임이 없음을 지적한 바, "시모다" 차관은 상기 제2항의 훈령 내용을 설명하고 일본정부도 극히 동정적인 태도임을 설명하였으므로, 본직은 외무성이 일본 적십자사에 작용해줄 것도 요청한 바 "시모다" 차관은 민간단체임으로 정부로서 지시를 할 수는 없으나 김선수의 처가 일본 적십자사에 진정하는 경우 일적으로 하여금 이에 협력하도록 외무성으로서 시사할 수 있을 것임을 약속하였음.

5. 이상에 비추어, 대호 전문의 캄보디아 입장이 공식적이고 확실하다면 상기 "시모다" 차관의 말로 미루어 보아 김선수의 일본 망명허용이 확실시되므로, 본 건 추진을 위하여 주푸놈펜 아국 총영사가 일본 대사관과 긴밀히 그리고 적극 협조하도록 대주실 것을 건의함.(외아북)

47. 외무부 공문(발신전보)

대한민국 외무부
번호 WJA-12180
일시 122000
발신 장관
수신 주일대사

　　1. 이미 지시한바에 따라 김선수 부인으로 하여금 "시하누크"공과 캄보디아 적십자사에 전보 호소케 지도했을 줄로 사료하는비[46] 현지 총영사의 건의도 있으니 전기 두 곳에 재차 부인의 이름으로 전보 호소케 지도하시고, 필요하다면 전보료금을 귀 대사관에서 대신 지불하여 주도록 하시기 바람.
　　2. 또한 김선수 가족이 현지에 와서 직접 호소함이 효과적일 것이라는 현지 총영사 건의가 있으나 부인의 현지 방문은 장단점이 있겠으므로 동 부인을 만나 본 귀하로서 이에 대한 의견을 긴급 회보 바람.
　　3. 현지 공관 보고에 의하면 일본대사관의 협조가 극히 소극적이며, 김선수 가족 의사를 "캄"국 정부에 전달한 바 없다고 하는 바 일 외무차관이 이미 언명한바도 있으니 일본 정부가 현지 대사관에 대하여 재차 훈명토록 거듭 다짐하시기 바람.
　　4. 현지 공관보고에 의하면 현재(12일 13시 현재)로서는 김선수는 "캄"국에 무사히 보호 중에 있다 함으로 참고로 알림.(아북)

48. 외무부 대통령 보고사항

　일시　1966.12.12.
　발신　외무부장관

---

46) 사료하는 바

수신 대통령(同本: 國務總理)

題目 가네포 대회 참가 북괴선수의 정치적 망명에 관한 계속보고

다음과 같이 報告 합니다

1. 외 850 851호에 관련한 공문입니다.

2. 그 후 사건의 진전

주푸놈펜 총영사로부터의 그 후 보고에 의하면, "김귀하"는 12.8. 8시경 한기봉 총영사 부재중에 한총영사 관저에 잠간 들렸다가 일본 대사관으로 가서 우리 총영사관으로 가고 싶다고 하여 일본 대사관의 현지 고용원이 인도하여 우리 총영사관에 향하는 중 10:30경에 "캄"국 경찰에 의해 연행되었음을 현지 일본 대사관으로부터 통보 받았다고 함.

3. 외무부의 조치

가. 외무부는 대한적십자사와 접촉하여 동 적십자로 하여금 국제적십자 및 캄보디아 적십자에 "김"의 구출을 위한 가능한 모든 조치를 취하여 주도록 전문으로 요청케 하였으며, 주 제네바 대사로 하여금 국제적십자 측과 접촉하여 ICRC가 본건 해결에 개입하도록 정식으로 요청케 하였음. 또한 국제적십자 총재에게 "김"의 구출을 위해 협조해 줄 것을 외무장관 대리 명의로 거듭 전문 발송하였음.

나. 또한 주푸놈펜 총영사의 보고에 의하면. "김"이 일본 대사관을 당초에 찾아왔을 때 일본에 거주하는 "김"의 처자가 12.20. 경 북송될 예정으로 있으므로 이를 중지토록 하여 줄 것을 요청하였다 함으로 주일대사에게 지시하여 "김"의 처자가 북송되는 일이 없도록 동 가족에게 알리며, 일본 정부와도 교섭하여 "김"의 처자가 북송되지 않도록 지시하였음. 그 후 주일대사 보고에 의하면 "김"의 처가 일 외무성, 주일대사관 및 국제적십자 일본 대표부에 나타나, 북송될 의사가 전혀 없음과 자기의 남편이 구출되여 가족이 재회할 수 있도록 하여 줄 것을 호소하였다 함으로, 주일대사에게 "김"의 부인이 관계국 정부기관 및 적십자 등에도 자기 남편의 구출을 호소함에 협조톡록[47] 지시하였음.

다. "김"의 구출을 위하여는 국제여론을 환기시킴이 본건 해결에 유효하다고 보아 국제여론에 큰 영향을 줄 수 있는 좋은 여건하에 있는 뉴욕에서 가능

---

47) 협조하도록

한 방법을 통하여 본건 해결에 국제적 여론이 환기되도록 해줄 것을 체미중인 이동원 외무부장관에게 건의하였음.

　　라. 주푸놈펜 총영사로 하여금 "캄"국 "시하누크"공을 위시한 정부 유력층을 접촉케 하며, "캄"국 원수에게 영향을 미칠 "캄"국 주재 외교사절을 통한 측면적 협조로 "김"의 구출이 실현되도록 노력하게 하는 한편, "김"의 소재위치를 확인하고, "김"에 대하여 적절한 영사보호를 다하고, 국제적십자 캄보디아 주재대표 및 "캄"국 적십자 대표와 접촉하여 "김"이 구출되도록 최선을 다할 것을 지시하였음.

　　마. 주푸놈펜 총영사의 건의에 따라, 일본국 정부가 "김"의 신병을 인수할 용의가 있음을 "캄"국 정부에 표명함이 문제해결의 관건이 될 것이라고 생각하고 주일대사에게 일본 정부와 적극 교섭하도록 지시하였음.

　　바. 12.11. 20:30~21:40 김영주 차관은 "기무라" 일본대사를 초치하고 "김"이 당초에 일본 대사관에 망명을 요청한 사실과 "김"의 처자가 일본에 거주하고 있으며, "김"이 재일한국인으로서 북송 된 사실에 비추어 일본 정부에 도의적 책임이 있으므로 본건 문제 해결을 위하여 "김"의 신병을 일본정부가 인수할 용의가 있음을 "캄"국 정부에 표명할 것을 촉구함.

49. 외무부 공문(착신전보)

대한민국 외무부
번호 JAW-12231
일시 127644
수신시간 1966.12.12. 20:23
발신 주일대사
수신 장관

　연: WJA-12219

1. 연호로 전문 제2항 둘째 절 보고 내용의 일부를 다음과 같이 정정함.
"캄보디아 정부의 INFORMATION 으로서 김선수의 처자가 일본에 거주하고 있음을 캄보디아 정부에 통보하고 캄보디아 정부의 처분을 기다린다는 것이 일본 정부의 방침이며, 일본 정부로서…."

2. 금12일 하오 3시 30분경 "시모다"차관은 본직에게 전화로 연호전문으로 보고한 자기의 말을 부연하다고 하면서 다음과 같이 알려 왔음.

　가. 일본이 김 선수를 맡게 되드라도 영구히 맡는다는 것은 아니고 일시적으로 맡는데 불과함. 즉, 한국민은 어디까지나 한국에서 거주하여야 할 것으로 사료됨.

　나. 그러므로 이 문제는 외무성 문제가 아니라 법무성의 문제인데 아직 법무성 고위 당국으로부터 AFFIRMATIVE ANSWER를 받지 못하고 있음.

　다. 따라서 만약 푸놈펜에서 캄보디아 당국에 일본대사에 대하여 일본이 김 선수를 받아들일 것인지를 문의해왔을 때 일본 대사는 즉석에서 응하지 않고 본국 정부에 청훈해 오도록 할 것임.

　이상 "사모다"[48] 차관의 말에 대하여 본직은, 일본 대사로부터 청훈이 왔을 때 즉각 회답 줄수 있도록 법무성 측의 동의를 미리 얻어 둘 것을 당부해 두었음.(주일정-외아북)

50. 외무부 공문(착신전보)

대한민국 외무부
번호 JAW-12234
일시 122003
수신시간 1966.12.12. AM6:31
발신 주일대사
수신 장관

　외무성 노다 북동아 과장은 금 12일 하오 늦게 오 정무과장의 타진에 대하여 금일 김대사와 시모다 차관이 면담한 후 주캄 일본대사에 훈령하여 북한으로 가지 않겠다는 김선수의 자유의사를 존중하는 조치를 취하도록 캄보디아 정부

---

48) 시모다

에 요청할 것을 지시하였다 함. 또한 노다과장은 일본이 받아드릴 용의 있는지를 캄보디아 측에서 문의해오면 본국 정부에 청훈하도록 훈령된 것으로 시사함. 그는 현재 관계 부처 간에 협의중인데 아직 결론이 나지 않았기 때문에 우선 여사한 훈령을 내린 것으로 시사함.

훈령은 금일 하오 3시경 타전된 것으로 시사됨.

추이: 노다과장은 김선수 신병 행방에 관한 보고가 현지로부터 아직 없어 곤난을 밟고 있는 듯이 시사함. (回報함)

(외아북)

51. 외무부 공문(착신전보)

대한민국 외무부
번호 PPW-1217(PTL 0007)
일시 122200
수신시간 1966.12.13. AM8:21
발신 주프놈펜 총영사
수신 장관

1. 김의 행동 중 아측이 확인한 점은 8일 08:15 경 관저에 와서 몇 분 후에 떠난 사실뿐이며 기타는 구리노 진술에 의한 것 인바 그는 7일 14:30 경 김이 일대사관 방문 후 집무시간 후임으로 소노야마, 나카가와 양 서기관이 같이 있는 사택에 보호를 받았다 함.(7일 16:30 진술) 그후 김은 이미 상기 장소에는 없으나 연락 할 수는 있으며 익조 까지는 안전하다고 하면서 단 일대사는 이 사실을 모를 것이라 하였음.(동일 23:30 진술) 이 점을 가지고 후에 와서는 일측 보호구역에서 떠났다고 주장하는 구실로 삼고 있는 것 같음.

2. 김은 현재 시내 특별경찰국 본부 숙직실에 보호 중이며 당관은 모든 가능한 방도로 접촉 기도중임.

52. 외무부 공문(착신전보)

대한민국 외무부
번호 GVW-1211
일시 121140
수신시간 1966.12.13. 5:29
발신 주제네바 대사
수신 장관

대: WGV- 1210

본직은 즉시 ICRC 총재 GONARD 접촉을 시도하였으나 동인은 현재 당지에 있지 않아 EXECUTIVE DIRECTO[49] ROGER GALOPPIN을 12. 12. 아침에 방문 대호지시에 의한 모든 점을 예거 교섭하였음. 특히 자유의사와 가족 재회의 인도적 입장을 강조하였으며 초긴급한 즉각적 조치를 취하여 줄 것을 호소함. 또한 캄보디아 당국이 북괴 측으로 긴급히 인도할 가능성이 농후하니 본 문제를 초 긴급으로 조치하여 달라고 요청을 거듭하였음.

(GALOPPIN 과의 회담 장소에는 ICRC 극동담당 책임자 MUNOIR씨도 동석함)

2. GALOPPIN 씨는 본 문제에 관하여 이미 1) 대한 적십자사 최두선 총재로부터 전보를 받고 있다고 하고 2) 본인의 자유의사에 의한 거주지 자유 선택과 3) 일본에 있는 가족(처자, 부모, 친척) 재회라는 인도적인 점에서 곧 ICRC는 본 문제에 개입하겠다고 하였으며 구체적 조치로서는 첫째 캄보디아 적십자사 총재(시아누쿠 공의 숙모라 함) 앞으로 타전하겠으며 둘째 ICRC의 대표가 PHNOM PHENH에는 상주하지 않고 있는 관계로 캄보디아를 관할하는 SAIGON 주재 ICRC 대표 JACK DE HELLER씨에게 즉각 훈령을 내서 그로 하여금 적절한 조치를 취하도록 하겠다고 하였음.

(김귀하의 자유의사인지 확인시키려고 하는 것 같음)(아북)

---

49) director

53. 외무부 공문(착신전보)

대한민국 외무부
번호 JAW-12236
일시 122036
수신시간 1966.12.13. 9:32
발신 주일본 대사
수신 외무부 장관, 중정

김귀하 사건
1. 부인 "안도 요시에"는 작 11일 캄보디아 외무장관 주푸놈펜 한국 총영사, 주 푸놈펜 일본 대사, 캄보디아 적십자사에 진정전문을 발송함.
2. 동녀는 금 12일 하오 외무성 및 주일 캄보디아 대사관을 각각 방문, 외무대신 및 주일 캄 대사 앞 진정서를 제출하였음.
3. 동 녀는 금일 저녁 캄보디아 국가원수 시아누크 공에게 진정전문 발송함.
4. 동 녀는 금일 하오 5시경부터 약 1시간 대사관에서 한국 특파원들과 기자회 견 함. 동 녀는 명일 오전 일본 적십자사를 방문 진정할 예정임. 금일 김대사 시모다 차관면담 후, 외무성 북동아과장은 오정무 과장에게 부인이 일적에 진정함을 "아드바이즈"한다는 견해를 처음으로 표명 해왔음.
5. 이상 진정내지 기자회견에서 부인은 한결같이 남편의 자유의사를 존중하고 다시 북한으로 송환되는 일없도록 해 줄 것을 호소하였음.
6. 국제적십자 본부에서의 접촉 상황을 알려주시기 바람.(通報了)
   당지 국적 대표는 금일 하오 늦게 현재 아직 본부로부터 회전 못 받았다 하며, 명일 연락 있기를 기대하고 있음.(주일정-외아북)

54. 외무부 공문(착신전보)

대한민국 외무부
번호 JAW-12254

일시 131440
수신시간 1966.12.13. 11:10
발신 주일대사
수신 장관

김귀하 선수

1. 김선수 부인은 금 13일 상오부터 당지 주요 일본신문사 및 통신사를 역방, 실정 호소 중임, 아사히, 마이니찌를 끝냈고 이어 남어지 역방 예정임. NHK 텔레비는 교섭 중임.

2. 동인은 금일 하오 3시 일본 적십자사를 방문, "다까스기" 외사부장과 면담, 진정할 예정임. 금일 오정무 과장과의 접촉에서 "다까스기" 외사부장은 본건 김선수 망명 문제에 대한 일본 적십자사의 개입의 여지가 별로 없다는 듯이 소극적 태도를 보였던 바 이에 대하여 아측은 북송에 있어서의 일적의 역할을 지적하고(? 一行누락) 김선수부인의 진정을 들어보고 생각하겠다고 말하였음.

3. 김선수의 가족들이 금일 상오 당대사관을 방문. 김선수 부한[50]송환저지를 다시 호소 해왔음. 동 가족은 다음과 같음. 부인, 김선수 친모, 숙부 및 숙모, 형(이복)(5명)

(주일정, 외아북)

55. 외무부 공문(착신전보)

대한민국 외무부
번호 JAW-12264
일시 131855
수신시간 1966.12.13. 20:53
발신 주일대사
수신 외무부 장관, 중앙정보부장

---

50) 북한

김귀하 사건:

1. 김선수 부인 및 동가족일행은 금 13일 하오 3:30 일본적십자사 "다까스기" 외사부장을 방문, 김선수가 북한으로 송환되는 것을 저지하고 가족들과 재회할 수 있도록 일적이 진력해 줄 것을 호소하였음. 동진정에 대하여, 오사부장[51]은 일적으로서는 현 단계로서는 별로 해줄 것이 없고 요점은 김선수가 확실히 어디를 가고저 하는지가 먼저 확실히 되어야 할 것이다는 견해를 표명했다 함.(김의 가족은 민단 중앙본부 선원국 차장이 안내하였음)

2. 금일 하오 5시경, 일적 다까스기 외사부장은 오정무 과장과의 접촉에서, 전기 방문을 확인하고, 부인의 진정을 구체적으로 일정이 무었을 해달라고 하는지 애매하며, 현 단계에서 일적이 할 만한 일이 없다는 견해를 표명하였음. 또한 외사부장은, 일적으로서는 지난 4월 김선수의 자유의사에 따라 그의 일본 출국을 도와주기는 하였으나 그의 일본 입국은 일본정부에서 결정할 일이라는 견해를 표명하였음.

3. 금일 하오 6시경 오정무 과장은 외무성 노다 북동아 과장과 접촉. 상기 일적 외사부장과의 접촉 내용을 알리고, 작일 시모다 차관이 약속한 바에 따라 일적이 적극적으로 움직이도록 해줄 것을 다시 요청하였음. 아측은, 김선수 부인으로서는 일적이 취할 행정적 내지 사무적 내용까지 지적해서 진정할 형편이 못됨을 지적하고 진정의 목적을 일적이 아는 만큼 적어도 캄보디아 측에 대하여, 인도주의적으로 처리할 것을 요구할 입장에 있으며 국제 적십자사 측에 대하여도 그 활동을 지지하는 입장 표명을 할 수 있을 것임을 지적하였음. 아측은 만약 이번 문제에서 일적이 움직이지 않는다면 일적이 평소 주장하는 인도주의 운운이 그야말로 허위라는 것을 나타내게 될 것임을 강조하였음. 노다과장은 동감을 표시하고, 대책을 고려할 듯이 시사하였음(외아북)

56. 외무부 공문(발신전보)

대한민국 외무부
번호 WPP-1210(PTL-08)

---

51) 외사부장

일시 130930

발신 장관

수신 주푸놈펜 총영사

　　연: WPP-1209

　　연호에 관련하여 일본정부 "시모다" 외무차관은 연호발언 내용을 추후에 수
정하여 만일 "캄"국 정부가 일본 대사관에 대하여 김귀하의 인수를 요청할 경우
에는 일단 본국 정부에 청훈하도록 귀지 일본대사에게 지시하였다 하니 참고
바람.(아북)

57. 외무부 공문(발신전보)

대한민국　외무부

번호 WPP-1211(WJA-12184, PTL-09)

일시 130950

발신 장관

수신 주푸놈펜 총영사, 주일대사

　　주제네바 대사의 보고에 의하면 우리측의 요청에 따라 본인의 자유의사에
의한 거주지 자유선택과 일본에 있는 가족(처자, 부모 등)과의 재회라는 인도적
견지에서 ICRC는 김귀하 망명 건에 대한 개입을 결정하고 구체적인 조치로서
캄보디아 적십자사 총재(시하누크공의 숙모라 함)에게 타전하는 한편 캄보디아
를 관활52)하는 SAIGON 주재 ICRC 대표 JACK DE HELLER씨에게 적절한 조치
를 취하도록 훈령하였다고 함.(아북)

58. 외무부 공문(발신전보)

대한민국　외무부

---

52) 관할

번호 WJA-12187
일시 131030
발신 장관
수신 주일대사

대: JAW-12234
주 푸놈펜 총영사의 보고에 의하면 김귀하는 현재(12.12.2200시) 푸놈펜 시내에 소재한 특별경찰국 본부에 보호 중이며 건강하다는 것을 동 특별 경찰국장으로부터 확인하였다 함으로 참고로 알림. (아북)

59. 외무부 공문(발신전보)

대한민국 외무부
번호 WJA-12194
일시 131155
발신 장관
수신 주일대사

1. 김 외무장관대리는 지난 11일 20:30에 기무라 대사와 면담한 바에 이어 재차 금 13일 10:30부터 약 40분간 기무라 대사를 초치하여 김귀하 망명 건에 관하여 면담하였음.
2. 김차관은 본 건에 관한 우리정부의 입장을 재차 분명히 하고 일본 정부가 자신의 책임을 느끼고 적극적으로 협조하도록 강력히 요청하였음. 특히 김차관은 만일 김귀하가 자기의 의사로 직접 한국으로 오기를 희망할 때에는 우리정부(주푸놈펜 총영사관)가 직접 동인을 인수할 용의가 있음을 전하였음. 또한 동인이 일단 일본을 경유하여 바로 또는 일본에 와서 상당기간 거주하다가 우리나라에 오고저 할 때에도 이를 받아드릴 용의가 있음을 아울러 전함. (아북)

60. 외무부 공문(발신전보)

대한민국 외무부
번호 WPP-1213(PTL-12)
일시 131300
발신 장관
수신 주푸놈펜 총영사

　　북괴선수단의 철수기일이 금 13일임에 비추어 귀하는 주재국 정부에 대한 교섭 등을 통하여 김귀하가 북괴에 넘겨지는 일이 절대로 없도록 전력을 다하시고 북괴선수단의 철수가 끝난 후 캄보디아 정부에 의한 김선수의 계속 보호여부와 '김'의 소재위치를 정확히 파악 긴급 보고바람. (아북)

61. 외무부 공문(발신전보)

대한민국 외무부
번호 WGV-1217
일시 131400
발신 장관
수신 주제네바 대사

　　대: GVW-1211
　　1. 본부는 본건해결을 위해 일본정부가 적극 협조할 것을 주일대사 및 주한 일본 대사를 통하여 일본정부에 강력히 촉구하고 있음.
　　2. 일본에 있는 "김귀하"의 부인은 11일 "캄"국 원수 "캄"국 외무장관, "캄"국 주재 일본대사, "캄"국 적십자에 그의 남편의 구출을 진정하는 전문을 발송하고, 12일 일본외무성 일본적십자 및 일본주재 "캄"국 대사관을 방문하고 진정서를 제출하였음.
　　3. 주푸놈펜 총영사 보고에 의하면, "김"은 현재 푸놈펜 시내 특별 경찰국 본부에 보호 중이라 함.

4. 대호에 관련하여 ICRC가 그 후 취한 조치 및 현지 반응 등에 대하여 진전 상황을 수시 보고 바람.(아북)

62. 외무부 공문(발신전보)

대한민국 외무부
번호 WJA-12200
일시 131440
발신 장관
수신 주일대사

1. 주캄보디아 총영사의 건의 및 귀하의 의견을 참작하여 본부는 김귀하 선수의 부인이 직접 푸놈펜으로 가서 남편의 구출을 호소함이 좋을 것으로 생각함.
2. 따라서 귀하는 즉시 본인을 지도하여 가장 빠른 편으로 푸놈펜으로 향하도록 지체없이 주선하시기 바람. 자녀는 일본에 두고 가도록 함이 좋을 것으로 생각되니 그렇게 지도하시기 바람. 왕복 여비는 본국에서 추후 충당할 것이니 우선 입체 조치하시기 바람.
3. 김선수 부인의 일본관청에의 혼인 신고 등과 관련하여 동인의 일본에서의 현재 정확한 국적상황이 분명치 않으나, 편법상 일본 여권을 소지함이 좋을 것으로 생각함. 이에 관하여 일본정부와 교섭하여 협조를 얻어 그렇게 하도록 하시기 바람.
4. 진행상황을 수시로 지체없이 보고 바람.(아북)

63. 외무부 공문(발신전보)

대한민국 외무부
번호 WGV-1218
일시 132300

발신 장관
수신 주제네바 대사

　　"김"선수 구출을 위하여 "국적"의 움직임에 관하여 일본 국내에 널리 보도되
게 함이 유리할 것이인 바, 현재까지는 "국적"의 움직임에 관하여 일본에 입전된
바가 아직 없다는 주일대사의 보고가 있음에 비추어, 귀하는 제네바에 있는 가
능한 MASS MEDIA를 동원하여 일본 국내 보도는 물론 귀지 등 구라파 제국에
도 널리 보도될 수 있도록 최선을 다하시기 바라며, 특히 귀지 주재 일본공동통
신에 교섭하여 "국적"의 움직임에 관하여 일본으로 계속 기사를 보내도록 촉구
하시기 바람. 공동 통신의 주소는 아래와 같음.
Mr. SHIMODA SHINICHI
KYODO NEWS SERVICE
TEL: 33-10-00(GENEVA)
(아북)

64. 외무부 공문(발신전보)

대한민국 외무부
번호 WJA-12213
일시 132330
발신 장관
수신 주일대사

　　1. 현지에서 접수된 보고가 암호작성상 착오에 기인한 것인지 해독되지 않아
서 그러니, 혹 주"캄"국 일본 대사관에서 입수된 "김"선수 신병에 관한 최신 보고
가 있는지 긴급히 일본정부 당국에 알어 보시고 그 결과를 보고하시기 바람.
　　2. 이미 지시한 "김"선수 부인의 "캄"국 행 주선 현황이 어떠한지도 아울러
보고바람.

65. 외무부 공문(착신전보)

대한민국 외무부
번호 JAW-12266
일시 131920
수신시간 1966.12.13.
발신 주일대사
수신 외무부 장관

김귀하 선수:

1. 소극적인 당지 언론계 반영을 위하여 금 13일 김선수 및 동 가족 일행은 민단 중앙본부 선전국 차장 안내로 아사히, 마이니찌, 요미우리, 공동통신을 역방하고 실정을 호소하였음. 하오 8시경에 끝낫는 바 가는 곳마다 장시간 취재됨.

2. 당지 언론계 자극을 위하여는 제네바 국적 울직임[53])에 관한 외전도 도움이 될 것으로 생각되는 바(국적 움직임은 당지에 입전된 것 없는 것 같음) 구미계통 활용이 어려우면 제네바 주재 일본 공동통신을 이용해 주셔도 효과적이라고 사료됨.

공동통신 제네바 지국장은 다음과 같음. (매우 친한적이고 이해깊다 함)

> MR. SHIMODA SHINICHI
> KYODO NEWS SERVICE
> TEL: 33-10-00(GENEVA)

(주일정-외아북)

66. 외무부 공문(착신전보)

대한민국 외무부
번호 PPW-1220(PTL-14)
일시 131950

---

53) 움직임

수신시간 1966.12.14. AM6:54
발신 주푸놈펜 총영사
수신 장관

1. WPP-1213까지 접수함.

2. WPP-1211에 관련하여 만일 사이공 주재 ICRC 대표가 캄국 적십자사를 믿고 문제 해결을 시도하는 경우 별 효과를 얻지 못할 것이며(PPW-1219호 제2항 참조) 따라서 동대표가 직접 대 캄. 순전히 ICRC 입장으로 주재국 정부와 교섭 하겠끔 주 제네바 및 주 사이공 대사를 통하여 조치바람.

67. 외무부 공문(착신전보)

대한민국 외무부
번호 GVW-1214
일시 131900
수신시간 1966.12.14. 7:□□
발신 주제네바 대사
수신 장관

연: GVW-1211

1. 본직은 12.13 하오 ICRC의 EXCUTIVE DIRECTOR GALOPPIN씨를 어제에 이어 두번째 방문하고 김귀하는 현재까지 캄 당국에 억류되고 있으며 만약 동인이 북한으로 인도되면 동인의 생명까지도 위험할 것이며 현재 일본에 있는 동인의 가족과의 재회를 갖도록 ICRC가 적극적으로 개입하여 줄 것을 재삼 요청하면서 동인의 가족은 직접 캄국 원수 및 캄국 적십자사에 호소하였음을 말한고[54] 어제 약속한 사실에 대한 진전 상황을 문의하였음.

2. 본직의 문의에 대하여 GALOPPIN씨는 어제 사이공 주재 ICRC대표에게 타전 하였음으로 오늘쯤은 ICRC의 지시를 받았을 것이라고 말하면서 현지의 보고가

---

54) 말하고

오는대로 알려주겠다고 말하였음. ICRC당국으로서는 김귀하 가족 재회를 위한 망명 요청에 주안점을 두고 활동할 것이라고 하면서 김귀하의 일본 재입국에 대하여 문의함으로 문제없을 것이라고 확언하였음.

3. 또한 본직은 당지 주재 각국 기자들과 접촉을 개시하였으며 계속 당지의 활동 사항을 보고하겠음(아북)

68. 외무부 공문(착신전보)

대한민국 외무부
번호 JAW-12252
일시 131420
수신시간 1966.12.14.
발신
수신 중앙정보부장

    연: JAW-12249

1. 66.12.13. 14:30 현재 김귀하의 모친 오정춘 여사. 숙부(3촌) 김경□, 숙모(3촌댁) 이복형 및 처 안도 등은 일본 아사히 신문사와 매일신문사에 임하여 기자 회견을 하였음을 보고함.

2. 김귀하의 가족들은 계속 요미우리 신문 및 교또(공동)통신을 방문 예정이며.

3. 김귀하의 모친 및 숙부 가족들은 이구동성으로 김귀하와 만날 수 있도록 눈물을 흘리며 애원하였음.

69. 주푸놈펜 총영사관 공문

주푸놈펜 대한민국 총영사관
번호 주푸놈722-909
일시 1966.12.10.
발신 주푸놈펜 총영사

수신 외무부 장관
참조 아주국, 정보문화국
제목 김귀하 망명에 관한 건

　　1. 김은 8일 8:15시경 한총영사 관저에 들어와 중국인 식모와 마당에서 몇 마디 교환하고저 하는 것을 보고 한총영사 부인은 식모에게 우선 식모방에서 휴식토록 지시하고 전화가 불통이였음으로 공관으로 가서 이 사실을 연락하였으며, 최.이 부영사는 일본대사관을 방문중이던 한총영사에게 직접 연락하였읍니다. (8:40시경)
　　그 후 이 영사 및 이부영사로 하여금 관저에 도착케 하였던 바(한총영사가 공관으로 돌아와서 직원회의를 마친 뒤 즉시 9:30시경), 김이 불과 몇분 후 주인이 부재중인 것을 알고 떠난 것이 판명되었읍니다. 식모말에 의하면 김은 "제수 쉬"로 주인이 취침 중인가 물었으나 식모가 역시 "제스쉬"로 지금 출타 중이라 하였더니 냉수 한잔 마신 후 별첨과 같은 멧세지를 식모에게 남기고 시계를 가르키면서 문 밖으로 거러나갔다 합니다.
　　김은 당시 항공 빽을 휴대하고 있었다 하며 8일 03:00시 까지는 관저를 감시 중 이였던 주재국 경관이 김의 관저 출입시에는 없었던 것으로 사료됩니다.
　　2. 별첨 멧세지는 식모가 필담으로 중국어로 "你来這里做甚"(무엇 때문에 왔느냐) 한데 대하여 김이 쓴 것이어서 식모가 필요 없는 것으로 알고 찢어버린 것을 다시 부처서 해독한 것입니다.
　　별첨: 상기 멧세지 사진판 끝

70. 주푸놈펜 총영사관 공문

주푸놈펜 대한민국 총영사관
번호 주푸놈722-910
일시 1966.12.10.
발신 주푸놈펜 총영사
수신 외무부 장관

참조 아주국, 정보문화국
제목 "김귀하" 망명에 관한 건

연: PPW -1202부터 PPW - 1212

이미 전문 보고 드린 바와 같이 김귀하는 이미 주재국 경찰에 체포되어 외무성을 통한 문의에도 불구 상금 거처 미상입니다.

본건 처리에 있어 당공관은 인도적 입장 및 대북괴 대결에 있어서의 국가적 견지에서 김의 망명을 성공시킬 것을 시도하였으나 동시에 주재국과의 친선유지를 념두에 두지 않을 수 없었읍니다. 특히 주재국과의 금후의 우호적 관계 유지가 공관으로서의 지상과제이며 재치 있는 심중한[55] 행동으로서만이 이것이 가능할 것입니다. 만일 김의 망명을 성공시킨 대가로서 주재국과의 금후 관계 유지를 파괴시키는 경우를 생각하지 않을 수 없었고 동시에 망명 성공은 주재국의 협조 없이는 불가능한 것임으로 아측에 대한 악감을 이르키지 않고 주재국의 협조를 얻어야 한다는 문제가 있었읍니다.

이와 같은 여건 하에 당공관은 김의 의향을 확인한 후 만일 아측에 올 희망이 있는 경우 적극 이것을 도웁기 위하여 주재국의 협조를 확보하기 위하여 단독으로는 입장이 약한 것으로 해서 우방국 공관과 공동으로 주재국에 신입코저 방침을 정하였읍니다.

연이나, 일본대사관의 동건 취급 방침은 극단적으로 소극적인 것이고 전혀 관계치 않겠다는 것 같이 보였을 뿐만 아니라, 아측이 김이 일본측에 망명 의사 표명 즉후 동인을 면접하여 본인 의사를 확인코저 시도 당시 일본 "나카가와" 서기관 사택에 있었던 김을 면회코저 했으나 이것을 구실을 붙여 거절하였읍니다.

일본측은 아측에 대하여 김이 국민등록증(발행 일자 기타는 일체 일측이 밝히지 않았음) 소지자라는 것으로 아측에 가기로 원하고 있으니 당관이 단독 처리해줄 것을 원한 것 같았으나, 잠시 총영사 관저 구내에 머문 것 외에는 전후 2차 일본측에 보호를 요구한 사실로 미루어 볼 때 일본 향 의사는 확실하나 한국에 갈 의사가 어느 정도이였는지 의문이였읍니다. "쿠리노" 일분[56]참사관도 이점은 시인하고, 일본측에서는 김을 돕는 길은 "뷔자" 신청 접수 밖에 없으며

---

55) 신중한
56) 일본

북괴 여행증명으로는 "뷔자" 허가가 아니된다 말했다고 하였읍니다. 그러니 한 국에는 가겠는가는 질문에 대하여 김이 가겠다고 말했다 하나 동인의 동기는 이북에는 절대 귀환치 않겠고 동경에 있는 가족에 돌아가겠다는 것이었읍니다.

북괴측은 김이 7일 실종한 직후 주재국에 수색을 요청하였으며 그 결과 동일 13시 경부터 당관, 관저는 사복 및 정복 경찰관이 감시하였으며 그 외에도 수시 로 오토바이 및 자정거[57]로 경관이 감시원과 연락을 취하고 김에 관한 정보를 연락하고 있었읍니다.(공관 및 관저 감시는 김이 체포된 시간인 8일 10.30. 경 직후 해제됐음.)

북괴측은 김의 도망 가능처를 일본 및 아 공관이라 한 것은 물론이고 일단 아측 또는 일본측과의 공작이라고 허위 선전했다고 상상할 수 있으며 주재국 당국도 북괴와의 관계 특히 "가네포" 주최국인 입장으로 반제 단결이 무너지는 인상을 대외적으로 주지 않기 위하여 암암리에 처리하고자 노력하였을 뿐 아니 라 경우에 따라 김이 정세가 불리하게 되자 아측 선동 내지 공작을 받고 도망한 것이라고 주재국 당국에 보고할 가능성 이 있으며 주재국 측이 이를 가네포 대 표단이 관련된 사건이라 자측에 편리한 해석을 할 우려가 다분히 있읍니다.

금후 전망은 만일 주재국이 김의 신변을 북괴 측에 이미 인도했다면 도망가 도 실패로 일단 끝난 것이 될 것이나, 만일 주재국이 상금 김을 보호 중에 있으 며 북괴대표단의 최후진이 출발할 12. 13까지 북괴 측에 인도치 않을 경우 지시 전문 WPP-1205 3항 내용 방향으로 추진할 가능성이 있는 것입니다. 미확인 정 보(주월대사관 이제학영사를 통한)에 의하면 9일 아침 현재로 김은 경찰에 보호 중이라고 합니다.

본건 처리에 있어 당관은 가네포 관계로 래방중인 중정 황청 제1부국장과 긴밀한 협조 하에 진행하였으며 처리방법에 있어 완전한 합의 하에 이루어진 것입니다. 끝

추가 본 전문 WPP-1203, 1204, 1205, 1206 접수함.

---

57) 자전거

71. 주푸놈펜 총영사관 공문-"김귀하" 망명에 관한 건

주푸놈펜 대한민국 총영사관
번호 주푸놈722-914
일시 1966.12.10.
발신 주푸놈펜 총영사
수신 외무부 장관
참조 아주국장, 정보문화국장
제목 "김귀하" 망명에 관한 건

    대: WPP -1206호

1. 파우치 발송 10 분을 앞두고 우선 "손산"(시공 개인 고문) 씨와의 면담 요점을 아래와 같이 보고합니다.

2. "손산" 씨를 12.10. 09:00시 자택에 방문하여, 김귀하 망명 희망에 관한 지금까지의 경위를 설명하고, 동시에 아국 정부의 본건 취급에 있어서의 확고한 태도를 전달하였읍니다. 특히 김이 이북으로는 귀한[58]하지 않겠다는 결심에 비추어 본인이 절대 이북으로 송환되지 않도록 동 고문의 조력을 강력히 요청한 후, 캄국 당국이 김의 의사를 존중하여 장차 행선처를 결정해줄 것을 요청하였음.

3. 이에 대하여 "손산" 씨는 본인이 공적으로 관여할 바는 아니나, 본인이 시공 개인 고문이라는 자격으로서 본인 견해 문의가 있을 경우 의견을 말할 수 있을 것이다 하였음. 동인 견해로서는 캄국과 북괴와의 공적 관계 및 가네포 주최국이라는 입장은 있으나, 동시에 캄국은 중립국이며 불교국이므로 본건 처리에 있어서도 이와 같은 고려가 가해질 것이라고 하였음.

4. "손산" 씨는 본건 취급에 있어 한국측은 특히 캄국에 대하여 간섭한다는 태도를 보여서는 아니될 것이며, 동인과의 접촉을 일체 타인에게 밝히지 않아야만 아측에게도 유리하고 동인 입장도 산다고 강조하였음.

5. 시공에게 직접 면접할 기회 알선을 의뢰한즉 그것은 도저히 불가능하다 하였음.

---

58) 귀환

6. 본인이 받은 인상으로는 캄국정부 내 좌경인사들의 반대를 예측하여 동인이
   돕겠다는 소리는 않했으나, 우리 견해를 충분히 이해하고 동인으로서 가능한
   조치를 취하는 방향으로 나갈 것으로 사료됩니다.

7. "손산" 씨의 활동할 여지를 주기 위해서도 아측에서 압력 내지 간섭을 주고
   있다는 인상을 주지 않을 것이 긴요하고 따라서 서울 또는 기타 장소에서
   본건에 관한 보도가 일체 되지 않도록 조치 바랍니다. 이 점은 특히 중요하다
   고 생각합니다.

8. "손산"씨 면회 직후 영국대사를 면회한 결과는 시간관계로 전문 보고하겠음.
   끝.

72. 면담보고

면담 보고
일시 1966.12.14. 14:35-15:10
장소 아주국장실
참석자 아측: 아주국장 강영규, 동북아주과 안세훈
　　　　일측: 주한 일본대사관 "마에다" 참사관

면담내용:

　　1. 일측은, 11일 밤 김차관-기무라대사 면담 후 "기무라"대사가 대사 개인
의견을 첨가하여 본국정부에 보고한 바, 그 후 일본정부가 캄보디아 주재 대사
관에 지시한 훈령에 따라 12.13. 정오 "구리노" 참사관이 "리친. 리" 캄보디아
외무차관 대리를 맞나 "김"선수 건에 관한 일본정부의 의사를 전하였다고 말(후
술)함.
　　2. 일본대사관측과 "캄"국 외무성 측과 면담내용:
　　　　가. 캄보디아 외무차관대리와의 면담에서 "구리노" 참사관은 "김"의 자유
의사를 존중하여 인도주의적으로 또 국제관례에 비추어 "김"을 공정히 처리해
달라는 일본정부의 입장을 전하고, 아울러 "캄"국 정부의 "김"의 취급에 참고가
되도록 일본에 거주하는 "김"의 부인이 일외무성에서 전한바로는, "김"이 자기와

친지의 만류에도 불구하고 북송되었으며, 자기는 북송의사가 없으니 자기 남편과 재회하여 같이 살 수 있게 해줄 것을 간청한 사실을 "리"차관 대리에게 알려 주었다 함.

　　나. 동 면담에서 "구리노" 참사관은 "김"이 현재 캄보디아 관헌에 보호되고 있는 것으로 양해해도 좋으냐고 문의한 바, "리"차관 대리는 아무 대답이 없었으므로(고개만 끗덕거리며 긍정도 부정도 하지 않았다고 함.) 계속하여, 동 참사관이 북괴선수단이 13일까지 철수하는 것으로 알고 있는데 "김"은 동 북괴선수단 최종 철수팀과 함께 보내지 않은 것으로 이해해도 되겠는가고 한즉, 동 차관대리는 "캄"국 외무성으로서는 "가네포" 경기에 참가한 선수단의 출발 일정을 모른다고 답하였다 함.

　　다. 동 면담에서 "리"차관대리는, "구리노" 참사관에 대하여 당신은 일본 대사관에서 오지 않았느냐, 한국인인 "김"에 대하여 세세한 데까지 왜 관심을 갖느냐고 물었으므로, 동 참사관은 캄보디아 내정에 간섭하려는 것은 아니라고 전제하고,

첫째. 인도적 견지에서 "김"의 생명에 관심을 가지며,

둘째. "김"의 처자가 일본에 살고 있어 일본으로서 아주 인연이 없는 것은 아니라고 답하였다 함.

　3. 일측은 이상이 캄보디아 주재 일본 대사관이 본국 정부의 훈령을 이행한 내용이라고 말하였음. 아측은 상기 면담시에 "구리노"참사관이 "김"이 북괴에 가기를 거부하고 처자가 있는 일본으로 가겠다는 명백한 의사표시를 했다는 사실을 "리"차관대리에게 전하지 않았느냐고 물은 즉, 일측은 상기 면담내용 이외는 자세히 모른다고 말함.

　4. 아측은 상기 면담이 이 문제에 관한 일본대사관과 "캄"국 정부와의 최초의 접촉인가를 물은 바, 일측은 그 전에도 "다무라"대사가 캄보디아 정부측과 연락을 취하고 있는 줄로 알았으나,[59] 본국 정부가 이번 훈령을 내린 후에는 상기 접촉이 ☐ 것이 된다고 말함.

　5. 아측은, 일본정부가 본건 해결에 협조하여 현지에서 주재국 정부와 접촉하게 된데 대하여, 감사하게 생각한다고 말하고, "김"이 자유의사에 의하여 북한으로 갈 것을 거부한 사실, "김"의 처자가 일본에 거주하고 있다는 사실에 비추

---

59) 알았으나

어 "김"이 희망하는 곳으로 갈 수 있도록 이 문제가 인도적으로 해결되어야 할 것인 만큼 특히 일본 정부가 적극적인 성의를 보여주기 바란다고 말한 바, 일측은 한국측 의향을 상부에 곧 보고하겠다고 말함.

6. 아측은 캄보디아 "리"차관대리의 불확실한 태도에 비추어 "김"의 현재 소재위치가 확인되지 않으니, 금후 현재 보고가 있는 대로 상호 정보를 교환하여 본 건이 조속, 원만히 해결되도록 일측의 성의를 거듭 촉구한 바, 일측도 동의하였음. 끝.

73. 외무부 공문(발신전보)

대한민국 외무부
번호 WGV-1219
일시 141000
발신 장관
수신 주제네바 대사

1. 주푸놈펜 총영사가 캄보디아 적십자사 부총재(총재는 시하누크 공의 숙모이나 노쇠하여 부총재가 실권을 가지고 있다 함.)와 접촉한 결과 동 부총재는 김선수 망명문제가 인도적인 면도 있으나 정치적인 색채가 개재되어 적십자사의 개입의 여지가 적고 결국은 "시하누크"공의 결정에 달린 듯이 시사하였다 함.

2. 따라서 이러한 사정을 참작할 때 ICRC가 캄보디아 적십자사만을 믿고 문제 해결을 시도할 경우 효과를 얻기 어려울 듯하며 사이공의 DE HELLER 대표가 직접 푸놈펜으로 가서 순전히 ICRC의 입장에서 캄보디아 정부와 교섭토록 함이 좋겠다는 주푸놈펜 총영사의 건의가 있으니 이와 같은 취지를 ICRC와 지체없이 교섭하여 실현시키도록 하시기 바람.(아북)(ICRC의 활동방법에까지 간섭하는 것 같은 인상은 주지 않도록 유의하시기 바람)

74. 외무부 공문(발신전보)–북괴 김귀하 선수 망명 사건

대한민국 외무부
번호 WVN-1250
일시 141000
발신 장관
수신 주월대사

북괴 김귀하 선수 망명 사건(긴급조치를 요하는 사항임)

　　1. 지난 11. 25.부터 12. 6.까지 캄보디아의 푸놈펜에서 열렸던 GANEFO 경기대회에 북괴 선수단 BOXING COACH로 참가하였던 김귀하(일본명: 가네다 모리오)는 12.7. 에 일본대사관에 망명을 구하였으나 후에 캄보디아 경찰에 체포되어 현재까지 동국 특별경찰국에서 보호 중임. 김귀하는 원래 재일교포로 지난 4월에 북송 된 자임.

　　2. 정부는 김귀하의 망명이 이루어지도록 각 방면으로 노력 중이며, 특히 김귀하의 처자 및 가족 등이 일본에 거주하고 있음에 비추어 본인의 자유의사에 의한 망명과 가족과의 재회라는 인도적 견지에서 제네바의 ICRC가 개입할 것을 요청하여 ICRC가 현재 움직이고 있는 중임.

　　3. 상기와 관련하여 ICRC는 캄보디아를 관활하고 있는 사이공 주재 ICRC 대표 JACK DE HELLER씨에게도 적절한 조치를 취하도록 지시하고 있다함. 그러나 주 푸놈펜 총영사의 보고에 의하면 캄보디아의 접십자사[60]는 본 문제가 인도적인 면도 있으나 정치적인 요소가 개재된 것임으로 적십자사의 개입의 여지가 적고 결국 시하누쿠 공의 결단에 달려있는 듯이 시사하고 있다고 함.

　　4. 따라서 ICRC가 캄보디아 적십자사만을 믿고 본건 해결을 시도할 경우에는 효과를 보기 어려울 듯하며, ICRC의 DE HELLER대표가 직접 캄보디아로 가서 순전히 ICRC의 입장에서 직접 캄보디아 정부와 교섭함이 좋겠다는 주 푸놈펜 총영사의 견의가 있으니 DE HELLER 대표가 아직 사이공에 있으면 귀하는 즉시 그와 접촉하여 상기와 같은 취지로 설득하여 동인이 조속히 캄보디아로 향하도록 하시고 결과를 보고 바람. 이에 대하여는 주 제네바 대사도 ICRC 본부

---

60) 적십자사

와 같은 취지로 접촉하고 있음.(외아북)

75. 외무부 공문(발신전보)

대한민국 외무부
번호 WPP-1216(PTL-17)
일시 141130
발신 장관
수신 주푸놈펜 총영사

　　당지에서 입수된 정부에 의하면, 북괴선수단이 13일 귀지에서 철수하였다고
하는 바, "김"선수 신병에는 별다른 변화가 없는지 긴급히 확인 보고 바람.(아북)

76. 외무부 공문(발신전보)

대한민국 외무부
번호 WJA-12218
일시 141405
발신 장관
수신 주일대사

　　연: WJA-12213
　　1. "김"선수 부인의 푸놈펜 행을 위한 준비상황을 조속히 보고하시기 바람.
　　2. 귀하가 이미 최선을 다하고 있을 줄 생각하나, "김"선수 부인이 최단시일
내에 푸놈펜으로 향할 수 있도록 하기 위하여 "캄"국 입국사증을 얻는데 있어
일본정부가 지체없이 조치하도록 사전에 배려하시기 바람.(아북)

77. 외무부 공문(발신전보)

대한민국 외무부
번호 WGV-1223
일시 141700
발신 장관
수신 주제네바 대사

    1. 김귀하 선수의 신병에 관하여 우리 주푸놈펜 총영사관은 12.12. 22:00까지 캄보디아 경찰당국에 보호되어 있음을 동 당국으로부터 확인하였으나 그 후는 이를 확인할 수 없는 상태임.
    2. 주푸놈펜 일본대사관이 캄보디아 외무당국에 그 후의 김선수의 소재 및 상태를 확인코저 하였으나 캄보디아측은 모호한 태도로 임하여 확인할 수 없는 사정임.
    3. 귀하는 이와 같은 사실을 ICRC에 알리고 조속하고 구체적인 조치를 계속 촉구하시기 바람.(아북)

78. 외무부 공문(발신전보)

대한민국 외무부
번호 WJA-12235(WGV-1224, WVN-1253)
일시 142210
발신 장관
수신 주일대사, 주제네바 대사, 주월대사

주일
주제네바   1. 주푸놈펜 총영사의 보고에 의하면 동 총영사는 12.14. 10:00에 캄보디아 수상으로부터 "캄보디아 정부는 가네포 주최국의 입장으로서 북괴 선수단장으로부터 김선수에 대한 인명 보장의 확약을 받은 후 김귀하 선수를 북괴측에 인도하기로 결정하여 12.13. 에 이미 북괴로 향하였다"는 통보를 받았다고 함.
주월

주일   2. 우선 김선수 부인의 캄보디아 행은 보류하시기 바람.(아북)

79. 외무부 공문(착신전보)

대한민국 외무부
번호 JAW-12271
일시 141020
수신시간 1966.12.14. AM11:48
발신 주일대사
수신 장관

대: WJA-12213

1. 금조 오정무과장이 "노다" 외무성 북동아과장에게 조회한 바, 어젯밤 현지 보고에 의하면 일본 대사관이 캄보디아 외무성에 김선수 신병에 관하여 문의하였으나 저편에서는 확실한 답변을 하지 않았다 하며 동 대사관 판단으로는 13일 현재 아직 캄보디아 수중에 있는 것 같다 함. 캄 외무성측은 오히려 일본대사관에 대하여, 왜 일본이 외국인에 대하여 관심을 가지는지를 문의해왔으며 일본측은 이에 대하여 인도주의적 입장에서라고 답변하였다 함. 가네포 선수단 출발여부에 대해서도 캄보디아 외무성측은 확인할려 하지 않았다 하며 국제 적십자사 활동에 관해서도 아직 현지 보고 없다 함.

2. 아측은 일측의 감촉을 타진한 바, 노다과장은 본건 문제 처리에 관하여 캄보디아로서도 난처한 입장(특히 첫 케이스라는 점에서)에 있는 것 같다고 말함.

3. 부인 여권에 관하여 작일 하오 외무성 측에 긴급 발급을 요청하고 있으며 금일 오전 신청 예정임.(아북)

80. 외무부 공문(착신전보)

대한민국 외무부
번호 PPW-1222(PTL-16)
일시 141420
수신시간 1966.12.14.

발신 GONGKWAN PHNOMPENH

수신 WOIMUBU SEOUL

　캄국의 김선수 북괴 인도는 비인도적인 처사이나 과거 본건 진전이 상세히 본국 신문 라디오를 통해 보도된 사실에 비추어 아측의 지나친 비난은 우호관계 유지에 극히 해로울 뿐이니 이점 각별히 유의 바랍니다.

81. 외무부 공문(착신전보)

대한민국 외무부

번호 PPW-1221(PTL-15)

일시 141305

수신시간 1966.12.14. PM9:52

발신 GONGKWAN PHNOMPENH

수신 WOIMUBU SEOUL

1. 12월 14일 10시 본인은 이영사와 론놀수상을 방문한바 수상은 가네포 주최국 입장으로서 단장의 김선수 인명 보장의 확약을 받은 후 북괴 측으로 인도할 결정을 지워 13일 이미 출발함. 론놀수상은 이런 사소한 문제를 가지고 캄보디아 한국간의 우의가 손상되지 않을 것을 희망한다고 하였음.

2. 사건 경위 상세는 특별 파우치(12.15. 발송)로 보고 위계임.

3. 당관으로서는 최선을 다했으나 기대된 결과를 얻지 못한데 대하여 본인은 도의적 책임을 통감함.

82. 외무부 공문(착신전보)

대한민국 외무부

번호 JAW-12294

일시 141650
수신시간 1966.12.14. PM10:04
발신 주일대사
수신 외무부 장관

대: WJA-12218

1. 김선수 부인 여권신청은 서류정비 관계로 명 15일 아침 정식신청 예정임. 외무성측 요청으로 부인은 금일 하오 노다 북동아과장과 면접한 바 노다는 부인 의사를 직접 확인하였음. 동 면접에서 노다는 부인이 도항하드라도 남편과 함께 일본으로 도라올 수 있다고 보장할 수 없다 즉 법무성 허가 받기 어렵다고 말하고 그래도 가겠는지를 물었다 하며 부인은 일본 아니라도 한국으로 갈 수 있으며 북한에만은 결코 보내지 않도록 캄측에 탄원하기 위해서 가고저 한다고 답변하였다 함.

2. 금일 하오 안광호 공사는 외무성 아세아국 "기타" 참사관과 접촉 시간을 다투어 여권발급 해줄 것을 요청하고 또한 캄측 사증 획득을 위해서도 일본정부가 적극적으로 나서 줄 것을 요청하였음. "기타"참사관은 내부 협의중에 있다고 말하고 될 수 있는대로 기대에 따르도록 노력하겠다고 말하였음. 한편 기타 참사관은 부인의 캄국 입국을 캄측에서 허가할 것인지에 대하여 궁금하게 생각하는 감촉을 표시하였음(주일정-외아북)

83. 외무부 공문(착신전보)

대한민국 외무부
번호 PPW-1219
일시 131520
발신 주푸놈펜 총영사
수신 장관

PPW-1219(12.13.)

1. 12일 7:30시 본인과 이영사는 외무차관대리를 방문 김선수 가족 전보 접수를 통고함과 그 내용을 김선수에 전달해줄 것을 요청, 아울러 영사보호 행사를 요청했던 바, 동인은 김선수의 의사라 하면서 외무부와의 접촉을 일체 금하고 있다했음. 재차 동 전문내용을 김선수에 전달할 것을 의뢰하고 사본을 수교했음.(PPW-1215호 루락부분)

2. 캄국 적십자사 총재 라스미 공주(12일 18:00시)및 부총재(12일 10:30시) 방문 협조 요청하였음. 실권자인 부총재는(총재는 고령으로 집무 능력 전무) 본건은 인도적 문제이나 정치적 요소가 다분히 가미되어 최종결정은 시공에 달렸다고 말하고 적십자사의 개입할 여지가 적음을 시사하였음.

3. 12일 15:00시 비대사, 13일 10:15시 불대사를 방문코 협조 요청함.(이하 암호) 불대사는 아측의 심중치 못한 개입은 사건 해결에 해로울 것이며 일측의 김선수 인수 의사표시가 가장 효과적이라는 견해를 표명했음.

4. 일대사관 태도는 본인이 누차 대사 방문기도에도 불구하고 참사관에게 밀고 맞나지 않고 있으며, 대사를 대리한 참사관도 아측이 지적한 사실은 시인하나 캄국에 대한 의사표시 요청에 관해서는 일체 언질을 피하고 있음. 구리노는 동경 훈령이 "적당한 기회" "적당한 기회"에 전달하라는 것이며 상금 "적당한 기회"가 없었다 하고 있음.(12일 8:55시 방문 시)

5. 손산 고문 및 우방대사의 일치된 견해와 길이 당관의 공식 개입이 문제해결에 해로우며 일측의 캄국 정부에 대한 의사표시만이 현단계로서는 가장 효과적인 방도임에 비추어 일본 대사관이 적극 울직일[61] 수 있도록 동경을 통한 강력한 조치가 있기 바람.

84. 외무부 공문(착신전보)

대한민국 외무부
번호 PPW-1223
일시 142200
수신시간 1966.12.15. 13:25

───────────────────────

61) 움직일

발신 주푸놈펜 총영사
수신 장관

1. 13일 일대사 초청 만찬 시 구리노 참사관은 하기 사실을 본인에게 밝혔음.(22시 진술)

가. 동경 훈령으로 동인은 12일 12:30시 캄국 외무차관 대리를 방문, 본부 훈령이라 하여 김선수를 북에 넘기지 않을 것, 김이 가족과 재회할 수 있도록 조치하여 줄 것을 정식으로 요청함, 김이 금일까지 있는지 여부를 문의한데 대해, 차관 대리는 일측이 왜 관심이 있는가고 질문한데 대해, 김이 일대사관에 보호를 요청하여 만난일이 있기 때문에 인도적 견지에서라고 답했다고 함.

나. 북괴 선수단이 금일(13일) 떠나는가라는 질문에 대해서는 외무부 소관 외라고 했다고 함.

2. 일측은 내정간섭 인상을 주지 않도록 세심한 주의를 경주하고 있는 것 같음.

3. 동인은 서울 일어 방송에서 나가가와 서기관 이름까지 밝혀 일대사관측의 입장이 곤란하게 되었다고 하였음. 끝

85. 외무부 공문(착신전보)

대한민국 외무부
번호 PPW-1224(PTL36/2222-22)
일시 142205
발신 주푸놈펜 총영사
수신 장관

본인은 이영사를 대동하고 14일 10시 론놀 수상을 방문하여 김선수 건에 관하여 요지 다음과 같이 요담함.

론놀: 12일에는 타이야 공장 준공식 관계로 만나지 못하여 미안하다.

한: 우리정부가 크게 관심을 가지고 있는 이 문제를 제기한 것을 이해해주기 바란다. 북괴 선수 일명이 귀환을 거부하고 있는 사실을 아실 것으로 생각한다.

론놀: 그 문제는 알고 있음으로 이 자리에 보안장관도 배석하고 있다.

한: 우리는 이 문제로 인해서 귀정부에 관섭[62] 하려고 하는 것은 아니다. 단지 북괴 귀환을 거부한 그의 의사를 존중해줄 것을 말하고저 한다.

론놀: 이 문제는 캄국 입장에서 볼 때 매우 복잡한 문제이다. 우리는 그 사람의 소원에 의거 처리하고 있다.

한: 일대사관측에서도 그가 북괴로 도라갈 것을 원치 않음을 외무성에 통고한 바 있다.

론놀: 종국에 가서 그는 북괴로 도라갈 것을 결심했다. 캄정부는 그의 의사를 존중했다. 아시다싶이 "MANIFESTATION OF FRIENDSHIP"인 가네포 경기의 일원으로 왔었다.

한: 일측에 와서 북괴로 도라가지 않을 것을 원했는데 왜 그가 변심했는지 모르겠다. 그는 북괴로 도라가면 죽을 것이 확실하다. 인도적 입장에서 ICRC도 그의 문제에 개입하고 있다. 김의 처로부터 온 전보 사본을 외무차관 대리에게 주었는데 그가 받았는지 모르겠다.

론놀: 캄정부 입장은 우의적 경기에 참석했는데 우리로서는 모든 보호와 보장을 주겠금 되어있다.

한: 그를 북괴에 넘겨 주겠는가.

론놀: 캄정부는 남북을 막론하고 한국인과 우의를 유지하려 하고 있다. 이 결정은 캄국 법률 및 규칙에 의거하여 결정되었다. 그 사람을 북괴 대표에게 돌려주기 전에 북괴 선수단장은 그의 생명의 안전보장을 확약했다.

한: 그를 캄국에 둘 수는 없는가.

론놀: 우리는 이미 조치를 결정했다.

한: 김도 돌아갔느냐

론놀: 북괴 선수단은 전부 도라갔다.

한: 김선수도 포함되었는가

론놀: 그렇다. 귀하의 방문에 감사하게 생각하며 조그만한 일로 양국간의 우의에 지장을 초래하지 않기를 원한다.　　　　　　(외아북)

---

62) 간섭

86. 외무부 대통령 보고사항

일시 1966.12.15.
발신 외무부장관
수신 대통령(同文: 국무총리)
제목 가네포 대회 참가 북괴선수의 정치적 망명에 관한 보고

다음과 같이 報告 합니다

1. 외857호에 관련한 공문입니다.

2. 주푸놈펜 총영사의 보고에 의하면, 12.14. 10:00에 주푸놈펜 총영사가 캄보디아 수상과 면담하였을 때 캄보디아 정부는 "김"의 신병을 북괴에 인도하여 지난 13일 북괴로 향하였다는 통보를 받았다고 합니다.

3. 당부는 캄보디아 정부에 의한 "김"의 북괴인도에 대한 상기 보고를 접수하여 12.15. 오전, 별첨과 같은 당부 대변인 담화를 발표하였압기 이에 보고 합니다.

첨부: 외무부 대변인 담화(사본) 1부.　　　　　　끝.

첨부 외무부 대변인 담화

외무부 대변인 담화
1966.12.15.

최근 캄보디아에서 개최된 소위 GANEFO 경기에 참가하였던 김귀하 북괴 선수 단원이 12월 7일에 일본에 정치망명을 기도하였으나 8일 이후에는 캄보디아 경찰에 연행 억류되어 있던 중, 불행하게도 캄보디아 정부에 의하여 북괴에 인도되어 13일 북한 지역으로 강송되었다.

김선수는 원래 재일교포인 바, 금년 봄에 가족과 친지들의 강한 만류에도 불구하고 북괴계열의 술책에 넘어가 처자를 일본에 남겨둔 채 북송되었던 자이다. 그가 캄보디아에 온 기회에 북괴지역을 탈출하여 망명을 기도한 것은 재일교포로서 북송된 자가 북한에 간 후에 얼마나 심한 학대를 받고 있는가를 여실히 증명하고 있을 뿐만 아니라, 한거름 나아가서 기회만 있다면 북괴지역을 탈

출하고저 하는 재일교포 북송자나 그 밖의 우리 동포가 얼마나 많은가를 입증하고 있는 것이다.

　김선수가 12월 7일 오후 주 캄보디아 일본 대사관에 나타나서 망명을 구한 사실을 알자, 정부는 이 사건이 인도적인 견지에서 해결되도록 일본정부와 협조하는 동시, 한편 국제적십자(ICRC)에 대하여 이 문제에 개입할 것을 요청하였으며, 대한적십자사도 국제적십자사와 캄보디아 적십자에 대하여 김선수가 북한지역으로 강송되지 않도록 호소한 바 있다. 국제적십자사는 본인의 자유의사의 존중과 일본에 있는 가족과의 재회라는 인도적 견지에서 우리의 요청에 적극적으로 호응하였던 것이다.

　그런데 이 사건해결에 결정적인 관건을 쥐고 있던 캄보디아 정부는 시종일관하여 우리 영사 관헌과의 면접을 회피하였을 뿐만 아니라 김선수와의 면회조차 허락하지 않았다. 더욱이 12일 이후에는 김선수의 소재조차 확인하기를 꺼려오다가 14일에 와서야 비로서 김선수가 북괴 측에 인도되어 13일에 이미 북한지역으로 강송되었다는 사실을 확인하였던 것이다.

　김선수가 북한지역으로 돌아가는 것을 거부하고 일본으로 망명하고저 하는 굳은 의사를 가지고 있었음은 현지 일본대사관도 확인하고 있는 명확한 사실이다. 우리는 그간 캄보디아 정부의 양심에 기대를 하였던 것이다. 그럼에도 불구하고 캄보디아 정부는 북괴와의 정치적 관계만을 고려하였음 인지 김선수가 사지로 끌려 들어가는 것임을 명백히 알면서도 그를 북괴에 인도하였다는 것은 참으로 이해할 수 없는 괴이하고 비인도적인 처사이며 인간의 존엄과 자유를 존중하는 온 세계의 기대를 저버린 용납할 수 없는 과오를 범한 것임을 분명히 지적하여 두고자 한다.　　　끝.

자료-김귀하 망명 기도 사건 경위

1966.

12.7.	14:30	일본대사관에 망명요청
	16:00	"구리노" 일대사관 참사관이 내방하여 상기 사실을 알림. (16:30)
	18:30	"김"이 일대사관원 집에서 나감.
	23:30	주재국 외무차관 대리 및 치안국장이 "김"의 신병을 인도해 줄 것을 요구함. "구리노"가 제 2차로 방문함.

12.8.	08:00	일본대사와 "김" 문제 협의코저 한총영사가 방문 요담
	08:15	"김" 총영사관 관저에 나타났다가 잠시 후 사라짐.
	10:00	일본대사관에 제 2차로 나타나 우리 총영사관에의 안내를 요망함.
	10:30	주재국 관헌에 의해 피체됨.
	13:00	"소노야마" 일대사관 1등서기관이 "김"의 연행을 방문하여 통지함.(이영사 및 최 부영사가 외무차관대리를 면담)
12.9.		"구리노"참사관이 방문코 "김"의 가족이 북송중지를 알림.
12.10.	상오	"김"선수부인이 일외무성, 주일대사관 및 국제적십자 일본대표부(3.30P.M.)를 맞나 남편의 구출을 호소함.
12.12.		"캄"국 특별경찰국장으로부터 "김"이 건강히 보호중임을 확인함.
	22:00현재	"김"은 푸놈펜 시내 특별경찰국 본부(숙직실)에 보호 중이라 함.
12.11.		"김"의 부인은 "캄"외무장관, 주푸놈펜 총영사, 주푸놈펜 일본대사, "캄"국 적십자에 전문 발송
12.12.		"김"의 부인은 일외무성, 주일 "캄"국대사관에 진정함. "캄"국 원수에 전문발송
	17:00	한국 특파원과 기자회견
12.13.	15:30	"일적"을 방문 진정함.
		"김"의 가족은 일본신문(아사히, 마이니찌, 요미우리, 공동통신)을 방문코 호소함.
	(시간미상)	"김"의 신병이 북괴에 인도된 후 북괴로 출발함

우리 정부의 외교적 노력

12.8.	18:30	주일대사에게 "캄"국을 출발할 때까지 "김"선수 신병을 일대사관이 보호할 것을 교섭토록 지시함.
12.9.	10:30	주일 안공사는 오가와 국장과 면담함.
	13:15	주푸놈펜 총영사에게, 사건의 자세한 경위 및 제3국 대사관의 신병보호를 교섭토록 지시함.
	13:55	주일대사에게 일본정부의 해명을 구하고 일본정부에 시정책을 촉구할 것을 지시함.
	16:40	주일 오정무 과장과 "노다" 일외무성 북동아과장과의 면담.
	18:30	주푸놈펜 총영사계에 사건 경위중 아측의 진술과 일측 부분에 대한 사실을 확인하고 "캄"국 원수에 교섭하여 "김"을 구출토록 지시함.

12.10	09:50	"캄"국주재 영국대사와 면담.
	10:45	주일대사에게, "김"가족의 북송을 중지토록 지시함.
	11:50	주일대사에게 "김"의 구출을 위해 일본정부가 측면적으로 협조해 주도록 교섭할 것을 지시함.
	오후	KRC로 하여금 ICRC및 캄보디아 적십자에 "김"의 구출을 요청하는 전문발송
	16:00	"김"의 부인이 ICRC 일본주재 대표를 면담토록 할 것을 주일대사에게 지시함.
	21:30	주일 오과장은 노다과장과 면담함.
	19:30	주일대사에게 일본정부가 협조토록 촉구할 것을 지시함.
	18:55	주푸놈펜 총영사는 "손산"씨와 면담.
	21:50	주푸놈펜 영국대사와 면담.
	23:30	주제네바 대사에게 ICRC와 접촉하여 "김"의 구출을 위해 조치해 줄 것을 요청토록 지시함.
12.11	11:00	주일대사에게 "김"의 부인이 "시"공 및 캄보디아 적십자에 전보로 호소토록 지시함.
	13:00	주푸놈펜 총영사에게 "김"의 소재위치의 재확인과, "김"의 구출과 부인의 북송 의사 없음을 "캄"국 정부에 알리고, "김"에게 영사보호를 다하도록 지시함.
12.11.	13:00	뉴욕의 외무부장관에게 "김"의 구출을 위해 국제여론을 환기토록 해줄 것을 건의함.
	13:00	주제네바 대사에게 독촉함.(2차)
	20:10	주일대사에게 일본정부가 "캄"국에 대하여 "김"의 신병을 인수할 용의가 있음을 통고토록 교섭할 것을 지시함.
	20:10	주제네바 대사에게 독촉함.(3차)
	20:30-	
	21:40	김차관, 기무라 대사 면담(1차)
12.12	07:30	캄보디아 외무차관 면담(주푸놈펜 총영사)
	10:00	주제네바 대사에게 독촉함.(4차)
	10:00	외무부 장관대리 명의로 ICRC 측에 타전함.
	15:00	"캄"국 주재 비율빈 대사
	16:00	주제네바 대사에게 독촉함.(5차)
	16:00	주푸놈펜 총영사에게 사건의 상세한 경위, 현황 및 전망을 보고토록 지시함.

18:00	캄보디아 적십자 총재 면담.
10:30	〃 〃 〃 부총재 〃
(시간미상)	주푸놈펜 총영사는 주재국 정부에 "김"이 구출되도록 강력히 촉구함.("김"의 가족의 직접 호소를 건의함)
11:00-	
11:30	김대사, 시모다 면담.(일본정부가 훈령할 것을 말함.)
18:00	주일대사에게, "캄"국 정부의 요청이 있으면 일본정부가 "김"의 신병을 인수할 용의가 있음을 훈령하였는지 확인 보고케 함.
18:00	주푸놈펜 총영사에게, 일본대사와 접촉하여 "캄"국 정부에 "김"의 신병의 인수용의를 표명토록 교섭할 것을 지시함. (추후에 내용을 정정 지시함.)
20:00	주일대사에게 주푸놈펜 총영사건의(동인 가족이 "캄"국에 와서 직접 호소하는 방법)에 대한 의견을 회보토록 지시함.[63]
하오(늦게)	노다 과장은 오과장에게 일본의 인수의사를 "캄"국 요청시 본부에 청훈토록 지시했다함.
12.13 아침	주제네바 대사는 ICRC Galoppin과 면담함.
09:50	주일대사, 주푸놈펜 총영사에게 ICRC가 적절한 조치를 취할 것임을 알림.
10:30	"캄"국 주재 불란서 대사 면담.(주푸놈펜 총영사)
10:30-	
11:10	김차관 기무라대사 면담(2차)
11:40	주푸놈펜 총영사게[64] "캄"국 정부요청시는 "김"을 인수하도록 할 것을 지시함.
정오	"캄"국 외무차관대리와 "구리노" 일본대사관 참사관이 면담함.
13:00	주푸놈펜 총영사에게 13일 북괴선수단 최종철수일에 비추어 "김"이 인도되지 않도록 최선을 다할 것을 지시함.
14:00	주제네바 대사에게 ICRC의 그 후 조치에 관해 보고토록 지시함.
14:40	주일대사에게 "김" 선수 부인이 "캄"국에 가도록 주선해 줄것을 지시함.(13.11:21 주일대사 의견 제시해 옴)
21:30	주푸놈펜 총영사에게 "김"의 신병의 현황을 보고토록 지시함(1차)
23:30	주제네바 대사에게 "국적"에 영향토록 보도기관을 활용토록 지시함.(주일대사 건의에 의거함)
하오	주제네바 대사 ICRC 측과 접촉함.(2차)

12.14	10:00	주제네바 대사, 주월대사에게(ICRC Saigon)가 적극적으로 적절한 조치를 취하도록 교섭할 것을 지시함. (주푸놈펜 총영사 건의에 의거함)
	11:30	주푸놈펜 총영사에게 "김"의 신병의 현황을 확인 보고토록 지시함.(2차)
	11:30	"미다니"참사관이 최동북아과장을 방문 요담함.
	14:05	주일대사에게 "김"부인의 "캄"국행 준비사항을 보고케 하고 일본 정부가 "캄"국 비자를 얻도록 배려토록 교섭할 것을 지시함.
	14:35	"마에다" 참사관이 "강" 아주국장을 방문 요담함.
	21:52	"캄"국 정부가 "김"의 신병을 북괴에 인도하여 13일 출발한 것이 확인됨
	22:10	주일, 월, 제네바, 대사에게 "김"의 북괴행을 통지함.
12.15	11:00	캄보디아 정부에 의한 "김귀하"의 북괴인도 조치에 대한 외무부 대변인 담화 발표

87. 외무부 공문(발신전보)

대한민국 외무부
번호 WPP-1218(PTL-22)
일시 151030
발신 외무부 장관
수신 주푸놈펜 총영사

　귀하는 사무협의차 즉시 귀국하시기 바람. 귀지 출발 및 귀국 일자를 보고하시기 바람.

---

63) 지시함
64) 에게

88. 외무부 공문(발신전보)

대한민국 외무부
번호 WGV-1225
일시 151040
발신 장관
수신 주제네바 대사

연: WGV -1224

우리정부와 국제적십자사의 노력에도 불구하고, 캄보디아 정부가 김귀하를 북괴로 인도한 비인도적 처사에 대하여, 귀하는 국제적십자사 측과 접촉하여 국제적십자사가 이와 같은 캄보디아 정부의 비인도적 처사를 비난하는 입장을 공적으로 표명하도록(Press Comment) 가능한 한 교섭하시기 바람.(아북)

89. 외무부 공문(착신전보)

대한민국 외무부
번호 JAW-120303
일시 151036
수신시간 1966.12.15. 12:15
발신 주일대사
수신 장관

대: WJA-12235

대호 김선수의 북한에도의[65] 인도 정보에 관하여 금 15일 상오 10시 30분 현재 외무성으로부터는 아직 확인되지 못하였음.

외무성측은 현지 대사관으로부터 작일 이래 보고 없다 함.

외무성측은 현지에 긴급 조회중임.

---

65) 에로의

금후 당지에서 취할 조치에 관하여 특별히 지시할 사항 있으면 긴급 회시바람.
(인도에 관하여 김선수 부인에게 일단 알렸음) 끝

90. 김기하 사건 경위와 활동상황

김귀하 사건경위와 활동상황
66.12.15.

12월 7일

김기하[66]는 오후 2시 30분에 일본대사관을 찾아갔음.

일본대사관은 집무시간 후임으로 현지고원이 김에게 무슨 일인가 하고 물었더니 가네포 관계 일이라 함으로 일본대사관의 가네포 담당관인 소노야마 1등 서기관 댁을 가르쳐 주었음. 소노야마는 자기집에 사는(아래 위 층) 나까가와 1등 서기관에게 보호시키고 동 사실을 구리노 참사관에게 곧 보고하였음. 구리노 참사관은 소노야마의 보고를 듣고 16시 45분경에 한총영사를 관저로 방문하여 동 사실에 대하여 알렸음.

총영사는 17:15경에 사무실에 와서 부하직원들을 소집하여 동사실에 대한 설명을 하고 대책을 론의하였음.

17:20경에 중앙정보부 황청국장 및 이제학 서기관이 연석 토의에 참가하였음. 회의 결과 이성율 영사 및 이종업 부영사는 구리노 참사관 댁을 방문하고(19:20 - 19:30) 김귀하를 맞나서 그에게 안도감과 격례[67]를 하기 위해서 면담코자 한다고 요청하였음. 구리노 참사관은 동요청에 대하여 대사가 현재 파-티에 참석중임으로 그가 돌아오면 의론해서 연락하겠다고 했음.

23:30 - 23:45사이에 구리노 참사관은 한총영사를 그의 사무실로 방문하고 말하기를 김은 현재 없다. 20시에 외무차관 대리 리친리가 치안성 차관 외

---

66) 김귀하
67) 격려

2,3명과 함께 와서 시공의 명령이라 하고 김을 즉시 인도해 달라고 했다. 대사는 현재 모르고 있다. 김은 내일 아침까지 안전할 것으로 생각한다. 김은 동경에 있을 때 불어를 강습 받았기 때문에 불란서로 갈 생각이 있을지도 모른다고 말하였음. 동 진술에서 구리노 참사관은 현재 대사는 모르고 있다고 하였으나 12월 15일 12시 공관을 방문하여 한총영사에게 말할 때는 대사가 파-티 석상에서(시공이 가네포 관계자와 참가국 공관장들을 초청한 가-든 파-티) 외무차관보 리친리에게 김에 관하여 보고하였으며 리친리 및 보안성 차관등이 대사와 같이 동참사관 댁을 찾아왔었다고 하였음.

12월 8일

한총영사는 이영사를 대동하고 08:10에 일본 다무라 대사를 그의 관저로 방문하였음. 다무라 대사는 관저 하인을 통하여 사무실에서 기다려 줄 것을 말해 왔음. 8:20에 한총영사는 이영사를 대동 일본대사관에 갔었으며 구리노 참사관을 맞나 요담하고 있는 도중 08:45분경 최경윤 및 이종업 부영사가 찾아와서 총영사에게 김귀하가 현재 총영사 관저에 들어와 있다고 보고하엿음.

총영사는 구리노와의 면담을 마치고 나오는데 다무라 대사를 맞나서 그의 사무실에서 8:50경까지 요담하였음.

총영사는 다무라 대사와의 요담 직후 공관에 돌아와서 일련의 회의를 연후에 이영사와 이종업 부영사를 관저에 보내서 김귀하를 맞나 그가 자발적으로 외무성에 들어가서 자수하고 그의 자유의사를 표시하도록 하는 조치를 수행토록 하였음. 이영사와 이부영사가 총영사관제에 도착하니 김은 이미 밖으로 나가고 없었음.

12시에 총영사는 호주대사를 방문하고 김귀하 건에 대하여 요담함. 호주대사는 말하기를 한국총영사관이 관여해야 할 무슨 근거가 있느냐고 묻고 이 문제는 캄보디아 정부에서 보아주지 않는 이상 아무것도 할 수 없다. 김이 이 시기에 캄보디아를 택한 것은 잘못이다. 공관 유지에 특히 유의하기 바란다고 하였음.

12시45분 소노야마 1등 서기관이 한총영사를 그의 사무실로 방문하여 다음과 같이 말하였음. 김귀하가 10시경에 대사관에 다시 왔었다. 그는 한국 총영사관을 찾아 달라고 말함으로 동대사관에 근무하고 있는 현지고용원을 시켜 시크로에 태워 가는 도중 노상에서 경찰 검문을 받고 파스포트가 없다는 이유로 10:30경에 연행되어 갔음. 소노야마는 말하기를 김은 5개월 전 이북에 갔다. 일본에는 그의 처자가 아직 있다고 하였음.

13:15 이영사와 최부영사는 주재국 외무성 차관대리 리친리를 방문하고 김귀하가 캄보디아 경찰에 의해서 10:30분에 피체 연행되어 갔다는 사실을 설명하고 캄보디아 정부는 김귀하가 북괴 귀환을 거부한 그의 자유의사를 존중해줄 것을 요청하였음.

12월 9일

08:30에 구리노 참사관은 총영사를 댁으로 방문하였음. 그는 아측이 주재국 외무성과 무슨 접촉이 있었는가를 알아볼려는 의도도 있었으며 그는 말하기를 김의 처자가 12월 20일에 북송 될 예정에 있는데 그 북송이 저지된다는 것을 알아야 김이 태도를 변경치 않을 것 같다고 하고 아측에서도 김처자의 북송 저지에 노력해주었으면 하는 생각이였음.

12월10일

08:55- 09:40까지 총영사는 이영사를 대동하고 손산 씨를 그의 자댁으로 방문 요담하였음

손산은 말하기를 김의 탈출 사실을 알고 있다. 본인은 이 문제에 공적으로 관여할 입장에 있지 않으나 본인이 북괴로 귀환할 것을 원치 않는다면 그의 의사가 존중되여야 할 것이라고 말하였음. 계속해서 손산은 자기의 개인적인 견해로는 한국측과 북괴 관계 및 가네포 주최국인 캄보디아로 볼 때 시공의 결정 범위가 한정되고 있다. 그러나 나 자신이 불교도이고 캄보디아가 불교 중립국인 만큼 이점도 감안되어야 할 것으로 본다.

한국측에서 너무 지나치게 관여하지 않는 것이 좋을 것이다. 본인은 과거에 북한을 방문했으며 한국도 그 후에 가보고 싶었으나 현재로는 우리가 희생

자 입장인 월남에 파병하고 있기 때문에 갈 수 없다고 하였음. 그는 또한 가네포 경기중의 월맹 캄보디아 배구대회에서 시공의 참관하는 앞에서 북괴 심판이 월맹 편을 들어서 시공은 몹시 불쾌하였다고 말하였음.

09:50 총영사는 영국대사를 그의 사무실로 방문하고 요담하였음.

한총영사의 말에 대하여 영대사는 손산을 맞난 것은 극히 다행한 일이었다. 각 자유국(우방국) 대사에게 이 사실을 알려서 여론을 조성하는 것도 좋은 아이디아라고 생각한다. 본인은 계속 우방국 대사와 접촉하여 문제 해결에 도움이 되도록 할 것이라고 하였으나 동대사가 직접 주재국에 대하여 활동을 하겠다는 언질은 없었다.

12월11일

15시 김귀하 가족 요시에 여사로부터 김귀하 구출을 호소하는 전문을 접수함.

12월12일

07시 총영사는 손산을 그의 자댁으로 다시 방문하였으나 부재중이라는 이유로 맞나지 못하였음.

08시 총영사는 이영사를 대동하고 외무차관 대리 리친리를 그의 사무실로 방문하고 요담하였음. 김귀하의 건에 대하여 총영사는 본부 지시를 전달하였던 바 그는 말하기를 경찰 보고에 의하면 그는 혼자 있고 싶어한다. 아직도 머리가 혼돈되고 있다. 좀 진정해야 할 것이다. 한국측에서는 이 문제에 관섭하지 말고 김을 맞나지 않는 것이 좋다고 말하였다. 총영사는 김의 처 요시에로부터 온 전보를 제시한 후 그 사본을 수교하였음.

08:55 - 09:15 사이에 총영사는 구리노 참사관을 그의 사무실로 방문하고 요담하였음. 구리노 참사관은 캄국내 서방측 외교 소식통을 인용 보도된 아사히 마이니찌 신문 기사(12.9. 석간)를 읽어 준 후 유감인 것은 "김이 망명을 희망했다"고 보도되고 있으나 망명으로 간주되지 않는다고 말하고 캄정부에 대한 일측의 의사표시 및 가족으로부터의 전보 전달은 "적당한 기회"에 비공식으로 전하라는 지시이며 아직도 그 "적당한 기회"가 없었다고 첨언하였음.

10:20, 최경윤 이종업 부영사는 보안성 특별경찰국장을 방문코 김의 신병에 관하여 요담하였음. 동 경찰국장은 말하기를 김은 지금 건강하고 잘 있다. 음식은 시내 일류 식당에서 해주고 있다. 가네포 경기도중 김의 처로부터 김에게 전보가 왔었는데 그것이 동기가 되어 도망해왔다고 한다. 북괴가 여러 번 왔었으나 면회를 시키지 않았다. 자기로서는 상부에 객관적인 보고를 했다고 하고 모든 접촉은 외무성을 통하여 해달라고 말했음.

10:30, 최부영사는 론놀 수상 비서실장을 방문하여 총영사의 론놀 수상에 대한 면회를 요청함. 동 비서실장은 론놀 수상이 시공 주재 타이야공장 낙성식에 참석하기 때문에 오늘은 맞나기 어려우나 면회 약속이 되는대로 연락해줄 것을 말했다. 그 뒤 13시경 총영사는 최부영사를 대동 론놀 수상을 면담코자 했으나 부재중이어서 동 비서실장에 부탁하고 돌아왔음.

10:30, 이부영사는 관영통신 편집인 "꼽추켄"을 방문하여 12.9. 북괴 소위 대사대리 한승희가 소집한 기자회견에서 혹시 김에 관해서 언급되었는지 문의하였음.

10:50, 최, 이부영사는 캄보디아 적십자사 부총재를 맞나서 요담함. 부총재는 말하기를 이 문제는 인도적인 면이 있으면서도 정치성이 개재되고 있다. 김의 가족을 맞나게 하는 것이 임무이다. 그러나 잘못하면 모든 것을 망치게 할 수가 있다고 말하고 모든 것은 시공에게 달려있다고 말했음.

11:40, 이성율 영사는 비율빈 대사관 총영사를 방문하고 김의 건에 관하여 요담하였음.

15시 총영사는 비율빈 대사를 방문하고 김귀하에 관하여 요담하였음.

18시 총영사는 이종업 부영사를 대동하고 적십자사 총재 라스미 공주를 그의 관저로 방문하고 김귀하 건에 관하여 요담하였음.

12월 13일

10:15, 총영사는 불란서 대사를 그의 사무실로 방문하고 김의 건에 관하여 요담하였음. 동대사는 말하기를 김의 건은 캄보디아 정부 입장으로 볼 때는 가네포 일이 일단락되면은 김을 북괴에 넘겨줄 가능성이 많다. 북괴 선수 마지막 팀이 떠날 때까지 넘겨주지 않는다면 낙관적인 면도 있다. 동건에 관하여 일본대사가 말해주면 캄보디아 입장이 괜찮을 것이다. 라고 말하였음. 그는 또한 미확인 정보라고 하면서 김의 사건 발생 당일 시공의 사무실에서 진화로 일본 대사관에 이 사건에 관여하지 말라고 했다고 함.

20시 총영사는 신임 영국대사 부임환영을 위한 일본대사 주최 만찬에 참석하였는데 이 자리에서 구리노 참사관은 총영사에게 다음과 같이 말하였음. 우리는 훈령에 의거 13일 12시 외무성 리친리를 찾아가서 김을 북괴에 돌리지 않도록 해줄 것을 요청하고 김이 가족과 재회하도록 하는 것이 일본측의 희망이다 라고 말하였다고 함. 그는 또한 미확인 정보라고 하고 12일 캄보디아 각의에서 김을 북괴에 넘기지 않도록 결정했다고 말함.

(이 사실은 캄보디아 정부가 김을 북괴에 넘기기 위한 결정을 한 것으로 보임.) 그는 또한 서울의 김차관이 키무라 대사를 불러서 김 건에 관하여 강력히 이야기했다고 하였음. 구리노는 자기들 입장도 이해해주었으면 하는 인상이였음. 그는 또한 서울 일어 방송에서 김 건에 관하여 일본대사관 나까가와 서기관 이름까지 지적되면서 자세히 보도된데 대하여 유감의 뜻을 표하였음.

12월 14일

09:30 최경윤 부영사는 보안성 특별경찰국장을 방문 김의 신병에 관하여 알아본 바 김은 어제 13일 오전에 외무성에 인계하였다고 말하며 모든 사실은 외무성에 가서 알아보라고 하였음.

10:00, 총영사는 이영사를 대동 론놀 수상을 그의 사무실에 방문하였음. (면담 내용 전문 참조)

Ⅱ. 김선수 문제에 대한 주재국 태도

1. 법적 및 인도적 입장

김선수가 주재국 법률을 위반한 범법자는 아니며, 북괴선수단에서 김선수 실종을 통고 수색을 의뢰하여 왔으므로 주재국 경찰은 김을 수색하고 경찰에 보호하게 되였음. 주재국 경찰 보호 하에 둔 김선수가 북괴에 돌아가는 것을 거부하고 그의 처자가 있는 일본으로 돌아갈 의사가 있었음에 비추어, 주재국 정부는 그의 의사를 존중하여 정치 망명자로 취급할 경우에만 인도적 입장에서 이 문제를 다룰 수 있었던 것임. 연이나 주재국 정부는 김의 의사 여하를 불구하고(* 론놀 수상은 그가 중국에 가서는 의사를 변경하였다고 함) 단순한 북괴선수단의 이탈자로서 취급을 하게 되였는 바, 이는 주재국 정부가 인도적 또는 법적인 고려에 앞서 다음과 같은 정치적 입장에서 본 건 해결을 기도하게 되였음.

2. 정치적 입장

주재국은 본건 처리에 있어 대 중공관계 고려에 의한 영향을 크게 받고 있는 대 북괴 관계, 가네포 주최국으로서의 입장 및 대자유진영관계에 입각하여, 김선수의 의사존중이나 또는 거주지 선택자유 원측[68] 등 인도적 고려에 우선하여 정치적 입장에서 본 건을 다르게[69] 되였던 것임.

가) 대북괴 관계:

주재국은 북괴와 대사관을 교환한 외교관계를 수립하고 있을 뿐만 아니라, 북괴와 주재국은 반제국주의 투쟁에 있어서의 캄보디아 입장에 대한 주재국의 무조건 지지 및 북괴의 대캄국 경제 원조 등을 통하여 확고한 정치적 유대 관계에 입각한 긴밀한 우의관계에 있으며, 따라서 주재국으로서는 대외정책의 지상 목표인 국제적인 중립 보장, 독립 유지, 월남 및 태국과의 영토분쟁에 있어서의 영토 본존[70] 유지 등 목표 달성에 있어서의 북괴는 잃어버릴 수 없는 지원국 우방국으로 고려되여 왔던 것임. 또한 가네포 주최국 입장으로서 주재

68) 원칙
69) 다루게
70) 보존

국은 이번 대회 개회를 장식하여 많은 찬사를 얻은 메스께임 및 도안체조 훈련을 위하여 북괴가 6명의 교사를 6개여월간이나 파견하고 이에 필요한 자재 일체를 원조하여 준데 대하여 깊은 감사의 뜻을 표시하고 있던 차임.

　　나) 가네포 주최국으로서의 입장:

　　　주재국은 이번 가네포 대회의 당지 개최에 국가적인 "프라이드"를 갖었을 뿐만 아니라, 국제적인 위신과 영예를 발휘할 수 있는 기회로서 이 대회의 사고 없는 성공에 지대한 관심을 갖고 가능한 모든 노력을 경주하여 준비하였을 뿐만 아니라, 동 대회 성공을 지상관제[71]로 전국민적 사업으로 극히 중대시하였음. 특히 반제국주의 투쟁을 대외정책 "못또"로 내세우고 있는 시공에게는 반제국주의 투쟁에 있어서의 아세아 인민간의 대동단결 정신에 입각한 가네포 대회를 적극적으로 지지하고 심지어는 중공과 캄보디아만이 남더라도 이 경기대회를 계속 하겠다는 결의까지 표시하고 있어, 이번 대회에서 자유진영에로의 이탈자가 생겨 자유진영의 입장 강화를 결과하는 일이 있어서는 않되겠다는 확고한 결심이 있었음을 한총영사가 론놀수상 면담 시 "캄보디아는 가네포 주최국으로서 참가 선수단을 보호할 책임이 있다"라는 실토에서도 이러한 주재국의 태도를 반증할 수 있었던 것임.

　　　이와 같은 태도는 원래 김이 일측에 보호를 요청한 직후, 이 보고를 들은 시공이 즉각 외무차관대리와 보안성 차관을 연회석상에 있던 일본대사에게 보내여 일측이 김선수를 즉시 주재국에 인도할 것을 요청하게 했다는 사실로서도 알 수 있음.

　　　김선수가 8일 주재국 경찰에 연행된 후 즉시 북괴 측에 인도하지 않았던 이유는 주재국이 형식적이나마 본건을 검토한다는 체재를 가추기 위한 조치로서도 해석이 되나 결국은 시공이 가네포 주최국 입장만을 고려하고 인도적 견지를 무시하고 행동한 것이였음.

　　다) 대 자유진영관계:

　　　주재국의 시공은 드골장군의 불란서를 제외한 모든 자유진영 국가들은 정도의 차이는 있으나 모두 미제국주의의 종복으로 취급하고 있으며, 특히 자유진영 언론계의 주재국 관계 기사에는 예민한 반응을 보여, 이 기사를 이용하여 그의 반제국주의 투쟁을 입증하는 자료로서 기회 있을 때마다 대국민 연설에서 이를 이용하여 그의 정치적 입장을 국민 앞에 정당화하여 왔음.

---

71) 지상과제

따라서, 본건을 정치적으로 처리하여 자유진영으로부터 비인도적 처사라는 비난이 있더라도 시공으로서는 이미 그런 종류의 비난에 익숙하여져서 일고의 가치도 없는 것으로서 일소에 부치거나 또는 가볍게 넘겨버릴 수도 있을 것이며, 또한 그러한 비난이 그의 반제국주의 투쟁의 자료로 이용되어, 최근 성립된 우익경향의 론놀내각에 대한 견제[72]로서 국내 친공파들에 대한 그의 정치적 manoeuvring에 이용될 수도 있는 것임.

반면, 사회주의 진영으로부터는 정치적 고려에서 비난을 받어 오지 않던 시공은 김선수의 망명 허용으로 인하여 중공 또는 기타 사회주의 진영 국가로부터 가네포 주최국으로서 참가선수단에 대한 신변 보장에 소홀했다는 비난을 듣게 된다면, 시공의 국내 정치상의 입장은 매우 곤란하게 될 것인 바, 이에 대한 시공의 고려도 김선수 건을 정치적으로 다루게 된 한 요소일 것으로 판단됨.

3. 결론

이상과 같이 주재국은 본건처리에 요구되는 인도적 요소를 일체 배제하고, 정치적 입장에서만 본건을 처리하여, 인도적 견지에서 행하여지는 외부 관여를 캄국 주권행사에 대한 내정간섭이라는 방패아래 봉쇄하고, 김선수를 북괴선수단에 인도하게 되였던 것임.

이번 사건 처리에 직접적인 관계는 없으나, 시공의 성격을 엿볼 수 있는 사건으로 거물급 크메르스리이 Chau Bory에 대한 구명운동이 당지 몇몇 대사관측과 일본 국민여론 및 고위층에서 캄국이 불교국가 이므로 동인의 사형집행을 재고할 것을 요청한데 대하여 시공은 이러한 구명운동을 단호히 물리치고 사형집행을 명령하였는 바, 이 사실로서도 시공이 주장하는 불교주의도 무시하고 그의 정치적 권력 강화 목적을 위하여 모든 수단을 정당화할 수 있는 권모술수가인 일면을 엿보이게 하였던 것임.

한편, 주재국은 이번 사건 처리에 있어 엄격한 언론 통재를 하여 김선수 망명 기도 사실을 비밀로 하였는 바, 이는 외부로부터 불교국가로서 불교국가답지 못한 비인도적 처사라는 국내로부터 또는 국외 종교단체로부터 올지 모를 비난에 대비하고저 하였던 것으로 사료됨.

---

72) 견제

91. 김귀하 사건 보고

(第一章)

　　이제 金貴河選手亡命企圖事件에 對하여 그 背景과 經緯를 政府가 알고 있는 限에서 昭詳히 報告드리고저 합니다.

　　먼저 金選手가 亡命을 企圖한 直接的 經過를 말씀드리기 前에 이번事件의 背景이 되었던 GANEFO大會와 事件의 中心人物인 金貴河選手의 人的狀況에 關하여 簡單히 말씀드리는 것이 議員여러분께서 이 問題의 眞狀을 보다 正確히 把握하시는데 도움이 되지 않을가 생각합니다.

　　지난 11月25日부터 12月6日까지 "캄보디아"의 首都 "푸놈펜"에서 開催된 第1回 GANEFO 競技大會는 現在 방콕에서 열리고 있는 第5回 亞細亞 경기 大會에 對抗하기 위하여 中共, 北傀와 캄보디아가 主動이 되어 召集한것입니다.

　　GANEFO라 함은 GAMES OF THE NEW EMERGING FORCE 即 新生國家 競技大會란 뜻으로 中共, 北傀 캄보디아, 共産越盟, 日本, 네팔等 17個國이 參加하였음니다.

　　今般 GANEFO 競技大會를 爲하여 中共은 巨額의 物算的, 財政的援助를 提供한 것으로 알려졌으며, 北傀도 유니폼, 運動靴 等 3万5千弗 相當의 物資를 寄贈하는 同時에, 開會式에서 異彩를 띤 6000余名 兒童의 Mass game을 爲하여 大會開催 6個月前부터 6名의 指導敎師를 보내어 技術指導를 한 바 있는 것입니다. 또한 "시하누크" 國家元首의 承諾下에 GANEFO 開催中인 12月2日에 "캄보디아"와 北傀의 合同藝術祭를 開催한 바 있습니다.

　　이와 같이 GANEFO에서 主動的役割의 一翼을 擔當하였던 北傀는 295名의 大規模 選手團을 派遣하였던 것입니다. 金貴河 選手는 이中의 하나로 当初에는 拳斗 選手로 出戰하려 하였으나 日本의 選手團中에 그의 日本에서의 職業選手生活을 알고 있던 사람이 있어 "아마츄어"로서의 資格을 따지게 되어 直接 出戰하지는 못하고 "코-치"의 役割만을 하였다고 합니다.

　　外務部가 이제까지 調査한 바로는 金貴河選手는 日本에서 태어난 在日僑胞로 職業 拳斗選手이었으며, 한때는 日本의 미들級 選手權을 保持한바가 있었다고 합니다. 그의 母親은 現在 일본에 居住하고 있으며, 妻는 日本人 安藤芳惠 (요시에)라서 두 아이(男妹)가 있습니다.

金選手는 今年 4月에 妻와 周圍의 强한 挽留에도 不拘하고 北送船便으로 北韓으로 갔읍니다. 그가 어떠한 動機에서 또 어떠한 北傀系列의 策術에 넘어가 北送을 擇하였는지는 分明히 않으나, 이제까지 밝혀진 바로는 한때 豪華롭던 選手生活이 漸次 기울어져가 失意에 차 있던 中 어떤 劇的인 Come-back을 焦燥하게 試圖한 것이 北傀의 甘言利說에 쉽게 넘어갈 수 있는 與件이 되지 않았는가 推測되는 것입니다.

以上 簡單히 事件의 人的背景을 말씀드리고 이제 첫째로 "푸놈펜"에서 일어난 事件의 經緯를 現地의 그 間의 報告와 政府 指示에따라 17日 歸國한 韓기봉 總領事의 補充報告를 土臺로 하여 仔細히 말씀드리고저 합니다.

(第二章)

우리 駐푸놈펜總領事館에서 金貴河 選手가 亡命을 企圖하고 있다는 事實을 처음으로 안 것은 지난 12月 7日 午後 4時半頃(以下 現地時間) 이였읍니다.

이 時刻에 駐 캄보디아 日本大使館의 某外交官(栗野 參事官)이 韓기봉 總領事를 官邸로 訪問하여 大体 다음과 같은 事實을 알려 왔읍니다.

即, 同7日 午後 2時半頃 日本大使館에 어느 韓国人이 나타나서 大使館員과의 面談을 要請하였는데, 이때는 이미 執務時間이 지난 뒤여서 大使館員은 없었고 캄보디아人인 現地雇傭員이 應對한바, 言語의 장애로 意思疏通이 잘 안되던 중 同韓国人이 GANEFO 選手란 말을 알아듣고 그를 日本大使館의 GANEFO 擔當官(園山一等書記官) 私宅으로 案內하였다고 합니다.(이와 關聯하여 한 말씀드릴 것은 캄보디아에서는 熱帶地方의 一般的인 慣習에 따라 官廳이나 外交會館의 執務時間이 午前七時半부터 午後 1時半까지라는 點입니다.)

日本大使館의 GANEFO 擔當官(園山一等書記官)이 마침 自宅에 있어서 同韓國人과 對談한 結果, 그는 在日僑胞 職業 拳斗選手 出身으로 今年 봄에 北送計劃에 依하여 以北으로 간 金貴河 選手임이 밝혀졌으며, 妻子가 아직 日本에 居住하고 있어 日本으로 돌아가기를 願한다고 하며, 于先 某日本大使館員(中川一等書記官)의 私宅에 保護하고 있는 中이라는 것이었읍니다. 또한 그의 말에 依하면 金選手는 우리 駐日代表部가 發行한 在外国民登錄證을 가지고 있었다는 것이었읍니다.

이와 같은 情報에 接하여 韓기봉 總領事는 即刻 總領事館 事務室로 나와 全職員을 緊急히 召集하였읍니다. 우리 駐푸놈펜 總領事館에는 韓총영사 밑에

領事 한 사람(李성율)과 副領事 두 사람(崔敬允, 李鐘業)이 配置되어 있읍니다.

여기에서 우리 總領事館은 金貴河選手의 亡命을 돕기 爲하여 最善을 다하기로 하고, 于先 現地事情에 精通한 李領事와 李副領事를 (6時頃) 韓總領事를 訪問하였던 某 日本外交官(栗野-禮儀上 姓名引用不適) 私宅으로 보내어 金貴河選手를 面接코저 하였읍니다. 그러나 同 日本外交官은 이 問題의 對應方案에 關하여 우리 總領事와 日本大使館 사이에 이야기가 있기 前에는 面會 要請을 받아드리기 어렵다고 拒絶(難色表明)하고 當時 金貴河選手가 日本 大使館員(中川 某氏)의 私宅에 繼續 保護되어 있음을 確認하였읍니다.

金貴河選手가 日本大使館側에 依하여 保護되고 있는데 對해 우리 總領事館이 現地의 事情으로서는 比較的 安全할 것으로 判斷하였던 것은 日本大使館이 大使館으로서 外交上의 特權과 免除를 十分 享有하고 있음에 比하여 우리 總領事館은 이와 같은 外交上의 地位를 갖고 있지 못할 뿐만 아니라 이미 처음으로 日本外交官이 韓總領事 官邸를 訪問한 直後(인 5時半頃)부터 우리 總領事館 事務室과 韓總領事 官邸 및 우리 領事館員 私宅에는 北傀로부터 金選手의 失踪을 連絡 받은 캄보디아 警察当局이 正私服 警察官을 配置하여 끊임없이 監視하고 있었기 때문에 우리 總領事館으로서 金選手를 安全하게 保護한다는 것이 當時로서는 事實上 거의 不可能한 狀態라고 判斷하였기 때문이었읍니다.

이와 關聯하여 大使館의 亡命者 庇護權에 關하여 잠간 말씀 드리고저 합니다. 오늘날 國際法上이나 또는 國際慣習에 있어 政治的 亡命者에 對하여 外国公館이 어느 程度의 庇護를 할 수 있느냐 하는데 對하여서는 여러가지 學說이나 理論이 있어 確立된 어떤 一貫된 原則, 即 Union rule을 찾을 수 없다는 것입니다. 따라서 傳統的으로 大使館의 政治亡命者에 對한 庇護權을 相互認定하고 있는 몇몇 南美国家를 除外하고는 事實上 外国公館의 庇護權이 駐在國政府의 對策에 左右되지 않을 수 없는 것이며, 더욱이 大使館에 比하여 領事館은 이와 같은 庇護가 거의 不可能한 實情인 것입니다.

다시 現地狀況에 關하여 말씀드리겠읍니다. 우리 總領事 以下 館員이 事務室에서 日本側의 連絡을 待期하고 있던 中 이날밤(11時 30分 頃에) 某 日本外交官(栗野)이 다시 韓총영사를 事務室로 訪問하여 다음과 같은 事實을 알려 왔읍니다. 即, 田村 日本大使가, 이날 저녁 GANEFO 關係者와 GANEFO 參加國大使를 爲하여 "시하누크" 國家元首가 開催한 Reception에 參席한바, 그 자리에서 "캄보디아"의 "리친리" 外務次官 代理와 治安省 次官이 "시하누크" 公의

命令이라고 하여 金貴河 選手의 身柄을 卽時 引渡하여줄 것을 要請하였다고 합니다. 따라서 日本大使는 "리친리" 外務次官 代理 및 治安省 次官 "캄보디아" 政府 官吏 2, 3 名과 함께 同 某 日本外交官(栗野)의 私宅으로 왔는데 이때 이미 金貴河 選手가 保護를 받고 있던 日本大使館員(中川)의 私宅에서 밖으로 나간 것으로 되어있어서 이들은 되돌아 갔다는 것입니다.

이어 同 日本外交官은 "시하누크" 國家元首의 命令이 그와 같이 強硬한 以上 日本大使館側으로서는 이에 應하는 수밖에 다른 道理가 없다는 듯이 入場이 難處하다고 示唆하였읍니다.

韓總領事는 金貴河 選手가 保護를 받고 있던 日本大使館員의 私宅에서 나갔다는 이야기에 경악을 表하고 그의 行方과 安全을 問議한 바, 同 日本外交官은 金選手의 行方에 對하여는 極力 言及을 避하면서도 金選手에게 連絡하는 것은 可能하다고 하고 그 이튿날 아침까지는 安全할 것이라고 對答하였다 합니다. 韓總領事는 무슨 일이 있더라도 金選手를 캄보디아 政府側에 引渡하는 일이 없을 것을 다짐하고 그 이튿날 아침 일찌기 日本大使와 面談할 것을 要請하여 韓總領事가 8日 午前 8時에 日本大使館을 訪問하기로 하고 同 日本外交官(栗野)은 돌아갔다고 합니다.

韓總領事는 이와 같은 經緯를 本國政府에 報告할 電文을 作成 發送하고 그 後 對策을 講求하기 爲하여 밤을 샌 後 그 이튿날 約束한 대로 아침 8時에 李領事와 함께 日本大使館을 訪問하였읍니다. 그러나 日本大使는 아직 準備가 되지 않았다고 하여 大使館 事務室에서 그를 기다리면서 前날 韓總領事를 訪問하였던 日外交官과 이야기하고 있는 중 8時 45分頃에 우리 總領事館의 催, 李 兩副領事가 來到하여 韓總領事 官低에 金貴河 選手가 나타났음을 韓總事 夫人이 總領事館으로 連絡하여 왔다고 報告하여 왔읍니다. 이에 韓總領事는 그때서야 事務室로 나온 日本大使와 極히 짧은 對話한 後 곧 總領事館으로 돌아와서 狀況을 聽取, 李領事와 李副領事를 官邸로 急派하였읍니다.

이제 金貴河 選手가 韓總領事 官邸에 나타난 經緯에 關하여 말씀드리고저 합니다. 金貴河 選手는 8日 아침 총영사 출근후 8時 15分이 좀 지나서 韓總領事 夫人과 中國人 食母만이 있는 韓總領事 官邸에 들어왔읍니다. 前날 밤 韓總領事로부터 金貴河 選手 亡命事件에 關하여 大略의 經緯를 들어 알고 있던 韓總領事 夫人은 金貴河 選手가 官邸로 들어서는 것을 보자 곧 金選手임을 눈치 채었으며, 韓總領事가 이미 事務室에 出勤하여 不在中이며, "캄보디아" 警察의

不斷한 監視下에 있어 매우 不安하였던 터였으므로 金選手의 突然한 出現에 極히 唐慌하면서도 一刻을 遲滯하지 않고 總領事에게 連絡하고저 電話를 걸었으나 不通이므로 食母에게 金選手를 房에 다리고 들어가 쉬도록 할 것을 指示한 後 그 길로 "시크로"(三輪車)를 타고 總領事館으로 달려갔던 것입니다. 事務室로 나온 日本大使와 極히 짧은 對話를 □ 總領事館으로 돌아와서 狀況을 聽取한 後 □와 李副領事를 官邸로 急派하였습니다.

여기서 잠간 "캄보디아" 內의 事情을 말씀드리면, 아직도 電話가 充分히 普及되지 못하여 總領事 官邸에만 電話가 있을뿐 領事나 副領事의 自宅에는 電話가 配當되지 못하고 있는 形便이며, 架設된 電話도 隨時 故障이 生겨 不通되는 수가 많다는 것입니다. 또한 市內에는 "택시"가 없고 "시크로"라는 自轉거와 같은 三輪車가 금새 利用할 수 있는 市內의 交通便인 것입니다.

한便 官邸에서는 金선수와 食母가 言語의 장애로 말미암아 充分한 意思疏通은 하지 못하였으나 손짓으로 金選手가 머리와 배가 아프다고 하여 食母가 房에 들어와 □한 後 마침 食堂에 있었던 紅茶와 빵을 待接하였으나, 金選手는 배는 고프지 않다는 시늉을 하면서 冷水를 請하여 마신 後 食母에게 自己의 이름과 "나는 日本에서 北朝鮮에 갔다 왔습니다. 한 번 이야기하고 싶습니다"라고 적은 쪽지를 남겨놓고 5, 6分 後에 다시 밖으로 나갔다고 합니다.

그래서 哀惜하게도 먼저 말씀드린 바와 같이 우리 總領事館 職員이 官邸에 달려 갔을때는 金選手는 이미 밖으로 나간 後였다고 합니다.

金選手가 이미 警戒網이 □□있는 官邸에서 다시 밖으로 나간 것을 안 우리 總領事館은 最善의 方途를 다하여 그의 行方을 찾고저 努力하였습니다.

여기서 잠간 金選手가 7日 午後 2時頃 처음으로 日本大使館에 나타났을 때부터의 그의 所在를 되돌아 보고저 합니다. 먼저 말씀드린 바와 같이 金選手가 日本大使館의 雇傭人을 따라 某 日本大使館員(中川)의 私宅에 保護된 後 우리 總領事官職員이 (6時頃 그날 이른 저녁) 먼저 말씀드린 某 日本外交官(栗野) 私宅을 訪問하였을 때는 비록 日本大使館이 우리의 金選手 面接 要請에 应하지 않았으나 먼저 말씀드린 場所에 保護되어 있었던 것으로 보였든 것입니다.

그러나 7일 밤 늦게 某 日本外交官(栗野) 이 다시 韓總領事를 訪問하였을 때 그는 金選手가 日本大使館□ 私宅에서는 나갔으나 連絡은 할 수 있다고 말한 反面 後에 다시 말씀드릴 機會가 있겠으나, 日本政府가 駐캄보디아 日本大使의 報告라 하여 우리 駐日大事館에 9日 通報한 바에 依하면 金選手는 某

日本大使館 私宅에 있다가 午後 6時半 頃 너무 페가 많았다는 말을 남기고 自意로 나갔다고 하여, 日本側도 相馳되는 說明을 하고 있습니다.

이와 같은 狀況으로 보아 金選手는 7일 저녁때 우리 領事館員들이 다녀간 後에 곧 日本大使館員의 私宅에서는 나와 日本大使館의 영향이 미치는 場所로 居處를 옮겨 7日 밤을 묵은 後에 8日 아침 日人의 案內을 받아 監視의 틈을 타서 우리 총영사 官邸에 나타났던 것으로 推測되나, 日本側이 分明한 經緯를 說明하지 않는 現在, 金選手가 어떻게 7日 밤을 지냈는지, 또 어떠한 經路와 方法으로 우리 總領事 官邸에 8日 아침에 出現하게 되었는지는 아직도 풀리지 않은 수수께기라고 말씀드릴 수밖에 없습니다.

다시 事件의 經緯에 되돌아가서 말씀드리겠습니다.

總領事館에서는 百方으로 金選手의 所在를 찾는 한 便, 或時 그가 다른 友邦國 大使館으로 갔을 境遇 等도 想定하여 韓總領事는 8日 12時에 駐캄보디아(某友邦國) 大使를 訪問하였습니다.

캄보디아에는 現在 共産圈, 中立主義 國家들의 外交公館 以外에 여섯 個의 自由友邦國 大使館이 있습니다. 이것은 濠洲, 英國, 佛蘭西, 日本, 比律賓 및 스페인 大使館입니다. 現 外交團의 團長은 中共大使이기 때문에 우리 總領事로서는 外交團長 信任 序列上 次席인 濠洲 大使의 協調와 助言을 求하고저 하였던 것입니다. 同 大使는 金選手의 境遇에 個人的同情을 不禁하면서도 이 問題는 캄보디아 政府가 好意的인 處理를 하지 않는 限 아무런 方法도 없다고 하는 意見을 말하였다고 합니다.

韓總領事가 前記 大使를 만나고 돌아오자 12時 45分頃 日本大使館의 GANEFO 擔當官(園山) 訪問하여 매우 놀라운 消息을 傳하였습니다. 그것은 金選手가 아침 10時 조금 지나 다시 日本 大使館 事務室 앞에 나타나서 韓國總領事館을 찾아 달라고 하여 日本大使館의 캄보디아人 雇傭人을 시켜 "씨크로"에 태워 韓國 總領事館으로 向하던 途中 一次 警察의 不審檢問을 받아 日本서 가지고 있던 職業拳斗證明을 보여 그 자리는 모면하였으나 그때는 이미 金選手가 寫眞 手配中이었으므로 同 警察이 다시 追擊하여와 連行해 갔다는 것이었읍니다.

金選手가 우리 總領事 官邸에서 나간 後 日本大使館에 갈 때까지 約 1時間 半 동안 어떠한 行動을 하였는지 알 길이 없는 일입니다마는 日側이 後에 東京

에서 말하여 온 바로는 總領事 官邸에서 배가 곺아 나와서 요기를 하는 사이에 길을 잃어 다시 日本大使館으로 갔다는 이야기를 들었다고 합니다.

그러나 이미 말씀드린대로 韓總領事 官邸에서 飮食을 待接하였음에도 不拘하고 이를 謝絶하였던 經緯에 비추어 이는 事實이 아닐 것이며, 推測컨데 監視가 森嚴한 총영사 官邸에서 혼자 기다리는데 不安을 느껴 밖으로 나와서 우리 總領事館 事務室을 찾고저 애를 쓰다가 日本大使館에 案內를 求하러 간 것이 아닌가 여겨지는 것입니다.

(第三章) 여기서 잠간 外務部를 中心으로 今般事件에 對處한 經緯를 말씀드리고저 합니다.

外務部는 金貴河 選手의 亡命 企圖 事件에 關한 駐 푸놈펜 總領事의 報告 第一信을 지난 8日 11時 半頃(점심때 □□□)에 接受하였습니다.

이와 關聯하여 푸놈펜과의 通信施設에 關하여 잠간 말씀드리고저 합니다. 現在 政府는 駐푸놈펜 總領事館과 直接連絡되는 通信施設을 가지고 있지 아니하여, 電報往來는 一般國際 商用通信을 利用하지 않을수 밖에 없습니다. 이와 같은 商用通信도 香港을 中繼로 하고 있기 때문에 푸놈펜과의 通信連絡은 가장 빠를 때가 7時間 乃至 8時間, 境遇에 따라서는 12時間 以上이 所要되는 것입니다.

駐 푸놈펜 總領事로부터 金貴河 日本大使館에 나타나 日本으로 돌아가거나 우리나라로 오겠다는 意思를 表示하고 日本大使館員 私宅에 保護되어 있다는 第一信에 接한 外務部는 事態의 重要性을 認識하여 卽刻 駐푸놈펜 大使에게 最善을 다하여 우리나라에 돌아오도록 措置하도록 指示하고, 万一 캄보디아 政府와의 關係에 비추어 이와 같이 直接 우리나라로 돌아오는 方便을 取하기 어려운 境遇에는 表面上 먼저 日本에 歸還케 하여 그 後 우리나라로 데려오도록 할 것임을 아울러 指示 하였습니다.

또한 政府는 金選手가 日本大使館 側의 保護下에 있는 만큼 日本政府의 協調가 極히 緊急하다고 判斷하여 駐日大使에게 日本政府에 對하여,

첫째, 本件을 日本政府가 原則的으로 政治的亡命 事件으로 取扱해야 할 것이며,

둘째, 如何한 境遇에도 金選手의 身柄을 "캄보디아" 政府當局에 引渡하는 일이 없을 것과

셋째로, 金選手가 "캄보디아"를 安全하게 떠나서 日本이나 또는 우리나라에
올 수 있을 때까지 그의 身柄을 繼續 保護하도록

强力히 要請할 것을 指示하였습니다. 이와 같은 指示에 따라 駐日大使館 關係
官이 8日 午後 10時 頃 日本外務省의 擔當官에게 于先 要請을 行하자 日側은
아직 事實關係를 모르고 있으므로 곧 內部에서 調査後 措置하겠다는 回答이
있었습니다.

이제 말씀드린바와 같은 措置를 取하고 있던 中, 外務部는 9日 아침에 金貴
河 選手가 8일 아침 8時 지나 韓總영사 官邸에 나타났다가 다시 나간 後 行方을
알 수 없다는 駐 푸놈펜 總領事의 報告를 받고, 卽刻 金選手의 所在를 極力
調査 確認할 것과 金選手를 찾을 境遇에는 領事館 職員이 恒時 그와 行動을
같이 하여 亡命이 成就될 때까지 保護하도록 指示하였던 것입니다.

그러나 조금 前에도 잠간 말씀드린 바와 같이 푸놈펜과 우리나라 사이의
通信施設의 不便으로 말미암아 措置가 實際事件이 일어난 때와 懸隔한 蹉跌이
있어 境遇에 따라서는 새로운 보고와 訓令이 事實上 實際事件의 進展에 따라가
지 못하는 點이 있었음은 不可避한 事情이었던 것입니다.

따라서 9日 午後 3時頃 駐푸놈펜 總領事館으로부터 金選手가 8日 10時半頃
캄보디아 警察에 依하여 連行되었다는 報告에 接하고 政府는 새로운 角度에서
對策을 講究하게 되었습니다.

그것은 이미 "시하누크" 公의 命令이라 하여 金選手의 卽刻引渡를 日本大使
館에 强硬히 要求하던 "캄보디아" 政府의 手中에 不幸히도 金選手가 들어가게
된 만큼, 그의 亡命을 現實시킨다는 것이 決코 容易한 일이 아니며, 더욱이 캄
보디아 政府와 北傀間의 特殊한 關係나 特히 金選手 亡命試圖의 直接的 背景이
되었던 GANEFO에서의 北傀의 特殊한 位置에 비추어, 또한 現地 日本大使館의
消極的인 態度 等을 감안하여 이제 말씀드리는 바와 같은 對策을 竝行하여 强
力히 推進하기로 方計을 세웠습니다.

첫째로 캄보디아 政府의 良識과 國際的인 體面에 强力히 呼訴한다고 하는것
입니다. 지금 말씀드린 바 같은 理由로 이와 같은 呼訴가 그 實效를 거두기 매
우 힘든 일이기는 하였으나, "캄보디아"가 事實上으로는 거의 共産團에 加擔할
程度의 左傾國家이나 言必稱 "中立"을 내세우고 있는 만큼 이와 같은 人道的인
問題에 對하여 全혀 國際的인 常識에 어긋나는 行動을 하기가 쉽지 않을 것이
라는 考慮를 하였던 것입니다. 따라서 政府는 駐푸놈펜 總領事에게 "시하누크"

國家元首를 爲始하여 "캄보디아" 政府 高位層과 極力 接觸하여 金選手의 意思를 尊重하여 公正하고 人道的인 措置를 取하도록 要請할것을 指示하였읍니다.

둘째로는 日本政府의 積極的인 協力을 求한다는 것입니다. 政府는 먼저 駐日大使에게 指示하여 金選手가 日本大使館에 亡命을 要請하고 그들이 金選手를 一旦 保護하였음에도 不拘하고 끝까지 保護하지 못하고 同 大使館에서 벗어나게 하여 結果的으로 "캄보디아" 警察에 逮捕되게 된 것은 日本 政府側이 人道的인 見地에서 道義的인 責任이 있음을 指摘하고 解明을 求하도록 하였읍니다. 이어, 金選手가 日本이 人道主義를 내세워 오랫동안 우리 政府의 强力한 抗議에도 不拘하고 强行하여 온 이른바 北送計劃에 依하여 以北으로 가게 된 者이며, 그의 家族이 日本에 居住하고 있을 뿐만 아니라 그의 夫人이 日本人이었다는 點에서, 또한 金選手가 最初로 亡命을 求한 것이 日本大使館이라는 事實에 비추어 金選手가 北傀에 引渡되는 일이 없이 그의 意思에 따라 人道的 處置를 받게 하는 것이 日本政府의 責任인 만큼 곧 이와 같은 立場에서 "캄보디아" 政府와 積極 交涉토록 要請하였읍니다.

駐日大使에게 이와 같은 指示를 하는 한便 이 사람은 外務部長官代理로서 木村駐韓日本大使를 日曜日인 11日 저녁 8時半에 外務部로 招致하여 이와 같은 우리의 立場을 明確히 表明하고 日本政府의 協力을 求하였던 것입니다.

한便, 東京에서도 12日 上午 11時에 金東祚 駐日大使가 日本外務省 下田次官을 訪問하고 政府 訓令에 따라 立場을 展開하였읍니다. 이에 對하여 下田次官은 日本政府로서는 "캄보디아" 政府에 對한 內政干涉의 印象을 避하기 爲해서 直接的으로 介入하기는 어려우나, 日本政府의 公式立場으로서 "캄보디아" 政府에 對하여 金選手의 妻子가 日本에 居住하고 있음을 通告하고 캄보디아 政府의 處分을 기다린다는 것을 알리고, 具體的으로 "캄보디아" 政府가 어데까지나 公正하고 人道的인 處理를 하여주고 金選手의 自由로운 意地가 達成되도록 要請한 것을 日本大使館에게 指示하겠다고 約束하였읍니다.

또한 日本政府는 万一 "캄보디아" 政府로부터 金選手의 引受 要請이 있을 境遇에는 그가 終局的으로 우리나라로 간다는 條件下에 日本으로 받아드릴 用意가 있음을 알려왔읍니다.

셋째로 政府가 意圖한 것은 世界与論에 依한 "캄보디아 政府에의 壓力인 것입니다. 이를 爲하여 政府는 10日 午後 駐제네바 大使에 訓令하여 卽時 ICRC 卽 國際赤十字와 接觸하여 人道的 見地에서 介入하도록 交涉할 것을 訓令하는 한便 ICRC 總裁에게 外務部 長官 代理 名義로 直接 打電하는 한便, 大韓赤十字도 또한 金選手의 救出을 爲하여 ICRC와 "캄보디아" 赤十字社에 打電하여 公正하고 人道的인 措置를 促求하였던 것입니다.

이와 같은 政府 指示에 따라 駐제네바 大使는 ICRC의 介入을 要請하였습니다. GALOPPIN 氏는 本人의 自由意思에 依한 居住地 自由選擇과 日本에 있는 家族과의 再會라는 原則에서 이 問題에 介入할 것을 承諾하고 具體的 措置로 "시하누크' 國家元首의 叔母인 "캄보디아" 赤十字社 總裁에게 打電하는 한便, 푸놈펜에는 ICRC 常駐代表가 없으므로 "캄보디아"를 管轄하는 사이공 駐在 ICRC 대표 Heller 氏에게 卽刻 適切한 措置를 取하도록 指示하였음을 確認 하였습니다. 한便 政府는 駐캄보디아 總領事의 建議도 있어 駐越大使로 하여금 Heller氏와 接觸하여 同人이 早速히 直接 푸놈펜으로 가서 ICRC의 主場으로 캄보디아 政府와 交涉할 것을 促求하게 하였습니다.

넷째로 政府는 直接 金貴河 選手의 夫人으로 하여 ICRC 및 "캄보디아" 政府와 赤十字社에 呼訴하도록 助力하고 同時, 夫人이 直接 푸놈펜으로 가서 男便의 救出을 呼訴할 수 있도록 諸般協助와 便宜를 催促하였습니다.

그러나 後에 다시 말씀드리는 바와 같이 夫人이 푸놈펜으로 向發하기 直前에, 또한 Heller 代表가 채 Saigon을 떠날 餘裕도 없이 金選手는 北傀에 一方的으로 引渡되었던 것입니다.

第4章
다시 金選手가 캄보디아 警察에 依하여 連行된 □□의 캄보디아 內에서의 事態에 돌아가 말씀드리고저 합니다

우리 總領事館은 곧 "캄보디아" 外務省과 接觸하여 金選手 事件이 消息을 들은 直後인 8日 午後 1時 15分에 李領事와 崔副領事가 "리친리" 外務次官 代理를 만나 事件處理에 있어 "캄보디아" 政府가 金選手의 意思를 充分히 生覺하는 措置를 取하여 줄 것을 要請하였던 바, 同 次官代理는 아직 金선수의 逮捕에 關하여 아는 바 없다고 하면서 極히 冷淡한 態度를 보였다고 합니다.

이에 韓總領事는 "시하누크" 公을 爲始하여 首相, 外相 等 政府首腦層을 接觸하고저 百方으로 努力하였으나 "캄보디아" 政府의 回避的인 態度로 말미암아 結局 이들과 面接할 機會를 갖지 못하였습니다.

金選手가 連行된 後 政府와 現地 總領事館은 12月 13日을 고비로 생각하고

이날 안에 大勢를 우리에게 有利한 方向으로 轉換시키고저 全力을 다한 것입니다. 이것은 13日이 GANEFO 北傀 選手團의 最終陣이 떠나는 날이였으므로 이날까지 金選手를 北傀에 引渡하는 일이 없을 境遇에는 本件解決의 展望이 相當히 밝아지리라는 考慮가 있었기 때문입니다.

따라서 우리 總領事館은 캄보디아 警察當局에 依한 金選手의 保護場所를 알아내고 그 狀態를 確認하는데 全力을 다하였읍니다. 그리하여 "캄보디아" 外務省의 阻止에도 不拘하고 直接 警察當局과 接觸한 結果 12日 午前中에도 保安省 特別警察局 宿直室에 保護되고 있음을 同 局長으로부터 確認하였읍니다. 한便 韓總領事는 "캄보디아" 政府首腦와의 面接을 繼續 試圖하면서 우리 側 主場 强化에 도움이 될 캄보디아國 有力人士 및 赤十字社 總裁 및 副總裁와 英国, 比律賓, 佛蘭西 大使 等 友邦 公館 人士와 接觸하면서 金選手의 救出運動을 繼續 하였읍니다. 赤十字社의 反應은 本件이 政治的 問題도 內包하고 있으므로 赤十字로서는 거의 손을 쓸 수 없으며, 決局은 "시하누크"公의 決定에 달려 있다고 하는 것이였읍니다.

그러는 中에도 가장 우리 領事館 職員이나 政府의 가슴을 조이게 한 것은 12日 저녁때부터 金選手의 所在를 確認할 수 없게 되었다고 하는 것입니다. 駐日大使도 現在 日本大使가 12日 午後 10時 以後는 所在를 確認할 수 없으며, "캄보디아" 外務省에 問議하여도 모른다는 것으로 所在 把握의 길이 없음을 本國政府에 報告해 왔읍니다.

이와 같이 캄보디아 政府는 故意로 金選手의 行方을 검은 帳幕으로 덮어두었다가 14日 午前 10時에 韓總領事가 론놀 首相 및 治安長官을 만난 자리에서 政府는 그의 意思를 尊重하여 北傀 選手團長으로부터 金選手의 生命保障에 對한 確約을 받고 그 身柄을 넘겨주었으며, 13日에 캄보디아를 出發하였다고 實吐하였다고 합니다. 我側이 이것은 本人의 意思를 全혀 無視한 處事이며, 金選手를 死地로 몰아넣은 것이라고 追窮하자, 同首相은 "캄보디아" 政府는 友誼的인 競技에 參加한 代表團을 保護하고 그 安全을 保障하여야 할 GANEFO主催國으로서의 立場이 있다는 辯明을 되풀이하였다는 것입니다.

外務部는 金選手 强送에 關한 現地 報告를 14日 午後 10時에 接受하였읍니다. 外務部는 卽刻 關係公館에 이 事實을 알리는 同時에 政府의 計劃을 밝히는 聲明을 發表하였읍니다. 한가지 添加해서 말씀드릴 것은 駐日大使館의 報告에 依하면 日本政府는 15日 午前까지도 이 事實을 確認치 못하고 있었으며, 15日

늦게 現地 公館으로부터 報告를 받았다고 하는 事實입니다.

不成功의 原因

(1) 시하누크의 某本外交政策

    A. 캄보디아의 協力 없이는 不可能

(2) 北傀와의 關係

      (a) 大使館의 位置

      (b) GANEFO에서의 役割

    B. (c) 失踪 後의 수색願 으로 因한 我公館 監視

(3) 日本大使館의 좀더 積極적인 態度

    C. 처음부터 K-C-G에 왔었드라면

    D. 金貴河의 拙劣이 保護 하였더라도[73]

      (Smuggling-out 不可能)

(1) 地利를 얻지 못하였다

    泰國國境…地雷

    越南國境…Vietcong

(2) Burundy case 說明

3. 하나의 意義

    北送의 不當性 ⎤
    北傀의 虐待 ⎦ 立證   在日僑胞에 對한 敎訓

93. 외무부 공문(착신전보)

대한민국 외무부

번호 VNW-1278

일시 151600

수신시간 1966.12.16. □:10

---

[73] 수기로 메모처럼 쓴 내용으로 구체적 주술관계가 없어 정확한 의미를 파악하기 어렵다.

발신 주월대사
수신 외무부 장관

대: WVN-1250, 1253

1. 대호의 14일 오후에 접수하고 ICNC[74] MR. OACQUES[75] H. DE HELLER와
접촉을 꾀하였으나 부재중이므로 당일 접촉이 불가능하여 15일 1000시에 맞나
기로 예정된 바.

2. 15일 아침 WVN-1253을 접수하였음.

3. 그러나 예정대로 15일 1000시 HELLER씨를 방문하고 설득한바 HELLER씨는
ICRC 본부로부터 푸놈펜 출장을 지시받았다고 전제하고 월남 내에서의 긴급한
업무와 항공기 사정으로 오는 19일(월) 푸놈펜으로 향발할 준비를 가추고 있다
고 하면서 만일 그가 북괴로 갔다면 갈 필요가 없다고 답변 받았음.

4. 캄보디아 당국이 이미 김을 북괴로 13일 이송하였다고는 하나 확인된 바
없으므로 아직도 의심스럽다고 전제하면서 계속 노력을 촉구한 바 동씨는 즉시
ICRC 본부에 타전하여 김이 북괴로 갔다는 사실이 확인되지 않은 한 푸놈펜에
가서 재확인할 것이며 만일 김이 아직도 푸놈펜에 있다면 최선을 다하여 캄보
디아 정부를 납득시킬 것이라고 하였음.(아북)

94. 외무부 공문(착신전보)

대한민국 외무부
번호 JAW-12326
일시 161020
수신시간 1966.12.16. 11:21
발신 주일대사
수신 외무부 장관

연: JAW-12323

---

74) ICRC
75) JACQUES

1. 금조 "노다" 외무성 북동아과장은 오정무 과장에게, 김귀하 선수 망명사건에 관한 작 15일자 외무부 대변인 담화 텍스트를 희망해왔으므로 WJA-12237로 송부하신 텍스트 된 비공식으로 외무성 측에 전달 위계임을 보고함. 일측의 희망에 따라 작일 하오 연호와 같이 구두로 그 내용을 알려 준 바 있음. 일측은 금조 상금 서울로부터 보고가 없어 아측으로부터 텍스트를 일고자 한다고 함.

2. 김선수 사건에 관하여 당지 신문들은 작일 석간 및 금일 조간에서 김선수의 북한 송환 사실 보도와 함께 홍공보부장관의 담화(특히 일본의 비협력적 운운에 관한 부분)와 작일 하오 "시모다" 외무 차관 기자회견내용(특히 일본정부로서 최선을 다했다 운운) 이 간단히 사회면에 보도된 바 있음.(주일정-외아북)

95. 외무부 공문(착신전보)

대한민국 외무부
번호 JAW-12340
일시 161420
수신시간 1966.12.16. PM4:19
발신 주일대사
수신 외무부 장관

1. 노다 외무성 북동아과장은 금 16일 상오 11:50부터 오정무 과장과 면담한 자리에서 김귀하 선수 사건에 관하여 서울 대사관으로부터는 외무부로부터 연락 받은 김선수 인도사실 및 한국 내 신문 논조 등이 보고되어 왔으나 주캄보디아 대사관으로부터는 상금 보고가 없다고 말함.(아측 타진에 대한 답변임)
2. 노다는 작일 하오 시모다 차관 기자회견내용은 신문지상에 보도된 것과 대체로 같다고 말하고 쟈판타임스 기사가 비교적 정확하다고 말하였음.

아측은 시모다 차관 발언 중 일본정부가 캄 정부에 동 입장을 리프리젠트 했다는 부분에 언급하여 언제 누가 행하였는지를 문의한 바 노다 과장은 외무성이 9일과 12일의 2차에 걸쳐 현지에 훈령하였으며 적어도 한번은 캄보디아 정부 측과 현지 대사관이 맞났을 것이라고 말하고 자세한 보고가 없다 하면서 더 이상 설명을 꺼려하였음.

아측의 재삼타진에 대하여 결국 일측은 일본 대사관 구리노 참사관이 캄 외무성 차관대리를 맞났다고 말하였으며 그 일자가 13일이었는지를 아측이 다시 문의한 바 일측은 이를 시인한 태도를 보였음. 일측은 그 때 구리노 참사관이 김선수의 신병이 아직 캄보디아 수중에 있는지를 물었던 바 동 외상대리는 말은 하지 않고 고개만 끄덕였다고 함.(참조 JAW-12270 제1항)

3. 노다는 김선수가 13일 몇시에 어떻게 출발했다는 상황에 관한 보고가 있는지를 아측에 문의해왔으며 아측은 당 대사관으로서는 아직 모른다고 말함.

(외아북)

96. 외무부 공문(착신전보)

대한민국 외무부
번호 GVW-12344
일시 161730
수신시간 1966.12.19. 18:50
발신 주제네바대사
수신 외무부 장관

대: WGV-1225
연: GVW-1214

1. 대호로 지시하신 김귀하 건에 관하여 본직은 12. 16 오전 ICRC의 EXECUTIVE DIRECTOR GALOPPIN 씨를 방문하고 약 30분간 요담 하였는 바 동 내용은 다음과 같음. (12. 15 오후 면담 요청하였으나 동인의 선약관계로 12. 16 면담함)

2. 먼저 본직은 김귀하가 12. 13 북괴로 강제 인도되었음을 알리는 동시에 김귀하가 캄 당국에 억류되고 있는 동안 우리 영사관원의 면담 요청을 캄 당국이 거부한 사실을 지적, 심히 유감스러움을 표명하였음. 또한 본 사건에 관련하여 우리 국내에서는 캄 당국의 비인도적인 처사에 대하여 대단히 분개하고 있는 실정에 비추어 본건에 관하여 ICRC 가 취할 수 있는 조치의 내용을 문의하였던

바 그 내용은 다음과 같음.

　가. ICRC 로서는 김귀하가 강제로 북괴에 인도되었다는 것은 유감스럽다고 말하면서 현재까지 사이공 주재 ICRC 대표로부터 상세한 최종적인 보고를 받지 못하고 있음으로 경위를 확인하지 못하고 있고

　나. 동 대표의 보고를 접수한 후 캄 당국이 김귀하와의 면담 기회를 주지 않았다는데 대한 해명을 캄국 적십자사에 해명토록 요청하겠으며 캄 당국의 처사를 비난하는 STATEMENT를 낼 수는 없다고 함.

　다. 금반 캄 당국의 처사에 대한 공개는 현지 보고를 접수한 후 이를 REPORT 하겠다 말하면서 이를 직접 대한 적십자사에 통보하여 주기로 약속하였음.

　라. ICRC의 활동에 관하여 일반적으로 질문하였던 바 ICRC는 ICRC 총회에서 채택된 결의에 따라서 각 회원에게 DUTY 를 이행토록 요구하는 것임으로 그 활동범위가 제한되어 있으며 정치적 성격이 개재된 사건이 발생하면 더욱 활동이 제한된다고 시사하였음.

　마. 기타 질문에 대하여는 현재까지 북괴 적십자사로부터 아무런 통보를 받지 못하고 있으나 앞으로 김귀하의 가족과의 서신 교환 요청이 있으면 주선하겠다고 함.

3. 현재까지 본직은 ICRC와 접촉하는 중에 간취한 본건에 대한 ICRC의 입장은 인도적이고 자유의사 존중이란 대원칙에 따라서 가능한 조치를 취한다는 ICRC의 방침으로서 우선 ICRC 현지 대표의 보고를 접수한 후 사건의 진상을 파악하는데 초점을 두고 있어 시종 일관 상당히 신중한 태도로 임하였으며 금일 본직이 요청한 ICRC의 사후 조치에 대하여도 조심성 있는 대답으로 대하였다는 점으로 보아 이후 ICRC에 보다 강경한 조치는 요청할 수 없을 뜻함.(아북)

(ICRC가 本件에 關하여 北傀赤十字社에 對하여 무엇을 通報하여 줄 것을 要求한 　　　　　면 그 問答이 무엇인지)

97. 주푸놈펜 총영사관 공문

주푸놈펜 대한민국 총영사관
번호 주푸놈722-931

일시 1966.12.14.
발신 주푸놈펜 총영사
수신 외무부 장관
참조 아주국장, 정보문화국장, 외신과장
제목 PPW-1219호 암호 부분 평문 보고

　　대: WPP-1214호 및 1215호 제1 항
　당관이 12.13. 발송한 PPW-1219호 암호 부분을 아래와 같이 보고합니다.
"불대사는 아측의 심중치[76] 못한 개입은 사건 해결에 해로울 것이며 일측의
김선수 인수 의사표시가 가장 효과적이라는 견해를 표명함.
4. 일대사관 태도는 본인이 누차 대사 방문 기도에도 불구하고 참사관에게
밀고 맞나지 않고 있으며, 대사를 대리한 참사관도 아측이 직적한[77] 사실은
시인하나 캄국에 대한 의사 표시 요청에 관해서는 일체 언질을 피하고 있
음. 구리노는 동경훈령이 "적당한 기회" "적당한 기회"에 전달하라는 것이
며, 상금 "적당한 기회"가 없었다고 하고 있음.(12일 8:55 시 방문시)
5. 손산 고문 및 우방대사의 일치된 견해와 같이 당관의 공식 개입이 문제
해결에 해로우며 일측의 캄국 정부에 대한 의사 표시만이 현 단계로서는
가장 효과적인 방도임에 비추어 일본 대사관이 적극 움직일 수 있도록 동경
을 통한 강력한 조치가 있기 바람."

98. 외무부 공문(발신전보)

대한민국 외무부
번호 WJA-12321
일시: 201715
발신 장관
수신 주일대사

---

76) 신중하지
77) 지적한

대: JAW -12403

대호로 요청하신, 공보부장관의 담화문 텍스트에 관하여는, 공보부에서 장관 성명으로 발표한 것은 아니고, 공보부장관 담화의 형식으로 보도자료로 제시된 것인 바, 동 보도자료 텍스트는 아래와 같음.

"홍공보부장관은 그의 강제적 북행은 명백한 강도적 납치 행위이며, 공산 생지옥으로의 장송"이라고 비난하고 "비록 뜻은 이루어지지 않았지만 그가 북송 8개월만에 다시 자유를 찾아오고자 했다는 사실은 북괴의 공산악정이 얼마나 가혹한 것이며 그들의 감언이설이 명백한 허위라는 것을 행동으로 보여준 산 증거"하고 말했다

"이어 홍장관은 일본 정부가 당초 망명 요청 처리에 즉각적인 행동을 기피하였음은 매우 유감스러운 일"이라고 말하고 "정치적 이해관계 때문에 존엄한 자유인의 권리를 희생시킨 캄보디아 정부의 처사는 인도주의적 입장으로 보아서도 도덕적 죄악"이라고 말했다.(아북)

99. 외무부 공문(착신전보)

대한민국 외무부
번호 JAW-12403
일시 201131
수신시간 1966.12.20.
발신 주일대사
수신 장관

1. 김귀하 선수 망명사건에 관한 홍공보부장관의 담화문 텍스트를 외무성 측은 입수하기를 희망하고 있음.

2. 김선수 사건에 대한 한국 내 세론과 특히 일본에 대한 비판 및 한국정부의 견해 등에 외무성 측은 관심을 가지고 있는 바, 15일자 외무부 발표는 JAW-12344 보고와 같이 일측에 비공식으로 그 텍스트를 제공한 바 있는데 지난 17일 하오 외무성 노다 북동아과장은 오정무 과장에게 홍공보부장관의 담화문을 대사관이 가지고 있으면 제공해 달라고 요청해 왔음. 정무과장은 공보부장관

담화문에 관하여는 신문보도밖에 알지 못하고 있다고 말하고 서울 일본 대사관을 통해서 얻어보라고 말하였음. 작 19일 저녁 노다과장은 정무과장에게 공보장관 담화 텍스트를 다시 요청해 왔음. 그는 상부(오가와국장 말인 뜻함[78])에서 요구하고 있다고 말하였음.

아측은 일본대사관을 통한 입수여부를 물었던 바 일측은 신문보고 등 단편적인 것밖에 보고되어 오지 않았다고 말함. 아측은 대사관에는 상금 없다고 말하고 텍스트를 아직 못 얻은 것을 보면 구두로만 논평한 것인지도 모르겠다고 말하였음. 일측이 계속 강한 희망을 표명하므로 아측은 서울에 조회해보겠다고 말하였음. 회시 바람.

(아북)

(텍스트는 곧 公報部에서 보내오기로 함)

100. 외무부 공문(발신전보)

대한민국 외무부
번호 WGV-1231
일시 221050
발신 장관
수신 주제네바대사

대: GVW-1219
대호에 관련하여, ICRC가 북괴적십자에 대하여 어떠한 조치를 취하였는지 ICRC 측에 알아보아서 보고하시기 바람.(아북)
장관

101. 외무부 공문(착신전보)

대한민국 외무부

---
78) 듯함

번호 GVW-1224
일시 221540
수신시간 1966.12.23. 0:27
발신 주제네바대사
수신 장관

　대: WGV-1231
　ICRC는 북괴 적십자사에 대하여는 김귀하 사건과 관련 아무런 조치를 취한 바
　없다고 함.(아북)

102. 외무부 대통령 보고사항

일시 1967.1.9.
발신 외무부장관
수신 대통령
제목 金貴河選手夫人에 對한 "시하누크" 公의 電文

　다음과 같이 報告 합니다
　1966. 12. 12 캄보디아 國家元首 앞으로 男便의 亡命 實現과 家族과의 再會 機
　會 附與를 電文으로 陳情한 金貴河選手夫人에 對하여 1966, 12, 27 "노로돔 시
　하누크" 캄보디아 國家元首이 보낸 電文을 別添 報告 합니다.
　別添~ 1. 66.12.27. 日字英語電文寫本
　　　　2.　　　　　同漢譯文寫本

첨부 캄보디아가 "朝鮮 人民共和國"에 보낸 韓國選手夫人에 對한 "시하누크"의 멧쎄지

　안도 요시에 金女史 貴下
　시바추 가꼬시 가와구찌 市

사이다마껜, 日本

1966. 12. 27

　　貴下가 本人의 도움을 要請한 悲痛한 家族問題에 對하여 깊이 同情하는 바입니다. 그 要請은 哀惜하지만 本人의 힘으로는 어쩔 수 없는 것이었습니다.
　　亞細亞 가네포 主催國으로서 또한 "朝鮮民主主義人民共和國"을 包含한 競技 參加者들에 對한 人道的責任때문에 캄보디아는 그의 引渡를 要求했던 "朝鮮民主主義人民共和國"이 如何한 危害도 이 可憐한 運動選手에게 加하지 않을 것이라는 正式 書面 約束을 받고 貴下의 男便을 "平壤政府"에 引渡치 않을 수 없었습니다.
　　貴下의 苛酷한 事情을 充分히 理解하고 있는 本人은 이 文句들이 夫人에게 同人의 深甚한 遺憾과 同情의 뜻을 傳할수 있고 神이 貴下의 祈禱에 無心치 않으며 貴下의 正當한 所願이 早速히 成就되기를 바라는 本人의 熱熱하고 眞摯한 希望이 傳達 될 수 있기를 바라는 바입니다.
　　　　　　　　　　　　　　　　　　　　　　(署名) 노로돔 시하누크

103. 주일대사관 공문

주일대사관
번호 주일정 □72-509
일시 1966.12.29.
발신 주일대사
수신 외무부 장관
참조 아주국장
제목 김귀하선수 망명 기도 사건

　　연: JAW-12235
　　당지에 거주하는 김귀하 선수의 부인 "안도오 요시에" 앞으로, 캄보디아 국가원수 "노르돔 시하누크" 공으로부터 1966. 12. 27.자 전문이 내도하였음으로,

동 사본을 별첨과 같이 송부합니다. 동 부인은 연호 전문 제3항에서 보고한 바와 같이 지난 12. 12. 캄보디아 국가 원수 앞으로 남편의 망명 실현과 가족과의 재회 기회 부여를 전문으로 진정한 바 있습니다.

유첨: 안도오 요시에앞 시하누크 전문 사본(NO778/SPU/T) 1부. 끝.
주일대사

[재타자본]
WX434 APO 76/419 PHNOMPENH 153/152 27 1302 FTAT

MRS ANDO YOSHIE KIM

SHIBATSU KOSHI KAWAGUCHI CITY

NO 778/SPU/T I PROFOUNDLY SYMAPATHIZE WITH THE CRUEL AND MOVING FAMILY PROBLEM FOR WHICH YOU KINDLY SEEK MY HELP A REQUEST WHICH IT ALAS LIES BEYOND MY POWER TO MEET STOP AS HOST COUNTRY TO THE ASIAN GANERO[79] P2 AND UNDER NORA L[80] RESPONSIBILITY THEREFORE TO O LIGE[81] PARTICMIPANTS[82] AMONG WHICH DEMOCRATIC PEOPLES REPUBLIC OF KOREA CAMBODIA COULD NOT BUT HAND OVER YOUR HUSBAND TO THE PYONGYANG GOVERNMENT AFTER THE LATTER[83] WHICH HAD REQUESTED US TO DO SO HAD CIMMITTED[84] ITSELF FORMALLY AND IN WRITING TO THE EFFEOT[85] THAT NO HARM WHATSOEVER SHALL BE DONE TO THIS SYMPATHETIC ATHLETE STOP FULLY REALISING THE ORDEAL OF YOUR CASE I WISH MADAM THESE WORDS COULD CONVEY TO YOU MY DEEP REGRET AND COMPASSION AND MY FERVEBT[86] AND EARNEST

---

79) GANEFO
80) MORAL
81) OBLIGE
82) PARTICIPANTS
83) LETTER
84) COMMITED
85) EFFORT
86) FERVENT

HOPE THAT PROVIDENCE WILL HEAR YOUR PRAYERS NO[87] YOUR LEGITIMATE EXPECTATION BE SOON FULFILLED STOP NORODOM SIHANOUK

104. 외무부 공문 (착신전보)

대한민국 외무부
번호 JAW-06250
일시 141659
수신시간 1967.6.15. AM11:02
발신 주일대사
수신 장관

　　ICRC 동경주재대표 TESTU 박사가 금 14일 하오 오정무 과장에게 알려온 바에 의하면 과반 캄보디아에서 북한 탈출을 기도하였던 북송교포 권투선수 김귀하의 일본인 처(내연관계) "안도오 요시에"여사가 지난 5월의 니이가다 수송 선편으로 북한으로 떠났다 함. 동 여인은 김귀하와의 사이에 출생한 자녀 2명(1명은 김의 호적에, 1명은 "안도오"의 호적에 각각 입적되었음.)을 데리고 갔으며 그밖에 가족이 동행한 것이 없다 함.
　　아측 타진에 "테스"는 동녀가 일본인임으로 ICRC 로서 여행증명서를 발급한 것은 없다 하며 또한 동녀는 일시 여행이 아니라 북한에서 살기 위하여 간 것 같다고 하였음.(주일정-외아북)

105. 기안

번호 외아북 722
시행일시 67.6.15.

---

87) TO

기안자 동북아주과 안세훈
경유수신참조 중앙정보부장
제목 납북된 김귀하의 처자 북송

　　1. 주일대사로부터의 보고에 의하면 6.14. ICRC 동경주재 대표부 측은 주일
대사관에 대하여 과반 캄보디아에서 우리나라로 망명을 기도하였으나 북괴 측
이 강제 납북한 김귀하 선수의 내연의 처 "안도오 요시에"(일본인) 및 자녀 2명
(1명은 "김"의 호적에 1명은 "안도오" 호적에 각각 입적됨) 이 지난 5.19. 북송
선편으로 북한으로 떠났다고 알려왔으므로 이를 알려 드립니다.
　　2. ICRC 측은 "김"의 처가 일본인임으로 여행증명서를 발급하지 않았다 하며
동 여행이 일시 여행이 아니고 북괴에서 살기 위하여 간 것 같다고 부언하였다
고 합니다.

부록

역대 외무부 장관과 주일대사 명단, 대사관 정보

해방이후 재일한인 외교문서 해제집

제1권 (1945~1969)

1. 역대 외교부장관 명단

정부	대수	이름	임기
이승만 정부	초대	장택상(張澤相)	1948년 8월 15일 ~ 1948년 12월 24일
	2대	임병직(林炳稷)	1948년 12월 25일 ~ 1951년 4월 15일
	3대	변영태(卞榮泰)	1951년 4월 16일 ~ 1955년 7월 28일
	4대	조정환(曺正煥)	1956년 12월 31일 ~ 1959년 12월 21일
허정 과도내각	5대	허정(許政)	1960년 4월 25일 ~ 1960년 8월 19일
장면 내각	6대	정일형(鄭一亨)	1960년 8월 23일 ~ 1961년 5월 20일
국가재건최고회의	7대	김홍일(金弘壹)	1961년 5월 21일 ~ 1961년 7월 21일
	8대	송요찬(宋堯讚)	1961년 7월 22일 ~ 1961년 10월 10일
	9대	최덕신(崔德新)	1961년 10월 11일 ~ 1963년 3월 15일
	10대	김용식(金溶植)	1963년 3월 16일 ~ 1963년 12월 16일
제3공화국	11대	정일권(丁一權)	1963년 12월 17일 ~ 1964년 7월 24일
	12대	이동원(李東元)	1964년 7월 25일 ~ 1966년 12월 26일
	13대	정일권(丁一權)	1966년 12월 27일 ~ 1967년 6월 29일
	14대	최규하(崔圭夏)	1967년 6월 30일 ~ 1971년 6월 3일
제4공화국	15대	김용식(金溶植)	1971년 6월 4일 ~ 1973년 12월 3일
	16대	김동조(金東祚)	1973년 12월 4일 ~ 1975년 12월 18일
	17대	박동진(朴東鎭)	1975년 12월 19일 ~ 1980년 9월 1일
전두환 정부	18대	노신영(盧信永)	1980년 9월 2일 ~ 1982년 6월 1일
	19대	이범석(李範錫)	1982년 6월 2일 ~ 1983년 10월 9일
	20대	이원경(李源京)	1983년 10월 15일 ~ 1986년 8월 26일
노태우 정부	21대	최광수(崔侊洙)	1986년 8월 27일 ~ 1988년 12월 5일
	22대	최호중(崔浩中)	1988년 12월 5일 ~ 1990년 12월 27일
	23대	이상옥(李相玉)	1990년 12월 27일 ~ 1993년 2월 26일
김영삼 정부	24대	한승주(韓昇洲)	1993년 2월 26일 ~ 1994년 12월 24일
	25대	공로명(孔魯明)	1994년 12월 24일 ~ 1996년 11월 7일
	26대	유종하(柳宗夏)	1996년 11월 7일 ~ 1998년 3월 3일

김대중 정부	27대	박정수(朴定洙)	1998년 3월 3일 ~ 1998년 8월 4일
	28대	홍순영(洪淳瑛)	1998년 8월 4일 ~ 2000년 1월 14일
	29대	이정빈(李廷彬)	2000년 1월 14일 ~ 2001년 3월 26일
	30대	한승수(韓昇洙)	2001년 3월 26일 ~ 2002년 2월 4일
	31대	최성홍(崔成泓)	2002년 2월 4일 ~ 2003년 2월 27일
노무현 정부	32대	윤영관(尹永寬)	2003년 2월 27일 ~ 2004년 1월 16일
	33대	반기문(潘基文)	2004년 1월 17일 ~ 2006년 11월 9일
	34대	송민순(宋旻淳)	2006년 12월 1일 ~ 2008년 2월 29일
이명박 정부	35대	유명환(柳明桓)	2008년 2월 29일 ~ 2010년 9월 7일
	36대	김성환(金星煥)	2010년 10월 8일 ~ 2013년 2월 24일
박근혜 정부	37대	윤병세(尹炳世)	2013년 3월 13일 ~ 2017년 6월 18일
문재인 정부	38대	강경화(康京和)	2017년 6월 18일 ~ 2021년 2월 8일
	39대	정의용(鄭義溶)	2021년 2월 9일 ~ 2022년 5월 11일
윤석열 정부	40대	박진(朴振)	2022년 5월 12일 ~ 현재

2. 역대 주일대사 명단

정부	대수	이름	임기
제3공화국	초대	김동조(金東祚)	1966년 01월 07일 ~ 1967년 10월
	2대	엄민영(嚴敏永)	1967년 10월 30일 ~ 1969년 12월 10일
	3대	이후락(李厚洛)	1970년 02월 10일 ~ 1970년 12월
	4대	이호(李澔)	1971년 01월 21일 ~ 1973년 12월
제4공화국	5대	김영선(金永善)	1974년 02월 09일 ~ 1978년 12월
	6대	김정렴(金正濂)	1979년 02월 01일 ~ 1980년 08월
	7대	최경록(崔慶祿)	1980년 09월 26일 ~ 1985년 10월
제5공화국	8대	이규호(李奎浩)	1985년 11월 14일 ~ 1988년 04월
노태우 정부	9대	이원경(李源京)	1988년 04월 27일 ~ 1991년 02월
	10대	오재희(吳在熙)	1991년 02월 19일 ~ 1993년 04월
김영삼 정부	11대	공로명(孔魯明)	1993년 05월 25일 ~ 1994년 12월
	12대	김태지(金太智)	1995년 01월 20일 ~ 1998년 04월
김대중 정부	13대	김석규(金奭圭)	1998년 04월 28일 ~ 2000년 03월
	14대	최상용(崔相龍)	2000년 04월 17일 ~ 2002년 02월
	15대	조세형(趙世衡)	2002년 02월 06일 ~ 2004년 03월
노무현 정부	16대	라종일(羅鍾一)	2004년 03월 05일 ~ 2007년 03월 17일
	17대	유명환(柳明桓)	2007년 03월 23일 ~ 2008년 03월 15일
이명박 정부	18대	권철현(權哲賢)	2008년 04월 17일 ~ 2011년 06월 06일
	19대	신각수(申珏秀)	2011년 06월 10일 ~ 2013년 05월 31일
박근혜 정부	20대	이병기(李丙琪)	2013년 06월 04일 ~ 2014년 07월 16일
	21대	유흥수(柳興洙)	2014년 08월 23일 ~ 2016년 07월 01일
	22대	이준규(李俊揆)	2016년 07월 08일 ~ 2017년 10월 27일
문재인 정부	23대	이수훈(李洙勳)	2017년 10월 31일 ~ 2019년 05월 03일
	24대	남관표(南官杓)	2019년 05월 09일 ~ 2021년 01월 17일
	25대	강창일(姜昌一)	2021년 1월 22일 ~ 현재(2022년 6월 기준)

3. 주일 대사관 및 총영사관 창설 시기

주일본 대한민국 대사관	1965년 도쿄에 창설
주고베 총영사관	1966년 5월 창설, 1974년 5월 7일 총영사관 승격
주나고야 총영사관	1966년 5월 창설, 1974년 5월 총영사관 승격
주니가타 총영사관	1978년 4월 창설
주삿포로 총영사관	1966년 6월 총영사관 창설
주센다이 총영사관	1966년 9월 창설, 1980년 5월 총영사관 승격
주오사카 총영사관	1949년 사무소 창설, 1966년 총영사관 승격/현재 임시 청사
주요코하마 총영사관	1966년 5월 25일 창설
주히로시마 총영사관	1966년 5월 시모노세키 총영사관 창설 및 폐관(1996년 12월), 1977년 1월 히로시마 총영사관 개관
주후쿠오카 총영사관	1946년 9월 사무소 개설, 1966년 1월 총영사관 승격

4. 주일 대사관 및 총영사관 소재지

주일본 대한민국 대사관	東京都 港区 南麻布 1-7-32　(우-106-0047)
주고베 총영사관	兵庫県 神戸市 中央区 中山手通 2-21-5　(우-650-0004)
주나고야 총영사관	愛知県 名古屋市 中村区 名駅南 1-19-12 (우-450-0003)
주니가타 총영사관	新潟市 中央区 万代島 5-1 万代島ビル 8階 (우-950-0078)
주삿포로 총영사관	北海道 札幌市 中央区 北2条 西12丁目 1-4 (우-060-0002)
주센다이 총영사관	宮城県 仙台市 靑葉区 上杉 1丁目 4-3 (우-980-0011)
주오사카 총영사관	大阪市 中央区 久太郎町 2-5-13 五味ビル (우-541-0056)
주요코하마 총영사관	神奈川県 横浜市 中区 山手町 118番地 (우-231-0862)
주히로시마 총영사관	広島市南区翠5丁目9-17 (우 734-0005)
주후쿠오카 총영사관	福岡市 中央区 地行浜 1-1-3 (우-810-0065)

저 자 약 력

이경규	동의대학교 일본어학과 교수, 동아시아연구소 소장
임상민	동의대학교 일본어학과 조교수
이수경	도쿄가쿠게이대학 교육학부 교수
소명선	제주대학교 일어일문학과 교수
박희영	한밭대학교 일본어과 조교수
김웅기	한림대학교 일본학연구소 HK교수
엄기권	한남대학교 일어일문학과 강사
정영미	동의대학교 문헌정보학과 교수
이행화	동의대학교 동아시아연구소 연구교수
박미아	동의대학교 동아시아연구소 연구교수
이재훈	동의대학교 동아시아연구소 연구교수

이 저서는 2020년도 정부(교육부)의 재원으로 한국연구재단의 지원을 받아 수행된 연구임. (NRF-2020S1A5C2A02093140)

해방이후 재일한인 외교문서 해제집
┃제1권┃ (1945~1969)

초판인쇄 2022년 06월 20일
초판발행 2022년 06월 25일

편   자 동의대학교 동아시아연구소
저   자 이경규 임상민 이수경 소명선 박희영 김웅기
　　　　　 엄기권 정영미 이행화 박미아 이재훈
발 행 인 윤석현
발 행 처 박문사
등록번호 제2009－11호
책임편집 최인노

우편주소 서울시 도봉구 우이천로 353 성주빌딩
대표전화 (02) 992－3253(대)
전   송 (02) 991－1285
전자우편 bakmunsa@hanmail.net

ⓒ 동의대학교 동아시아연구소 2022 Printed in KOREA

ISBN 979-11-92365-15-2　94340　　　　　　　　　　　**정가** 46,000원
　　　 979-11-92365-14-5　(Set)